Staatsanwaltschaftliche Diversion im deutschen und spanischen Jugendstrafrecht

Europäische Hochschulschriften

Publications Universitaires Européennes
European University Studies

Reihe II
Rechtswissenschaft

Série II Series II
Droit
Law

Bd./Vol. 3685

PETER LANG
Frankfurt am Main · Berlin · Bern · Bruxelles · New York · Oxford · Wien

Miguel Angel Cano Paños

Staatsanwaltschaftliche Diversion im deutschen und spanischen Jugendstrafrecht

Eine juristisch-kriminologische Analyse einer speziellen Reaktionsmöglichkeit auf Jugendkriminalität aus rechtsvergleichender Sicht

PETER LANG
Europäischer Verlag der Wissenschaften

Bibliografische Information Der Deutschen Bibliothek
Die Deutsche Bibliothek verzeichnet diese Publikation in der Deutschen Nationalbibliografie; detaillierte bibliografische Daten sind im Internet über <http://dnb.ddb.de> abrufbar.

Zugl.: Potsdam, Univ., Diss., 2003

Gedruckt mit Unterstützung des
Deutschen Akademischen Austausdienstes.

517
ISSN 0531-7312
ISBN 3-631-51154-X

www.peterlang.de

Vorwort

Die vorliegende Arbeit wurde im Wintersemester 2002/2003 von der Juristischen Fakultät der Universität Potsdam als Dissertation angenommen.

Literatur und Rechtsprechung in Deutschland und in Spanien wurden bis August 2001 berücksichtigt.

Mein besonderer Dank gilt zuerst meinem Doktorvater, Herrn Prof. Dr. Wolfgang Mitsch, der die Fertigstellung der Arbeit in vielfältiger Weise gefördert und es mir ermöglicht hat, diese Arbeit nach dem von mir selbstgewählten Thema anzufertigen.

Bedanken möchte ich mich auch bei Frau HD Dr. Anna-Maria Arnold für die zügige Erstellung des Zweitgutachtens.

Zu besonders herzlichem Dank verpflichtet bin ich der „Fundació la Caixa" sowie dem Deutschen Akademischen Austauschdienst (DAAD), die es mir durch die Gewährung eines Promotionsstipendiums von Oktober 1999 bis Oktober 2001 ermöglicht haben, mich intensiv mit dem Thema meiner Dissertation zu befassen und somit die Arbeit in einer relativ kurzen Zeit zu Ende zu bringen.

Dank schulde ich auch der Westfälischen Wilhelms-Universität Münster, der Freien Universität Berlin und der Universität Wien, die mir als „externer Doktorand" den Zugang zu ihren Bibliotheken für die Literaturrecherche gewährten.

Ein besonderer Dank gebührt ebenfalls den Mitarbeitern der Bibliothek der „Centre d'Estudis Jurídics i Formació Especialitzada" der Autonomen Regierung Katalonien in Barcelona für ihre ständige Hilfsbereitschaft bei der Recherche der einschlägigen Literatur während der in den letzten Jahren immer kürzeren Aufenthalte in meiner geliebten Heimatstadt. Darüber hinaus gilt mein Dank dem „Instituto vasco de Criminología", insbesondere Herrn. Prof. Dr. García de la Cuesta, für seine Unterstützung bei der schwierigen Aufgabe, Kriminalstatistiken für Spanien ausfindig zu machen.

Ferner möchte ich meine Dankbarkeit den Leitenden Oberstaatsanwälten der Staatsanwaltschaft Münster und Neuruppin, Herrn Hans Jochen Wagner und Herrn Gerd Schnittcher sowie den jeweiligen Mitarbeitern der Systemverwaltung aussprechen. Ohne ihre Erlaubnis sowie ihre rege Kooperation wäre die in dieser Arbeit durchgeführte empirische Untersuchung nicht möglich gewesen.

Nicht zuletzt danke ich dem Deutschen Akademischen Austauschdienst ganz herzlich für die Übernahme der Druckkosten dieser Publikation.

Schließlich möchte ich die Privatpersonen nicht unerwähnt lassen, die auf hilfsbereite Weise und sogar unter Aufopferung ihrer kostbaren Zeit unermüdlich und mühevoll die Korrektur der Endfassung durchgeführt haben. Ohne ihre Hilfe wäre diese Arbeit nie vollendet worden. Aus diesem Grunde verdienen sie alle meinen besonderen Dank und Respekt.

Carmen, Laura, Maria, Melanie, Pamela, Carlos, Coy, Jan, Marc, Niels, Norman, von ganzem Herzen: Vielen Dank !

Meinen Eltern, die mich während der gesamten Anfertigung der Dissertation und trotz der bestehenden physischen Entfernung ständig unterstützt haben, schulde ich mehr als den hier möglichen Dank. Ihnen sei deshalb diese Arbeit gewidmet.

Potsdam, im Februar 2003 Miguel Angel Cano Paños

Inhaltsübersicht

Inhaltsverzeichnis

Tabellen:

a.a.O.	am angegebenen Ort
Abs.	Absatz
Abschn.	Abschnitt
a.F.	alte Fassung
allg.	allgemein(er)
a.M.	andere Meinung
AN	Audiencia Nacional (spanisches Nationales Obergericht)
Anm.	Anmerkung
AO	Abgabenordnung 1977 vom 16. März 1976 (BGBl I, S. 613)
Anm.	Anmerkung
art./Art.	Artikel
AT	allgemeiner Teil
ATA	außergerichtlicher Tatausgleich
Aufl.	Auflage
BAG	Bundesarbeitsgemeinschaft
Bd.	Band
Bem.	Bemerkung
BewHi	Bewährungshilfe. Zeitschrift für Bewährungshilfe, Gerichts- und Straffälligenhilfe [zitiert nach Bd. (Jahr), Seite]
bzgl.	bezüglich
BGBl I, II, III	Bundesgesetzblatt (Teil I, Teil II, Teil III)
BGHSt	Entscheidungen des Bundesgerichtshofes in Strafsachen (zitiert nach Band und Seite)
BKA	Bundeskriminalamt
BMJ	Bundesministerium der Justiz
BOE	Boletín Oficial del Estado (spanisches Gesetzblatt)
BRD	Bundesrepublik Deutschland
BT-Drucks.	Drucksache des Bundestages
BtMG	Gesetz über den Verkehr mit Betäubungsmitteln (Betäubungsmittelgesetz) vom 28. Juli 1981 (BGBl I, S. 681) i.d.F.d. Bekanntmachung vom 1. März 1994 (BGBl I, S. 358)
BVerfG	Bundesverfassungsgericht
BVerfGE	Entscheidungen des Bundesverfassungsgerichts (zitiert nach Band und Seite)
BZRG	Gesetz über das Zentralregister und das Erziehungsregister (Bundeszentralregistergesetz) vom 18. März 1971 (BGBl I, S. 243) i.d.F.d. Bekanntmachung vom 21. September 1984 (BGBl I, S. 1229)
bzw.	beziehungsweise
ca.	circa
CE	Constitución Española vom 27.12.1978 (spanisches Grundgesetz)
CGPJ	Consejo General del Poder Judicial (spanischer Richterwahlausschuß)

CP	Código Penal vom 23.11.1995 (spanisches Strafgesetzbuch)
DDR	Deutsche Demokratische Republik
DDR-GBl	Gesetzblatt der Deutschen Demokratischen Republik
Dep.	Departament (Ministerium der Region Katalonien)
ders.	derselbe
d.h.	das heißt
Diss. jur.	juristische Dissertation
DOGC	Diari Oficial de la Generalitat de Catalunya (Amtsblatt von Katalonien)
DRiZ	Deutsche Richterzeitung (zitiert nach Jahr und Seite)
dt.	deutsche
DSS	Diemer/Schoreit/Sonnen: Jugendgerichtsgesetz, 3. Aufl. 1999
DVJJ-Journal	Mitgliederrundbrief der Deutschen Vereinigung für Jugendgerichte und Jugendgerichtshilfe e.V. [zitiert nach Heft (Jahr), Seite]
DVJJ-Schriftenr.	Schriftenreihe der DVJJ
ehem.	ehemalige(r)
EGStGB 1974	Einführungsgesetz zum Strafgesetzbuch vom 2. März 1974 (BGBl I, S. 469; III, S. 450-16)
EMRK	Europäische Konvention zum Schutz der Menschenrechte und Grundfreiheiten vom 4.11.1950
EOMF	Estatuto Orgánico del Ministerio Fiscal, LO 50/1981 vom 30. Dezember (spanisches Staatsanwaltschaftsgesetz)
ETA	Euskadi ta Askatasuna (Baskisches Vaterland und Freiheit)
etc.	et cetera
e.V.	eingetragener Verein
f.	folgende
ff.	fort folgende
Fn.	Fußnote
FGE	Fiscalía General del Estado (spanische Generalstaatsanwaltschaft)
FS	Festschrift
FuR	Zeitschrift für Familie und Recht [zitiert nach Heft (Jahr), Seite]
GA	Goltdammer's Archiv für Strafrecht (zitiert nach Jahr und Seite)
gem.	gemäß
Gencat	Generalitat de Catalunya (Regionalregierung von Katalonien)
GG	Grundgesetz für die Bundesrepublik Deutschland vom 23. Mai 1949 (BGBl I, S. 1)
ggf.	gegebenenfalls
Grdl.	Grundlagen
GRUME	Grupo de Menores de la Policía (spanisches Polizeidezernat für die Jugendkriminalität)
GVG	Gerichtsverfassungsgesetz vom 27. Januar 1877 (RGBl S. 41) i.d.F.d. Bekanntmachung vom 9. Mai 1975 (BGBl I, S. 1077)
HJ	Hitlerjugend

h.M.	herrschende Meinung
hrsg.	herausgegeben
Hrsg.	Herausgeber
Hs.	Halbsatz
i.d.F.d.	in der Fassung des(r)
i.d.F.d.E.	in der Fassung des Entwurfs
i.d.R.	in der Regel
INE	Instituto Nacional de Estadística (spanisches nationales Amt für Statistik)
insb.	insbesondere
i.S.d.	im Sinne des(r)
i.S.v.	im Sinne von
i.V.m.	in Verbindung mit
JGG	Jugendgerichtsgesetz vom 4. August 1953 (BGBl I, S. 751) i.d.F.d. Bekanntmachung vom 11.12.1974 (BGBl I, S. 3427)
1.JGGÄndG	Erstes Gesetz zur Änderung des Jugendgerichtsgesetzes vom 30.8.1990 (BGBl I, S. 1853)
JGH	Jugendgerichtshilfe
Jura	Juristische Ausbildung [zitiert nach Bd. (Jahr), Seite]
JuS	Juristische Schulung [zitiert nach Bd. (Jahr), Seite]
JZ	Juristenzeitung (zitiert nach Jahr und Seite)
Kap.	Kapitel
KFN	Kriminologisches Forschungsinstitut Niedersachsen e.V.
KJHG	Kinder- und Jugendhilfegesetz (SGB-VIII = 8. Buch des Sozialgesetzbuches)
KKW	Kleines Kriminologisches Wörterbuch, Kaiser/Kerner/Sack/Schellhoss (Hrsg.), 3. Aufl. 1993
Kriminalistik	Kriminalistik. Zeitschrift für die gesamte kriminalistische Wissenschaft und Praxis (zitiert nach Jahr und Seite)
KrimJ	Kriminologisches Journal (zitiert nach Jahr und Seite)
LECrim	Ley de Enjuiciamiento Criminal vom 14.9.1882 (spanische Strafprozeßordnung)
LEEA	Law Enforcement Assistance Administration (Behörde zur Unterstützung der Durchsetzung von Recht und Ordnung)
LG	Landgericht
lit.	litera
LKA	Landeskriminalamt
LO	Ley Orgánica (spanisches Organgesetz)
LO 4/92	Ley Orgánica 4/92 vom 5. Juni Reguladora de la Competencia y Procedimiento de los Juzgados de Menores (BOE Nr. 150 vom 11. Juni 1992) (spanisches Organgesetz zur Regelung der Zuständigkeit und des Verfahrens in den Jugendgerichten)

LO 5/2000	Ley Orgánica 5/2000 vom 12. Januar Reguladora de la Responsabilidad Penal de los Menores (BOE Nr. 11 vom 13. Januar 2000) (spanisches Organgesetz zur Regelung der strafrechtlichen Verantwortlichkeit von Minderjährigen)
LOPJ	Ley Orgánica del Poder Judicial, LO 6/1985 vom 1. Juli (BOE Nr. 157 vom 2. Juli 1985) (spanisches Gerichtsverfassungsgesetz)
LTTM	Ley de los Tribunales Tutelares de Menores vom 11. Juni 1948 (BOE vom 19. Juli 1948) (spanisches Jugendpflegegerichtsgesetz)
MFGE	Memoria de la Fiscalía General de Estado (Geschäftsbericht der spanischen Generalstaatsanwaltschaft)
MschrKrim	Monatsschrift für Kriminologie und Strafrechtsreform (zitiert nach Jahr und Seite)
m.w.N.	mit weiteren Nachweisen
n.F.	neue Fassung
NJW	Neue Juristische Wochenschrift (zitiert nach Jahr und Seite)
NK	Neue Kriminalpolitik [zitiert nach Heft (Jahr), Seite]
Nr.	Nummer
NRW	Nordrhein-Westfalen
NStZ	Neue Zeitschrift für Strafrecht (zitiert nach Jahr und Seite)
ÖJGG	Jugendgerichtsgesetz (Österreich) vom 20. Oktober 1988 (BGBl 1988/599 i.d.F. BGBl I 1999/55)
ÖJZ	Österreichische Juristen-Zeitung (zitiert nach Jahr und Seite)
ÖPKS	Polizeiliche Kriminalstatistik (Österreich)
ÖStPO	Strafprozeßordnung (Österreich) vom 1975 (BGBl 631 i.d.F. BGBl I 1999/55)
PflVG	Gesetz über die Pflichtversicherung für Kraftfahrzeughalter (Pflichtversicherungsgesetz) vom 5.4.1965 (BGBl I, S. 213)
PKS	Polizeiliche Kriminalstatistik der Bundesrepublik Deutschland
RAD	Reichsarbeitsdienst
RdJB	Recht der Jugend und des Bildungswesens [zitiert nach Bd. (Jahr), Seite]
Rdnr.	Randnummer
RegE	Regierungsentwurf
RGBl	Reichsgesetzblatt
RiLi	Richtlinie
RiStBV	Richtlinien für das Strafverfahren und das Bußgeldverfahren vom 1. Januar 1977 in der ab 1. Juli 1999 (bundeseinheitlich) geltenden Fassung
RJGG	Reichsjugendgerichtsgesetz i.d.F.v. 6. November 1943 (RGBl I, S. 637)
RLJGG	Richtlinien zum Jugendgerichtsgesetz vom 14./15. April 1994, in Kraft getreten am 1.8.1994

RStGB	Strafgesetzbuch für das deutsche Reich vom 15.5.1871 (RGBl I, S. 127)
RT	Reichstag
S.	Seite/Satz
Schriftenr.	Schriftenreihe
SenJust	Senatsverwaltung für Justiz (Berlin)
SGB VIII	Sozialgesetzbuch, Achtes Buch, Kinder- und Jugendhilfe i.d.F.v. 26. Juni 1990 (BGBl I, S. 1163, 1166) i.d.F.d. Bekanntmachung vom 8. Dezember 1998 (BGBl I, S. 3546)
sog.	sogenannte
StA	Staatsanwaltschaft
STC	Sentencia del Tribunal Constitucional (Urteil des spanischen Verfassungsgerichts)
StGB	Strafgesetzbuch vom 15. Mai 1871 (RGBl S. 127) i.d.F.d. Bekanntmachung vom 13. November 1998 (BGBl I, S. 3322)
StP-Nov. 1999	Strafprozeßnovelle (Österreich) 1999 (BGBl I 1999/55)
StPO	Strafprozeßordnung vom 1. Februar 1877 (RGBl S. 253) i.d.F.d. Bekanntmachung vom 7. April 1987 (BGBl I, S. 1074)
StrafVS	Strafverfolgungsstatistik
StV	Strafverteidiger [zitiert nach Bd. (Jahr), Seite]
StVG	Strafverkehrsgesetz vom 3. Mai 1909 (RGBl, S. 437) i.d.F.d. Bekanntmachung vom 19. Dezember 1952 (BGBl I, S. 837)
TOA	Täter-Opfer-Ausgleich
TVBZ	Tatverdächtigenbelastungszahl
u.	und
u.a.	unter anderem/und andere
u.U.	unter Umständen
Verh. des RT	Verhandlung(en) des Reichstages
vgl.	vergleiche
VO	Verordnung
z.B.	zum Beispiel
ZfJ	Zentralblatt für Jugendrecht [zitiert nach Bd. (Jahr), Seite]
ZRP	Zeitschrift für Rechtspolitik (zitiert nach Jahr und Seite)
ZStW	Zeitschrift für die gesamte Strafrechtswissenschaft [zitiert nach Bd. (Jahr), Seite]

Einleitung

In den letzten Jahren mehren sich in den verschiedensten Ländern die Berichte, in denen eine Zunahme abweichenden, gesetzwidrigen Verhaltens Jugendlicher registriert und als bedrohlich wahrgenommen werden. Die Jugendkriminalität wird sowohl in Deutschland als auch in Spanien entsprechend dem international zu beobachtenden Trend als ein wachsendes soziales Problem angesehen. Aufgrund dieser Annahme und des dadurch entstandenen Eindrucks in der Bevölkerung von einer steigenden Kinder- und Jugendkriminalität ist die Behandlung junger Rechtsbrecher wieder in den Blickpunkt des wissenschaftlichen und rechtspolitischen Interesses gerückt. Es wird insofern in der kriminalpolitischen Debatte lebhaft darüber gestritten, wie dieser vermeintlichen Zunahme der Jugendkriminalität am besten zu begegnen sei. Wie mit jugendlichen Tätern umgegangen werden soll, steht seit langem international im Mittelpunkt des kriminalpolitischen Interesses.

Die vorliegende rechtsvergleichende Untersuchung hat sich zum Ziel gesetzt, die Einführung und Weiterentwicklung einer aus dem amerikanischen Sprachraum stammenden kriminalpolitischen Alternative zur Behandlung der Jugendkriminalität namens „Diversion“ im deutschen bzw. spanischen Jugendstrafrecht zu analysieren. Dabei wird insbesondere das Augenmerk auf die staatsanwaltschaftliche Diversion im deutschen und spanischen Jugendstrafrecht gerichtet.

Der Begriff „Diversion“ bringt im allgemeinen zum Ausdruck, daß der Staat bei Straftaten im unteren und mittleren Kriminalitätsbereich weitgehend auf ein förmliches Strafverfahren und die Verhängung von Sanktionen im formellen Sinne verzichtet. Stattdessen soll eine „Ablenkung“ oder „Umleitung“ des Strafverfahrens auf eine alternative Spur verschiedenartiger informeller Erledigungen ohne stigmatisierende Wirkungen erfolgen, welche von dem schlichten „Non-intervention“ bis hin zur Anwendung von ambulanten Maßnahmen reichen.

Als Vorreiter wie auch Experimentierfeld für eine derartige kriminalpolitische Alternative hat sich international das Jugendstrafrecht erwiesen. Dabei sind in erster Linie die negativen Effekte der Strafverfolgung auf den jugendlichen Täter, insbesondere seine Stigmatisierung, berücksichtigt worden.

Die sog. „deutsche Variante“ von Diversion ist seit dem Jugendgerichtsgesetz von 1953 in den §§ 45, 47 JGG festgelegt und wird in Form einer Reihe von Diversionsprogrammen zunehmend in die Praxis umgesetzt. Der Grund für diese Diversionsbewegung in der deutschen Jugendgerichtsbarkeit, welche auch auf gesetzlicher Ebene angestoßen wird, ist grundsätzlich in der Skepsis gegenüber den Erfolgsmöglichkeiten der traditionell repressiven Maßnahmen des Jugendstrafrechts zur Bekämpfung der Jugendkriminalität zu sehen. Angesichts dessen hat sich diese Diversionsbewegung zum wesentlichen Ziel gesetzt, die informelle Verfahrenserledigung im Bereich des Jugendstrafrechts besser zu nutzen, mit dem Ziel, die Jugendkriminalität besser bekämpfen zu können.

Die spanische Jugendgerichtsbarkeit dagegen knüpft an einem durchaus anderen Ausgangspunkt an. Bis vor kurzer Zeit mangelte es nicht nur in Spanien an einem umfassenden und modernen Jugendstrafrecht; ferner war die Anwendung von Diversionsmöglichkeiten weder gesetzlich umgesetzt noch entscheidend in der Lehre behandelt worden. Betrachtet man dagegen das Recht der spanischen autonomen Gebiete, so kann man in der katalanischen Gesetzgebung ähnliche Diversionsprogramme wie in der Praxis der Bundesrepublik im Bereich des Minderjährigenschutzes finden. Erst durch Verabschiedung eines neuen Gesetzes am 12. Januar 2000 fanden Diversionsbestimmungen in art. 18 und art. 19 gesetzliche Rückendeckung.

Aus den oben genannten Gründen, die den Ausgangspunkt dieser Arbeit darstellen, ist zunächst folgendes festzuhalten: Angesichts der ungleichen Entwicklung der Figur der Diversion in beiden Ländern erscheint es zunächst schwer, das deutsche Jugendstrafrecht mit dem spanischen zu vergleichen.

Daher scheint es angebracht, zuerst eine möglichst umfassende, gründliche und detaillierte Analyse der in § 45 JGG verankerten Diversionsmöglichkeiten zu unternehmen. Anschließend sind, nachdem auf die Situation des spanischen Jugendstrafrechts eingegangen und folgend eine ausführliche Analyse der im spanischen Jugendstrafrecht vorgesehenen Diversionsmöglichkeiten aufgeführt wird, Überlegungen anzustellen, inwieweit die staatsanwaltschaftliche Diversionstätigkeit des deutschen Jugendstrafrechts nach § 45 JGG in der spanischen Jugendgerichtsbarkeit Anwendung finden könnte. Das soll im wesentlichen das Ziel dieser Arbeit darstellen.

Die folgenden Ausführungen beschäftigen sich im 1. Kapitel mit einer einführenden Darstellung der Entwicklung der Jugendkriminalität in Deutschland und in Spanien. Anschließend folgt ein kurzer Überblick über die geltende Rechtslage des deutschen und spanischen Jugendstrafrechts, wobei die Bedeutung des Erziehungsgedankens als Grundprinzip des Jugendstrafrechts beider Länder im Mittelpunkt der Ausführungen stehen wird.

Im Rahmen des 2. Kapitels wird nach einer theoretischen Definition des Begriffs „Diversion" sowie dessen Entstehungsgeschichte eine ausführliche Darstellung der staatsanwaltschaftlichen Diversion im deutschen Jugendstrafrecht folgen. Dieser Teil der Dissertation stellt den Schwerpunkt der Arbeit insofern dar, als daß im Anschluß daran auf die Frage eingegangen werden soll, inwiefern die von einem Teil der Lehre geäußerten rechtsstaatlichen Bedenken gegen eine sog. staatsanwaltschaftliche Diversionstätigkeit im Rahmen des § 45 JGG als stichhaltig anzusehen sind oder nicht. Hinsichtlich dieser in § 45 JGG vorgesehenen Diversionstätigkeit sind von einem Teil der Lehre verfahrens- bzw. verfassungsrechtliche Bedenken erhoben worden. Diese Bedenken stützen sich in erster Linie auf eine mögliche Anmaßung richterlicher Befugnisse von seiten des Jugendstaatsanwalts im Rahmen seiner Diversionstätigkeit.

Anschließend wird im 3. Kapitel nach einem Überblick über den allgemeinen spanischen Strafprozeß und einer ausführlichen Analyse über das im Jahre 2000 verabschiedete „Gesetz zur Regelung der strafrechtlichen Verantwortlichkeit von Minderjährigen" auf die staatsanwaltschaftliche Diversion im spanischen Jugendstrafrecht eingegangen. Dabei soll versucht werden, die rechtspolitischen Hintergründe der Diversion im spanischen Recht sowie ihre charakteristischen Merkmale deutlich darzustellen, um die Entstehung und Weiterentwicklung dieses Begriffes in der spanischen Rechtsordnung besser verständlich zu machen.

Im 4. Kapitel wird sodann die Einstellungspraxis der jugendstaatsanwaltschaftlichen Diversionstätigkeit in beiden Ländern dargestellt. Dabei wird zum einen untersucht, in welchem Umfang der Jugendstaatsanwalt von den Diversionsmöglichkeiten des § 45 JGG Gebrauch macht. Zum anderen wird ein Einblick in die Einstellungspraxis der spanischen Jugendgerichtsbarkeit vermittelt. Im Rahmen dieser Einstellungshäufigkeit und bezogen auf die Bundesrepublik Deutschland wird eine empirische Forschung in zwei Bundesländern durchgeführt. Durch diese empirische Forschung soll in erster Linie die Praxis der staatsanwaltschaftlichen Verfahrenseinstellung im Rahmen des § 45 JGG in zwei Bundesländern aufgezeigt und anschließend bewerten werden. Schließlich soll anhand der empirischen Daten von beiden Ländern die Frage beantwortet werden, ob ein regionaler Unterschied in der Anwendung der Diversionsmöglichkeiten zu verzeichnen ist.

Nach den theoretischen und praktischen Darstellungen der Diversion in Deutschland und Spanien wird im 5. Kapitel der Frage nachgegangen, ob die in der deutschen jugendstrafrechtlichen Praxis in zunehmendem Maße zu verzeichnende Anwendung der Diversionsmöglichkeiten nach § 45 JGG Anlaß dafür sein könnte, den in art. 18 und art. 19 des neuen spanischen Gesetzes verankerten Diversionsmöglichkeiten zu einer größeren gesetzlichen Bedeutung sowie zu einer entsprechenden praktischen Anwendung zu verhelfen. Insofern soll die Möglichkeit berücksichtigt werden, das „deutsche Diversionsmodell" im Rahmen des Jugendstrafrechts in die spanische Jugendgerichtsbarkeit zu übernehmen. Dabei ist in besonderem Maße der Frage nachzugehen, ob die im deutschen Strafprozeßrecht konzipierte Auslegung des Opportunitätsprinzips, mithin die staatsanwaltschaftlichen Einstellungsbefugnisse, in die spanische Rechtsordnung übertragen werden könnten, was schließlich zu einer Ausdehnung der staatsanwaltschaftlichen Tätigkeit führen würde.

Dieser abschließende Vergleich der in beiden Ländern durchgeführten staatsanwaltschaftlichen Diversion bietet eine ideale Voraussetzung für eine abschließende Stellungnahme zum Thema Diversion durch den Jugendstaatsanwalt in Deutschland und in Spanien, die schließlich im 6. Kapitel der Arbeit erfolgt.

Es hat sich gezeigt, daß rechtsvergleichende Untersuchungen wertvolle Beiträge zur Bewältigung ungelöster rechtspolitischer Probleme im eigenen Land leisten können. Darüber hinaus können rechtsvergleichende Untersuchungen zu einem besseren Verständnis des eigenen Rechts beitragen, indem sie neue Einsichten, Ideen und Argumente vermitteln. Dabei trägt der Rechtsvergleich dazu bei, den eigenen Horizont durch die Erkenntnis zu erweitern, daß es neben den Lösungen des eigenen Rechts eine Fülle von anderen, ebenso gut vertretbaren oder sogar vorzugswürdigeren Lösungen gibt.

Bei jeder rechtsvergleichenden Untersuchung müssen aber die behandelten Probleme im Gesamtzusammenhang des jeweiligen Rechtssystems und vor dem Hintergrund der sozialen und kulturellen Gegebenheiten in den beiden zu vergleichenden Ländern betrachtet werden. Diese Tatsache ist im Laufe dieser Arbeit stets zu berücksichtigen.

1. Kapitel: Grundzüge des Jugendstrafrechts in Deutschland und in Spanien

1. Die Jugendkriminalität in Deutschland und in Spanien

1.1 Einleitung

Die Jugendkriminalität bezeichnet die Gesamtheit aller von jungen Menschen begangenen Handlungen, die gegen Strafgesetze verstoßen[1]. Die Besonderheit der Jugendkriminalität im Vergleich zur Erwachsenenkriminalität besteht grundsätzlich darin, daß die Rechtsfolgen auf die begangene Straftat grundsätzlich nicht aus dem allgemeinen Strafrecht, sondern aus dem Jugendgerichtsgesetz entnommen werden.

In diesem Zusammenhang erscheint zunächst ein Blick auf die gesetzliche Regelung der Strafmündigkeit in der Bundesrepublik Deutschland erforderlich.

Nach § 19 StGB „ist schuldunfähig, wer bei Begehung der Tat noch nicht 14 Jahre alt ist". Kinder unter 14 Jahren können daher für ihr Verhalten strafrechtlich nicht zur Verantwortung gezogen werden.
Nach § 1 Abs. 2 JGG ist Jugendlicher „wer zur Zeit der Tat vierzehn, aber noch nicht achtzehn, Heranwachsender, wer zur Zeit der Tat achtzehn, aber noch nicht einundzwanzig Jahre alt ist".

Während also Kinder unter 14 Jahren nach dem geltenden Recht nicht bestraft werden können, gilt in Deutschland für die 14- bis unter 18-jährigen Jugendlichen und – unter bestimmten Voraussetzungen – für die 18- bis unter 21-jährigen Heranwachsenden ein Sonderstrafrecht: Das Jugendstrafrecht, geregelt im Jugendgerichtsgesetz von 1953.[2]

---

[1] In der Kriminologie wird entsprechend den Altersstufen der jeweiligen Rechtsordnung zwischen Kinder- und Jugendkriminalität einerseits und Erwachsenenkriminalität andererseits unterschieden. Entgegen dem überwiegenden Sprachgebrauch im deutschsprachigen Raum wird von einigen Autoren [u.a. Schneider, Jura 13 (1991), S. 342; Kreuzer, in: KKW, 1993, S. 182; Fischer, 1999, S. 9] und in Anlehnung an das angelsächsische Konzept der „juvenile delinquency" vorrangig der Begriff „Kinder-" und „Jugenddelinquenz" benutzt. Damit wird in erster Linie zum Ausdruck gebracht, daß zwischen einerseits Erwachsenenkriminalität und andererseits Kinder- und Jugenddelinquenz wesentliche qualitative Unterschiede bestehen. Darüber hinaus enthalte der Begriff „Delinquenz" nicht den nachteiligen Stigmatisierungseffekt, welchen das Konzept „Kriminalität" innehabe. Trotz dieser angeführten kriminologischen Perspektive wird im Laufe dieser Arbeit der Begriff „Kinder-" bzw. „Jugendkriminalität" benutzt. Die von Kindern und Jugendlichen begangenen strafbaren Handlungen sind nicht als ein abweichendes Verhalten im Sinne des von dem US-amerikanischen Jugendrecht konzipierten „status offenses" zu verstehen. Zu solchen Delikten gehören z.B. Schulschwänzen, Weglaufen von zu Hause, etc. (siehe dazu Abschn. 1.2 des 2. Kap.). Vielmehr sind die von Kindern und Jugendlichen begangenen Handlungen als ein Verhalten zu bewerten, welches als eine Straftat mit all ihren Merkmalen im Sinne des allgemeinen Strafrechts definiert worden ist. Die Kriminalität wird allgemein – auch die von jungen Menschen – durch das Strafrecht bestimmt (so Walter, 1995, S. 19). Darüber hinaus stehen solche strafbare Handlungen genauso unter Strafe, als wenn sie von einem Erwachsenen begangen worden wären. Zwar unterliegen Kinder und Jugendliche aufgrund ihres Alters und vor allem aufgrund ihrer Erziehungsbedürftigkeit einem bestimmten Jugendstrafrecht. Immerhin verstößt ihr Verhalten gegen Strafgesetze und enthält somit ein Unwerturteil.

[2] i.d.F.d. 1.JGGÄndG vom 30. August 1990 (BGBl. I, S. 1853).

Infolgedessen geht es also bei der Jugendkriminalität in der Bundesrepublik Deutschland um Straftaten von Jugendlichen (14-17 Jahre) und Heranwachsenden (18-21 Jahre).[3]

Ein Überblick über die Regelung der Strafmündigkeit im spanischen Recht ergibt folgendes Ergebnis:

Nach Inkrafttreten des neuen spanischen Strafgesetzbuches [Código Penal (CP)] im Mai 1996[4] tritt die Strafmündigkeit im Alter von 18 Jahren ein. Gegenüber dem alten Strafgesetzbuch aus dem Jahre 1973[5] ist somit das Strafmündigkeitsalter um zwei Jahre heraufgesetzt worden. Damit wird dieses mit der gesetzlichen Volljährigkeit der spanischen Rechtsordnung gleichgesetzt.[6]

Nach dem Wortlaut des art. 19 CP sind die Minderjährigen unter 18 Jahren nach den Vorschriften des in Spanien geltenden Strafgesetzbuches nicht verantwortlich. Es wird aber folgendes angeführt:

„Wenn ein Minderjähriger unter 18 Jahren eine Straftat begeht, kann er sich nach den Vorschriften verantworten, welche die strafrechtliche Verantwortlichkeit der Minderjährigen regeln".

Ein Gesetz, welches die strafrechtliche Verantwortlichkeit dieser Altersgruppe regelt, wurde am 12. Januar 2000 erlassen.[7] Dieses trat am 13. Januar 2001 in Kraft und löste somit das alte Organgesetz von 1992 ab.[8]

Das neue spanische LO 5/2000 findet Anwendung bei Jugendlichen zwischen 14 und unter 18 Jahren (art. 1 Abs. 1 LO 5/2000). Unter bestimmten Voraussetzungen kann das Gesetz auch auf Heranwachsende zwischen 18 und unter 21 Jahren angewendet werden (vgl. art. 4 LO 5/2000).[9] Nach art. 3 des neuen spanischen LO 5/2000 sind Kinder unter 14 Jahren von dem Anwendungsbereich des Gesetzes ausgenommen.

---

3 Um sich ein umfassendes Bild über die Entwicklung der Jugendkriminalität machen zu können, muß man auch die Kriminalität von Kindern bis zu 14 Jahren mit berücksichtigen. Obwohl sie – wie bereits erwähnt – gem. § 19 StGB strafrechtlich schuldunfähig sind, erscheinen sie auch in der Polizeilichen Kriminalstatistik, d.h. sie werden als Tatverdächtige ermittelt. Das hat insbesondere auch damit zu tun, daß die Polizei nach dem in Deutschland ohnehin geltenden Legalitätsprinzip verpflichtet ist, jede Straftat zu ermitteln (vgl. §§ 152, 163, 170 StPO).

4 Organgesetz [„Ley Orgánica" (LO)] 10/1995 vom 23. November, (BOE Nr. 281 vom 24. November 1995) als „Strafgesetzbuch der Demokratie" von der Begründung des Gesetzes benannt. Im Laufe der Arbeit soll die Bezeichnung „Exposición de motivos" als „Begründung des Gesetzes" verstanden werden. Das Kürzel LO bezieht sich im folgenden auf den Begriff „Organgesetz". Für einen Überblick über das neue spanische Strafgesetzbuch von 1995 siehe Cerezo Mir, ZStW 108 (1996), S. 857 ff.

5 Verordnung 3096/1973 vom 14. September. Im folgenden CP 1973.

6 In Art. 12 des spanischen Grundgesetzes [„Constitución Española" (CE) vom 27. Dezember 1978 (BOE Nr. 311-1 vom 29. Dezember 1978)] und in art. 315 des spanischen Zivilgesetzbuches [„Código Civil" aus dem Jahre 1889 (Real Decreto vom 24. Juli 1889)] wird die gesetzliche Volljährigkeit auf 18 Jahre bestimmt.

7 LO 5/2000 vom 12. Januar „zur Regelung der strafrechtlichen Verantwortlichkeit von Minderjährigen" (BOE Nr. 11 vom 13. Januar 2000), in Kraft getreten am 13. Januar 2001. Im folgenden LO 5/2000.

8 Für einen Überblick über die Entwicklung des Jugendstrafrechts in Spanien siehe Abschn. 2.3.1 des 1. Kap.

9 Trotz dieser Bestimmung wurde für die Altersgruppe der 18- bis unter 21-jährigen die Anwendung des art. 4 LO 5/2000 in letzter Sekunde auf zwei Jahre ausgesetzt. Siehe dazu ausführlich Fn. 264.

Ihr Fehlverhalten muß vielmehr von den geltenden Bestimmungen zum Schutz der Minderjährigen des Zivilgesetzbuches sowie der Nebengesetze behandelt werden.

1.2 Jugendkriminalität in Deutschland

1.2.1 Einführung: Zur Entwicklung der Jugendkriminalität in der BRD

„Die Jugend liebt heutzutage den Luxus. Sie hat schlechte Manieren, verachtet die Autorität, hat keinen Respekt für ältere Leute und plaudert, wo sie arbeiten sollte. Die Jungen stehen nicht mehr auf, wenn Ältere das Zimmer betreten. Sie widersprechen ihren Eltern, schwätzen in der Gesellschaft, verschlingen bei Tisch die Süßspeisen, legen die Beine übereinander und tyrannisieren ihre Lehrer"[10]

Einen Überblick über die Entwicklung der Jugendkriminalität in der BRD vermitteln die Strafverfolgungsstatistik (StrafVS) (Verurteiltenstatistik) des Statistischen Bundesamtes und vor allem die Polizeiliche Kriminalstatistik (PKS) des Bundeskriminalamtes. Beide Statistiken umfassen alle amtlichen Materialsammlungen, in denen Ergebnisse staatlicher Ermittlungs- und Strafverfolgungstätigkeit registriert werden.

Die StrafVS bezieht sich auf alle von den Gerichten abgeurteilten Tatverdächtigen. „Abgeurteilte" sind Angeklagte, gegen die ein Strafbefehl erlassen worden ist bzw. ein Strafverfahren nach Eröffnung des Hauptverfahrens durch ein Urteil oder einen Einstellungsbeschluß rechtskräftig abgeschlossen worden ist. Die Zahl der Abgeurteilten setzt sich aus den Verurteilten und den Personen zusammen, gegen die andere Entscheidungen ergangen sind (wie Freispruch, Absehen von der Strafe, Anordnung von Maßregeln der Besserung und Sicherung gem. §§ 61 ff. StGB).

Die PKS wird als wichtigstes Mittel zur Analyse der Entwicklung der Jugendkriminalität angesehen.[11] Sie dokumentiert die Ermittlungstätigkeit der Polizei und wird alljährlich veröffentlicht. In der PKS werden die von der Polizei zu bearbeitenden Straftaten mit Ausnahme der Staatsschutz- und Verkehrsdelikte registriert, sowie Straftaten, die außerhalb der Bundesrepublik Deutschland begangen worden sind.[12]

Gleichwohl werden gegen die Aussagekraft der PKS von der Wissenschaft erhebliche Bedenken erhoben.[13] Dabei wird argumentiert, daß die PKS verschiedenen Verzerrungsfaktoren unterliegt. Hierbei werden u.a. folgende Aspekte hervorgehoben:

---

[10] Sokrates, zitiert nach Heinz, in: Heinz/Hügel: Erzieherische Maßnahmen im deutschen Jugendstrafrecht, in: BMJ (Hrsg.), 1987, S. 7.

[11] Fischer, 2000, S. 10.

[12] Siehe BKA (Hrsg.): PKS 2000, S. 8.

[13] Ausführlich zu den Fehlerquellen der Kriminalstatistik siehe: Jehle, NK 2 (1994), S. 22; Pfeiffer/Wetzels, NK 2 (1994), S. 32 jeweils m.w.N.

- Die PKS ist von der Anzeigebereitschaft in der Bevölkerung abhängig. Empirische Forschungen belegen, daß das Anzeigeverhalten der Bevölkerung von der Entwicklung des Kriminalitätsgeschehens sowie von der Medienberichterstattung abhängig ist.[14]
- In der PKS werden die Tatverdächtigen und nicht nur die tatsächlichen Täter erfaßt. In diesem Zusammenhang ist die Tatsache zu berücksichtigen, daß die Erfassung in der PKS vorrangig anhand gesetzlicher Tatbestände und nicht unter kriminologischen Gesichtspunkten erfolgt. Aus diesem Grunde können strafrechtliche Aktivitäten wie die organisierte Kriminalität nicht in die PKS aufgenommen werden.
- Die Straftaten werden zum Teil von der Polizei anders bewertet als von der Staatsanwaltschaft oder den Gerichten. Diese Änderung in der Bewertung eines Sachverhaltes wird nachträglich in der PKS nicht korrigiert.
- Die Ermittlungsarbeit der Polizei kann sich bei bestimmten Deliktsarten verändern. Das kann zu einem enormen Anstieg der Erfassung eines bestimmten Deliktes führen.[15]

Selbst die PKS weist auf die begrenzte Aussagekraft der registrierten Daten hin.[16] Dabei erwähnt sie zum einen das Dunkelfeld der Kriminalität,[17] zum anderen werden Erfassungs- und Bewertungsprobleme der registrierten Tatbestände beklagt.

Trotz der angeführten Schwächen der PKS muß die Tatsache berücksichtigt werden, daß diese die einzige Datenquelle ist, die für eine umfassende Beurteilung der Entwicklung der Kriminalität zur Verfügung steht.[18] Einer der Vorteile der PKS ist in ihrer Aktualität zu sehen: Die Arbeitstätigkeit der polizeilichen Behörden wird fortlaufend registriert und alljährlich veröffentlicht.[19]

Ein Blick auf die PKS für das Jahr 2000 läßt den Schluß zu, daß der in den letzten Jahren zu verzeichnende starke Anstieg der Jugendkriminalität sich nicht weiter fortgesetzt hat.[20]

Bei der Altersstruktur der Jugendkriminalität in der Bundesrepublik Deutschland ergibt sich somit folgendes Bild:

Im Berichtsjahr 2000 wurden insgesamt 145.834 Kinder als Tatverdächtige ermittelt, das sind 3,2% weniger als 1999 (150.626). Bei Jugendlichen (14 bis unter 18 Jahre) sank die Anzahl der Tatverdächtigen um 0,8% auf 294.467 (im Jahre 1999 waren es

---

14 So Pfeiffer/Wetzels, NK 2 (1994), S. 34.

15 Ein Beleg dafür ist die in letzter Zeit zu beobachtende Zunahme der erfaßten Fälle des § 265a StGB (Erschleichen von Leistungen) zu sehen, was in erster Linie aus einer Intensivierung der Kontrolle zurückzuführen ist.

16 BKA (Hrsg.): PKS 1998, S. 274.

17 Laut PKS umfaßt das Dunkelfeld die nicht der Polizei bekanntgewordene Kriminalität und kann aus diesem Grunde in den amtlichen Statistiken nicht zum Ausdruck kommen. Auf dieses kriminologische Konzept des Dunkelfeldes wird im Folgenden ausführlich eingegangen.

18 Pfeiffer, DVJJ-Journal 3 (1996), S. 217.

19 Boers, NK 3 (2000), S. 7.

20 Siehe Tabelle 1 im Anhang.

296.781 gewesen). Demgegenüber ist bei der Gruppe der Heranwachsenden (18 bis unter 21 Jahre) wieder ein leichter Anstieg zu verzeichnen: Wurden im Jahre 1999 insgesamt 240.109 Heranwachsende als Tatverdächtige ermittelt, so stieg die Zahl im Jahre 2000 um 3,1% auf 247.586.[21]

Die oben genannten Zahlen beziehen sich auf Aussagen über die „registrierte" Jugendkriminalität, d.h. die Gesamtheit der der Polizei bekanntgewordenen Straftaten. Diese Daten umfassen aber nicht die „wirkliche" begangene Kriminalität von Kindern, Jugendlichen und Heranwachsenden. Dies ist grundsätzlich darauf zurückzuführen, daß der Polizei nicht alle Straftaten auffällig werden, bzw. zur Anzeige gebracht werden.

Um das wirkliche Ausmaß und die Struktur der Jugendkriminalität erfassen zu können, muß man einen Begriff heranziehen, der von der Kriminologie entwickelt worden ist: Das sog. „Dunkelfeld". Unter dem Dunkelfeld der Kriminalität wird die Summe jener Delikte verstanden, die nicht zur Kenntnis der Strafverfolgungsbehörden (Polizei und Justiz) gelangen und deshalb in den amtlichen Statistiken auch nicht erscheinen.

Um dieses Dunkelfeld aufzuhellen, werden grundsätzlich die Untersuchungsmethoden der Befragung, Beobachtung und des Experimentes herangezogen. Die Befragung wird im wesentlichen in drei verschiedenen Formen durchgeführt: Täterbefragung (sog. „self-report delinquency"), Opferbefragung und Informantenbefragung.[22]

Die Dunkelfeldforschung hat ergeben, daß es auch unter den bisher nicht strafrechtlich auffälligen Jugendlichen und Heranwachsenden nur wenige gibt, die nicht bei anonymer Befragung zugeben würden, eine oder mehrere Straftaten begangen zu haben.[23] Die Dunkelfeldforschung weist ferner darauf hin, daß bestimmte Delikte überwiegend bei fast jedem Jugendlichen bzw. Heranwachsenden vorkommen. Nach Ergebnissen von Selbstberichtsuntersuchungen fallen innerhalb der sog. Bagatellkriminalität oft über 50% der Befragten auf, und zwar unabhängig von sozialer Herkunft und Vorbildung. Hierbei dominiert der Diebstahl in vielfältigen Varianten. Über 80% junger Männer geben irgendwelche früheren Diebstähle in Delinquenzbefragungen zu.[24] Diese Aussage wird auch nach Auswertung der Daten der PKS von 2000 bestätigt: Die Jugendkriminalität ist überwiegend durch leichte Eigentums- und Vermögensdelikte gekennzeichnet. Über die Hälfte der tatverdächtigen Kinder (51,3%) wurde im Jahre 2000 wegen Ladendiebstahls ermittelt.[25]

Allerdings nehmen mit zunehmendem Alter auch die Schwere und Intensität der Delikte zu. Bei tatverdächtigen Heranwachsenden ist ein Anstieg der Straßenverkehrsdelikte sowie des Betrugs, der Rauschgiftdelikte und der Gewaltdelikte zu verzeichnen.

---

21 Zum Vergleich ist auch bei den Erwachsenen ebenfalls ein leichter Anstieg um 1,5% auf 1.598.485 (Berichtsjahr 1999: 1.575.624) zu beobachten. Siehe BKA (Hrsg.): PKS 2000, S. 72.

22 Fischer, 2000, S. 16 f.

23 Im Rahmen der Dunkelfeldforschung ist der Bericht von Pfeiffer, u.a.: Ausgrenzung, Gewalt und Kriminalität im Leben junger Menschen, DVJJ-Journal Sonderdruck 1998, zu erwähnen. In diesem haben die Autoren Täterbefragungen mit insgesamt 9.000 Schülern der 9. Klasse (14-15-jährige) aus Hamburg, Hannover, Stuttgart und Leipzig durchgeführt.

24 Kreuzer, in: KKW, 1993, S. 185.

25 BKA (Hrsg.): PKS 2000, S. 75. Auch ist den neuesten Zahlen der PKS für das Jahr 2000 zu entnehmen, daß der Diebstahl zahlenmäßig die Gesamtkriminalität der BRD weiter bestimmt. In diesem Berichtsjahr machte der Diebstahl einen Strafanteil von 47,6% aus.

Bislang war für die Jugendkriminalität der neunziger Jahre ein stetiger, mitunter sogar dramatischer Anstieg zu verzeichnen.[26] Anlaß zur Sorge gab hier die Entwicklung der Gewaltkriminalität bei den 14- bis 17-jährigen Jugendlichen, insbesondere bei Raub- und Körperverletzungsdelikten.[27] Den Daten der PKS folgend, scheint sich eine zunehmende Gewaltbereitschaft bei Kindern und Jugendlichen abzuzeichnen. In diesem Zusammenhang wird lebhaft darüber gestritten, inwieweit aus den Zahlen der PKS auf einen tatsächlichen Anstieg der Jugendkriminalität geschlossen werden kann.[28]

Weiterhin ist jedoch nicht auszuschließen, daß hinsichtlich der Gewaltkriminalität eine gesteigerte Empfindlichkeit in der Öffentlichkeit bestehen könnte. Dies wird in erster Linie durch die Tatsache begünstigt, daß die Medien öfter über eine dramatische Zunahme der Kinder- und Jugendkriminalität am Beispiel isolierter und spektakulärer Fälle berichten.[29]

Die Daten der PKS für das Jahr 1999 könnten aber den Beginn einer Trendwende bedeuten. Der seit 1993 zu verzeichnende starke Anstieg der Anzahl tatverdächtiger deutscher Kinder und Jugendlicher hatte sich zum ersten Mal nach den Daten der PKS für das Jahr 1999 nicht mehr fortgesetzt. Die Zahlen der PKS für das Jahr 2000 weisen ebenfalls einen Rückgang der tatverdächtigen Kinder und Jugendlichen auf.[30]

1.2.2 Häufigkeit

Um die Häufigkeit der Jugendkriminalität entsprechend einschätzen zu können, erscheint ein Vergleich mit der Kriminalitätsbelastung[31] der erwachsenen Straftäter notwendig.

---

26 Siehe z.B. dazu: Der Spiegel, Nr. 41/1996, S. 110; ferner den Bericht „Kinderkriminalität“ in: Der Spiegel, Nr. 28/1998, S. 22 ff. sowie „Wenn Kinder zu Tätern werden...“ in: Stern, Nr. 26/1997.

27 Kriminologisch werden unter „Jugendgewalt“ Körperverletzungsdelikte (vor allem mit Waffen und von einer Gruppe begangen), Raubdelikte, gewaltsame Sexualdelikte und Tötungsdelikte zusammengefaßt. Siehe dazu Boers, NK 3 (2000), S. 7. Nach der PKS 1999 betrug der Anteil der Gewaltkriminalität an der registrierten Gesamtkriminalität bei allen Altersgruppen 2,96%. Fast zwei Drittel (61,2%) davon waren gefährlich und schwere Körperverletzungen. BKA (Hrsg.): PKS 1999, S. 25. Die neuesten Daten der PKS für das Jahr 2000 weisen ähnliche Daten auf. Die Gewaltkriminalität betrug im Jahr 2000 insgesamt 2,98% der gesamten Kriminalität in der BRD. Fast zwei Drittel (62,5%) davon waren gefährlich/schwere Körperverletzungen. BKA (Hrsg.): PKS 2000, S. 23.

28 Ostendorf, DVJJ-Journal 4 (1996), S. 361 sieht Anzeichen für eine stetig steigende Jugendkriminalität, die nicht episodenhaft ist. Dagegen Walter, DVJJ-Journal 3 (1996), S. 209, 210; Traulsen, DVJJ-Journal 1 (1997), S. 47, 49, die in den Steigerungswerten der PKS keinen hinreichenden Beleg für einen tatsächlichen Zuwachs der Kinder- und Jugendkriminalität in den letzten Jahren sehen.

29 Zustimmend zu dieser These weist Pfeiffer darauf hin, daß ein Teil des Anstiegs der Jugendkriminalität auf eine zunehmende Anzeigebereitschaft in der Bevölkerung zurückzuführen sei. Dabei stützt er sich auf die „Max und Moritz bzw. Max und Achmet“-Theorie. Siehe dazu Pfeiffer/Wetzels, in: Bundeszentrale für politische Bildung (Hrsg.), 1999, S. 4, sowie NK 1 (1999), S. 10.

30 Siehe Tabelle 1 im Anhang.

31 Die Kriminalitätsbelastung wird regelmäßig durch eine Verhältniszahl bestimmt, die die Delinquenten mit der betreffenden Bevölkerungsgruppe in Verbindung setzt. Ein Grund für die Schaffung dieser Verhältniszahl ist in der Tatsache zu sehen, daß die absoluten Zahlen prinzipiell keine verläßlichen Aussagen über die tatsächliche Kriminalitätsentwicklung erlauben. Denn sie könnten immerhin auf eine entsprechende Veränderung der Bevölkerungszahl einer bestimmten Bevölkerungsgruppe zurückzuführen sein. Diesen Unsicherheitsfaktor kann man ausschalten, indem man die Zahl der Angezeigten auf die Bevölkerung desselben Gebiets im jeweiligen Zeitraum bezieht. So erhält man ein Maß für die

Nach der PKS ist die Kriminalitätsbelastung der Jugendlichen bzw. der Heranwachsenden höher als die Kriminalitätsbelastung der Erwachsenen. Bei einer durchschnittlichen Kriminalitätsbelastung von 2.399 ermittelten deutschen Tatverdächtigen auf 100.000 Einwohner im Jahre 2000 betrug die Kriminalitätsbelastung der 14- bis unter 18-jährigen Jugendlichen 7.258 (1999: 7.226) und die der 18- bis unter 21-jährigen Heranwachsenden 7.476 (1999: 7.243) Demgegenüber lag die TVBZ der deutschen Erwachsenen lediglich bei 1.975 (1999: 1.932).[32]

Aus den Zahlen der PKS ist einerseits zu entnehmen, daß mit zunehmendem Alter die Kriminalitätsbelastung stetig zurückgeht. Andererseits aber auch, daß der Anteil Jugendlicher und Heranwachsender an allen ermittelten Tatverdächtigen etwa doppelt so hoch ist wie ihr Anteil an der Wohnbevölkerung.[33] Gleichwohl liegt der Anteil der Erwachsenen (ab 21 Jahren) in der gesamten Wohnbevölkerung wesentlich höher als bei den jungen Menschen. Daher darf man sich durch diese relativ hohe Belastung, vor allem der Jugendlichen, nicht täuschen lassen: Immerhin sind ca. 76% aller registrierten Tatverdächtigen und 82% aller Verurteilten Erwachsene.[34]

Hervorzuheben ist ferner die in der PKS zu beobachtende höhere Kriminalitätsbelastung der ostdeutschen Jugendlichen und Heranwachsenden gegenüber ihren westdeutschen Altersgenossen. Nach der PKS für das Jahr 2000 lag die TVBZ für die deutschen Jugendlichen in den alten Bundesländern einschließlich Gesamt-Berlin bei 6.803. Demgegenüber lag die TVBZ für Jugendliche aus den neuen Bundesländern bei 8.722. Bei den Heranwachsenden spiegelt sich auch ein ähnlicher Trend wider: Die TVBZ in den alten Bundesländern betrug im Jahr 2000 insgesamt 7.185; in den neuen Ländern dagegen 8.433.[35]

Als mögliche Ursache für die höhere Kriminalitätsbelastung der ostdeutschen Jugendlichen und Heranwachsenden werden der soziale Umbruch nach der Wende und die damit im Zusammenhang stehenden gravierenden ökonomischen und sozialen Probleme (vor allem die hohe Arbeitslosigkeit) angegeben. Für die Jugendlichen im Osten dürften die im Vergleich zum Westen ungünstigeren beruflichen Perspektiven eine bedeutsame Rolle spielen. In diesem Sinne könnte man den gewaltsamen jugendlichen Rechtsextremismus in Ostdeutschland dem sozialen Umbruch nach der Wende zuschreiben.[36]

Aus quantitativer Sicht, basierend auf den Daten der PKS für das Berichtsjahr 2000, verteilt sich die Kriminalität auf das Alter der Tatverdächtigen wie folgt:

Kriminalitätsbelastung, das durch mögliche Veränderungen in den Bevölkerungszahlen nicht beeinflußt wird. Die PKS errechnet somit eine TVBZ nach der Zahl der ermittelten Tatverdächtigen bezogen auf 100.000 Einwohner der jeweiligen Personengruppe. Gleichwohl hat diese TVBZ auch Schwächen: Da als Bezugsgruppe in aller Regel nur die Wohnbevölkerung zur Verfügung steht, ist die errechnete statistische Kriminalitätsbelastung überhöht, wenn der Anteil der nicht offiziell (legal) ansässigen Ausländer an den jugendlichen Tatverdächtigen nicht unerheblich ist. In diesem Sinne könnte als möglicher Verzerrungsfaktor die nicht zur Wohnbevölkerung zählenden Tatverdächtigen wie Angehörige von Stationierungsstreitkräften, Illegale, Touristen, etc. betrachtet werden. Dennoch stellt die TVBZ jedenfalls ein besseres Maß für die Kriminalitätsbelastung dar als die absoluten Zahlen.

32 BKA (Hrsg.): PKS 2000, S. 97.

33 Vgl. Dölling, in: BMJ (Hrsg.) 1992, S. 41.

34 Meßner, 1996, S. 70.

35 BKA (Hrsg.): PKS 2000, S. 101.

36 Siehe Kreuzer, u.a., in: DVJJ-Schriftenr. Bd. 22 (1993), S. 49 ff.

Kinder unter 14 Jahren: 6,4%; Jugendliche zwischen 14 und 17 Jahren: 12,9%; Heranwachsende zwischen 18 und 20 Jahren: 10,8%; Erwachsene ab 21 Jahren: 69,9%.[37]

Die hohe Kriminalitätsbelastung junger Altersgruppen könnte auf den ersten Blick den Eindruck erwecken, Jugendkriminalität sei besonders gefährlich. Diese Annahme wird jedoch durch die Erkenntnisse über die meist geringe Schwere der Delikte junger Menschen sowie den vorübergehenden Charakter ihrer Kriminalität relativiert.

Aus kriminologischen Untersuchungen im Rahmen der Dunkelfeldforschung wird deutlich, daß die Jugendkriminalität in erster Linie eine ubiquitäre Erscheinung darstellt. Damit ist gemeint, daß es nahezu keinen Jugendlichen gibt – unabhängig von seiner Schichtzugehörigkeit – der in seinem Entwicklungsprozeß zum Erwachsenen nicht mindestens eine strafbare Handlung begeht. Darüber hinaus wird dieser weiten Verbreitung von Delinquenz in der Jugendphase von der Kriminologie überwiegend ein episodenhafter Charakter beigemessen. Mit ihrem Älter- und Reiferwerden hören die meisten zuvor straffällig gewordenen Kinder und Jugendlichen auf, Straftaten zu begehen.[38]

Gleichwohl gibt es eine Minderheit von Jugendlichen, die wiederholt mit strafbaren Handlungen in Erscheinung treten. Diese relativ kleine Gruppe von sog. jugendlichen „chronischen Straftätern“ ist für einen außergewöhnlich großen Anteil der auf die Jugendlichen entfallenden Straftaten verantwortlich.[39] In diesem Sinne bezeichnen manche Landeskriminalämter Personen als „Intensivtäter“, gegen die in einem Jahr von der Polizei mindestens zwei voneinander unabhängige Ermittlungsverfahren durchgeführt worden sind und die in diesem Jahr mehr als fünf Straftaten begangen haben.[40] Deren Anteil an allen polizeilichen Tatverdächtigen wird auf 5% geschätzt. Auf diese kleine Gruppe entfällt aber eine sehr hohe Anzahl von Delikten.[41]

Diese Gruppe von sozial auffälligen jugendlichen Straftätern scheint damit schwerlich für den Sanktionskatalog des JGG erreichbar zu sein. Diese Jugendlichen stellen ja für die Jugendkriminalitätsrechtspflege die größte Herausforderung dar, weil sie auf die üblichen Sanktionen des Jugendstrafrechts nicht mit der erwarteten Beendigung ihres kriminellen Verhaltens reagieren.[42] Bei diesen sog. „Intensivtätern“ kann nicht mehr von einer ubiquitären und episodenhaften Erscheinung gesprochen werden. Vielmehr geht von dieser Minderheit eine erhebliche Delinquenz aus, die zu einem deutlichen Schutzbedürfnis der Gesellschaft führt.

---

37 BKA (Hrsg.): PKS 2000, S. 72.

38 In diesem Zusammenhang hat die kriminologische Forschung ergeben, daß etwa mit Beginn des dritten Lebensjahrzehnts die Kriminalitätsbelastung kontinuierlich wieder abnimmt. Zu den Merkmalen der Jugendkriminalität siehe Abschn. 1.2.3 des 1. Kap.

39 Albrecht, H.J. in: Hubert/Hochgesand, 1997, S. 30 f.

40 In Berlin wird beispielsweise der Begriff „Intensivtäter“ für Tatverdächtige verwendet, die zehn oder mehr Straftaten in einem Deliktsbereich begangen haben (vgl. LKA Berlin 1996, Bd. I, S. 86). Zum Begriff „Intensivtäter“ siehe Kaiser, in: KKW, 1993, S. 178 ff.

41 In Nordrhein-Westfalen begingen 1983 5,1% der jugendlichen „Intensivtäter“ 30,2% aller Straftaten und 5,2% der Heranwachsenden 31,6% (vgl. zu den Daten des LKA NRW Kerner, H.J.: Mehrfachtäter, „Intensivtäter“ und Rückfälligkeit. Kriminologische Gegenwartsfragen, Heft 17, 1986, S. 117 ff.).

42 Lempp, in: DVJJ (Hrsg.), 1996, S. 29.

1.2.3 Charakteristik

Die Kriminalität von jungen Menschen ist in ihren Delikts- bzw. Erscheinungsformen gegenüber der von Erwachsenen höchst unterschiedlich.

Die Motivation Jugendlicher zur Begehung strafbarer Handlungen liegt in der Neugierde, dem Spiel, der Abenteuerlust und dem Erlebnisdrang. Viele Jugendliche streben aufgrund ihrer entwicklungsbedingten Statusunsicherheit nach Anerkennung, Prestige, Zugehörigkeit in der Bezugsgruppe sowie nach dem sozioökonomischen Status der Erwachsenen.[43]

Nach den aktuellen kriminologischen Erkenntnissen im Bereich der Jugendkriminalität ist davon auszugehen, daß es sich überwiegend bei den von Kindern und Jugendlichen begangenen strafbaren Handlungen um „ubiquitäre", „normale", „episodenhafte" bzw. „bagatellhafte" Erscheinungen handelt.[44]

Die Ubiquitätsthese besagt, daß Jugendkriminalität ubiquitär, also allgegenwärtig ist, unabhängig von der Zugehörigkeit des Jugendlichen zu einer bestimmten sozialen Schicht oder von einer bestimmten Vorbildung. Daher findet man delinquentes Verhalten überwiegend in allen Bevölkerungsschichten.

Der Normalitätsthese zufolge sind strafbare Handlungen junger Menschen übliche Erscheinungen in der Entwicklungsphase zum Erwachsenenwerden. Die Ergebnisse von Dunkelfeldforschungen, insbesondere Selbstberichtsuntersuchungen, haben deutlich gemacht, daß es kaum einen Jugendlichen gibt, der im Laufe seines Reifungsprozesses keine strafbaren Handlungen in Kauf nimmt. Es gibt sogar Deliktsarten, wie z.B. Ladendiebstahl oder „Schwarzfahren", die bei fast jedem in der Jugend vorkommen.[45]

Dem Großteil der Kinder- und Jugendkriminalität wird ein episodenhafter Charakter beigemessen. Folglich bleibt ein gegen Strafnormen verstoßendes Verhalten für die überwiegende Zahl der Jugendlichen eine Episode. Dieses allmähliche Zurückgehen delinquenten Verhaltens steht im engen Zusammenhang mit der sozialen Integration des Jugendlichen. In diesem Sinne spielen Aspekte wie die Übernahme von Verantwortung für andere, der Beruf oder die Familie eine wesentliche Rolle. Das Reiferwerden des Jugendlichen, verbunden mit seiner sozialen Integration und die Übernahme von Verantwortung tragen dazu bei, daß dieser Jugendliche strafbare Handlungen unterläßt.

Die Struktur der registrierten Kriminalität weist insgesamt in der Bundesrepublik Deutschland, den Befunden der PKS zufolge, grundsätzlich einen Bagatellcharakter auf. Insoweit ist sie in erster Linie durch Eigentums- und Verkehrsdelikte gekennzeichnet. Das trifft auch für die Jugendkriminalität zu. Legt man die Daten der PKS zugrunde, so ergibt sich für die jungen Menschen eine hohe Beteiligung an vergleichsweise nicht so schwerwiegenden Delikten. Schwere Straftaten treten bei Jugendlichen dagegen selten in Erscheinung. In allen Altersgruppen, insbesondere bei Jugendlichen, stehen Delikte wie

[43] Kreuzer, Zeitschrift für Pädagogik, 1983, S. 63.

[44] Clages, Kriminalistik 49 (1995), S. 607; ferner: Wolters, Unsere Jugend 42 (1990), S. 173.

[45] Einleuchtend zur Normalitätsthese sind die Ergebnisse einer von Pfeiffer u.a. durchgeführten empirischen Forschung. Danach gaben in der BRD in einer für das Jahr 1997 in Hamburg, Hannover, Stuttgart und Leipzig mit Schülern der 9. Klasse (14-15-jährige) durchgeführten Täterbefragung rund 39% an, einen Ladendiebstahl begangen zu haben. Siehe dazu Pfeiffer u.a., DVJJ, Sonderdruck 1998, S. 79.

der Diebstahl, Sachbeschädigung und der Betrug [hierunter ist vor allem der Straftatbestand der Leistungserschleichung (§ 265a StGB) zu verstehen] im Vordergrund.

Jugendkriminalität umfaßt in der Regel einfache, leichte und wenig überlegte Delikte. Gerade deshalb fallen diese Taten auch leichter auf und werden somit von der Polizei schneller aufgedeckt. Zu solchen Deliktsformen gehören überwiegend Diebstähle in allen Formen, Sachbeschädigung bzw. vandalistische Handlungen, Delikte im Straßenverkehr, namentlich Fahren ohne Fahrerlaubnis oder unbefugter Gebrauch von Fahrzeugen, sowie – in geringerem Maße – Körperverletzungsdelikte. Unter der sog. Gewaltkriminalität werden vor allem leichte Körperverletzungsdelikte, Schlägereien und Erpressung von Altersgenossen als typisch jugendlich eingestuft. Allerdings nimmt die Bedeutung vor allem der Straßenverkehrsdelikte sowie die der Gewaltdelikte in der Altersgruppe der Heranwachsenden deutlich zu. Demgegenüber ist die von Erwachsenen verübte Kriminalität in ihren Erscheinungsformen höchst unterschiedlich, weniger sichtbar und dementsprechend schwerer zu kontrollieren. Neben Gewaltdelikten in allen unterschiedlichen Formen – u.a. Tötungs- und Sexualdelikte – gehört auch die Wirtschafts-, Umwelt- und die organisierte Kriminalität zu den von Erwachsenen verübten Straftaten.[46]

Im allgemeinen kann also gesagt werden, daß insbesondere Gewaltdelikte überwiegend zur Erwachsenenkriminalität gehören.

Jugendkriminalität wird im Vergleich zur Erwachsenenkriminalität häufiger in Gruppierungen begangen. In den Entwicklungsjahren junger Menschen spielt die Gruppe der Gleichaltrigen als „Sozialisationsinstanz" eine wichtige Rolle. Etwa drei Fünftel der Straftaten von Tatverdächtigen unter 21 Jahren werden gemeinschaftlich begangen.[47] In der Gruppe werden Hemmungen abgebaut und die Verantwortung verdrängt. Außerdem werden Risiken vermehrt in Kauf genommen.

Insgesamt gesehen ergibt sich für die jungen Menschen eine hohe Beteiligung an vergleichsweise nicht so schwerwiegenden Delikten und eine geringere Beteiligung an gravierenden Taten. Obwohl in letzter Zeit über gewalttätiges Verhalten Jugendlicher in den Medien berichtet wird[48] und trotz spektakulärer Einzelfälle ist davon auszugehen, daß die Jugendkriminalität überwiegend Bagatellkriminalität ist. Dies wird jährlich durch die Daten der PKS sowie die Ergebnisse von Dunkelfeldforschungen bestätigt.

---

[46] Dölling, in: BMJ (Hrsg.), 1992, S. 49; ferner: Heinz, DVJJ-Journal 4 (1996), S. 346.

[47] Landscheidt, 1995, S. 14; zu den sog. „Jugendgangs" in Deutschland siehe Findeisen/Kersten, 1999, S. 139 ff.

[48] Siehe dazu die Berichte in: Der Spiegel, Nr. 45/1999, S. 110 ff. sowie Der Spiegel, Nr. 46/1999, S. 112 ff.

1.2.4 Struktur

Die Struktur der Jugendkriminalität weist eine deutliche Einförmigkeit auf. Bei allen Altersgruppen dominieren Eigentums-, Vermögens- und Straßenverkehrsdelikte.[49] Bei Jugendlichen handelt es sich zumeist um Diebstahl. Mehr als die Hälfte der registrierten Delikte von Kindern und Jugendlichen sind Diebstähle, ein Viertel sind Verkehrsdelikte.

Diese Annahmen über die Struktur der Jugendkriminalität lassen sich durch die Daten der PKS bestätigen. In der PKS für das Jahr 2000 waren rund 57% der registrierten Straftaten unter Kindern und Jugendlichen Diebstähle.[50] Dabei dominiert bei Kindern (51,33% im Jahre 2000) und Jugendlichen (28,61% im Jahre 2000) vor allem der Ladendiebstahl.

Die von der Öffentlichkeit besonders angeprangerte Gewaltkriminalität macht bei den jugendlichen Straftätern nur einen verhältnismäßig geringen Anteil aus.[51] So waren im Jahre 2000 nach der PKS annähernd 12,4% der von der Polizei ermittelten Kinder der Begehung einer Körperverletzung verdächtigt.[52] Diese Prozentzahl steigt dagegen bei der Gruppe der Jugendlichen (18,11%)[53] und Heranwachsenden (17,08%).[54]

Überproportionale Anteile der Jugendlichen und Heranwachsenden sind auch bei der Beförderungserschleichung („Schwarzfahren"), Sachbeschädigung, Raub und räuberischer Erpressung zu verzeichnen. Eine zunehmende und besorgniserregende Bedeutung, insbesondere bei den Straftaten der Heranwachsenden, gewinnen die Drogendelikte.[55]

Bei Heranwachsenden treten Deliktsarten wie die Straßenverkehrsdelikte oder die Rauschgiftdelikte öfter in Erscheinung. Hervorzuheben ist in diesem Zusammenhang der Anstieg der Rauschgiftdelikte mit zunehmendem Alter. Waren im Jahre 2000 insgesamt 11,39% der Jugendlichen zwischen 14 und unter 18 Jahren wegen Verstößen gegen das BtMG von der Polizei ermittelt, so stieg bei Heranwachsenden die Zahl bis auf 21,41%.

Im übrigen ist die Struktur der Kriminalität bei Erwachsenen weitaus differenzierter als bei den jüngeren Altersgruppen. Mit zunehmendem Alter läßt sich statistisch feststellen, daß die Diebstahlsobjekte mit dem Älterwerden an Bedeutung verlieren. Beispielsweise betrug der Diebstahl ohne schwere Umstände ausweislich der PKS 2000 bei Erwachsenen lediglich 22,5% an den gesamten Straftaten. Bei den

---

49 In Prozenten ausgedrückt betrug die Diebstahlskriminalität im Jahre 2000 47,62% der gesamten Straftaten, die Gewaltkriminalität dagegen lediglich 2,98% aller bekanntgewordenen Delikte. Siehe dazu BKA (Hrsg.): PKS 2000, S. 28.

50 Vgl. BKA (Hrsg.): PKS 2000, S. 88. Danach betrug der Diebstahl ohne erschwerende Umstände (meist Ladendiebstahl) bei Kindern: 64,4%, bei Jugendlichen: 45,2%; der Diebstahl unter erschwerenden Umständen betrug bei Kindern lediglich 6,4%, bei Jugendlichen 9,3%.

51 Zum Ausmaß der Gewaltkriminalität in der PKS siehe Fn. 27.

52 BKA (Hrsg.): PKS 2000, S. 75.

53 BKA (Hrsg.): PKS 2000, S. 77.

54 BKA (Hrsg.): PKS 2000, S. 78.

55 Trenczek, 1996, S. 32.

Erwachsenen spielen insbesondere Straftaten im Wirtschafts- und Geschäftsleben eine größere Rolle.[56]

1.3 Die Jugendkriminalität in Spanien

1.3.1 Einführung: Zur Entwicklung der Jugendkriminalität in Spanien

Genaue Angaben über die Entwicklung der Kriminalität von Minderjährigen unter 18 Jahren[57] in Spanien lassen sich schwer machen. Soweit Statistiken veröffentlicht werden, sind sie häufig nicht sonderlich verläßlich. Jedoch lassen alle Äußerungen über Straftaten Jugendlicher darauf schließen, daß sich diese Kriminalität in den 90er-Jahren sowohl in Anzahl als auch Schwere im Steigen befindet.

Es werden dabei zwei Gründe angeführt, aufgrund derer es außerordentlich schwer erscheint, umfassende bzw. abschließende Statistiken bezüglich der Jugendkriminalität in Spanien in Erfahrung zu bringen.[58] Einerseits gliedert sich der spanische Staat seit Inkrafttreten der spanischen Verfassung im Jahre 1978 in sog. Autonomen Gemeinschaften („Comunidades Autónomas"). Diese autonomen Gebiete haben die Zuständigkeiten im Rahmen der Sozialfürsorge bzw. Sozialdienste weitgehend übernommen. Insofern ist von einer sog. „Dezentralisierung" die Rede. Zum anderen unterliegt die Jugendgerichtsbarkeit in Spanien in den letzten Jahren einem umfassenden und gleichzeitig unablässigen Wandel, dessen Höhepunkt mit Inkrafttreten eines neuen Gesetzes zur Behandlung der Kriminalität von Minderjährigen im Jahre 2001 erreicht wurde.

Wie auch in der Bundesrepublik Deutschland läßt sich der Umfang der Kriminalität in Spanien in erster Linie anhand der polizeilichen Statistiken, die vom spanischen Innenministerium jährlich veröffentlicht werden, ableiten. Darüber hinaus enthalten die Daten über die sog. „selbstberichtete Delinquenz" sowie die sog. „Befragungen zum Opferwerden", die man im Rahmen kriminologischer Forschungen durchführt, wertvolle Daten über Umfang und Entwicklung der Kriminalität.[59] Ferner sind auch die Daten zu erwähnen, welche die spanische Generalstaatsanwaltschaft in ihrem jährlich erscheinenden Bericht („Memoria") veröffentlicht. Dieser Jahresbericht umfaßt keine Daten über die in Spanien begangenen strafbaren Handlungen, sondern über die in einem Jahr eröffneten Ermittlungsverfahren im ganzen spanischen Gebiet.

Im folgenden werden grundsätzlich Angaben ausgewertet, die den von der spanischen Polizei vermittelten Daten über die Entwicklung der Jugendkriminalität (Polizeistatistiken) entsprechen. Es handelt sich im wesentlichen um Daten aus dem

---

56 Dölling, in: BMJ (Hrsg.) 1992, S. 45.

57 In art. 19 CP 1995 wurde die Strafmündigkeit auf 18 Jahre festgesetzt. Für die Altersgruppe der 14- bis unter 18-jährigen Jugendlichen wird ein spezielles Jugendstrafrecht angewandt, welches im neuen LO 5/2000 vom 12. Januar, in Kraft getreten am 13. Januar 2001, seinen gesetzlichen Niederschlag gefunden hat.

58 Garrido, u.a., 1999, S. 714.

59 Herrero, 1997, S. 413.

spanischen Innenministerium, welche von dem wissenschaftlichen Institut „Reina Sofia" zum Studium der Gewalt zur Verfügung gestellt worden sind.[60]

Ein Blick auf die oben genannten Angaben läßt den Schluß zu, daß sich der seit 1990 bemerkenswerte Anstieg der Anzahl minderjähriger Tatverdächtiger auch in den letzten Jahren – abgesehen von einem kurzfristigen beachtlichen Rückgang im Jahre 1997 – weiter fortgesetzt hat.[61] Wurden 1995 insgesamt 21.229 straffällig gewordene Jugendliche unter 18 Jahren als tatverdächtig ermittelt, so stieg im Jahre 2000 die Anzahl insgesamt um 27,8% auf 27.117 (1999: 25.856).

Unter Berücksichtigung der verschiedenen Altersgruppen sind zunächst die Minderjährigen unter 14 Jahren zu analysieren, die gem. art. 3 i.V.m. art. 1 LO 5/2000 strafrechtlich nicht verantwortlich sind. Was die straffälligen Minderjährigen unter 14 Jahren anbelangt, wurden 1995 insgesamt 3.303 polizeilich ermittelt. Demgegenüber stiegt die Zahl im Jahre 1999 um 17,6% auf 3.885. Im Jahre 2000 ist aber ein bemerkenswerter Rückgang zu verzeichnen: In diesem Jahr sank die Zahl der ermittelten Kinder unter 14 Jahren um 39,5% auf 2.785.

Wendet man nun den Blick auf die Gruppe der Jugendlichen zwischen 14 und 17 Jahren, so wurden im Jahre 1995 durch die spanische Polizei insgesamt 17.926 tatverdächtige Jugendliche dieser Altersgruppe ermittelt. Demgegenüber stieg die Zahl im Jahre 1999 um 22,6%, auf 21.971. Im Jahre 2000 ist weiterhin ein Anstieg des Anteils jugendlicher Tatverdächtiger innerhalb dieser Altersgruppe zu verzeichnen: In diesem Berichtsjahr wurden 24.332 Jugendliche zwischen 14 und unter 18 Jahren ermittelt, was einem Zuwachs von 10,7% entspricht.

Ein Blick auf die polizeilichen Statistiken läßt den Schluß zu, daß die Mehrzahl der strafbaren Handlungen, beschränkt auf die Jugendkriminalität, von Jugendlichen zwischen 16 und 17 Jahren begangen werden. Dies bedeutet insgesamt 61,25% (im Jahre 2000) aller von Minderjährigen unter 18 Jahren begangenen Straftaten.

---

[60] Siehe „Centro Reina Sofia para el Estudio de la Violencia" (Zentrum „Reina Sofia" zum Studium der Gewalt), Internet-Publikation: www.gva.es/violencia Die Angaben über die Entwicklung der Kriminalität in Spanien wurden dem Statistischen Jahrbuch des spanischen Innenministeriums entnommen („Anuario Estadístico del Ministerio del Interior"), Internet-Publikation: www.mir.es/catalogo/catalo1.htm . Die dort verfaßten Daten basieren grundlegend auf der Quantifizierung aller strafbaren Handlungen (Verbrechen und Vergehen i.S.d. spanischen Strafgesetzbuches), die von der spanischen Polizei [Staatspolizei („Cuerpo Nacional de Policía") und sog. Gendarmerie („Guardia Civil")] aufgenommen worden sind, wobei auch die Tätigkeit der in manchen autonomen Gebieten existierenden autonomen Polizei berücksichtigt wird. In diesem Sinne sind zur Zeit in Spanien nur zwei autonome Gebiete zu finden, die über einen eigenen Polizeiapparat verfügen: Diese sind Katalonien („Mossos d'Esquadra") und das Baskenland („Ertzaintza"). Die polizeiliche Statistik des spanischen Innenministeriums umfaßt seit 1998 auch die Aktivitäten der baskischen Polizei, wobei zu erwarten ist, daß demnächst auch die Angaben von der katalanischen Polizei mit einbezogen werden.

[61] Siehe Tabelle 2 im Anhang. In diesem Sinne ist auch in Spanien im Jahre 1999 ein Anstieg der gesamten Kriminalität zu verzeichnen. So wurden im Jahr 1999 insgesamt 1.773.041 strafbare Handlungen von der Polizei registriert. Das sind 0,96% mehr als im Jahre 1998 (1.756.051).

Aus quantitativer Sicht und den Daten der spanischen Polizei für das Jahr 1999 zufolge ist festzustellen, daß der Prozentsatz jugendlicher Tatverdächtiger unter 18 Jahren an allen Tatverdächtigen insgesamt 13% ausmacht.[62]

Nach Auswertung der neuesten Zahlen der polizeilichen Statistik für das Jahr 2000 ist ein spürbarer Rückgang der Kriminalität der Altersgruppe unter 14 Jahren zu beobachten. Demgegenüber steigt die Kriminalität der Altersgruppe zwischen 14 und 15 Jahren und besonders die der Gruppe zwischen 16 und 17 Jahren: 1999 wurden 14.931 Personen dieser Altersgruppe verhaftet. Im Jahre 2000 stieg die Zahl um 11,2% auf 16.610.

Obwohl den amtlichen Statistiken der letzten Jahre zu entnehmen ist, daß der Prozentsatz der von Jugendlichen begangenen Straftaten annähernd 12-14% der gesamten Kriminalität ausmacht, gibt die Tatsache Anlaß zur Sorge, daß die Jugendkriminalität ausweislich der Daten der polizeilichen Statistiken im Jahre 1999 um 12,6% gegenüber dem vorigen Jahr stieg. Ferner wurden im Jahre 1998 rund 20,1% mehr Delikte als im Jahre 1997 begangen.[63]

1.3.2 Häufigkeit

Um die Häufigkeit der Jugendkriminalität entsprechend bewerten zu können, erscheint auch in Spanien ein Vergleich mit der Kriminalitätsbelastung der erwachsenen Straftäter notwendig.[64]

Nach Auswertung der offiziellen polizeilichen Angaben in Spanien ist festzustellen, daß die Kriminalitätsbelastung der Jugendlichen zwischen 14 und 17 Jahren, so wie in der Bundesrepublik Deutschland für die Altersgruppe der 14- bis unter 18-jährigen Jugendlichen der Fall war, höher als die Kriminalitätsbelastung der Erwachsenen ist.

Im Jahre 1999 wurden in Spanien insgesamt 199.132[65] Personen von der spanischen Polizei als tatverdächtig ermittelt. Von der Gesamtzahl aller Tatverdächtigen waren 25.856 Minderjährige unter 18 Jahren.

Bei einer durchschnittlichen Kriminalitätsbelastung von 495 ermittelten Tatverdächtigen im Jahre 1999, bezogen auf 100.000 Personen der jeweiligen Bevölkerungsgruppe,[66] betrug die Kriminalitätsbelastung der Kinder unter 14 Jahren 71

[62] Nach Garrido, u.a., 1999, S. 715, machte dieser Prozentsatz der jugendlichen Tatverdächtigen unter 18 Jahren im Jahre 1996 10,25% an allen Tatverdächtigen. Nach den Daten der PKS für das Jahr 2000 machte der Prozentsatz der Kriminalität von tatverdächtigen Kindern und Jugendlichen 19,3% der Gesamtkriminalität in der BRD aus.

[63] Siehe „El Pais", Ausgabe vom 2.6.2000; ferner De Urbano Castillo, La Ley, vom 19. Oktober 2000, S. 4, Fn. 5.

[64] Wie in Deutschland wird auch hier der Begriff der TVBZ als Verhältniszahl herangezogen. Zum Konzept siehe Fn. 31.

[65] Daten für das Jahr 2000 bzgl. aller von der Polizei ermittelten Tatverdächtigen in Spanien lagen bei der Verfassung der Arbeit nicht vor.

[66] In diesem Fall also die gesamte Bevölkerung Spaniens, die am 1.1.1999 40.202.158 Personen betrug.

und die der Jugendlichen zwischen 14 und 17 Jahren 1.055.[67] Vergleicht man die Entwicklung der Kriminalitätsbelastungszahlen der Minderjährigen unter 14 Jahren in den letzten Jahren, so ist eine bedingt bedeutsame Zunahme zu beobachten. Dahingehend betrug bei einer durchschnittlichen Kriminalitätsbelastung von 514 ermittelten Tatverdächtigen im Jahre 1996 die TVBZ der Altersgruppe unter 14 Jahren 62. Demgegenüber machte die TVBZ bei der Altersgruppe zwischen 14 und 17 Jahren 780 aus. Gegenüber 1996 war somit für das Jahr 1999 ein Anstieg von 35% zu verzeichnen.

Anhand der oben dargestellten Zahlen ist festzustellen, daß die Kriminalitätsbelastung – wie es in Deutschland der Fall ist – mit zunehmendem Alter stetig zurückgeht.[68]

Aus quantitativer Sicht und basierend auf den Angaben der polizeilichen Statistiken kann man schließen, daß die Kriminalität der Minderjährigen unter 18 Jahren im Jahre 1999 annähernd 13% der gesamten in Spanien begangenen strafbaren Handlungen ausmachte.

Bezogen auf das Alter der Tatverdächtigen verteilte sich die Kriminalität im Jahre 1999 wie folgt: Kinder unter 14 Jahren: 1,95%; Jugendliche zwischen 14 und 17 Jahren: 11,03%; Erwachsene ab 18 Jahren: 87,02%.

Eine längsschnittliche Untersuchung des Anteils der Jugendkriminalität an der gesamten Kriminalität in Spanien ergibt, daß der prozentuale Anteil dieser um knapp 1-2 Prozentpunkte variiert. So machte die Jugendkriminalität im Jahre 1996 annähernd 10% der gesamten Kriminalität aus. Im Jahre 1998 betrug sie ca. 12%.

Wie schon oben angeführt wurde, stellt die Jugendkriminalität in Spanien zwischen 12 und 14% der gesamten strafbaren Handlungen dar. Hervorzuheben ist in diesem Zusammenhang die Tatsache, daß ein beachtlicher Teil dieser Kriminalität auf Jugendbanden bzw. Jugendgangs zurückfällt, die vorwiegend in der Nacht oder am Wochenende aktiv werden.[69]

---

[67] Angaben aus dem spanischen Innenministerium veröffentlicht durch das wissenschaftliche Institut „Reina Sofía" zum Studium der Gewalt. Internet-Publikation: www.gva.es/violencia. Ferner sind hier auch die allgemeinen Angaben über die Entwicklung der spanischen Bevölkerung mit zu berücksichtigen. Siehe dazu: Statistisches Nationalamt [„Instituto Nacional de Estadística" (INE)], Revisión del Padrón Municipal de habitantes a 1 de enero de 1999 y a 1 de mayo de 1996. Internet-Publikation: www.ine.es/inebase/cgi/um Darüber hinaus werden Angaben ausgewertet, die von der statistischen Stelle der Abteilung der Gerichtspolizei der spanischen „Guardia Civil" zur Bewertung der Jugendkriminalität stammen. Zu diesen Daten siehe Merida, 2001, S. 201.

[68] Gleichwohl ist die Tatsache nicht von der Hand zu weisen, daß der Anteil der Erwachsenen (ab 18 Jahren) in der gesamten Wohnbevölkerung wesentlich höher ist als bei den jungen Menschen. Aus diesem Grunde sollte man sich der relativ hohen Kriminalitätsbelastung von Jugendlichen zwischen 14 und 17 Jahren nicht täuschen lassen.

[69] de Urbano Castillo, 2001, S. 11. Über die Jugendbanden in Spanien siehe Herrero, 1997, S. 388 ff.

1.3.3 Charakteristik

Was die Charakteristik der Jugendkriminalität in Spanien anbelangt, kann weitestgehend auf die Ausführungen über die Jugendkriminalität in Deutschland verwiesen werden.[70] Insofern ist die Kriminalität von jungen Menschen in Spanien sowohl in ihren Deliktsformen als auch in ihrem Erscheinungsbild gegenüber der von Erwachsenen anders zu bewerten.

Wie auch bei ihren deutschen Altersgenossen, spielt die jugendliche Motivation der spanischen Minderjährigen zur Begehung strafbarer Handlungen eine wichtige Rolle. Merkmale wie Neugier, Abenteuerlust oder Erlebnisdrang prägen diese Motivation. Junge Menschen leiden in ihren Entwicklungsjahren unter Statusunsicherheit. Sie streben somit nach Anerkennung, Prestige, Zugehörigkeit innerhalb der Bezugsgruppe. Darüber hinaus streben sie danach, den sozioökonomischen Status der Erwachsenen zu übernehmen. Um diese Ziele zu erreichen, werden von den Minderjährigen mitunter strafbare Handlungen in Kauf genommen.

Die aktuellen kriminologischen Erkenntnisse über die Ubiquität und Normalität der Jugendkriminalität sowie über ihren bagatellhaften bzw. episodenhaften Charakter gelten im vollen Umfang auch für die Jugendkriminalität in Spanien.[71]

Nach einer Gegenüberstellung der offiziellen statistischen Angaben über Jugendkriminalität mit den durchgeführten kriminologischen Dunkelfeldforschungen läßt sich ableiten, daß die Begehung strafbarer Handlungen von Minderjährigen unter 18 Jahren weit verbreitet ist. Insofern ist die Normalitäts- bzw. Ubiquitätsthese in Spanien durch kriminologische Forschungen weitestgehend nachgewiesen worden. Um diese Annahme zu veranschaulichen, existiert in Spanien eine kriminologische Forschung im Bereich der Jugendkriminalität, welche zum Ziel die Aufhellung der sogenannten „cifra negra" (Dunkelziffer) hat. Unter Anwendung der Untersuchungsmethode der Täterbefragung wurden anhand einem zuvor zusammengestellten Fragebogen insgesamt 2.100 Umfragen bei Jugendlichen zwischen 14 und 21 Jahren in einigen spanischen Städten durchgeführt. Nach Auswertung der erlangten Daten wurde herausgefunden, daß 81,1% der interviewten Jugendlichen zugegeben hatten, irgendwann eine strafbare Handlung begangen zu haben.[72]

Aus den oben dargestellten Daten ist zu schließen, daß es nur wenige Jugendliche gibt, die die Jahre der Pubertät überwinden, ohne irgendwelche – wenn auch meist bagatellhafte – strafbare Handlungen begangen zu haben.

---

[70] Siehe dazu Abschn. 1.2.3 des 1. Kap.

[71] Vgl. García Pérez, Revista de Derecho Penal y Criminología 3 (1999), S. 35 ff.

[72] Vgl. Rechea, u.a., 1995, S. 37. Gleichwohl kann dieser hohe Prozentsatz an strafbaren Handlungen von seiten der Jugendlichen durch die Tatsache verzerrt werden, daß unter den von Jugendlichen begangenen strafbaren Handlungen auch der Drogenkonsum – in seiner gesamten Bandbreite – mitberücksichtigt wurde.

Im kriminologischen Jahresbericht über die Jugendkriminalität in Spanien für das Jahr 1999, beschränkt auf den Kompetenzbereich der „Guardia Civil“[73], ist zu lesen, daß die Gruppe Minderjähriger, die jugendstrafrechtlich belangt wurden, durch ihre Heterogenität und ihre zeitliche Veränderlichkeit gekennzeichnet war. Nur eine kleine Gruppe von diesen Minderjährigen entspricht in gewissem Sinne einem auf dauerhafte Weise charakterisierten pathologischen und problematischen Muster im Hinblick auf ihre kriminelle Tätigkeit. Stattdessen wird für die überwiegende Zahl der Jugendlichen ein gegen die Strafnormen verstoßendes Verhalten lediglich eine epidosenhafte Erscheinung auf dem Weg in das Erwachsenenleben. Dementsprechend werden diese eine kriminelle Karriere nicht konsolidieren.[74]

Die Jugendkriminalität wird auch in Spanien im Vergleich zur Erwachsenenkriminalität meist in Gruppen begangen. Wie schon angeführt wurde, spielt die Peer-group in den Entwicklungsjahren junger Menschen als Sozialisationsinstanz eine wichtige Rolle. In diesem Sinne ist es zu beobachten, daß ein nicht unerheblicher Teil der Jugendkriminalität in Spanien zunehmend „strukturell“ auf Jugendbanden entfällt.[75] Dabei wird von verschiedenen Staatsanwaltschaften die Tatsache hervorgehoben, daß in den letzten Jahren eine Zunahme von Straftaten mit einer bedeutsamen „gewalttätigen“ Komponente zu verzeichnen ist (z.B. Raub oder Erpressung mit Gewaltanwendung, Schlägereien unter rivalisierenden Banden, Angriffe auf Obdachlose, etc.). Diese Gewaltdelikte werden vor allem von Gruppierungen begangen, die drei bis vier Jugendliche umfassen. Mitunter kann die Anzahl sogar größer werden. Bei Raub oder Erpressung sind die Opfer meistens gleichaltrige Minderjährige.[76]

1.3.4 Struktur

Die Jugendkriminalität ist in Spanien wie in der Bundesrepublik Deutschland überwiegend von Diebstahlsdelikten geprägt.

Den Daten der polizeilichen Statistik zufolge ist eine beachtliche Teilnahme der Jugendlichen an Verstößen gegen das Eigentum zu beobachten: 62% aller Verhafteten unter 16 Jahren mußten sich im Jahre 1995 wegen dieser Deliktsart verantworten, wobei der Einbruchsdiebstahl die höchste Prozentzahl ausmacht: 26,1% aller Verhafteten.[77]

---

73 Diese Polizeibehörde übernimmt im Bereich der Jugendkriminalität die Strafverfolgung wegen strafbarer Handlungen, die von Minderjährigen in ländlichen Gebieten oder in der Peripherie der großen Städten begangen worden sind.

74 Mérida, 2001, S. 166.

75 de Urbano Castillo, 2001, S. 11.

76 Siehe den Jahresbericht („Memoria“) der spanischen Generalstaatsanwaltschaft (FGE) für das Jahr 1999, 2000, S. 350; ferner de Urbano Castillo, 2001, S. 11.

77 Nach dem Jahresbericht der spanischen Generalstaatsanwaltschaft für das Jahr 1999 machten die Vermögens- und die Wirtschaftsdelikte rund 65% der gesamten eingeleiteten Ermittlungsverfahren aus. Siehe: FGE (Hrsg.): Memoria 1999, S. 44. Wie schon oben dargelegt worden ist, erfaßt die spanische Generalstaatsanwaltschaft in ihrem Jahresbericht die Entwicklung der – in ihren Worten – „kriminellen Streitigkeit“. Insoweit ist darauf hinzuweisen, daß diese „Memoria“ nicht die strafbaren Handlungen darlegt – diese Angaben werden von den polizeilichen Statistiken des spanischen Innenministeriums aufgeführt – sondern die in einem Jahr von den Gerichten wegen Verbrechen oder Vergehen eingeleiteten

Bei den Minderjährigen zwischen 14 und 15 Jahren stieg die Teilnahme an Verstößen gegen das Eigentum auf 72,4%. Stattdessen war bei den Jugendlichen zwischen 16 und 17 Jahren ein leichter Rückgang zu verzeichnen: 63,3%, wobei der Einbruchsdiebstahl 11,9% ausmachte.[78]

Ein Blick auf die spanische polizeiliche Statistik für das Jahr 1999 bestätigt die oben angeführten Annahmen.[79] In diesem Jahr wurden insgesamt 9.353 Minderjährige unter 18 Jahren wegen folgender Eigentumsdelikte als tatverdächtig von der Polizei ermittelt: Einfacher Diebstahl, Diebstahl aus Kraftfahrzeugen, Auto-, Motorrad- oder Mopeddiebstahl und andere Vermögensdelikte. Dementsprechend betrug der Anteil der wegen der oben angeführten Delikte als tatverdächtig ermittelten Minderjährigen unter 18 Jahren rund 36% aller polizeilich ermittelten Jugendlichen. Der Auto-, Motorrad- bzw. Mopeddiebstahl erweist sich als typisches Delikt bei der Kriminalität dieser Altersgruppe in Spanien: 1999 wurden insgesamt 4.441 Minderjährige unter 18 Jahren wegen dieser Deliktsart von der Polizei ermittelt.

Die von der Öffentlichkeit besonders angeprangerte Gewaltkriminalität nimmt zahlenmäßig nur einen kleinen Anteil bei den Jugendlichen in Spanien ein. So wurden 1999 nach den polizeilichen Statistiken 4.970 Jugendliche unter 18 Jahren eines der folgenden Gewaltdelikte verdächtigt: Raub unter Anwendung von Gewalt oder Einschüchterung, Totschlag, Mord und Delikte gegen die sexuelle Selbstbestimmung. Das macht einen Anteil von 19% an den gesamten Tatverdächtigen unter 18 Jahren aus. Hierbei dominiert in besonderem Maße der Raub unter Anwendung von Gewalt oder Einschüchterung: 1999 wurden insgesamt 3.623 Jugendliche unter 18 Jahren wegen dieser Deliktsart von der Polizei ermittelt, was einen Anteil von rund 73% an den gesamten wegen Gewaltdelikte ermittelten Tatverdächtigen unter 18 Jahren ausmacht. Nimmt man also diese Deliktsart aus der Liste der Gewaltdelikte aus, so betrug im Jahre 1999 der Anteil der tatverdächtigen Jugendlichen an der Gewaltkriminalität – begrenzt auf die oben erwähnten Delikte, d.h. Totschlag, Mord und Delikte gegen die sexuelle Selbstbestimmung – lediglich 5% aller Tatverdächtigen dieser Altersgruppe.[80]

Der Anteil der jugendlichen Tatverdächtigen an den Drogendelikten (meist wird darunter der Rauschgifthandel verstanden) ist relativ niedrig. Im Jahre 1999 wurden insgesamt 1.025 Minderjährige unter 18 Jahren wegen dieser Deliktsart von der Polizei ermittelt. Das macht einen Anteil von rund 4% aller tatverdächtigen Jugendlichen aus.

Ermittlungsverfahren. Den Daten der polizeilichen Statistiken für das Jahr 1999 zufolge, wurden in diesem Jahr 47,5% aller von der Polizei ermittelten Tatverdächtigen wegen eines Vermögensdelikts ermittelt. Siehe dazu: Ministerio del Interior: Anuario Estadístico 1999, Internet-Publikation: www.mir.es/catalogo/catalo1.htm .

[78] Nach den polizeilichen Statistiken für die Jahre 1992 bis 1995 waren unter den von Jugendlichen begangenen Delikten folgende zu betonen: Einbruchsdiebstahl, Autodiebstahl, der nach spanischem Strafrecht sog. „Raub mit Anwendung von Gewalt oder Einschüchterung", einfacher Diebstahl, Diebstahl aus Kraftfahrzeugen, Rauschgifthandel, Körperverletzungsdelikte, Handtaschenraub und andere Vermögensdelikte (vor allem Sachbeschädigung).

[79] Siehe: Anuario Estadístico del Ministerio del Interior 1999, S. 239. Hierbei ist aber darauf hinzuweisen, daß die in dieser Statistik erfaßten Daten, welche im folgenden dargestellt werden, sich auf die Anzahl der ermittelten Jugendlichen beziehen, nicht auf die von der Polizei erfaßten Delikte.

[80] Siehe: Anuario Estadístico del Ministerio del Interior, 1999, Tabelle 113.

Die oben dargestellten Daten lassen letztendlich die Vermutung zu, daß Eigentum und Vermögen weiterhin unter den Jugendlichen einen hohen Stellenwert einnehmen.

Die von der spanischen Generalstaatsanwaltschaft (FGE) in ihrem Jahresbericht („Memoria") veröffentlichten Angaben bestätigen die oben genannten Ausführungen. Diesen Daten zufolge konzentrierten sich die Mehrheit der von Minderjährigen unter 18 Jahren begangenen strafbaren Handlungen im Jahre 1999 im Bereich der Verbrechen und Vergehen gegen das Eigentum, insbesondere im Bereich des Ladendiebstahls. Innerhalb der Eigentumsdelikte war ferner der Einbruchsdiebstahl, der Raub unter Anwendung von Gewalt oder Einschüchterung,[81] der einfache Diebstahl, der Diebstahl von Kraftfahrzeugen oder Mopeds sowie die Gebrauchsentwendung von Kraftfahrzeugen und die Sachbeschädigung überrepräsentiert. Bezüglich der im spanischen Strafrecht sogenannten „Straftaten gegen die Person" überwogen bei allen eingeleiteten Ermittlungsverfahren vor allem die Körperverletzungsdelikte.[82]

Aus diesen oben genannten Zahlen ist zu schließen, daß die Kinder und Jugendlichen bei diesen Eigentumsdelikten und im Gegensatz zur Struktur der Erwachsenenkriminalität überrepräsentiert sind.[83] Die Kriminalität von Minderjährigen weist gegenüber der von den Erwachsenen einen Vorrang der Vermögens- bzw. Eigentumsdelikte auf.

Aus den veröffentlichten Justizstatistiken aus dem Jahre 1995, in denen eine Verteilung der den Jugendgerichten überführten Minderjährigen erfolgt, wird ersichtlich, daß unter den von diesen Minderjährigen begangenen Straftaten der Raub und der Diebstahl dominieren, gefolgt von Fahren ohne Führerschein, Körperverletzung und Rauschgiftdelikten.[84]

1.4 Abschließender Vergleich zwischen beiden Ländern

Soweit internationale Vergleichsdaten bezüglich der Jugendkriminalität vorliegen, legen sie nahe, daß es jedenfalls in der westlichen Welt keine länderspezifische Jugendkriminalität gibt. Gegenwärtig ist in den meisten europäischen Ländern ein Anstieg der Jugendkriminalität zu verzeichnen. Ferner hat es, zumindest in den neunziger Jahren in fast allen europäischen Ländern, einen erheblichen Anstieg der registrierten Gewaltkriminalität von Jugendlichen gegeben.[85]

---

[81] Opfer dieser Delikte sind meistens andere Minderjährige, welchen vor allem Kleidungsstücke, Uhren, Halsketten, Fahrräder, etc. „abgezockt" werden. Vgl. Mesas Trives, in: de Antón López, u.a., 1995, S. 86.

[82] FGE, 1999, S. 349 f. Nach einer vom Justizministerium der autonomen Regierung Kataloniens veröffentlichten Statistik, welche über die von Minderjährigen innerhalb dieses autonomen Gebietes begangenen Straftaten Auskunft gibt, machten die nach spanischem Strafrecht sogenannten „Delikte gegen das Leben" sowie die Körperverletzungsdelikte im Jahre 1993 prozentual 13,68% aller strafbaren Handlungen aus. Den Angaben für das Jahr 1999 ist zu entnehmen, daß dieser Anteil fast unverändert bestehen bleibt (13,96%). Siehe Generalitat de Catalunya, 2000, S. 88.

[83] Serrano Maillo, Revista de Derecho Penal y Criminología 1995, S. 786 f.

[84] Vgl. dazu INE 1995, S. 182. Neuere Justizstatistiken lagen bei der Verfassung dieser Arbeit nicht vor.

[85] In Österreich ist in den letzten Jahren, den Angaben der Polizeilichen Kriminalstatistik (ÖPKS) zufolge, die Gesamtzahl der pro Jahr ermittelten jugendlichen Tatverdächtigen zwischen 14 und 19 Jahren [persönlicher

All dieser Annahmen treffen größtenteils auch bei einem Vergleich der Jugendkriminalität in Deutschland und Spanien zu.

In Deutschland ist im Jahre 2000 ein Rückgang der Kriminalität bei den Kindern unter 14 Jahren und bei den Jugendlichen zwischen 14 und 17 Jahren zu verzeichnen. Demgegenüber ist die Kriminalität bei der Gruppe der Heranwachsenden (18 bis unter 21 Jahre) wieder gestiegen. Wendet man nun den Blick auf die Jugendkriminalität in Spanien, so zeichnet sich auch dort ein Rückgang der Kriminalität der Kinder unter 14 Jahren ab, wohingegen die Kriminalität der Jugendlichen zwischen 14 und 15 Jahren, und in besonderem Maße die der Gruppe von 16 bis 17 Jahren weiter gestiegen ist.

Nach der polizeilichen Kriminalstatistik von beiden Ländern ist die Kriminalitätsbelastung der Jugendlichen insgesamt höher als die Kriminalitätsbelastung von Erwachsenen. In Deutschland wird die höchste TVBZ bei der Gruppe der Heranwachsenden erreicht. In Spanien sind die höchsten Werte bei den Jugendlichen zwischen 14 und 17 Jahren zu verzeichnen.

Ein Blick auf die Verteilung der Kriminalität in allen Altersgruppen vermittelt folgendes Bild: In Deutschland wurden 1999 rund 20% aller von der Polizei erfaßten Straftaten von Jugendlichen unter 18 Jahren begangen. Bezogen auf die Anzahl der

---

Anwendungsbereich des österreichischen Jugendgerichtsgesetzes (vgl. § 1 Abs. 2 ÖJGG)] deutlich gestiegen, und zwar von 29.486 Tatverdächtigen im Jahre 1998 auf 31.357 im Jahre 1999. Dies entspricht einer Zunahme von 6,3% [siehe dazu Beclin/Grafl, ÖJZ 55 (2000), S. 821 ff.; ferner ÖPKS für das Jahr 1999]. In Frankreich ist die Kriminalität der Minderjährigen unter 18 Jahren (sog. „Mineurs" zwischen 13 und 17 Jahren) in den letzten Jahren weiter gestiegen. Wurden 1998 insgesamt 154.437 Tatverdächtige unter 18 Jahren ermittelt, so stieg die Zahl im Jahre 2000 um 13,4% auf 175.256 [siehe Narcy, DVJJ-Journal, 4 (1999), S. 400 ff.; Nothhafft, in: Dünkel/van Kalmthout/Schüler-Springorum (Hrsg.), 1997, S. 129 ff.; ferner: Internet-Publikation: www.justice.gouv.fr]. In Schweden ist die Jugendkriminalität auch im Jahre 2000, nachdem es einen bemerkenswerten Rückgang im Jahre 1999 gegenüber 1998 gegeben hatte, wieder gestiegen. So wurden im Jahre 2000 insgesamt 86.657 Jugendliche zwischen 15 (Strafmündigkeitsalter in Schweden) und unter 21 Jahren von der Polizei als Tatverdächtige ermittelt. Dies bedeutete einen Anstieg von 24,8% gegenüber 1999 (69.384) [siehe dazu von Hofer, in: Dünkel/van Kalmthout/Schüler-Springorum (Hrsg.), 1997, S, 297 ff.; siehe auch die statistischen Daten aus Internet-Publikation: www.bra.se/extra/statistics/extra_index?lang=se]. Ähnliche Entwicklungen sind in Finnland zu verzeichnen. Dort wurden im Jahre 1999 insgesamt 48.908 Jugendliche unter 17 Jahren von der Polizei als tatverdächtig ermittelt. Dies bedeutet einen Zuwachs von 6,1% gegenüber 1998 (46.084 Tatverdächtige). (siehe statistische Daten aus Internet-Publikation: www.statfin.stat.fi/statweb/statfincatalog_oikeus.asp). Demgegenüber ist in England/Wales die Jugendkriminalität, nachdem diese im Jahre 1998 außerordentlich gestiegen war, im Jahre 1999 gesunken. So wurden 1999 annähernd 181.600 Tatverdächtige zwischen zehn und 17 Jahren (das früheste Alter, ab dem Kinder vor ein Strafgericht gebracht werden können, liegt in England/Wales bei zehn Jahren) von der Polizei ermittelt. Dies bedeutet einen Rückgang von 8,1% gegenüber 1998 (185.000) (siehe dazu East/Campbell: Aspects of Crime: Young Offenders, 1999. Internet-Publikation: www.homeoffice.gov.uk/rds/pdfs/aspects-youngoffs.pdf ; ferner und bzgl. der statistischen Angaben siehe Internet-Publikation: www.officialdocuments.co.uk). Gleiches gilt für die Niederlande. Dort wurden 1997 rund 47.300 Jugendliche zwischen zwölf und 17 Jahren von der Polizei als Tatverdächtige ermittelt. Dies bedeutet einen Rückgang von ca. 7% gegenüber dem Vorjahr (1996: rund 51.000) [siehe dazu Sagel-Grande, Irene: Jugendkriminalität und Jugend(straf)recht in den Niederlanden unter besonderer Berücksichtigung des Halt-Projekts und der Aufgabenstrafen, DVJJ-Journal 1 (2000), S. 9 ff.]. Hinsichtlich der oben dargestellten Angaben ist aber folgendes festzuhalten: Ein adäquater Vergleich zwischen den verschiedenen Ländern bezüglich der Entwicklung der Jugendkriminalität läßt sich aber nur durchführen, wenn man auch die Rahmenbedingungen politischer und sozioökonomischer Art sowie die erheblichen nationalen Eigenarten des jeweiligen Jugendstrafrechtssystems mit berücksichtigt.

Tatverdächtigen waren 1999 annähernd 13% aller von der Polizei ermittelten Tatverdächtigen in Spanien unter 18 Jahre alt.[86]

Die Jugendkriminalität wird in Deutschland zahlenmäßig insbesondere von den Eigentumsdelikten bestimmt. Dabei erlangt der Diebstahl in seinen verschiedenen Formen die höchsten Zahlen. Nach der PKS für das Jahr 1999 waren rund 60% der registrierten Straftaten von Kindern und Jugendlichen Diebstahlsdelikte. Erwähnenswert sind ferner andere Deliktsformen wie die Verkehrsdelikte, Sachbeschädigung, Betrug (insbesondere die Leistungserschleichung gem. § 265a StGB) sowie vandalistische Handlungen.

Die Gewaltkriminalität macht bei Kindern und Jugendlichen an der gesamten Kriminalität einen geringen Anteil aus. Darunter fallen insbesondere leichte Körperverletzungsdelikte, Schlägereien und Erpressung von Altersgenossen.

Bei der Kriminalität von jungen Menschen spiegelt sich auch in Spanien ein ähnliches Bild wider. Auch dort bestimmen die Eigentumsdelikte die von Minderjährigen unter 18 Jahren begangenen Straftaten. Diese machen mehr als 60% der begangenen strafbaren Handlungen aus. Darunter fallen insbesondere der einfache Diebstahl, Ladendiebstahl, Einbruchsdiebstahl und der Auto-, Motorrad- und Mopeddiebstahl.

Die Gewaltkriminalität spielt auch bei Minderjährigen unter 18 Jahren in Spanien nur eine geringe Rolle. So waren 1999 nach der polizeilichen Statistik annähernd 3% der registrierten Minderjährigen unter 18 Jahren wegen einer Körperverletzung von der Polizei ermittelt worden. Besonders zu erwähnen ist in diesem Zusammenhang der Raub unter Anwendung von Gewalt oder Einschüchterung. Allein im Jahre 1999 wurden ca. 14% aller Tatverdächtigen unter 18 Jahren wegen dieser Deliktsform ermittelt.

Aus den dargestellten Zahlen ist zu schließen, daß die Gewaltdelikte überwiegend zur Erwachsenenkriminalität gehören.[87]

---

86 Vergleicht man diese Prozentsätze mit denen aus anderen Ländern, so kommt man zu ähnlichen Ergebnissen. So waren in Österreich im Jahre 1999 rund 15% aller ermittelten Tatverdächtigen zwischen 14 und 19 Jahren alt. In Finnland machte im Jahre 1999 die Altersgruppe unter 20 Jahren annähernd 20% aller von der Polizei ermittelten Tatverdächtigen aus. In Schweden betrug der Anteil der Altersgruppe zwischen 15 und 20 Jahren im Jahre 2000 rund 24% aller Tatverdächtigen. In Frankreich machten die tatverdächtigen „Mineurs" im Jahre 2000 annähernd 21% aller ermittelten Tatverdächtigen aus. Blickt man nun auf die Situation in England/Wales, so entfielen im Jahre 1999 insgesamt 23% der gesamten Kriminalität auf die Gruppe der zehn bis unter 18 Jahre alten Jugendlichen. Schließlich machte in den Niederlanden die Altersgruppe zwischen zwölf und 17 Jahren im Jahre 1997 annähernd 21% der gesamten Tatverdächtigen aus. Bei Betrachtung dieser Prozentsätze im europäischen Vergleich sollte man aber darauf achten, daß diese sich nicht in jedem einzelnen Land auf dieselbe Altersgruppe beziehen. Dieser Aspekt führt notwendigerweise zu Verzerrungen bei der Darstellung der Ergebnisse.

87 Auch im internationalen Vergleich dominieren bei der Jugendkriminalität zahlenmäßig die Eigentumsdelikte. In Österreich weisen die Daten der ÖPKS eine Dominanz der Vermögenskriminalität bei der von Jugendlichen begangenen Delikten auf. So wurden im Jahre 1999 rund 52% aller Tatverdächtigen der 14- bis unter 19-jährigen wegen eines Vermögensdelikts von der Polizei ermittelt. Demgegenüber machte der Anteil der an Gewaltdelikten beteiligten Jugendlichen lediglich 15% aus. In Schweden wurden im Jahre 2000 ca. 52% aller Jugendliche zwischen 15 und 20 Jahren wegen eines Vermögensdelikts von der Polizei ermittelt (davon Ladendiebstahl: ca. 50%). Ähnliche Zahlen sind in den Niederlanden zu verzeichnen. Dort entfielen im Jahre 1997 rund 54% aller von Jugendlichen zwischen zwölf und 17 Jahren begangenen Straftaten auf die sog. Eigentumskriminalität. Stattdessen machten die Gewaltdelikte annähernd 17% der gesamten strafbaren Handlungen dieser Altersgruppe aus. Auch in England/Wales bestimmen die Vermögensdelikte die Jugendkriminalität. 1999 wurden ca. 82% aller Tatverdächtigen zwischen zwölf und 30 Jahren wegen Vermögensdelikte, Betrug oder Sachbeschädigung von der Polizei ermittelt. Dagegen machten die Gewaltdelikte im Jahre 1999 annähernd 11% der gesamten Kriminalität aus. In Finnland

Als Fazit ist folgendes festzuhalten: Trotz erheblicher nationaler Eigenarten des deutschen bzw. spanischen Jugendstrafrechtssystems, welche bei der Erfassung der Daten in den jeweiligen Polizeilichen Kriminalstatistiken zu beobachten und entsprechend zu berücksichtigen sind, ähnelt sich die Jugendkriminalität beider Länder in vielen wesentlichen Punkten. Die Altersgruppe der 15- bis 20-jährigen Jugendlichen weist höhere Straffälligkeitsrisiken als die der älteren Personen auf. Vermögens- und Verkehrsdelikte bestimmen die Deliktsstruktur weitestgehend, während Gewalt- und Sexualdelikte eine untergeordnete Rolle spielen. Insbesondere wird die Jugendkriminalität in Gruppen begangen und hat einen ubiquitären, normalen, episodenhaften bzw. einen bagatellhaften Charakter.

1.5 Kriminalpolitische Diskussion: Ist angesichts des beklagten Anstiegs bzw. der Schwere der Jugendkriminalität eine Verschärfung des Jugendstrafrechts notwendig?

„Wenn ein Jugendlicher oder auch ein Erwachsener ein Verbrechen begeht und wir lassen ihn laufen, so ist die Wahrscheinlichkeit, daß er wieder ein Verbrechen begeht, geringer, als wenn wir ihn strafen".[88]

Angesichts der in den letzten Jahren insgesamt nachweisbaren Zunahme der Jugendkriminalität – trotz des in den letzten zwei Jahren nach den Daten der deutschen PKS zu verzeichnenden Rückgangs bei der Kinder- und Jugendkriminalität – sowie angesichts der Schwere mancher von jugendlichen Tätern begangenen Delikte, wird in der Bundesrepublik Deutschland von Teilen der Politik eine Verschärfung des Jugendstrafrechts gefordert. Hiermit wollen sie nach Möglichkeit eine bessere Bekämpfung der Jugendkriminalität ermöglichen, sowie einen besseren Schutz der Gesellschaft vor Schwerverbrechern gewährleisten.[89]

In Spanien werden auch Forderungen nach einer Verschärfung des Jugendstrafrechts laut. Mitunter werden solche Anforderungen von seiten der spanischen Regierung gestellt und in Form von Gesetzen in die Praxis umgesetzt.

Eine steigende Gewaltbereitschaft und eine sinkende Hemmschwelle junger Täter, strafbare Handlungen zu begehen, scheint sich abzuzeichnen. Aus diesen Gründen ist die Behandlung junger Rechtsbrecher wieder in den Blickpunkt des wissenschaftlichen und rechtspolitischen Interesses gerückt. Für die erfolgreiche Behandlung dieser jungen Rechtsbrecher gilt das geltende Jugendstrafrecht als zu weich. Dementsprechend wird in der kriminalpolitischen Debatte eine „Renaissance" des repressiven Strafrechts verlangt.[90]

---

betrugen die Vermögensdelikte im Jahre 2000 im Verhältnis zu der Gesamtheit aller von der Polizei aufgeklärten Delikte der 15- bis 20-jährigen Jugendlichen rund 47%. Schließlich machten die Diebstahlsdelikte in Frankreich im Jahre 1998 rund 65% der gesamten Kriminalität aus.

[88] von Liszt, Franz: Strafrechtliche Aufsätze und Vorträge, Bd. 2, 1905, S. 339.

[89] Vgl. die Initiative der CDU/CSU-Bundestagsfraktion gegen Gewalt und Extremismus [abgedruckt in: DVJJ-Journal 2 (1993), S. 103 ff.; siehe auch Gesetzesantrag des Freistaates Bayern vom 17. August 1999 (BT-Drucks. 449/99)]. Bereits in April 2000 hat die CDU/CSU-Bundestagsfraktion einen Gesetzentwurf „zur Verbesserung der gesetzlichen Maßnahmen gegenüber Kinder- und Jugenddelinquenz" beim Deutschen Bundestag eingebracht (siehe BT-Drucks. 14/3189).

[90] Ostendorf, NK 1 (2000), S. 4 f.; in Spanien siehe u.a. Ornosa Fernández, 2001, S. 133 f.

In den letzten Jahren haben vor allem Massenmedien und Politikerkreise die Bevölkerung aufgrund isolierter Fälle, die aber in die Schlagzeilen getrieben worden sind, vor einem subjektiven und objektiven bedrohlichen Anstieg der Jugendkriminalität gewarnt. Es ist dabei von einer immer gewalttätiger, krimineller, schlimmer werdenden Jugend die Rede.[91] Daher herrscht in der Öffentlichkeit und in der Kriminalpolitik die Annahme, man solle auf Jugendkriminalität durch strengere und schärfere Strafgesetze reagieren. Generalpräventive Aspekte, die im Prinzip mit dem Ziel des Jugendstrafrechts unvereinbar sind, werden damit wieder in den Vordergrund gestellt.

Dieses partiell vermittelte Bild von der Jugendkriminalität nährt gewissermaßen die Forderungen nach einer Verschärfung des Jugendstrafrechts. In der Öffentlichkeit und Teilen der Politik herrscht die Annahme vor, durch schärfere Strafgesetze und durch strengere Strafurteile erziele man positive general- und/oder spezialpräventive Wirkungen. Diese „Strategie der harten Hand" oder „null Toleranz" ist in Teilen der Bevölkerung und in der Politik weit verbreitet. In der kriminologischen Wissenschaft dagegen, sowie in vielen Bereichen der Praxis, sind diese Annahmen durch eine große Zahl von empirischen Untersuchungen widerlegt worden.[92]

Was das deutsche Jugendstrafrecht anbelangt, wird dieses in der kriminalpolitischen Debatte infolge der oben genannten Gesichtspunkte als zu milde angesehen.[93] Dementsprechend werden Forderungen zur Verschärfung des deutschen Jugendstrafrechts gestellt. Zusammenfassend lassen sich diese Anforderungen wie folgt darstellen:

- Herabsetzung des Strafmündigkeitsalters von den geltenden 14 Jahren auf zwölf Jahre.[94]
- Herausnahme der Heranwachsenden (18 bis unter 21 Jahre) aus dem Jugendstrafrecht.
- Verschärfung des Strafmaßes bei der Jugendstrafe.
- Ausbau der geschlossenen Heime.

Ein Blick über die kriminalpolitische Situation im spanischen Jugendstrafrecht vermittelt ein ähnliches Bild. Von Teilen der Bevölkerung und der Politik, mitunter sogar mit Zustimmung der spanischen Regierung, werden Forderungen nach einer

91 Aus der Fülle von Berichten siehe u.a.: „Baseballschläger und Fäuste", in: Potsdamer Neueste Nachrichten, Ausgabe vom 18.11.1999; „Kriminalität von Jugendlichen nimmt dramatisch zu" in: Die Welt, Ausgabe vom 18.2.2000; „Null Toleranz" in: Die Welt, Ausgabe vom 24.6.2000; „Staatsanwaltschaft verschärft Vorgehen gegen die gestiegene Jugendkriminalität", in: Die Welt, Ausgabe vom 30.12.2000; „Der Krieg der Kinder', in: Der Spiegel 15/1998, S. 126 ff.; „Zwischen Rambo und Versager" in: Der Spiegel 28/1998, S. 22 ff.; „Die Zahlen sind alarmierend hoch", in: Stern 20/12.5.1999, S. 20 ff.; „Menores bajo la ley", in: La Razón, Ausgabe vom 26.2.1999; „Soy el niño de la cárcel", in: El Mundo, Ausgabe vom 8.8.1999; „El presunto asesino de la catana queda en libertad en Murcia a la espera de juicio", in: El Pais, Ausgabe vom 15.1.2001.

92 Pfeiffer, DVJJ-Journal 2 (1993), S. 116 ff.

93 Siehe Ostendorf, NK 1 (2000), S. 4.

94 Siehe Hinz, ZRP 2000, S. 107 ff., der eine Senkung der Strafmündigkeit auf zwölf Jahre erwägt; ferner DVJJ-Journal 4 (1996), S. 316 ff.

Verschärfung des spanischen Jugendstrafrechts gestellt. Zusammenfassend läßt sich die kriminalpolitische Debatte in Spanien folgendermaßen darstellen:

Am 13. Januar 2001 trat in Spanien ein neues Gesetz zur Behandlung der Kriminalität von Minderjährigen zwischen 14 und unter 18 Jahren in Kraft (LO 5/2000 vom 12. Januar).

In art. 9 LO 5/2000 war für schwere Verbrechen eine Unterbringung in einer geschlossenen Anstalt von bis zu fünf Jahren vorgesehen. Diese „Maßnahme", nach dem Wortlaut des Gesetzes, war anschließend mit einer Maßnahme der Freiheit unter Aufsicht für die Dauer von maximal fünf Jahren zu ergänzen.

Gleichwohl wurde im Dezember 2000, d.h. ein Monat vor Inkrafttreten des neuen Gesetzes „zur Regelung der strafrechtlichen Verantwortlichkeit von Minderjährigen" (LO 5/2000), eine Reform dessen gesetzlich verabschiedet. Diese Reform erfolgte durch das Organgesetz (LO) 7/2000 vom 22. Dezember, „zur Reform des spanischen Strafgesetzbuches von 1995 und des Organgesetzes (LO) 5/2000 zur Regelung der strafrechtlichen Verantwortlichkeit von Minderjährigen, in bezug auf die Terrorismusdelikte".

Beschränkt auf das spanische Jugendstrafrecht, brachte diese Teilreform eine eindeutige Verschärfung der in art. 7 LO 5/2000 vorgesehenen Unterbringungsmaßnahmen für Minderjährige zwischen 14 und unter 18 Jahren, die der Anwendung des neuen LO 5/2000 unterlagen. In diesem Sinne sah die Reform für Jugendliche ab 16 Jahren, die wegen Terrorismusdelikte, Mord, Totschlag oder Vergewaltigung angeklagt worden waren, eine Unterbringung in einer geschlossenen Strafanstalt[95] von bis zu acht Jahren vor. Anschließend sollte eine Maßnahme folgen, die beinhaltet, daß die Jugendlichen die Freiheit unter Aufsicht für die Dauer von maximal fünf Jahren verleben.[96]

Darüber hinaus war durch dieses LO 7/2000 eine weitere Verschärfung der Unterbringungsmaßnahmen in einer geschlossenen Anstalt vorgesehen: Für Minderjährige zwischen 16 und unter 18 Jahren für die Dauer von bis zu zehn Jahren und für Minderjährige zwischen 14 und unter 16 Jahren für die Dauer von bis zu fünf Jahren. Dieser Strafrahmen war anzuwenden, wenn die Jugendlichen „für mehr als ein Delikt verantwortlich sind und zumindest eines von denen als schweres Verbrechen eingestuft werden kann. Dies gilt für Delikte, die mit einer Freiheitsstrafe von mindestens 15 Jahren zu ahnden sind und auch für die in art. 571 bis art. 580 CP geregelten Terrorismusdelikte".[97]

Mit dieser Änderung des spanischen LO 5/2000 durch das LO 7/2000 vom 22. Dezember, waren in erster Linie die gewalttätigen Aktivitäten bedacht, die von den der ETA-nahestenden jugendlichen Gruppen im Baskenland begangen werden.

---

95 Diese sog. „Unterbringung in einer geschlossenen Anstalt" entspricht im wesentlichen der im deutschen Jugendstrafrecht vorgesehenen Jugendstrafe.

96 In diesem Sinne ist zu berücksichtigen, daß das LO 5/2000 zwei verschiedene Altersgruppe bezüglich der Anwendung der dort vorgesehen Maßnahmen unterscheidet: Zum einen die Jugendlichen zwischen 14 und unter 16 Jahren. Zum anderen die Jugendlichen zwischen 16 und unter 18 Jahren. Vgl. art. 7 i.V.m. art. 9 LO 5/2000.

97 Nach dem Wortlaut des LO 7/2000 vom 22 Dezember.

In diesem Zusammenhang ist zunächst darauf hinzuweisen, daß die Begründung des neuen spanischen Jugendgerichtsgesetzes in erster Linie auf dem sog. „höchsten Interesse des Minderjährigen" basiert. Demnach hat der Schutz des Minderjährigen Vorrang gegenüber dem Schutz der Gesellschaft. Ein fürsorgliches, erzieherisches und vor allem auf die Resozialisierung des Jugendlichen gerichtetes Jugendstrafrecht ist mit Maßnahmen zu verbinden, die insbesondere für den konkreten Fall zu individualisieren sind. Darüber hinaus sollen diese Maßnahmen keinen repressiv strafrechtlichen Charakter beinhalten. Vielmehr sind diese mit einem spezialpräventiven Charakter zu versehen, mit dem Ziel, die straffälligen Jugendlichen wieder in die Gesellschaft zu integrieren, wobei das – wie oben angeführte – „höchste Interesse des Minderjährigen" besonders zu berücksichtigen ist.[98]

Nach der durch das LO 7/2000 erfolgten Reform des spanischen Jugendstrafrechts kann von den oben genannten Intentionen des neuen LO 5/2000, bezüglich der Behandlung des jugendlichen Täters, nicht mehr die Rede sein. Vielmehr ist eine Trendwende zugunsten eines vorwiegend repressiven Jugendstrafrechts festzustellen, in dem die Vergeltung für die begangene Tat und der Schutz der Gesellschaft eindeutig im Vordergrund stehen.

Es ist nicht zu übersehen, daß seit mehreren Jahren die terroristischen Aktivitäten der Untergrundorganisation ETA die spanische Gesellschaft in Angst und Erschrecken versetzt haben. Inzwischen wird der Terrorismus von der spanischen Bevölkerung, weit über der anhaltenden Arbeitslosigkeit, als das wichtigste Problem Spaniens angesehen. Infolge des Terrors, mit dem die baskische separatistische Terrororganisation ständig versucht, das spanische Volk einzuschüchtern, wird von der spanischen Bevölkerung eine Verschärfung des Strafrechts für Terrorismusdelikte gefordert.

In dem autonomen Gebiet des Baskenlandes werden diese terroristischen Aktivitäten nicht nur direkt von dem sog. „harten Kern" der ETA begangen. Ferner sind in letzter Zeit auch die Aktivitäten zu erwähnen, die von den der ETA-nahestehenden Jugendgruppen unter 18 Jahren begangen werden. Folglich können diese jugendlichen Täter „in den Genuß" des Jugendstrafrechts kommen, sprich LO 5/2000.[99]

Angesichts der Schwere vieler terroristischer Aktivitäten dieser Jugendlichen, mit der Berücksichtigung eines weitverbreiteten Angstgefühls in der baskischen Bevölkerung so wie, die damit im Zusammenhang stehende Wehrlosigkeit, konnte die spanische Regierung nicht ignorieren. Diese Jugendlichen, die zunehmend mit diesen terroristischen Aktivitäten in Erscheinung treten, sollen mit den im neuen LO 5/2000 vorgesehenen Maßnahmen[100] wieder in die Gesellschaft integriert werden, ohne dabei die Belange der Opfer zu vernachlässigen.

---

98 de Urbano Castillo, La Ley, vom 19. Oktober 2000, S. 2.

99 Damit sind in erster Linie die gewalttätigen Aktivitäten gemeint, die auf das Konto dieser jugendlichen radikalen separatistischen Gruppen aus dem Umfeld der Terrororganisation ETA im Baskenland gehen. Diese Aktivitäten werden in Spanien als sog. „Straßenterrorismus" („terrorismo callejero" oder auf Baskisch: „kale borroka") definiert. In diesem Zusammenhang regelt art. 577 CP diesen sog. „Straßenterrorismus". Diese Vorschrift subsumiert unter diesen Tatbestand die Aktivitäten derer, die, ohne direkt zu einer terroristischen Vereinigung zu gehören, gleichwohl ihre Ziele verfolgen und somit zu einer Umstürzung der rechtsstaatlichen Ordnung oder zu einer Störung des öffentlichen Friedens beitragen (Begünstigung, Unterstützung oder Bewerbung von Aktivitäten terroristischer Organisationen oder Gruppen).

100 Die Fassung des art. 9 LO 5/2000 bis zur Reform durch das LO 7/2000 sah in dem „Maßmahmen-Katalog" eine Freiheitsstrafe von höchstens fünf Jahren, unabhängig von der Schwere der Straftat und des Alters des Minderjährigen, vor.

Folglich verdient der Schutz der Gesellschaft vor terroristischen Aktivitäten eine besondere Berücksichtigung gegenüber den Zielen der Erziehung, der Spezialprävention und der Wiedereingliederung des Minderjährigen in die Gesellschaft, die die spanische Jugendgerichtsbarkeit im neuen LO 5/2000 vorsieht.

Von den Ansichten Beccarias („Besser ist es, den Verbrechen vorzubeugen als sie zu bestrafen“) oder von Liszts [„Sozialpolitik (stellt) zugleich die beste und wirksamste Kriminalpolitik dar“] ist die gegenwärtige Diskussion um die Verschärfung des Jugendstrafrechts weit entfernt.

Die oben aufgeführten Strafverschärfungsforderungen sind bislang in der Wissenschaft auf strikte Ablehnung gestoßen.[101]

Die subjektive Einschätzung der Kriminalitätslage bezüglich der Jugendkriminalität steht im krassen Gegensatz zu ihrem objektiven Lagebild.[102] Somit besteht kein Anlaß zu einer Dramatisierung der Jugendkriminalität.

Im Jahre 2000 registrierte die Polizei in der Bundesrepublik Deutschland 12,9% aller Jugendlichen zwischen 14 und unter 18 Jahren und 10,8% aller Heranwachsenden zwischen 18 und unter 21 Jahren als Tatverdächtige. Im Umkehrschluß heißt es, daß in diesem Jahr über 75% der jugendlichen bzw. heranwachsenden Wohnbevölkerung der Bundesrepublik nicht als Tatverdächtige erfaßt wurden. Legt man weiterhin die PKS zugrunde, macht die Gewaltkriminalität bei allen Altersgruppen höchstens 3% des gesamten Kriminalitätsaufkommens aus.

Abgesehen von den spektakulären Einzelfällen, die Nährboden für eine kriminalpolitische Forderung nach einer Verschärfung des Jugendstrafrechts darstellen,[103] ist ausgehend von kriminologischen Befunden festzuhalten, daß der überwiegende Teil der Jugendkriminalität in Deutschland und in Spanien eine normale,[104] ubiquitäre,[105] episodenhafte und bagatellhafte[106] Erscheinung ist.[107]

---

[101] Siehe etwa die Resolution des 1. Bundestreffens der Jugendrichter/innen und der Jugendstaatsanwälte/innen vom 8.-10. Dezember 1993 in Villingen-Schwenningen, abgedruckt in Heinz, in: Dünkel/van Kalmthout/Schüler-Springorum (Hrsg.), 1997, S. 63; ferner die Resolution aus dem Jahre 1998 von 55 Professoren aus den Bereichen des Jugendstrafrechts und der Kriminologie. Abgedruckt in: DVJJ-Journal 3 (1998), S. 203 ff.; StV 18 (1998), S. 632 f.; auch in ZRP 1998, S. 446 ff.

[102] Trenczek, 1996, S. 26.

[103] Siehe dazu Presseberichte. Fn. 91.

[104] Sowohl in Deutschland als auch in Spanien ist die Normalitätsthese durch empirische Forschungen untersucht worden. Siehe bzgl. der BRD, Pfeiffer u.a.: DVJJ, Sonderdruck 1998, S. 79. In Spanien siehe Rechea, u.a., 1995, S. 37. Diesbezüglich siehe auch Fn. 45 u. 72.

[105] In Spanien ist weiterhin aus der von Rechea, u.a. durchgeführten empirischen Forschung zu ersehen, daß die Jugendlichen aus sog. „hohen Risiko“-Zonen nicht straffälliger waren als die Jugendlichen aus vornehmeren Teilen.

[106] Zahlreiche in der BRD durchgeführte Befragungen Jugendlicher und Heranwachsender im Rahmen der Dunkelfeldforschung haben ergeben, daß es neben der amtlich registrierten Jugendkriminalität eine große Menge der Polizei nicht bekanntgewordener Straftaten Jugendlicher und Heranwachsender gibt. Es handelt sich aber hierbei überwiegend um gelegentlich begangene leichtere Delikte, wie einfache Diebstähle, Leistungserschleichung i.S.v. § 265a StGB, Fahren ohne Fahrerlaubnis und Trunkenheit im Verkehr. Schwere Delikte, wie z.B. Einbruchsdiebstahl, Raub oder sexuelle Gewaltdelikte sind nach den Selbstberichten selten. Siehe dazu Dölling, in: BMJ (Hrsg.), 1992. S. 50.

[107] Ausführlich zu diesen Merkmalen siehe Abschn. 1.2.3 des 1. Kap.

Es gibt folglich kaum einen Jugendlichen, der nicht irgendwann einmal gegen ein Gesetz verstößt. Diese Verstöße erweisen sich meistens als normale Konflikte im Prozeß der Anpassung an gesellschaftliche Normen.

Bei der Jugendkriminalität handelt es sich überwiegend um ein soziales Phänomen, das sozial, jedenfalls in erster Linie, gelöst und nicht strafrechtlich bekämpft werden sollte.[108] Auf Jugendkriminalität verschärft zu reagieren, verschärft regelmäßig lediglich das Problem und kann folglich zu einem bedrohlichen Kreislauf des Verbrechens führen. Eine Kriminalpolitik, die auf härtere Strafe und auf Abschreckung setzt, stiftet mehr Schaden als Nutzen.[109]

Doch für diese kleine Gruppe von sog. „Intensivtätern",[110] die in bestimmten Fällen eine Bedrohung für die Gesellschaft darstellen können, welche allein mit Sozialarbeit und milden Maßnahmen nicht zu retten sind, die nur darüber lachen, daß ihnen immer wieder eine Chance durch ambulante Maßnahmen oder durch die Einstellung des Verfahrens eingeräumt wird, sind fühlbare stationäre Maßnahmen vonnöten.[111] Dabei handelt es sich aber nicht um wegsperren oder entsorgen,[112] sondern in erster Linie darum, zu therapieren und zu betreuen. Die Reaktion auf die begangene Straftat ist so zu gestalten, daß die Integration des Jugendlichen bzw. Heranwachsenden in der Gesellschaft möglichst gefördert werden kann.[113] Insbesondere bei schwereren Formen der Jugendkriminalität und bei mehrfacher Auffälligkeit erscheinen jedoch, im Interesse der Opfer, der allgemeinen Sicherheit und der Verhinderung sog. „krimineller Karrieren", strafrechtliche Reaktionen angemessen.

---

108 In diesem Sinne hat sich auch die ehem. Bundesjustizministerin Sabine Leutheusser-Schnarrenberger in einer Presseerklärung vom 21.6.1993 [abgedruckt in DVJJ-Journal 2 (1993), S. 105] bezüglich der Forderung der CDU-CSU Bundestagsfraktion zur Verschärfung des Jugendstrafrechts (siehe dazu Fn. 89) geäußert. Hier ein Auszug: „Der geforderte harte strafrechtliche Zugriff kann zwar ein mitunter verständliches Bedürfnis nach Vergeltung befriedigen, er kann aber gerade nicht die Lösung unserer aktuellen Problematik der Gewaltbereitschaft junger Menschen darstellen. (..) Was Not tut, neben den Verbesserungen der sozialen Bedingungen, neben entschiedenen Reaktionen von Polizei und Justiz, ist auch, daß wir mit den jungen Menschen reden, uns um sie kümmern, sie und ihre Sorgen, ihre Nöte und auch ihre Wünsche ernst nehmen".

109 Heinz, DVJJ-Journal, 4 (1996), S. 344 ff. Aus der Wissenschaft liegt eine Resolution aus dem Jahre 1998 vor, in der sich 55 Professoren aus den Bereichen des Jugendstrafrechts und der Kriminologie gegen die von Teilen der Politik und der Judikativen angestrebten Verschärfungen des Jugendstrafrechts unter dem Stichwort „Wider die repressive Hilflosigkeit" ausgesprochen haben. Zu sehen ist die Resolution in: DVJJ-Journal 3 (1998), S. 203 ff.; StV 18 (1998), S. 632 f. Ferner ZRP 1998, S. 446 ff. Ein Auszug: „Verantwortliche Jugendkriminalpolitik muß vor allem behutsame Kriminalpolitik sein. (...) Das geltende Jugendstrafrecht hat dem Erwachsenenstrafrecht vor allem zweierlei voraus: Vielfalt des möglichen Reagierens und Flexibilität der Prozeduren. Mit beidem steht ein Instrumentarium zur Verfügung, das es erlaubt, den Verhältnissen, Bedürfnissen und „Lagen" der 14- bis 21jährigen, die strafrechtlich auffallen, mit einem hohen Grad an Individualisierung gerecht zu werden. (...) Sowohl die Strafmündigkeitsgrenze von 14 Jahren als auch die Regelungen des Heranwachsendenstrafrechts in ihrem heutigen Zuschnitt sind beizubehalten". Siehe ergänzend die Thesen des 24. Deutschen Jugendgerichtstages vom 18. bis 22. September 1998 in Hamburg, in: DVJJ-Journal 4 (1998), S. 296 f.

110 Zum Konzept siehe Fn. 40.

111 In demselben Sinne äußerst sich Leutheusser-Schnarrenberger, DVJJ-Journal 2 (1993), S. 105: „Wir dürfen uns der Notwendigkeit nach fühlbaren Freiheits- und Jugendstrafen nicht verweigern. Dies ist nötig aus Sicherungsgründen und um den gewaltbereiten jungen Leuten zu verdeutlichen, daß ihre Verbrechen keineswegs auf gesellschaftliche und staatliche Akzeptanz stoßen".

112 Nach Heinz, DVJJ-Journal, 1 (1999), S. 18, sei der Strafvollzug „kein Abfallkübel zur Entsorgung menschlichen Mülls".

113 Dölling, in: BMJ (Hrsg.), 1992, S. 56.

„(...) Eines ist allen Vordenkern in Sachen Kriminalitätsbekämpfung mittlerweile klar: Der bedrohlichen Entwicklung ist nur beizukommen, wenn alle Verantwortlichen am Kragen gepackt werden: Die Kinder und Jugendlichen, das ist klar. Der Staat, auch das liegt auf der Hand, nur er kann gegen Arbeitslosigkeit und Armut vorgehen und der Jugend Zukunftsperspektiven eröffnen, die viele davon abhalten würden, einen kriminellen Weg einzuschlagen. Und nicht zuletzt sind dann auch die Eltern da (...) Auch sie müssen stärker einbezogen (...) werden...“.[114]

2. Überblick über das deutsche und spanische Jugendstrafrecht

2.1 Einführung: Erziehung oder Strafe im Jugendstrafrecht?

2.1.1 Das Spannungsverhältnis zwischen Erziehung und Strafe im deutschen Jugendstrafrecht

„Jemand, der im jugendlichen Alter eine strafbare Handlung begeht, kann nicht in dem Umfang dafür verantwortlich gemacht werden, wie ein Erwachsener“.[115]

Das Jugendstrafrecht, geregelt im Jugendgerichtsgesetz der Bundesrepublik Deutschland, ist im Gegensatz zum allgemeinen Strafrecht als Täter- bzw. Erziehungsstrafrecht konzipiert.[116]

Schon der Begriff des „Erziehungstrafrechts“ weist aus rein syntaktischer Sicht eine klare Zweideutigkeit auf, weil dieser zwei Konzepte miteinander verbindet, welche grundsätzlich antagonistisch sind. „Erziehung“ und „Strafe“ lassen sich daher von ihrem Grundbegriff klar voneinander unterscheiden.[117]

---

[114] Sellin/Weber: Das Milchgesicht – Wenn Kinder töten: Der Fall Marco F., 1999, S. 199.

[115] Regierungsentwurf eines Jugendgerichtsgesetzes vom 24.10.1922.

[116] Diese Auffassung ist inzwischen h.M. in der Literatur. Siehe dazu: Brodkorb, 1998, S. 73; auch Schaffstein/Beulke, 1993, S. 1.

[117] Dieses sog. „Spannungsverhältnis“ zwischen beiden Begriffen – „Erziehung“ und „Strafe“ – im Bereich des Jugendstrafrechts kann besser verständlich gemacht werden, wenn gleichzeitig eine Analyse der verschiedenen theoretischen Modelle zur Behandlung krimineller Abweichungen junger Menschen erfolgt. International hat die Jugendstrafrechtslehre nach verschiedenen Modellen zur Behandlung der Jugendkriminalität geforscht. So werden grundsätzlich von der Lehre vier Jugendstrafrechtsmodelle unterschieden. Das erste Modell ist das sog. vormundschaftsrechtliche Modell, welches in bezug auf das spanische Jugendstrafrecht das erste Jugendgerichtsgesetz aus dem Jahre 1948 dominierte (eine ausführliche Analyse dieses Gesetzes erfolgt im Abschn. 2.3.1 des 1. Kap.). Dieses Modell, welches streng mit dem Anfang des 20. Jahrhunderts weit verbreiteten Positivismus sowie mit der Ideologie eines Besserungsstrafrechts verbunden ist, geht von dem Ausschluß der strafrechtlichen Verantwortlichkeit des Minderjährigen für seine Taten aus. Im Zusammenhang damit wird ein System erzieherischer und vormundschaftsrechtlicher Maßnahmen vorgesehen. Zu kritisieren ist, daß diese Maßnahmen mittels eines Verfahrens ohne Berücksichtigung von strafprozessualen Prinzipien verhängt werden. Inzwischen wird dieses Modell praktisch nicht mehr vertreten. Das zweite Modell ist das sog. Wohlfahrtsmodell („social welfare model“), welches von einigen skandinavischen Ländern übernommen worden ist. Dieses Modell ist dadurch gekennzeichnet, daß die erzieherische Behandlung des Jugendlichen im Vordergrund steht. Somit setzt das Wohlfahrtsmodell möglichst auf erzieherische Maßnahmen oder erzieherisch begleitende Interventionen zu Lasten jugendkriminologischer Sanktionen, sowie rein jugendstrafrechtlicher Interventionen. Nach diesem Modell sei der Minderjährige für sein Verhalten zwar zur Verantwortung zu ziehen, im Gegensatz zum vormundschaftsrechtlichen Modell habe dies jedoch so spät wie möglich mit

Erziehung ist ein Instrument, mit dem die Persönlichkeit eines Menschen gefördert wird. Strafe ist in sich ein Übel, das unerwünschte Verhaltensweisen eines Menschen kennzeichnet und zurückzudrängen versucht.[118]

Die Regelung von Erziehungsmaßregeln (§ 9 JGG) einerseits und der Jugendstrafe (§ 17 JGG) andererseits im JGG als mögliche Reaktionen auf die Straftat eines Jugendlichen, führt zu einem Spannungsverhältnis zwischen Strafe und Erziehung, bezüglich der Frage, welches der beiden Prinzipien das Gesetz prägt.

Dieses Spannungsverhältnis zwischen Erziehung und Strafe ist durch einen sog. Kompromiß gelöst worden, welcher im wesentlichen zum Inhalt hat, daß nicht der Sühnegedanke, sondern der Erziehungsgedanke im Jugendstrafrecht dominiert. Dieser Erziehungsgedanke verdrängt insofern das tatvergeltende Strafrecht.[119]

Das deutsche Jugendstrafrecht ist seit seiner Diskussion in den ersten Dekaden des 20. Jahrhunderts durch die Überzeugung geprägt, jugendliche Täter seien mit erwachsenen Tätern nicht zu vergleichen; sie müssen im Prinzip erzogen und nicht bestraft werden.[120] Aus dieser Grundkonzeption wurde der Begriff Täter- bzw.

---

strafrechtlichen Mitteln zu erfolgen. Vor allem finden die Diversions-, Schlichtungs- und Wiedergutmachungsprogramme in diesem Modell Anwendung. Das dritte Modell ist das sog. Gerechtigkeits- oder rechtsförmlich-strafrechliche Modell („justice model" oder „due process model"), welches sich in den letzten Jahren in den meisten Ländern herausgebildet hat, darunter im deutschen JGG, sowie im neuen spanischen LO 5/2000. Dieses Modell ist dadurch gekennzeichnet, daß es Erziehung und Justiz miteinander verbindet. In diesem Sinne wird der Minderjährige als eine Person betrachtet, welcher auch die Rechte und Garantien der Strafrechtspflege zukommen. Ferner macht dieses Modell den Minderjährigen für seine Straftat verantwortlich. Ebenso strebt dieses Modell an, mittels einer „erzieherischen" Bestrafung den Bedürfnissen des Minderjährigen zu entsprechen. Die in der Jugendstrafrechtspflege zur Anwendung kommenden Maßnahmen haben also in erster Linie einen erzieherischen Charakter. Schließlich hat sich in letzter Zeit eine neue Kontrollstrategie herauskristallisiert: Das aus den Vereinigten Staaten kommende Modell der vier „Ds". Der Name leitet sich von folgenden Merkmalen her: „decriminalization", „deinstitutionalitation", „due process" und „diversion". Im gewissen Sinne hat dieses Modell versucht, seine Vorschläge bezüglich der Behandlung der Jugendkriminalität in die anderen Modelle einzufügen, vor allem in das Justizmodell. Dabei ist aber das vorrangige Ziel, das strafrechtliche Potential der Maßnahmen zu mildern und ihr Sozialisationspotential zu stärken. Die Empfehlungen der internationalen Organisationen im Bereich des Jugendstrafrechts (siehe dazu Abschn. 1.3 des 2. Kap.) haben das Modell der vier „Ds" in dem Maße berücksichtigt, als sie die Aspekte des Wohlfahrtsmodells mit denen des Justizmodells miteinander verbinden. Grundsätzlich geht es hierbei darum, den Akzent weniger auf die Idee des Schutzes und der Fürsorge der Minderjährigen zu setzen, sondern vielmehr die Jugendgerichtsbarkeit den Grundsätzen der Strafrechtspflege für Erwachsene zu nähern. Die Maßnahmen des Jugendstrafrechts sollten aber prinzipiell einem erzieherischen Zweck dienen. Reine Ausprägungen der oben genannten Modelle sind jedoch selten zu finden. Überwiegend handelt es sich um Mischformen. Ausführlich zu diesen Modellen siehe unter dem deutschen Schrifttum: Albrecht, H.J., in Hubert/Hochgesandt (Hrsg.), 1997, S. 26. Dabei spricht er innerhalb der Jugendstrafrechtssysteme von zwei verschiedenen Ausprägungen: Das einspurige System, in dem das strafbare Verhalten von Kindern und Jugendlichen anderen Kindheits- und Jugendproblemen gleichzusetzen sei. Auf alle sei mit Maßnahmen nichtstrafrechticher Art zu reagieren. Das zweispurige System dagegen knüpft für Verstöße von Kindern und Jugendlichen an den Katalog des Erwachsenenstrafrechts, gleichwohl werden andere als die im Erwachsenenstrafrecht vorgesehenen Sanktionen angewandt. Ihre Auswahl solle sich nicht an der Tatschwere, sondern weitgehend an der Person und deren erzieherischen Bedürfnissen orientieren. Auch in diesem Sinne Heinz, in: Dünkel/van Kalmthout/Schüler-Springorum (Hrsg.), 1997, S. 4 f.; Kaiser, in: FS-Blau, 1985, S. 451, spricht von einer neuen Kontrollstrategie, die die Dichotomie zwischen dem Wohlfahrts- und dem Justizmodell zurücklasse: Das Konzept der sog. vier „Ds". Im spanischen Schrifttum siehe u.a.: de la Cuesta/Giménez-Salinas, in: Dünkel/van Kalmthout/Schüler-Springorum (Hrsg.) 1997, S. 337; Ornosa Fernández, 2001, S. 32 ff.; de Urbano Castillo, 2001, S. 12 ff.

118 Rössner, in: Wolff/Marek (Hrsg.), 1990, S. 21.

119 Brodkorb, 1998, S. 72.

120 Meißner, 1996, S. 17 f.

Erziehungsstrafrecht abgeleitet. Beide Konzepte prägen heute entscheidend das geltende JGG der Bundesrepublik Deutschland.

Hat sich ein Jugendlicher strafbar gemacht, wird die strafrechtliche Sanktion – Jugendstrafrecht ist immerhin Strafrecht, weil der Anordnung einer bestimmten (erzieherischen) Sanktion eine begangene Straftat zugrundeliegt – nicht so sehr durch die Tat, sondern vielmehr durch seine Persönlichkeit bestimmt (insofern Täterstrafrecht). Demgegenüber steht im allgemeinen Strafrecht die begangene Tat und die Aufrechterhaltung der Rechtsordnung im Vordergrund, d.h. der Erziehungsgedanke tritt im Erwachsenenstrafrecht zurück gegenüber dem Gedanken der Sühne, Vergeltung und Sicherung (Tatstrafrecht).[121]

Das deutsche Jugendstrafrecht stellt im Prinzip ein echtes Strafrecht dar, weil es sich grundsätzlich an den Maßgaben orientiert, die für Erwachsene gelten, wie z.B. das Schuldprinzip. Gleichwohl hat das deutsche Jugendstrafrecht den Anspruch, ein sog. Erziehungsstrafrecht zu sein. Damit soll es sich wesentlich vom Erwachsenenstrafrecht unterscheiden, das vorrangig die Tat ahndet.[122]

Wie aus zahlreichen Vorschriften des JGG hervorgeht,[123] versteht sich das geltende deutsche Jugendstrafrecht als Erziehungsstrafrecht. Der Gedanke der Erziehung spiegelt sich vor allem in § 5 JGG wider. Bei den Rechtsfolgen wird unterschieden zwischen Erziehungsmaßregeln und Zuchtmitteln einerseits, und der Jugendstrafe andererseits. Die beiden erstgenannten Sanktionen sollen allerdings keine Strafe sein und die letzte soll hingegen eine echte Kriminalstrafe darstellen.[124] In dieser Vorschrift, wo sich besonders das Subsidiaritätsprinzip[125] ausprägt, sollen die Erziehungsmaßregeln in weitem Umfang die Zuchtmittel und die Jugendstrafe ersetzen.

Erziehung ist somit der zentrale Gedanke des Jugendstrafrechts.[126]

Ziel dieses Erziehungsstrafrechts ist die sog. „Legalbewährung" des jungen Täters, sprich den Täter von der Begehung weiterer Straftaten abzuhalten.[127] Darüber hinaus soll dieses besondere Strafrecht seine Resozialisierung bewirken.

---

[121] Vgl. insoweit § 46 Abs. 1 StGB, in dem das Schuldprinzip des deutschen Strafrechts seinen Niederschlag gefunden hat: „Die Schuld des Täters ist Grundlage für die Zumessung der Strafe". Die Tatfolgen sind im allgemeinen Strafrecht nicht auf die „Erziehungsbedürftigkeit" des Täters orientiert, sondern am Strafrahmen des einschlägigen Tatbestandes des StGB. Die Persönlichkeit und die soziale Lage des Täters sollen erst bei der Strafzumessung eine Rolle spielen. Im Jugendstrafrecht hingegen sollen die letztgenannten Aspekte bereits die Auswahl der Reaktion auf die Straftat beeinflussen.

[122] Plewig, in: Müller/Otto (Hrsg.), 1987, S. 255.

[123] Siehe etwa §§ 5 Abs. 1, 9, 12, 18 Abs. 2, 37, 45, 47, 90 Abs. 1 S. 2, 91 Abs. 1 JGG.

[124] Zu den Rechtsfolgen im Jugendstrafrecht siehe Abschn. 2.2.3 des 1. Kap.

[125] Das Subsidiaritätsprinzip ist eng mit dem Erziehungsgedanken im Jugendstrafrecht verbunden. Es bezieht sich nicht nur auf das Verhältnis von Strafe und erzieherischen Maßnahmen i.S.d. § 5 JGG, sondern auch auf das formelle Strafverfahren gegenüber informellen Reaktionen, wie dies sich in den §§ 45, 47 JGG niederschlägt. Siehe dazu Peters, 1985, S. 600, der beteuert, daß der Erziehungsgedanke zur „Subsidiarität der Strafe und des Strafverfahrens" führe. Siehe ferner Heinz/Hügel, in: BMJ (Hrsg.), 1987, S. 9 ff.

[126] BGHSt 36, 37 (42); BGHSt 15, 224 (225): „Jugendstrafrecht ist in erster Linie Erziehungsstrafrecht". Vgl. auch RegE 1.JGGÄndG 1989 (BT-Drucks. 11/5829), S. 11: „Das Jugendstrafrecht mißt der Erziehung eine zentrale Bedeutung bei, da die Straftaten junger Menschen meist entwicklungsbedingt sind und oft aus Konfliktsituationen ihres Alters resultieren. Schon das geltende Jugendgerichtsgesetz schreibt daher in erster Linie erzieherische Reaktionen vor".

[127] Im Unterschied etwa zum österreichischen Jugendgerichtsgesetz von 1988 fehlt im deutschen JGG eine ausdrückliche Festlegung auf ein Sanktionsziel. Explizit wird im ÖJGG in § 5 Nr. 1 folgendes festgehalten:

Trotz dieser vielfältigen Erwähnungen wird der Begriff der Erziehung im Gesetz nicht definiert. Vielmehr wird dieser vom Gesetzgeber offengelassen. Da es sich bei dem Begriff der „Erziehung" um einen sog. „unbestimmten Rechtsbegriff" handelt, kann er grundsätzlich als (Lern)-Prozeß definiert werden, durch den ein System von Verhaltensnormen von einem Menschen erlernt und verinnerlicht wird, das ihm ein gesetzmäßiges und geordnetes Leben in einer bestimmten Gesellschaft ermöglicht.

Der Erziehungsgedanke findet im JGG seinen Niederschlag nicht nur im Rechtsfolgensystem, sondern auch in den Regelungen für das Gerichtsverfassungs- und Verfahrensrecht sowie in den Vorschriften über Vollstreckung und Vollzug.

Im materiellen Jugendstrafrecht des JGG findet der Erziehungsgedanke seinen Ausdruck im Rechtsfolgensystem. Hervorzuheben ist hierbei vor allem § 5 JGG. Die dort geregelten Erziehungsmaßregeln dienen in erster Linie nicht der Ahndung der Tat, sondern der Erziehung des Täters, und zwar der Erziehung zur Legalbewährung. Die Zuchtmittel nehmen eine ambivalente Stellung ein, da sie sowohl der Ahndung der Straftat – wie aus dem Wortlaut des § 5 Abs. 2 bzw. § 13 Abs. 1 JGG zu entnehmen ist – als auch der Erziehung des Jugendlichen – wie § 17 Abs. 2 JGG es vorsieht – dienen. Besonders deutlich wird das Spannungsverhältnis zwischen Erziehung und Strafe bei der schwersten Sanktion des Jugendstrafrechts, der Jugendstrafe. Hier überwiegt der Strafcharakter, dennoch werden erzieherische Gesichtspunkte nicht außer acht gelassen, wie sich aus der Bemessungsregel des § 18 Abs. 2 JGG ergibt: „Die Jugendstrafe ist so zu bemessen, daß die erforderliche erzieherische Wirkung möglich ist".[128]

Im Gerichtsverfassungsrecht hat der Erziehungsgedanke zu einer Spezialisierung von Staatsanwalt und Gericht geführt (§§ 33 ff. JGG). Dies zeichnet sich vor allem in der Regelung des § 37 JGG ab, nach dem die Jugendrichter und Jugendstaatsanwälte „erzieherisch befähigt und in der Jugenderziehung erfahren sein" sollen.

Im formellen Jugendstrafrecht ist der im JGG vorherrschende Erziehungsgedanke aus zahlreichen Vorschriften zu entnehmen.[129] Erinnert sei vor allem an folgende Aspekte: Einschaltung der Jugendgerichtshilfe (§ 38 JGG), Absehen von der Verfolgung bzw. Einstellung des Verfahrens aus Opportunitätsgründen (§§ 45, 47 JGG), Besonderheiten der Hauptverhandlung wie z.B. der Ausschluß der Öffentlichkeit (§ 48 Abs. 1 JGG) oder die Schaffung eines vereinfachten Jugendverfahrens (§ 76 JGG) als besondere Verfahrensart bei Jugendlichen.

Im übrigen enthalten die Vorschriften über Vollstreckung und Vollzug im Jugendstrafrecht auch erzieherische Gesichtspunkte, welche die Gestaltung der Vollstreckung bzw. des Vollzuges der Jugendstrafe berücksichtigen sollen, wie z.B. in § 91 Abs. 1 JGG festgehalten wird.

„Die Anwendung des Jugendstrafrechts hat vor allem den Zweck, den Täter von strafbaren Handlungen abzuhalten". Die Auffassung, nach der „Legalbewährung" Sanktionsziel ist, ist inzwischen h.M. in der Literatur. Vgl. dazu Heinz, in: Dünkel/van Kalmthout/Schüler-Springorum (Hrsg.), 1997, S. 18, Fn. 44.

[128] Beulke, Gedächtnisschrift für Karlheinz Meyer, 1990, S. 684.

[129] Zu den verfahrensrechtlichen Besonderheiten des deutschen Jugendstrafrechts siehe Abschn. 2.2.4 des 1. Kap.

Die Idee der Erziehung als Leitgedanke des Jugendstrafrechts läßt sich zurückführen auf den Anfang des 20. Jahrhunderts und die in diesem Zeitraum aufgestellten theoretischen Ansätze, welche weitgehend durch die Gedanken von Franz von Liszt beeinflußt waren. Das von ihm im Jahre 1883 publizierte „Marburger Programm“ sprach sich schon dafür aus, bei den Rechtsfolgen aus Anlaß einer Straftat eines Jugendlichen eher auf seine Persönlichkeit als auf die begangene Tat einzugehen.[130]

Wurde der junge Mensch noch im 19. Jahrhundert als „halber“ Erwachsener gesehen und entsprechend strafrechtlich, auch wenn mit Strafmilderungen, verurteilt, veränderte sich diese Auffassung zu Beginn des 20. Jahrhunderts zunehmend. Man kam zu der Überzeugung, daß Kinder und Jugendliche sich von Erwachsenen tiefgreifend unterscheiden. So gelangte man zu der Erkenntnis, daß straffälliges Verhalten junger Menschen auch etwas mit deren Entwicklungsphasen zu tun habe, dem nicht nur mit Sanktion, sondern ebenso mit Erziehung zu begegnen sei.

Diese Gedanken wurden von der Anfang des 20. Jahrhunderts innerhalb der deutschen Strafrechtswissenschaft verbreiteten „Jugendgerichtsbewegung“ aufgenommen. Ihre Vertreter fanden sich 1912 auf dem Dritten Jugendgerichtstag in Frankfurt am Main zusammen, um über das Thema „Erziehung und Strafe -Sühne und Besserung“ zu diskutieren. Diese theoretischen Überlegungen ermöglichten schließlich den Einzug des Erziehungsgedankens in das Jugendstrafrecht.

„Erziehung statt Strafe“ wurde zum Schlagwort der Jugendgerichtsbewegung.[131] Mittels der Erziehung sei im wesentlichen das zu erreichen, wozu die vergeltende Strafe ganz offensichtlich nicht in der Lage war, nämlich Besserung und Erziehung des jugendlichen Straftäters. Die Strafe war also subsidiär konzipiert und sollte einem guten Zweck dienen, der Erziehung.[132]

Im ersten Jugendgerichtsgesetz der Bundesrepublik Deutschland, dem JGG vom 16. Februar 1923,[133] fanden die oben erläuterten theoretischen Ansätze ihren gesetzlichen Niederschlag. Dementsprechend wurde nicht mehr der Strafgedanke, sondern der Erziehungsgedanke als Grundelement des Jugendstrafrechts in den Vordergrund gestellt.[134]

Aus Anlaß der Straftat eines Jugendlichen waren Erziehungsmaßregeln vorgesehen. Solange sie ausreichten, war von der zweiten Form, der Jugendstrafe, abzusehen.[135] Das JGG 1923 trennte also im starken Maße zwischen den Erziehungsmaßregeln und einer echten Kriminalstrafe. „Erziehung statt Strafe“ hieß also die Devise.

Es herrschte in den 20er-Jahren die Vorstellung, daß jugendliche Delinquenz grundsätzlich auf Erziehungsdefizite zurückzuführen sei. Diese waren mit den jugendstrafrechtlichen Mitteln allein zu bekämpfen.[136]

---

[130] Zum „Marburger Programm“ siehe ausführlich ZStW 3 (1883), S. 1 ff. Zu den Liszt'schen Gedanken siehe auch Zitat in Fn. 88. Siehe ferner Abschn. 2.2.1 des 1. Kap.

[131] Müller/Sünker, Gedächtnisschrift für Max Busch, 1995, S. 303; ferner Jureit, 1995, S. 6.

[132] Müller/Sünker, a.a.O. S. 303.

[133] RGBl I, S. 135.

[134] Vgl. zum Erziehungsgedanken im JGG 1923 Nothacker, 1985, insb. S. 33 bis 48.

[135] Diese Jugendstrafe sollte jedoch in erster Linie nicht vergelten, sondern der Erziehung dienen.

[136] Heinz, in: Wolff/Marek (Hrsg.), 1990, S. 33.

Dieses klare zweispurige Konzept „Erziehung statt Strafe“ erhielt nach der Machtübernahme der Nationalsozialisten im Jahre 1933 unklare Konturen, welche grundsätzlich im Laufe der nationalsozialistischen Gesetzesreform des Jugendstrafrechts zunächst durch den Verordnungsweg durchgeführt wurden. Diese Jugendstrafrechtsreform wurde schließlich im Jahre 1943 mit der Verabschiedung des Reichsjugendgerichtsgesetzes (RJGG) vom 6. November 1943 vollzogen.[137] Hier wurde neben den Erziehungsmaßregeln und der Jugendstrafe eine weitere Sanktionsform geschaffen: Die Zuchtmittel, innerhalb derer der Jugendarrest von Bedeutung war. Die Zuchtmittel sollten sowohl Elemente der Strafe, als auch der Erziehung enthalten. Somit wurden diese beiden Elemente durch die Formel „Erziehung durch Strafe“ harmonisiert“.[138] Diese starke Betonung der Strafe ist aus § 2 RJGG zu entnehmen. Dort behandelte das RJGG innerhalb der Reaktionsformen zunächst die Strafe, dann die Zuchtmittel und erst als drittes die Erziehungsmaßregeln.[139]

Grund für diese tiefgreifende Änderung der Erziehungskonzeption des Jugendstrafrechts ist in dem nationalsozialistischen Gedankengut zu sehen. Daher erscheint es erforderlich, kurz auf die nationalsozialistische Ideologie einzugehen, um diese beachtliche Änderung der Erziehungskonzeption besser verstehen zu können.

Nach der Machtübernahme der Nationalsozialisten im Jahre 1933 wurden die liberalen und humanistischen Erziehungsvorstellungen der Weimarer Republik, deren gesetzlicher Niederschlag im Bereich des Jugendstrafrechts im JGG 1923 zu finden war, zunehmend von völkisch und biologisch-rassistisch geprägten Vorstellungen ersetzt. Der Begriff der „Volksgemeinschaft“ und deren Schutz stand weitgehend im Mittelpunkt strafrechtlichen Denkens in der NS-Zeit.

Dementsprechend sollte die Erziehung jugendlicher Rechtsbrecher im nationalsozialistischen Jugendstrafrecht vorrangig dem Wohl dieser „Volksgemeinschaft“ dienen, nicht dem individuellen Wohl des Jugendlichen.[140]

„Auch das neue Strafrecht ist Täterstrafrecht, freilich in einem durchaus anderen Sinne als das Strafrecht v. Liszts und der sozialliberalen Vergangenheit. Denn es geht nicht aus der natürlichen, soziologischen und biologischen Individualität des Täters, sondern von der jeweiligen Gliedstellung des Täters in der Volksgemeinschaft und von seinem damit gegebenen spezifischen Pflichtenkreis hervor“.[141]

Nach dem Zusammenbruch des Dritten Reiches ging es dem Gesetzgeber des JGG vom 4.8.1953[142] vor allem darum, das im nationalsozialistischen RJGG spürbare

---

[137] RGBl I, S. 637. Ausführlich zum Erziehungsgedanken in der NS-Zeit siehe Jureit, Ulrike: Erziehen, Strafen, Vernichten: Jugendkriminalität und Jugendstrafrecht im Nationalsozialismus, 1995, insb. S. 28 ff.

[138] Rössner, in: Wolff/Marek (Hrsg.), 1990, S. 20.

[139] Diese starke Betonung der Strafe zeigte sich beispielsweise in der Bestrafungsmöglichkeit zwölfjähriger Kinder nach § 3 Abs. 2 RJGG 1943 oder in der Bestrafung jugendlicher Schwerverbrecher nach dem Erwachsenenstrafrecht nach § 20 RJGG.

[140] In einem Urteil des Reichsgerichtes vom 25.6.1943 hieß es: „Den Anforderungen des Schutzes der Volksgemeinschaft gebührt der Vorrang vor den Belangen des einzelnen Angeklagten, auch gegenüber einem Jugendlichen“ [zitiert nach: Deutsches Recht 11 (1943), S. 1043].

[141] Schaffstein, Deutsches Recht 1936, S. 64 f.

[142] BGBl I, S. 751.

Gedankengut zu eliminieren. Der Erziehungsgedanke, welcher schon in der Konzeption des JGG 1923 zur Limitierung des reinen tatvergeltenden Strafrechts und zur Behebung der Erziehungsdefizite dienen sollte, setzte sich im JGG 1953 fort. Durch die Änderung der Systematik der Rechtsfolgen in § 5 JGG wurde vom Gesetzgeber der Erziehungsgedanke wieder in den Vordergrund gestellt. Nach dieser Vorschrift sollten zunächst Erziehungsmaßregeln angeordnet werden und nur, wenn diese nicht ausreichten, waren Zuchtmittel und erst an letzter Stelle Jugendstrafe vorgesehen.

Zusammenfassend läßt sich folgendes feststellen: Auch wenn der Erziehungsgedanke mit unterschiedlichen Ausprägungen in den einzelnen Gesetzen gekennzeichnet war, gingen die Jugendgerichtsgesetze von 1923, 1943 und 1953 von der Annahme aus, daß die Straffälligkeit eines Jugendlichen in erster Linie auf einem Erziehungsdefizit beruhe, welches mit dem bestehenden jugendstrafrechtlichen Instrumentarium beseitigt oder zumindest ausgeglichen werden könnte.[143]

Diese Vorstellungen sind aber in den letzten Jahren aufgrund empirisch kriminologischer Befunde korrigiert worden. Die Erziehungsmängel, welche für den historischen Gesetzgeber als (Haupt-)Ursache der Jugendkriminalität galten, wurden in Frage gestellt und führten somit zu einem Wandel im Verständnis von Jugendkriminalität. Diesen kriminologischen Befunden zufolge handelt es sich bei der Jugendkriminalität überwiegend um ein ubiquitäres, normales, bagatellhaftes bzw. um ein passageres Phänomen.[144] Aus diesen Fakten ist zu schließen, daß der Jugendliche, dessen Kriminalität auf Erziehungsmängeln beruht und infolgedessen der erzieherischen Korrektur bedarf, die Ausnahme und nicht die Regel bildet.[145]

Diese Befunde bildeten die Grundlage zum Regierungsentwurf eines Ersten Gesetzes zur Änderung des Jugendgerichtsgesetzes (1.JGGÄndG) vom 27.11.1989,[146] was schließlich im Jahre 1990 zur Verabschiedung des Ersten Gesetzes zur Änderung des Jugendgerichtsgesetzes vom 30.8.1990[147] führte. Erstes Ziel des Gesetzes war es, den als leitend gesehenen Erziehungsgedanken des Jugendstrafrechts „besser zum Tragen zu bringen".

Dieser optimistisch konzipierte Erziehungsgedanke des Jugendstrafrechts nach dem 1.JGGÄndG geriet aber in den letzten Jahren aufgrund eines – durch die Daten der PKS – festgestellten Anstiegs der Jugendkriminalität ins Wanken. Im Zusammenhang damit muß man auch einige, zunehmend in die Schlagzeilen geratene Fälle von Jugendgewalt, betrachten. Daraufhin mehrten sich die Stimmen, die beispielsweise für

---

[143] Heinz, RdJB 38 (1990), S. 140; ders. in: Wolff/Marek (Hrsg.), 1990, S. 37. Richtungsweisend auch Dallinger/Lackner, JGG, 1955, Einführung, Rdnr. 6: „Da jede Verfehlung eines jungen Menschen in erster Linie aus seiner Anlage und den Umweltbedingungen, unter denen er lebt, zu erklären ist, setzte sich die Erkenntnis durch, daß eine Einwirkung auf die Persönlichkeit des Täters, die sich unmittelbar gegen seine Anlage- und Erziehungsmängel richtet, erfolgreicher sein müsse als eine bloße Vergeltungsstrafe, der diese Beziehung fehlt".

[144] Diese Aspekte wurden schon im Abschn. 1.2.3 des 1. Kap. behandelt.

[145] Heinz, in: Wolff/Marek (Hrsg.) 1990, S. 38.

[146] RegE 1.JGGÄndG vom 27.11.1989 (BT-Drucks. 11/5829), S. 1: „Neue kriminologische Forschungen haben erwiesen, daß Kriminalität im Jugendalter meist nicht Indiz für ein erzieherisches Defizit ist, sondern überwiegend als entwicklungsbedingte Auffälligkeit mit dem Eintritt in das Erwachsenenalter abklingt und sich nicht wiederholt".

[147] BGBl I, S. 1853. Zu den wichtigsten Neuerungen des 1.JGGÄndG siehe ausführlich Abschn. 4.4 des 2. Kap.

eine Rückkehr der inzwischen in fast allen Bundesländern abgeschafften geschlossenen Anstalten für Jugendliche plädierten.[148] Weg von dem – als wirkungslos konzipierten – Erziehungsgedanken des Jugendstrafrechts, hin zum Schutz der Gesellschaft gegenüber der „bösen Jugend“ hieß die Devise.[149]

Obwohl einige der sich in der BRD in letzter Zeit ereigneten Vorfälle im Bereich der Jugendkriminalität als besorgniserregend angesehen werden können, ist der Erziehungsgedanke als Eckpfeiler des Jugendstrafrechts sowie seine Umsetzung in die Praxis grundsätzlich beizubehalten. Dabei sind die kriminologischen Befunde über den ubiquitären, normalen, bagatellhaften bzw. episodenhaften Charakter der Jugendkriminalität zu berücksichtigen. Ferner sind die kritisch dargelegten theoretischen Ausführungen bezüglich einer Verschärfung des Jugendstrafrechts auch in Betracht zu ziehen.[150]

Die Jugendkriminalität ist im wesentlichen „eine normale Erscheinung auf dem Weg in die Erwachsenenwelt“.[151]

2.1.2 Die Bedeutung des Erziehungsgedankens im spanischen Jugendstrafrecht

Das oben genannte „Spannungsverhältnis“ zwischen Erziehung und Strafe im deutschen Jugendstrafrecht ist im Hinblick auf das spanische Jugendstrafrecht, angesichts der Verschiedenartigkeit beider Jugendstrafrechtssysteme sowie wegen der unterschiedlichen Entwicklung des jeweiligen Jugendstrafrechts, anders zu analysieren bzw. zu beurteilen.

Zunächst ist aber festzuhalten, daß das Jugendstrafrecht auch in Spanien – wie dies auch in der Bundesrepublik der Fall ist – als Täter- bzw. Erziehungsstrafrecht konzipiert ist.[152]

---

[148] Zu den Forderungen zur Verschärfung des deutschen Jugendstrafrechts siehe Abschn. 1.5 des 1. Kap.

[149] Siehe dazu den Zeitungsbericht: „Wo der Erziehungsgedanke an seine Grenzen stößt“, in: Die Welt, Ausgabe vom 7. Juli 1998; ferner: Initiative der CDU/CSU-Bundestagsfraktion gegen Gewalt und Extremismus vom 22. Juni 1993, abgedruckt in: DVJJ-Journal 2 (1993), S. 104 ff.

[150] Siehe dazu ausführlich Abschn. 1.5 des 1. Kap.

[151] Rössner, in: BMJ (Hrsg.), 1992, S. 352.

[152] Jedoch verneint ein Teil der spanischen Lehre die Betrachtung des spanischen Jugendstrafrechts als ein Täterstrafrecht. Dabei gehen sie von der Argumentation aus, daß eine solche Betrachtungsweise stark den Positivismusgedanken vom Anfang des 20. Jahrhunderts (welche das erste spanische Jugendgerichtsgesetz aus dem Jahre 1948 besonders geprägt hatten) entspreche. Aus diesen Gründen gehen sie vielmehr davon aus, daß das Jugendstrafrecht den Charakter eines Tatstrafrechts aufweist, das zunächst unter Zugrundelegung der begangenen Straftat und dem Legalitätsprinzip zufolge zur Anwendung kommt. Gleichwohl ist es auch dabei die Persönlichkeit und die soziale Situation des Minderjährigen im Laufe des gesamten Verfahrens mit einzubeziehen, um eine angemessene Sanktion für die begangene Straftat zu treffen. Siehe dazu: Ornosa Fernández, 2001, S. 75. Diese Sichtweise überzeugt jedoch nicht. Obwohl die strafbare Handlung als primärste Voraussetzung für eine strafrechtliche Intervention anzusehen ist, sollte man nicht außer acht lassen, daß das materielle und formelle Jugendstrafrecht in besonderem Maße von der Persönlichkeit des jugendlichen Täters beherrscht wird. In diesem Sinne ist also in erster Linie von einem Täterstrafrecht die Rede, im Gegensatz zum Erwachsenenstrafrecht. Hier stellt die begangene Straftat die Grundlage für die strafrechtliche Intervention dar.

Hat sich ein Jugendlicher strafbar gemacht, so wird im spanischen Jugendstrafrecht die darauffolgende Reaktion nicht so sehr durch die Tat, sondern vielmehr durch die Persönlichkeit des Jugendlichen bestimmt.[153] Desweiteren zielen die im spanischen LO 5/2000 vorgesehenen Maßnahmen auf eine sog. „erzieherische Intervention" ab, mit der in erster Linie versucht wird, den erzieherischen Belangen der Minderjährigen Rechnung zu tragen. Insofern muß man sich bei der Festsetzung von Maßnahmen nicht nur die Tatschwere als Maß für die Strafzumessung vor Augen halten, sondern auch die persönliche, familiäre, schulische bzw. soziale Situation des jugendlichen Täters mit berücksichtigen.[154]

Die Maßnahmen des spanischen Jugendstrafrechts haben keinen repressiven, sondern eher einen spezialpräventiven Charakter. Daher erlangt der erzieherische Aspekt eine besondere Intensität. Diese Maßnahmen sind in erster Linie auf den Zweck der Resozialisierung des jugendlichen Täters und auf die Verhinderung von Straftatwiederholungen ausgerichtet.[155]

Wie schon oben angeführt, ist „Erziehung" der zentrale Gedanke des deutschen Jugendstrafrechts. Dementsprechend taucht dieser Begriff an zahlreiche Stellen des JGG auf. Im Gegensatz dazu ist der Begriff „Erziehung" in den Vorschriften des neuen spanischen LO 5/2000 nicht in demselben Umfang zu finden. Lediglich wird in der Begründung dieses Gesetzes von dem sog. „höchsten Interesse des Minderjährigen" gesprochen, das das Verfahren vor den Jugendgerichten sowie die anzuordnenden Maßnahmen zu prägen habe.[156] In diesem Zusammenhang sieht das LO 5/2000 vor, daß die juristische Reaktion auf die von dem Minderjährigen begangene Tat in erster Linie eine erzieherische Intervention darstellt.

Im materiellen Jugendstrafrecht des spanischen LO 5/2000 ist im Gegensatz zu der Vorschrift des § 5 JGG keine Regelung zu finden, die den Erziehungsgedanken eindeutig zum Ausdruck bringt. Lediglich werden in art. 7 LO 5/2000 die Rechtsfolgen auf die Straftat eines Minderjährigen aufgelistet, welche dem Jugendrichter zur Verfügung

---

[153] Dieser theoretische Grundsatz wird in art. 7 Abs. 3 LO 5/2000 folgendermaßen zum Ausdruck gebracht: „Für die Wahl der angemessenen Maßnahme/n (...) ist, bei einem flexiblen Ermessensspielraum, nicht nur auf das Beweisergebnis und auf die strafrechtliche Würdigung der Tat abzustellen, sondern insbesondere auf das Alter, die sozialen und familiären Verhältnisse, sowie auf die Persönlichkeit und das Interesse des Minderjährigen (...)".

[154] Das Konzept der „erzieherischen Intervention" ist ausdrücklich in der „Exposición de Motivos" (auf Deutsch: „Begründung des Gesetzes") des LO 5/2000 vorgesehen. Ferner wird der Begriff „Erziehung" im spanischen Grundgesetz (CE) behandelt, diesmal aber im Hinblick auf seine Zielsetzung. So wird in Art. 27 Abs. 2 CE folgendes bestimmt: „Ziel der Erziehung ist die volle Entfaltung der menschlichen Persönlichkeit unter Achtung der demokratischen Grundsätze des Zusammenlebens sowie der Grundrechte und Grundfreiheiten".

[155] Dies ergibt sich zunächst aus der Begründung des Gesetzes von LO 5/2000: Die Maßnahmen dieses Gesetzes, die zu ergreifen sind, „haben keinen repressiven Charakter, sondern eher einen spezialpräventiven. Ziel dieser Maßnahmen ist die Wiedereingliederung des Minderjährigen in die Gesellschaft sowie sein höchstes Interesse". Der Resozialisierungsaspekt wird auch vom spanischen Grundgesetz in Art. 25 Abs. 2 vorgesehen: „Die Strafen des Freiheitsentzuges und die Sicherheitsmaßnahmen sind auf Umerziehung und soziale Wiedereingliederung gerichtet und dürfen nicht aus Zwangsarbeiten bestehen".

[156] Dieser Aspekt des „höchsten Interesses des Minderjährigen" ist in einigen Vorschriften des spanischen LO 5/2000 vorrangig anzusehen, so wie in art. 6 LO 5/2000, welcher die Tätigkeit der Staatsanwaltschaft regelt, oder in art. 7 Abs. 3 LO 5/2000, welcher die Kriterien festsetzt, die für die Wahl der angemessenen Maßnahmen zu berücksichtigen sind.

stehen.[157] Diese Maßnahmen werden in absteigender Reihenfolge, angefangen mit der Maßnahme der Unterbringung in einer geschlossenen Anstalt, je nach Beeinträchtigung der Rechte des Minderjährigen geordnet. Die in art. 7 LO 5/2000 vorgesehenen Maßnahmen besitzen – den Ausführungen der „Exposición de Motivos" folgend – keinen repressiven sondern vielmehr einen spezialpräventiven Charakter. Insofern wird von Maßnahmen „ahndender-erzieherischer" Natur gesprochen.

Im formellen Jugendstrafrecht, weiterhin unter Berücksichtigung des „höchsten Interesses des Minderjährigen", sind Besonderheiten in den Verfahren vor den Jugendgerichten gegenüber dem allgemeinen Strafverfahrensrecht – geregelt in der spanischen Strafprozeßordnung (LECrim) – zu finden.[158] Unter den vielfältigen Besonderheiten sind folgende zu erwähnen: Absehen von der Verfolgung oder Einstellung des Verfahrens im Rahmen des Opportunitätsprinzips (art. 18 und art. 19 LO 5/2000),[159] Mitwirkung eines sog. „technischen Teams"[160] am gesamten Verfahren (art. 27 LO 5/2000) und die Nichtöffentlichkeit der Hauptverhandlung (art. 35 Abs. 2 LO 5/2000).

Wie in Deutschland wurde auch in Spanien Anfang des 20. Jahrhunderts im Jugendstrafrecht das Augenmerk von der begangenen strafbaren Handlung hin zum Täter und seiner Persönlichkeit gerichtet.

Das erste spanische Gesetz zur Behandlung Straftaten Minderjähriger, das sog. Jugendpflegegerichtsgesetz („Ley de los Tribunales Tutelares de Menores") vom 11. Juni 1948,[161] ging unter Beeinflussung des positivistischen Gedankens und der Besserungsstrafrechtstheorie von einem Täterstrafrecht aus. Nach art. 9 LTTM waren die Minderjährigen unter 16 Jahren als unzurechnungsfähige und unreife Menschen anzusehen. Konsequenterweise waren sie für ihre Verstöße gegen die Strafgesetze nicht zur Verantwortung zu ziehen.[162] Aus diesem Grunde waren diese Minderjährigen einer nicht als strafrechtlich konzipierten Gerichtsbarkeit zu überstellen, d.h. einer Gerichtsbarkeit mit einem vornehmlich erzieherischen und beschützenden Charakter.

---

[157] Zu den einzelnen Maßnahmen des LO 5/2000 siehe Abschn. 2.3.3 des 1. Kap. Hervorzuheben ist die Bezeichnung, mit der der Gesetzgeber die Reaktionen im Jugendstrafrecht benennt: „medidas" also, „Maßnahmen". Hierbei ist aber festzuhalten, daß eine dieser „Maßnahmen" die Unterbringung in einer geschlossenen Anstalt für die Dauer von sogar zehn Jahren bedeuten kann. Für Landrove Díaz, 2001, S. 161 f. ist mit „Maßnahmen", als Bezeichnung für die Sanktionen des spanischen Jugendstrafrechts die Tatsache deutlich zu erkennen, daß der spanische Gesetzgeber den sog. „vaterschaftlichen" Aspekt, welcher das erste Jugendgerichtsgesetz von 1948 prägte, nicht überwunden hat.

[158] Zu den verfahrensrechtlichen Besonderheiten siehe Abschn. 2.3.4 des 1. Kap.

[159] Diese beiden Vorschriften werden ausführlich in Abschn. 4.4.2 des 3. Kap. analysiert. Zum Opportunitätsprinzip im spanischen Prozeßrecht siehe Abschn. 2.3 des 3. Kap.

[160] Dieses „technische Team" könnte als die spanische Version der deutschen JGH angesehen werden. Es besteht grundsätzlich aus einem Psychologen, einem Erzieher und einem Sozialarbeiter.

[161] BOE vom 19. Juli 1948. Im folgenden LTTM.

[162] art. 9 LTTM folgte insofern den Ausführungen des art. 8 CP 1944. In diesem Zusammenhang ist folgendes anzuführen: Nach art. 9 LTTM war die Jugendgerichtsbarkeit nicht nur wegen Gesetzesverstöße Minderjähriger unter 16 Jahren gegen Strafvorschriften oder polizeiliche Normen tätig, sondern auch bei sog. „unregelmäßigem Lebenswandel" dieser Minderjährigen. Darunter war abweichendes Verhalten wie das Weglaufen von zu Hause, unmoralisches Benehmen, das Führen eines ausschweifenden Lebens oder Faulheit zu verstehen, d.h. Verhalten, das keinen Straftatbestand des damals geltenden Strafgesetzbuches erfüllte.

Durch Erlassen eines teilweise neuen Gesetzes im Jahre 1992, das LO 4/92 vom 5. Juni „zur Regelung der Zuständigkeit und des Verfahrens in den Jugendgerichten“[163] wurden einerseits das alte LTTM von 1948 sowie seine positivistischen Gedanken modifiziert; andererseits brachte das neue Gesetz ein vollkommen neues System zur Behandlung der Jugendkriminalität, in dem – anders als im alten LTTM 1948 – die im spanischen Grundgesetz aus dem Jahre 1978 verankerten rechtsstaatlichen Prinzipien in der Jugendgerichtsbarkeit besonders zu beachten waren. Darüber hinaus wurde als neuer Leitgedanke die sog. „spezielle Berücksichtigung des Interesses des Minderjährigen“ – wie in der „Exposición de Motivos“ des LO 4/92 zu lesen war – in das neue Gesetz eingeführt.[164] Nach diesem Prinzip war die Jugendgerichtsbarkeit anders als die allgemeine Strafgerichtsbarkeit zu konzipieren. In Übereinstimmung mit den rechtsstaatlichen Prinzipien wurde als vorrangiges Ziel des Jugendstrafrechts die Erziehung und die Wiedereingliederung des Minderjährigen angesehen.[165]

Mit dem LO 4/92 wurde das sog. „Justizmodell“ oder „rechtsförmlich-strafrechtliches Modell“ in das spanische Jugendstrafrecht übernommen.[166] Somit wurden die alten positivistischen Gedanken, die als theoretische Grundlage des sog. „vormundschaftsrechtlichen Modells“ galten, durch ein neues Modell ersetzt, welches den Erziehungsgedanken mit den Anforderungen der Strafgerichtsbarkeit unter einen Hut brachte. Das neue Gesetz von 1992 enthielt einen flexiblen Rahmen von Reaktionen, die sich nicht nur nach der Tat,[167] sondern vielmehr nach der Persönlichkeit des Minderjährigen, seiner Situation, seinen Bedürfnissen sowie seinem familiären und sozialen Umfeld richteten.[168]

Im neuen Gesetz aus dem Jahre 2000, das LO 5/2000 vom 12. Januar „zur Regelung der strafrechtlichen Verantwortlichkeit von Minderjährigen“,[169] überwiegt weiterhin das sog. „höchste Interesse des Minderjährigen“. Dieser Leitgedanke prägt nicht nur die zur Anwendung kommenden Sanktionen (nach der Begründung des Gesetzes als „Maßnahmen“ konzipiert) des LO 5/2000, sondern auch das formelle Jugendstrafrecht sowie die Vorschriften über die Strafvollstreckung und den Strafvollzug.

In letzter Zeit wird aber dieser vom Gesetzgeber im neuen spanischen LO 5/2000 festgehaltene Erziehungsgedanke in Frage gestellt. Aufgrund des auch in Spanien

---

163 BOE Nr. 150 vom 11. Juni 1992.

164 Bezüglich des sog. „Interesses des Minderjährigen“ als Leitgedanke der spanischen Jugendgerichtsbarkeit kann das LO 4/92 sozusagen als Schrittmacher des neuen LO 5/2000 angesehen werden.

165 Diese Grundgedanken der „Erziehung“ und „Wiedereingliederung“ finden auch im spanischen Grundgesetz ihren Niederschlag. Art. 25 Abs. 2 CE 1978 lautet folgendermaßen: „Die Strafen des Freiheitsentzuges und die Sicherheitsmaßnahmen sind auf Umerziehung und soziale Wiedereingliederung gerichtet und dürfen nicht aus Zwangsarbeiten bestehen“.

166 Vgl. zu den Merkmalen dieses Modells Fn. 117.

167 Wie schon oben angeführt, sind die rechtsstaatlichen Prinzipien auch in der Jugendgerichtsbarkeit zu beachten. Im Gegensatz zu art. 9 LTTM galt also nach LO 4/92 das Legalitätsprinzip im spanischen Jugendstrafrecht. Demzufolge waren die Jugendgerichte lediglich anläßlich strafbarer Handlungen von Minderjährigen tätig.

168 de la Cuesta/Giménez Salinas, in: Dünkel/van Kalmthout/Schüler-Springorum (Hrsg.), 1997, S. 335. In diesem Zusammenhang ist ein Urteil des spanischen Verfassungsgerichts vom 28.6.1993 hervorzuheben, nach dem die Anwendung der in art. 17 LO 4/92 aufgezählten Sanktionen ihren Grund „nicht nur in den begangenen Delikten, sondern auch in der psychischen, familiären und sozialen Situation des Minderjährigen“ habe, „was sich im individuellen Erziehungs- und Sanktionsplan abzeichnen“ solle.

169 BOE Nr. 11 vom 13. Januar 2000.

festzustellenden Anstiegs der Jugendkriminalität[170] wird es von Politikerkreisen sowie von einem Teil der Lehre für einen Schutz der Gesellschaft plädiert und dementsprechend eine strengere Führung im Umgang mit jugendlichen Kriminellen gefordert. Ein eindeutiges Beispiel dafür stellen die schon oben angeführten Änderungen des LO 5/2000 dar, die durch das LO 7/2000 vom 22. Dezember im Rahmen der Terrorismusdelikte verabschiedet worden sind.

Dieses Änderungsgesetz ermöglicht eine beachtliche Verschärfung des Strafrahmens für die wegen Terrorismusdelikte Angeklagten. Bezogen auf das Jugendstrafrecht ist für Minderjährige ab 16 Jahren eine Unterbringung in einer geschlossenen Strafanstalt für die Dauer von bis zu zehn Jahren vorgesehen.[171] Diese Unterbringung ist mit einer Maßnahme der Freiheit unter Aufsicht von maximal fünf Jahren zu ergänzen.[172]

Mit diesen durchgeführten Änderungen des Jugendstrafrechts verfolgt der Gesetzgeber grundsätzlich das Ziel, die oben dargestellten Prinzipien – die dem neuen LO 5/2000 zugrunde liegen – mit einigen vom Grundgesetz (CE) geschützten Rechtsgütern in Einklang zu bringen, da sie durch zunehmende terroristische Aktivitäten von Jugendlichen – im Rahmen des sog. „Straßenterrorismus" – im starken Maße beeinträchtigt werden.[173]

Die in der „Exposición de Motivos" des LO 5/2000 angestrebte „erzieherische Intervention" sowie die damit verbundene Abkehr von repressiven Zielen im Jugendstrafrecht werden infolge der durch das LO 7/2000 erfolgten Änderungen des spanischen LO 5/2000 in Frage gestellt.

Dabei wird der spezialpräventive Charakter des Jugendstrafrechts und das vom Gesetz, als Leitgedanke, konzipierte „höchste Interesse des Minderjährigen" in den Hintergrund gestellt, zugunsten eines Jugendstrafrechts, in dem die Abschreckung und generalpräventive Aspekte vorherrschen.

Zahlreiche der durch das LO 7/2000 erfolgten Änderungen des LO 5/2000 sind jedoch von Wissenschaft und Praxis auf schärfste kritisiert worden. So schwer einige der von Minderjährigen begangenen Straftaten auch scheinen mögen, müssen diese Minderjährigen als solche gesehen werden und sind dementsprechend unter besonderer Berücksichtigung ihres Alters so zu behandeln. Dies ist jedoch sehr schwer nachzuvollziehen, wenn ein Jugendlicher zu einer Unterbringung für die Dauer von zehn Jahren verurteilt wird, unabhängig davon, wie diese Unterbringung sich „erzieherisch" gestaltet.[174]

---

170 Siehe dazu Tabelle 2 im Anhang.

171 Vor den erfolgten Änderungen sah art. 9 LO 5/2000 eine Unterbringung von höchstens fünf Jahren vor.

172 Nachträglich ist durch die „Disposición Adicional" (auf Deutsch: „Zusatzbestimmung") Nr. 4, die durch das LO 7/2000 in das LO 5/2000 eingeführt worden ist, die Anwendung dieses Gesetzes sowie der in diesem vorgesehenen Maßnahmen nicht nur auf die Terrorismusdelikte (art. 571 bis art. 579 CP) ausgedehnt worden, sondern auch auf Tötungsdelikte [art. 138 CP (Totschlag), art. 139 CP (Mord)], Sexualdelikte [art. 179 CP (Vergewaltigung) und art. 180 CP (sexuelle Angriffe)] sowie auf andere Delikte, für die das spanische Strafgesetzbuch eine Freiheitsstrafe von mindestens 15 Jahren vorsieht.

173 Zum Begriff des „Straßenterrorismus" siehe Fn. 99. Der spanische Gesetzgeber hat im neuen art. 577 CP diese Aktivitäten unter den Grundtatbestand des Terrorismus subsumiert. Dabei regelt art. 577 CP den Straftatbestand des sog. „terrorismo impropio". Zu diesem LO 7/2000 siehe ausführlich Abschn. 2.3.3 des 1. Kap. Zu den kriminalpolitischen Hintergründen dieses Gesetzes siehe Abschn. 1.5 des 1. Kap.

174 Ornosa Fernández, 2001, S. 133; auch in diesem Sinne: Landrove Díaz, 2001, S. 181.

Von Anfang an werden diese Minderjährigen als „Terroristen“ stigmatisiert. Letzten Endes gefährdet das die vom LO 5/2000 propagierte Rehabilitierung und Wiedereingliederung dieser Minderjährigen in die Gesellschaft auf erhebliche Art und Weise.[175]

„Mehr Strafe, weniger Hilfe, sagen die einen, mehr Hilfe und weniger Strafe, sagen die anderen. (...) Das JGG ist ein Gesetz, das Hilfe und Strafe vorsieht. (...) Die erzieherischen Hilfen stehen immer unter einer Strafandrohung (...). Hilfe und Strafe sind keine Alternativen, sondern zwei Seiten einer Medaille. (...) So betrachtet gehören Hilfe und Strafe unzertrennlich zusammen. Wahrscheinlich ist die Wahrheit so brutal: Strafe ohne Hilfe ist grausam und unmenschlich; Hilfe ohne Strafe ist kraftlos“.[176]

2.2 Das Jugendstrafrecht in Deutschland

2.2.1 Historische Entwicklung

Die Entstehung des Jugendstrafrechts in der Bundesrepublik Deutschland geht auf die sog. Jugendgerichtsbewegung zurück, die Ende des 19. Jahrhunderts ihre Wurzeln hat.

Das vorrangige Anliegen dieser Jugendgerichtsbewegung ging von der Annahme aus, jugendliche Straftäter sollten nicht als „kleine Erwachsene“ repressiv behandelt werden.[177] Vielmehr sei das Alter des Jugendlichen in den Vordergrund zu stellen.

Aufgrund einer Ende des 19. Jahrhunderts zu verzeichnenden ansteigenden Jugendkriminalität setzte die Jugendgerichtsbewegung an Stelle der bisher im Erwachsenenstrafrecht geltenden Repression (Generalprävention) auf die Prävention junger Menschen. Diese Prävention war in der Erziehung des jugendlichen Täters zu finden.

Ein selbständig konzipiertes Jugendstrafrecht wurde in Deutschland erstmals mit dem Jugendgerichtsgesetz vom 16.2.1923 geschaffen.[178] Dieses Gesetz trat an die Stelle der §§ 55 bis 57 RStGB vom 15.5.1871.[179]

Das Strafgesetzbuch von 1871 hatte in §§ 55 bis 57 RStGB im wesentlichen nur eine obligatorische Strafmilderung für 12- bis 18-jährige Täter vorgesehen, die dadurch als

[175] Izaguirre Guerricagoitia, La Ley, Nr. 5240 vom 5. Februar 2001, S. 1 spricht von der Schaffung einer „jurisdicción antiterrorista de menores“ (eine Art spezielle Jugendgerichtsbarkeit für Minderjährige zur Bekämpfung des Terrorismus). Dieser Gedanke ist durchaus nachvollziehbar, wenn man sich einige Bestimmungen des LO 7/2000 vor Augen hält. So sieht dieses Gesetz vor, daß die Zuständigkeit zur Untersuchung von Terrorismusdelikten seitens der Minderjährigen dem örtlich zuständigen Richter entzogen wird, zugunsten eines neugeschaffenen Gerichts (sog. „Juez Central de Menores“ oder zu Deutsch: „Zentraler Jugendrichter“) innerhalb der „Audiencia Nacional“ (auf Deutsch: „Nationales Obergericht“. Dieses Gericht ist zentral für ganz Spanien zuständig, u.a. für Terrorismusdelikte). Zu der örtlichen Zuständigkeit der spanischen Gerichte siehe Abschn. 2.1 des 3. Kap.

[176] Weyel, 1999, S. 186 f.

[177] Schlüchter, GA 1988, S. 107.

[178] RGBl I, S. 135.

[179] RGBl S. 127.

bedingt strafmündig galten. Das Reichsstrafgesetzbuch von 1871 sah für straffällige Jugendliche nur geringfügige Abweichungen von den für Erwachsenen geltenden Bestimmungen vor. Die strafrechtliche Behandlung von Kindern und Jugendlichen sah nach den oben genannten Paragraphen folgendermaßen aus:[180]

Nach § 55 RStGB war die strafrechtliche Verfolgung ausgeschlossen, wenn der Täter zur Tatzeit noch nicht das 12. Lebensjahr vollendet hatte.

Nach § 56 RStGB war die Bestrafung ausgeschlossen, wenn ein Täter, der zur Zeit der Tat das 12., aber noch nicht das 18. Lebensjahr vollendet hatte, bei Begehung einer Tat „die zur Erkenntnis ihrer Strafbarkeit erforderliche Einsicht" nicht besaß. Aufgrund fehlender Strafbarkeitseinsicht war der Jugendliche freizusprechen und seiner Familie zu überweisen. Daneben oder wenn keine Familie vorhanden war, konnte eine Unterbringung in einer Erziehungs- oder Besserungsanstalt erfolgen.

Besaß der Jugendliche bei Begehung der Tat die zur Erkenntnis ihrer Strafbarkeit erforderliche Einsicht, fanden auf ihn die sonstigen Vorschriften des RStGB Anwendung. Dabei war aber eine obligatorische Strafmilderung unter Berücksichtigung des Alters des jugendlichen Täters vorgesehen.

Im RStGB von 1871 wurden also Jugendliche im wesentlichen als „kleine Erwachsene" betrachtet. Unter Berücksichtigung ihres Alters war eine Milderung der strafrechtlichen Sanktionen einzuräumen.

Auf der Basis der seinerzeit im RStGB herrschenden Strafzwecke der Tatvergeltung und der Abschreckung (Generalprävention) konnte sich ein eigenständiges Jugendstrafrecht, welches grundsätzlich auf die Erziehung des jugendlichen Straftäters setzen wollte, nicht entwickeln. Dazu mußte sich zum einen der Strafzweck der Besserung (Spezialprävention) durchsetzen. Zum anderen waren die neuen geistigen und sozialen Strömungen, die um die Jahrhundertwende hervortraten, zu beachten, nach denen ein Jugendlicher nicht einfach als ein „kleiner Erwachsener" zu sehen war, sondern speziellen biologischen, psychologischen und soziologischen Eigenschaften unterlag.[181]

Als bedeutendster Vertreter der Gedanken der Spezialprävention kann der deutsche Strafrechtler Franz von Liszt angesehen werden.

Schon seit Ende des 19. Jahrhunderts hatten Franz von Liszt und die von ihm geführte „moderne Schule" der Strafrechtswissenschaft die Umwandlung des alten tatvergeltenden Strafrechts in ein spezialpräventives Täterstrafrecht gefordert. Ziel dieses neu konzipierten Strafrechts sollte nicht die Vergeltung fragwürdiger Schuld sein, sondern in erster Linie die Verhütung künftiger Straftaten, wenn möglich durch erzieherische Resozialisierung des Straffälligen.[182]

Die Vertreter dieser Schule, welche schließlich in die zuvor genannte Jugendgerichtsbewegung mündete, gingen dabei von der Erfahrung aus, daß die Mehrzahl der Gewohnheitsverbrecher ihre kriminelle Laufbahn bereits in der Jugend beginnen. Zur

---

[180] Zu der strafrechtlichen Situation von Kindern und Jugendlichen in dem Zeitraum zwischen 1871 bis 1923 siehe ausführlich: Fritsch, Markus: Die jugendstrafrechtliche Reformbewegung: (1871-1923), Diss. jur. 1999, S. 15 ff.

[181] Hinrichsen, 1957, S. 5.

[182] Schaffstein/Beulke, 1998, S. 31.

Bekämpfung dieser Kriminalität setzten sie bei der (spezialpräventiven) Behandlung der jugendlichen Straffälligen an. Die Gruppe der Jugendlichen war durch ihre individuelle Besonderheit und gleichzeitig durch die zukunftsorientierte Chance einer Resozialisierung unter allen Straffälligen am besten geeignet, ein an Spezialprävention orientiertes Jugendstrafrecht anzuwenden. Daß das bisherige Strafrecht gegenüber dieser Aufgabe versagte, bewiesen eindeutig die Daten über den Anstieg der Jugendkriminalität und insbesondere die hohen Rückfallziffern.[183] Letztere war beispielsweise bei der Gruppe der 12- bis 18-jährigen erheblich höher als bei Erwachsenen.

Ein Wendepunkt für die jugendstrafrechtliche Reformdiskussion Ende des 19. Jahrhunderts stellte das Marburger Programm, d.h. die Antrittsvorlesung von Franz von Liszt dar, die er im Jahre 1882 unter dem Titel „Der Zweckgedanke im Strafrecht" an der Universität zu Marburg hielt.[184] Das Entscheidende an der Antrittsvorlesung von Liszts war, daß er das bestehende Vergeltungsstrafrecht in ein zweckmäßiges Präventionsstrafrecht überführen wollte.[185] Franz von Liszt sprach sich schon dafür aus, bei den Rechtsfolgen aus Anlaß einer Straftat eines Jugendlichen eher auf seine Persönlichkeit als auf die begangene Tat einzugehen. Im Gegensatz dazu stand im allgemeinen Strafrecht die begangene Tat und die Aufrechterhaltung der Rechtsordnung im Vordergrund.

Die Geschichte eines kodifizierten Jugendstrafrechts in Deutschland beginnt also mit dem Jugendgerichtsgesetz vom 16.2.1923. Mit diesem Gesetz wurde erstmalig in Deutschland ein eigenständiges Jugendstrafrecht geschaffen.

Im JGG von 1923 wurde nicht mehr der Strafgedanke, d.h. Vergeltung der Tatschuld durch Übelszufügung, sondern der Erziehungsgedanke in den Vordergrund gestellt.[186] Im Gegensatz zu dem damals überwiegend geltenden tatvergeltenden Strafrecht sollte ein am Gedanken der Spezialprävention orientiertes Strafrecht geschaffen werden, in dem Sanktionsauswahl und –bemessung im wesentlichen darauf abzielen sollten, den Täter von der Begehung weiterer Straftaten abzuhalten.

In der Begründung zum Jugendgerichtsgesetz von 1923 wurde dementsprechend folgendes ausgeführt:

„Der Staat darf sich Jugendlichen gegenüber nicht damit begnügen, einen Verstoß gegen die Strafgesetze mit Strafe zu belegen; er muß vielmehr in erster Reihe Vorsorge dafür treffen, daß aus diesem Anlaß geprüft wird, ob erzieherische Eingriffe geboten sind. Nur wenn dies geschieht, wird Sicherheit geschaffen, daß in Fällen, in denen sich in der Verfehlung des Jugendlichen ein Mangel seiner bisherigen Erziehung kundgibt, dieser Mangel behoben und der Jugendliche nach Möglichkeit auf den rechten Weg gebracht wird. Andererseits ist zu berücksichtigen, daß die Strafe niemals Selbstzweck sein darf. Kann der Erfolg, der mit der Strafe erstrebt wird, auf andere Weise erreicht werden, so

183 Hinrichsen, 1957, S. 6.
184 Zum Marburger Programm siehe ZStW 3 (1883), S. 1 ff.
185 Fritsch, Diss. jur. 1999, S. 24.
186 Vgl. RegE eines Jugendgerichtsgesetzes vom 24.10.1922, Verh. des RT, 1. Wahlperiode 1920, Bd. 375, Anlage Nr. 5171, Begründung, S. 9.

läßt es sich nicht rechtfertigen, von dem für die Entwicklung des Jugendlichen erfahrungsmäßig besonders gefährlichen Mittel der Strafe Gebrauch zu machen".[187]

Im Bereich des materiellen Jugendstrafrechts erfolgte durch das JGG 1923 in § 1 eine Heraufsetzung des Strafmündigkeitsalters vom vollendeten 12. auf das vollendete 14. Lebensjahr. Hatte ein Jugendlicher eine mit Strafe bedrohte Handlung begangen, so war nach § 3 JGG 1923 zu prüfen, ob er „zur Zeit der Tat nach seiner geistigen oder sittlichen Entwicklung unfähig" war, „das Ungesetzliche der Tat einzusehen oder seinen Willen dieser Einsicht gemäß zu bestimmen".

Der durch das JGG 1923 in den Vordergrund gestellte Erziehungsgedanke fand im Rechtsfolgensystem seinen gesetzlichen Niederschlag. Das Gesetz verpflichtete das Gericht, in jedem Falle zunächst zu prüfen, ob Erziehungsmaßregeln erforderlich seien. Hielt das Gericht Erziehungsmaßregeln für ausreichend, um auf die Jugendstraftat angemessen zu reagieren, war gem. § 6 JGG 1923 von Strafe abzusehen. Waren stattdessen Erziehungsmaßregeln nicht ausreichend, war der Jugendliche nach den Vorschriften des allgemeinen Strafrechts zu bestrafen, dessen vorgesehene Milderungsregelungen weitgehend übernommen wurden.

Im Bereich des formellen Jugendstrafrechts wurde das Verfahren vor den Jugendgerichten durch einige Besonderheiten anders als das in der StPO geregelte Strafverfahren konzipiert. Zu erwähnen sei vor allem der in § 23 JGG 1923 vorgesehene Ausschluß der Öffentlichkeit oder die in § 32 JGG 1923 vorgesehene Einschränkung des Legalitätsprinzips.[188]

Als neues Organ der Jugendgerichtsbarkeit wurde die Jugendgerichtshilfe geschaffen. Diese war am gesamten Verfahren beteiligt und hatte die erforderliche Persönlichkeitserforschung durchzuführen, welche für die nachträgliche anzuordnende Maßnahme erforderlich war.

Nach der Machtübernahme der Nationalsozialisten im Jahre 1933 ging es auf rechtspolitischer Sicht vor allem darum, die gesamte Rechtsordnung an das nationalsozialistische Gedankengut anzupassen.[189] Dementsprechend erfuhr das bislang geltende Jugendstrafrecht erhebliche Änderungen. Diese erfolgten zunächst im Verordnungswege.[190]

Durch die Verordnung über die Vereinfachung und Vereinheitlichung des Jugendstrafrechts (Jugendstrafrechtsverordnung) vom 6.11.1943 wurde das Reichsjugendgerichtsgesetz vom 6.11.1943 eingeführt.[191]

---

187 Verh. des RT, I. Wahlperiode 1920, Bd. 375, Nr. 5171, S. 8.

188 Siehe dazu ausführlich Abschn. 4.3 des 2. Kap.

189 Zum nationalsozialistischen Gedankengut bzgl. des Erziehungsgedankens im Jugendstrafrecht siehe Abschn. 2.1.1 des 1. Kap.

190 Als die wichtigsten Verordnungen seien insbesondere folgende zu nennen: VO zum Schutze gegen jugendliche Schwerverbrecher vom 4.10.1939 (RGBl I, S. 2000); die VO zur Ergänzung des Jugendstrafrechts vom 4.10.1940 (RGBl I, S. 1336), durch die der Jugendarrest in das Jugendstrafrecht eingeführt wurde und die VO über die unbestimmte Verurteilung Jugendlicher vom 10.9.1941 (RGBl I, S. 567).

191 RGBl I, S. 637.

Das RJGG 1943 brachte eine beachtliche Umgestaltung des gesamten Jugendstrafrechts.

Zum einen wurden die Altersgrenzen aufgelockert: Nach § 3 Abs. 2 RJGG könnten Kindern ab zwölf Jahren in schweren Fällen bestraft werden „wenn der Schutz des Volkes wegen der Schwere der Verfehlung eine strafrechtliche Ahndung fordert". Ferner wurden in § 20 RJGG die Bestimmungen der Verordnung zum Schutze gegen jugendliche Schwerverbrecher vom 4.10.1939 aufgegriffen. Demnach konnten Jugendlichen unter 18 Jahren in bestimmten Fällen nach allgemeinem (Erwachsenen-)Strafrecht abgeurteilt werden, wenn der Jugendliche zur Zeit der Tat sittlich und geistig so entwickelt war, daß er „einem über 18 Jahre alten Täter gleichgestellt werden" konnte und „das gesunde Volksempfinden es wegen der besonders verwerflichen Gesinnung des Täters und wegen der Schwere der Tat" forderte (§ 20 Abs. 1 RJGG) oder aber „wenn der Jugendliche zur Zeit der Tat nach seiner sittlichen und geistigen Entwicklung zwar einem Erwachsenen nicht gleichgestellt werden" konnte, aber „die Gesamtwürdigung seiner Persönlichkeit und seiner Tat" ergab, daß er „ein charakterlich abartiger Schwerverbrecher" war und „der Schutz des Volkes diese Behandlung" forderte (§ 20 Abs. 2 RJGG).

Konsequenterweise konnte in solchen Fällen mitunter auch die Todesstrafe für diese Altersgruppe zur Anwendung kommen.

Zum anderen wurde das Zuchtmittel als eine neue Kategorie jugendstrafrechtlicher Sanktionen in das Jugendstrafrecht eingeführt. Nachdem die Verordnung zur Ergänzung des Jugendstrafrechts vom 4.10.1940 den Jugendarrest eingeführt hatte, brachte das RJGG 1943 auf der Grundlage der durch die oben genannten Verordnungen erfolgten Neuerungen eine beachtliche Änderung des Jugendstrafrechts. Der Jugendarrest sollte demnach als wichtigstes Zuchtmittel die kurzzeitige Freiheitsstrafe ersetzen. Die Zuchtmittel waren sowohl mit erzieherischem als auch mit ahndendem Charakter konzipiert und standen somit zwischen reinen Erziehungsmaßnahmen und echter Kriminalstrafe als Rechtsfolgen der Jugendstraftat.

Das nationalsozialistische Gedankengut fand somit Eingang in das Reichsjugendgerichtsgesetz von 1943. Ausgehend von der nationalsozialistischen Weltanschauung, wo der Dienst an der Volksgemeinschaft im Vordergrund stand, sollte die Erziehung jugendlicher Straffälligen im nationalsozialistischen Jugendstrafrecht vorrangig dem Wohl der Volksgemeinschaft dienen, nicht dem individuellen Wohl.[192] Aus diesen Ausführungen erscheint eine Entwicklung des Jugendstrafrechts in dieser Zeit äußerst fraglich. Allerdings können nicht alle durch das RJGG eingeführten Neuerungen als negativ beurteilt werden. In diesem Sinne wurden im materiellen Jugendstrafrecht die Strafen des allgemeinen Strafrechts beseitigt und ein selbständiges System geschaffen, in dem rein repressive Gefängnisstrafen mit reinen Erziehungsmaßregeln kombiniert wurden: Jugendgefängnis (§§ 4 ff. RJGG), Zuchtmittel (§§ 7 ff. RJGG) und Erziehungsmaßregeln (§§ 11 ff. RJGG).[193]

---

[192] Siehe ausführlich zu dem Erziehungsgedanken Abschn. 2.1.1 des 1. Kap.

[193] Trotz der im Gesetz geregelten Reihenfolge war aber die Jugendgefängnisstrafe als die letzte Möglichkeit angesehen, denn wenn Erziehungsmaßregeln ausreichten, war von Strafe und Zuchtmitteln abzusehen (vgl. § 2 RJGG).

Als Schlußfolgerung kann folgendes festgehalten werden: Mit dem RJGG 1943 wurde die Weiterentwicklung des Jugendstrafrechts trotz einzelner partiell spürbarer Fehlentwicklungen als Folge des nationalsozialistischen Gedankengutes fortgesetzt.[194]

Nach dem Zusammenbruch des Dritten Reiches war vorrangiges Anliegen des Gesetzgebers, das in der Gesetzgebung spürbare nationalsozialistische Gedankengut zu eliminieren. Demzufolge wurden mit Inkrafttreten des Jugendgerichtsgesetzes vom 4.8.1953[195] die Vorschriften geändert, welche einen typisch nationalsozialistischen Charakter aufwiesen.

Die Möglichkeit, 12- und 13-jährige Kinder strafrechtlich zu verfolgen sowie auf jugendliche Schwerverbrecher unter 18 Jahren allgemeines Strafrecht anzuwenden, wurde aufgehoben. Gleichwohl blieben andere Vorschriften erhalten, die durch das RJGG 1943 eingeführt worden waren, wie z.B. die Zuchtmittel nach § 13 JGG 1953 oder die Möglichkeit einer unbestimmten Verurteilung nach § 19 JGG 1953.[196]

Das System der durch das RJGG 1943 eingeführten jugendstrafrechtlichen Rechtsfolgen wurde im JGG 1953 übernommen, allerdings und zum Ziel einer stärkeren Betonung des Erziehungsgedankens jetzt in einer umgekehrten Reihenfolge: Zunächst Erziehungsmaßregeln (§§ 9 ff. JGG), dann die Zuchtmittel (§§ 13 ff. JGG) und an letzter Stelle die Jugendstrafe (§§ 17 ff. JGG). Ferner wurde eine Vorschrift geschaffen, welche die Altersgruppe zwischen 18 und 20 Jahren als „Heranwachsende" bezeichnete. Auf diese Altersgruppe war vorgesehen, unter bestimmten Voraussetzungen materielles Jugendstrafrecht anzuwenden (§ 105 JGG).

Ergänzt wurde das JGG 1953 durch die Richtlinien zum JGG vom 15.2.1955 (RLJGG).[197] Diese bundesdeutschen Richtlinien wurden von den Landesjustizverwaltungen erlassen und wandten sich in erster Linie an die Staatsanwaltschaft. Darüber hinaus gaben sie Anleitungen, Empfehlungen und Orientierungshilfen für den Jugendrichter und den Jugendstaatsanwalt. Diese Richtlinien stellten ein wertvolles Hilfsmittel für die Justizorgane zu einer leichteren Handhabung des Gesetzes dar. Dennoch waren sie kein Gesetz im förmlichen Sinne.[198]

Das Jugendgerichtsgesetz von 1953 bildete mehr als 35 Jahre lang in fast unveränderter Form die Grundlage des Jugendstrafrechts in Deutschland. Trotz der langen fast unveränderten Geltung des JGG, bedeutet dies nicht, daß die Praxis des Jugendkriminalrechts sich nicht gewandelt hätte.

---

194 Vgl. Schaffstein/Beulke, 1998, S. 35. Obwohl das Reichsjustizministerium sowie die Akademie für Deutsches Recht verstärkt bemüht waren, das Jugendstrafrecht entsprechend der nationalsozialistischen Ideologie umzugestalten, ist diese Annahme zuzustimmen.

195 BGBl I, S. 751.

196 Inzwischen jedoch durch das 1.JGGÄndG 1990 aufgehoben. Zu den wichtigsten Neuerungen des 1.JGGÄndG siehe ausführlich Abschn. 4.4 des 2. Kap.

197 Die derzeitige gültige Fassung beruht auf einem Beschluß des Strafrechtsausschusses der Justizministerkonferenz vom 14./15. April 1994 und trat am 1.8.1994 in Kraft.

198 Eisenberg, 2000, Einleitung, S. 4.

Zu Beginn der 80er-Jahre setzte sich eine breite Reformbewegung durch, welche unter dem Stichwort „Jugendstrafrechtsreform durch die Praxis“ bezeichnet werden kann. Diese Reformbewegung nutzte die Einsichten aus langjährigen Beobachtungen der Praxis, die Ergebnisse kriminologischer Forschungen bezüglich der Jugendkriminalität und in diesem Zusammenhang die langjährigen Entwicklungen der politischen und sozialen Lebensbedingungen junger Menschen, um innerhalb des gesetzlich gegeben Rahmens eine Reform des Jugendstrafrechts zu betreiben.[199] Insoweit wird von Teilen des Schrifttums von einer sog. „inneren Reform“ durch eine „Kriminalpolitik von unten“ gesprochen.[200] Diese Reform des Jugendstrafrechts wurde also durch die Praxis getragen und vorbereitet.

Die „Jugendstrafrechtsreform durch die Praxis“ hatte vor allem zum Ziel ihrer Reformbestrebungen, eine Reduzierung formeller, d.h. durch Urteil angeordneter Sanktionen zu erzielen zugunsten eines vermehrten Gebrauchs ambulanter Maßnahmen sowie informeller Erledigungsmöglichkeiten (vgl. §§ 45, 47 JGG).[201]

Nach mehreren Gesetzesentwürfen (1982, 1983, 1987, 1989)[202] trat am 1.12.1990 ein Erstes Gesetz zur Änderung des Jugendgerichtsgesetzes (1.JGGÄndG) in Kraft,[203] welches heute geltendes Recht darstellt.

Das 1.JGGÄndG vom 30.8.1990 ließ die Grundstruktur des JGG unberührt. Wie aus dem Regierungsentwurf des 1.JGGÄndG zu entnehmen ist, bestand eines der zentralen Ziele des Gesetzes darin, den im Vordergrund des Rechtsfolgensystems stehenden Erziehungsgedanken „besser zum Tragen zu bringen“.[204] Um diesem Ziel Rechnung zu tragen, wurde für eine Reduzierung stationärer, durch Urteil angeordneter Sanktionen plädiert zugunsten der Anwendung von ambulanten Maßnahmen sowie informellen Erledigungsmöglichkeiten nach §§ 45, 47 JGG.

Die Kernpunkte des 1.JGGÄndG könnten folgendermaßen zusammengestellt werden:[205]

1. Ausweitung der informellen Erledigungsmöglichkeiten nach §§ 45, 47 JGG.
2. Ausbau ambulanter Maßnahmen (Betreuungsweisung, sozialer Trainingskurs, Täter-Opfer-Ausgleich, Arbeitsweisung).
3. Reduzierung der freiheitsentziehenden Maßnahmen.

---

[199] Ausführlich dazu siehe BMJ (Hrsg.): Jugendstrafrechtsreform durch die Praxis, Konstanzer Symposium, 1992, insb. S. 13 ff.; Viehmann, Horst: Die Reform des Jugendkriminalrechts in der Bundesrepublik Deutschland, FuR 5 (1991), S. 256 ff.

[200] Der Begriff der „inneren Reform“ war schon von Peters, MschrKrim 1966, S. 62, verwendet worden. Darunter verstand er „die Neugestaltung innerhalb der heutigen gesetzlichen Gegebenheiten durch deren Ausschöpfung und vor allem der Wandel des Geistes“.

[201] Heinz, RdJB 38 (1990), S. 133 f.

[202] Siehe dazu Heinz, in: Heinz/Storz, 1992, S. 22.

[203] 1.JGGÄndG vom 30.8.1990 (BGBl I, S. 1853).

[204] Regierungsentwurf eines Ersten Gesetzes zur Änderung des Jugendgerichtsgesetzes (1.JGGÄndG) vom 27.11.1989 (BT-Drucks. 11/5829), S. 11.

[205] Ausführlich zu den Neuerungen durch das 1.JGGÄndG siehe: Böttcher/Weber, NStZ 1990, S. 561 ff., ders., NStZ 1991, S. 7 ff.; Viehmann, FuR 5 (1991), S. 256 ff. Ein Überblick über die wichtigsten Regelungen dieses Gesetzes erfolgt auch im Abschn. 4.4 des 2. Kap.

4. Einschränkung der Untersuchungshaft nach § 72 JGG.
5. Verbesserung der Funktionen der Jugendgerichtshilfe nach § 38 JGG.

2.2.2 Anwendungsbereich

Das Jugendgerichtsgesetz vom 4.8.1953 i.d.F.d. 1.JGGÄndG vom 30.8.1990 enthält sowohl die materiellen (die Folgen einer Straftat) als auch die formellen Vorschriften (die Verfassung der Jugendgerichte und das Verfahren vor den Jugendgerichten), die die straffälligen Verhaltensweisen von Jugendlichen und u.U. auch von Heranwachsenden erfassen.[206] Weiter enthält das JGG auch Normen über die Strafvollstreckung und den Strafvollzug.[207]

Der sachliche Anwendungsbereich des JGG bestimmt sich nach § 1 Abs. 1 JGG. Danach gilt das Jugendstrafrecht, „wenn ein Jugendlicher oder ein Heranwachsender eine Verfehlung begeht, die nach den allgemeinen Vorschriften mit Strafe bedroht ist". Das Jugendgerichtsgesetz enthält also keine selbständigen Tatbestände. Es gibt folglich kein Delikt, das nur bei jungen Menschen, nicht jedoch bei Erwachsenen strafbar wäre. Für Jugendliche gelten also die Tatbestände des Besonderen Teils des StGB (§§ 80 ff). Daneben bestimmen sich für den jugendlichen Täter die Voraussetzungen der Strafbarkeit i.d.R. nach dem Allgemeinen Teil des StGB.[208]
Wesentlich andere Vorschriften als die des StGB regelt das JGG in den §§ 5-31 für den Rechtsfolgenbereich, so daß die §§ 38 ff. StGB durch die im JGG vorgesehenen besonderen Rechtsfolgen verdrängt werden.

§ 1 Abs. 2 JGG regelt abschließend den persönlichen Anwendungsbereich des deutschen Jugendgerichtsgesetzes. Ausgehend von dieser Vorschrift sind folgende Altersgrenzen zu unterscheiden:

- Kinder, d.h. Personen, die zur Zeit der Tat unter 14 Jahren sind, können für eine von ihnen begangene strafbare Handlung nicht zur Verantwortung gezogen werden, weil sie nach § 19 StGB strafunmündig und damit schuldunfähig sind.[209]

---

[206] Nach Schaffstein/Beulke, 1987, S. 27 wird das Jugendstrafrecht definiert als „die Summe derjenigen materiellrechtlichen und verfahrensrechtlichen Sondervorschriften, welche die rechtliche Reaktion auf die Straftaten solcher Täter mit Rücksicht auf die Besonderheiten jenes Entwicklungsstadiums abweichend von denen des allgemeinen Strafrechts regeln".

[207] Mit Wirkung vom 3.10.1990 ist die ehemalige DDR dem Geltungsbereich des Grundgesetzes der BRD beigetreten. Seither gelten im Beitrittsgebiet – mit einigen Abweichungen, welche in dieser Arbeit im Prinzip nicht berücksichtigt werden – die Regelungen des geltenden Jugendgerichtsgesetzes sowie der Gesetze, die es voraussetzt (vgl. § 2 JGG), insbesondere StGB und StPO. Ein eigenständiges Jugendstrafrecht hatte es in der ehemaligen DDR seit 1968 nicht gegeben; statt dessen waren im StGB-DDR (§§ 65 bis 79) und in der StPO-DDR (§§ 69 bis 77) einige wenige Vorschriften über die „Besonderheiten der strafrechtlichen Verantwortlichkeit Jugendlicher" und des „Strafverfahrens gegen Jugendliche" enthalten. Siehe dazu Weber, DVJJ-Journal Nr. 133 (1990), S. 18 ff.

[208] Nach § 2 JGG gelten die allgemeinen Vorschriften, soweit im JGG nichts anders bestimmt ist. Zu beachten ist jedoch die Vorschrift des 3 JGG, nach der Jugendliche als bedingt strafmündig gelten.

[209] Nach § 19 StGB ist das Strafmündigkeitsalter auf 14 Jahre festgelegt.

- Jugendliche, d.h. Personen, die zur Zeit der Tat 14, aber noch nicht 18 Jahre alt sind, gelten nach § 3 JGG als bedingt strafmündig. Nach § 3 S. 1 JGG ist ein Jugendlicher strafrechtlich verantwortlich, „wenn er zur Zeit der Tat nach seiner sittlichen und geistigen Entwicklung reif genug ist, das Unrecht der Tat einzusehen und nach dieser Einsicht zu handeln". Grundvoraussetzung für eine strafrechtliche Verantwortlichkeit eines Jugendlichen für seine Straftat ist also in § 3 JGG zu sehen. Demzufolge muß die Verantwortlichkeit des Jugendlichen in jedem Einzelfall festgestellt werden.[210] Ist bei dem jugendlichen Täter die strafrechtliche Verantwortlichkeit wegen bestehender mangelnder Reife im Sinne des § 3 JGG nicht klar festzustellen, kann der Richter dieselben Maßnahmen anordnen wie der Familien- oder Vormundschaftsrichter. Der Richter kann also Anordnungen nach §§ 1631 Abs. 2, 1666 Abs. 1, 1666a und 1837 BGB treffen.[211]
- Heranwachsende sind Personen, die zur Zeit der Tat 18, aber noch nicht 21 Jahre alt sind. Die gelten grundsätzlich als vollkommen strafmündig und unterliegen deshalb den Vorschriften des allgemeinen Strafrechts. Allerdings erlaubt § 105 JGG die Anwendung des materiellen Jugendstrafrechts auf Heranwachsende, sofern diese entweder nach ihrer „sittlichen und geistigen Entwicklung noch einem Jugendlichen" gleichstehen (§ 105 Abs. 1 Nr. 1 JGG), oder „es sich nach der Art, den Umständen oder den Beweggründen der Tat um eine Jugendverfehlung handelt" (§ 105 Abs. 1 Nr. 2 JGG). Das besondere Jugendstrafverfahren ist nach § 109 JGG auf Heranwachsende nur eingeschränkt anwendbar.[212]
- Erwachsene, d.h. Personen, die zur Zeit der Tat 21 Jahre oder älter sind, unterliegen der allgemeinen Gerichtsbarkeit.

Das eigentliche Jugendstrafrecht greift also bei Jugendlichen ein, d.h. wenn der Beschuldigte zur Tatzeit 14, aber noch nicht 18 Jahre alt ist und unter bestimmten Umständen auch für Heranwachsende im Alter von 18 bis unter 21 Jahren.

2.2.3 Sanktionen

Die im Jugendgerichtsgesetz vorgesehenen Sanktionen sind durch das in § 5 Abs. 2 JGG verankerte Subsidiaritätsprinzip bestimmt. Aus dieser Vorschrift ergibt sich, daß zunächst Erziehungsmaßregeln angeordnet werden sollen, und nur, wenn diese nicht ausreichen, sind Zuchtmittel anzuwenden. Jugendstrafe ist als „ultima ratio" innerhalb der jugendstrafrechtlichen Rechtsfolgen zu verhängen.[213]

---

210 Im Erwachsenenstrafrecht dagegen wird dem Beschuldigten die Schuldfähigkeit im Prinzip unterstellt und nur nach § 20 StGB in Ausnahmefällen Schuldunfähigkeit angenommen.

211 Jacobi, in: Herzog-Bastian, u.a., 1988, S. 29.

212 Im Jahre 1998 wurden 59% aller verurteilten Heranwachsenden nach Jugendstrafrecht sanktioniert. Siehe dazu ausführliche Statistiken bei Heinz: Das strafrechtliche Sanktionensystem und die Sanktionierungspraxis in Deutschland 1882-1998 (Stand: Berichtsjahr 1998). Internet-Publikation: www.uni-konstanz.de/rtf/kis/sanks98.htm (Version 1/2000).

213 Resch, in: Schriftenr. Dt. Bewährungshilfe, Bd. 23 1992, S. 35.

Die Tatsache, daß der Erziehungsgedanke seit dem Inkrafttreten des ersten JGG von 1923 in den Vordergrund[214] gestellt wurde, hat die Ausgestaltung des deutschen Jugendstrafrechts auf allen Ebenen geprägt. Der Erziehungsgedanke findet somit seinen Niederschlag nicht nur in der Ausgestaltung des Rechtsfolgensystems, sondern auch in den Regelungen für das Verfahrens- und Gerichtsverfassungsrecht sowie in den Vorschriften über Vollstreckung und Vollzug.

Im materiellen Jugendstrafrecht kennt das JGG – wie schon oben angeführt – drei Kategorien von Rechtsfolgen, die sich nach ihrer Intensität voneinander unterscheiden: Erziehungsmaßregeln, Zuchtmittel und Jugendstrafe. Mit dieser Palette von Sanktionen soll in erster Linie erzieherisch auf jugendliche Straffällige eingewirkt werden.

Erziehungsmaßregeln sind Maßnahmen, die gem. § 5 Abs. 1 JGG „aus Anlaß der Straftat eines Jugendlichen" angeordnet werden. Ihr Zweck besteht nicht in der Ahndung der Tat, sondern ausschließlich in der Erziehung des Täters. Als Erziehungsmaßregeln kennt das JGG Weisungen (§ 10 JGG) und die Verpflichtung, Hilfe zur Erziehung nach § 12 JGG in Anspruch zu nehmen.

Als zweite Reaktionsform kennt das JGG die Zuchtmittel.[215] Sie werden grundsätzlich mit einem ahndenden Charakter versehen. Nach § 13 JGG ahndet der Jugendrichter eine Straftat mit Zuchtmitteln, wenn dem Jugendlichen „eindringlich zum Bewußtsein gebracht werden muß, daß er für das von ihm begangene Unrecht einzustehen hat". Die Zuchtmittel bestehen aus Verwarnung (§ 14 JGG), der Erteilung von Auflagen (§ 15 JGG) und dem Jugendarrest (§ 16 JGG). Die Zuchtmittel machen den größten Anteil der in der Praxis des Jugendstrafrechts zur Anwendung kommenden Sanktionen aus.[216]

Die Jugendstrafe ist die einzige echte Kriminalstrafe, die das Jugendstrafrecht vorsieht und bedeutet Freiheitsentzug in einer Jugendstrafanstalt. Jugendstrafe wird gem. § 17 Abs. 2 JGG auferlegt, „wenn wegen der schädlichen Neigungen des Jugendlichen, die in der Tat hervorgetreten sind, Erziehungsmaßregeln oder Zuchtmittel zur Erziehung nicht ausreichen oder wegen der Schwere der Schuld Strafe erforderlich ist". Die Dauer der Jugendstrafe beträgt nach § 18 Abs. 1 JGG mindestens sechs Monate und höchstens fünf Jahre. Gleichwohl ist bei besonders schweren Verbrechen eine Dauer von zehn Jahren vorgesehen. Bei Heranwachsenden beträgt das Höchstmaß in jedem Fall zehn Jahre (§ 105 Abs. 3 JGG).

Wie im allgemeinen Strafrecht besteht auch im Jugendstrafrecht nach § 21 JGG die Möglichkeit der Strafaussetzung zur Bewährung.

Bei der Verhängung aller Sanktionen des Jugendstrafrechts steht im Gegensatz zum allgemeinen Strafrecht die Persönlichkeit des jugendlichen Täters im Vordergrund. Dabei wird die strafrechtliche Reaktion weniger durch die Tat als vielmehr durch die Persönlichkeit des Täters bestimmt (insofern: Täterstrafrecht). Die Folgen einer Straftat sind also nicht am Strafrahmen des einschlägigen im StGB geregelten Tatbestandes zu

---

[214] Siehe Fn. 186.

[215] Der Begriff des Zuchtmittels kann als ein Relikt der nationalsozialistischen Erziehungsideologie angesehen werden. Vgl. Hartmann, 1994, S. 41.

[216] Sanktionen im Jugendstrafrecht im Jahre 1997: Erziehungsmaßregeln: 19,47%,'Zuchtmittel: 69,53% (davon 28,13% Verwarnung, 53,80% Erteilung von Auflagen, 18,07% Verhängung von Jugendarrest), Jugendstrafe 11,00%. Eisenberg, 2000, § 5, Rdnr. 10.

orientieren,[217] sondern sollen losgelöst von der Verfehlung auf die Täterpersönlichkeit bzw. die Erziehungsbedürftigkeit des Jugendlichen abgestellt werden.[218] Das Gericht ist somit im Jugendstrafrecht bei der Festsetzung der Folgen einer Straftat nicht an den abgestuften Strafrahmen des allgemeinen Strafrechts gebunden, sondern in erster Linie an seinen im Laufe des Verfahrens erlangten Erkenntnissen über die Persönlichkeit des Täters.

2.2.4 Verfahrensrechtliche Besonderheiten

Die besondere Bedeutung, die dem Erziehungsgedanken im Jugendstrafrecht zukommt, hat dazu geführt, daß das Jugendstrafverfahren in wesentlichen Punkten anders gestaltet ist als das in der StPO geregelte Strafverfahren. Infolgedessen sind hierbei einige verfahrensrechtliche Besonderheiten zu erwähnen.[219]

Jugendgerichtsverfahren können vor dem Jugendrichter als Einzelrichter, dem Jugendschöffengericht und der Jugendkammer geführt werden (§§ 33 ff. JGG). Die jeweilige Zuständigkeit richtet sich nach der zu erwartenden Ahndung. Das Verfahren vor den Jugendgerichten bestimmt sich im wesentlichen nach den Vorschriften der StPO, wobei das Erziehungsbedürfnis des Jugendlichen zu wichtigen abweichenden Regelungen im JGG führt. Beispielsweise sind in diesem Zusammenhang die Vorschriften über das Absehen von der Verfolgung bzw. die Einstellung des Verfahrens gem. §§ 45, 47 JGG zu nennen.

Auf der Ebene der Staatsanwaltschaft sieht das JGG in § 36 besondere spezialisierte Jugendstaatsanwälte vor. Die Zuständigkeiten des Jugendstaatsanwalts sind in den letzten Jahren nicht zuletzt infolge der Ausdehnung der Diversionsmöglichkeiten nach § 45 JGG auf erhebliche Weise gestärkt worden.[220]

Als besonderes Organ in der Jugendgerichtsbarkeit und unter Berücksichtigung der besonderen spezialpräventiven Zielsetzung des Jugendstrafrechts ist die Figur der Jugendgerichtshilfe (JGH) zu erwähnen.[221] Der JGH kommt im Jugendstrafverfahren eine wichtige Rolle zu. Nach § 38 Abs. 2 JGG bringt die JGH „die erzieherischen, sozialen und fürsorgerischen Gesichtspunkte im Verfahren vor den Jugendgerichten zur Geltung". Die JGH wird in zwei Richtungen tätig: Zum einen unterstützt sie das Gericht. Dabei führt sie die Ermittlungen über die Persönlichkeit des Jugendlichen durch und äußert sich

---

[217] Nach § 18 Abs. 1 S. 3 JGG gelten für die Verhängung von Jugendstrafe die Strafrahmen des allgemeinen Strafrechts im Jugendstrafrecht nicht.

[218] Hartmann, 1994, S. 44 f.

[219] Wie das allgemeine Strafverfahren nach der StPO verläuft auch das Jugendstrafverfahren durch dieselben Etappen, d.h. vom staatsanwaltschaftlichen Ermittlungsverfahren über Anklage, Eröffnungsbeschluß, Hauptverhandlung bis zum Urteil, das mit Rechtsmitteln angefochten werden kann und an das sich erst nach seiner Rechtskraft die Vollstreckung anschließt. Schaffstein/Beulke, 1998, S. 195.

[220] Ausführlich zu der Stellung der Staatsanwaltschaft im Jugendstrafrecht siehe Abschn. 4.2 des 2. Kap.

[221] Wie schon erwähnt worden ist, hatte die Jugendgerichtshilfe bereits im JGG von 1923 eine gesetzliche Anerkennung gefunden. Zwar kennt auch die StPO die Figur der Gerichtshilfe in § 160 Abs. 3. Aber im Gegensatz zum Erwachsenenrecht, wo die Einschaltung der Gerichtshilfe lediglich fakultativ ist, ist die Beteiligung der JGH am Jugendgerichtsverfahren obligatorisch.

anschließend zu den Maßnahmen, die zu ergreifen sind. Zum anderen nimmt sie die erzieherische Fürsorge des straffällig gewordenen Jugendlichen in Anspruch. Die JGH leistet also im Verfahren Hilfe für das Gericht und Hilfe für den jugendlichen oder heranwachsenden Beschuldigten.[222]

§ 37 JGG bringt den im deutschen Jugendstrafrecht beherrschenden Erziehungsgedanken abermals zum Ausdruck: „Die Richter bei den Jugendgerichten und die Jugendstaatsanwälte sollen erzieherisch befähigt und in der Jugenderziehung erfahren sein". Gleichwohl werden diese Anforderungen von den Jugendrichtern bzw. Jugendstaatsanwälten häufig nicht erfüllt.[223]

Im Strafverfahren gegen Jugendliche sind die Rechte des Verletzten weitgehend eingeschränkt. So ist gegen Jugendliche – anders als gegen Heranwachsende – und im Gegensatz zu allgemeinem Strafprozeßrecht weder die Privatklage (§ 80 Abs. 1 JGG) noch die Nebenklage (§ 80 Abs. 3 JGG) zulässig. Darüber hinaus finden im Jugendstrafrecht die Vorschriften des allgemeinen Strafprozeßrechts über die Entschädigung des Verletzten (Adhäsionsverfahren gem. §§ 403-406c StPO) keine Anwendung (§ 81 JGG). Allerdings sind bei den möglichen Sanktionen Schadenswiedergutmachung und Entschuldigung vorgesehen (vgl. § 14 JGG).

Die Unzulässigkeit der Privatklage wird mit der Gefahr begründet, der Verletzte als privater Ankläger könne das Strafverfahren „ohne Rücksicht auf erzieherische Erwägungen nur unter dem Gesichtspunkt seines eigenen Vergeltungsbedürfnisses und zur Durchsetzung seiner subjektiven Rechte betreiben".[224]

Bevor es zur einer Gerichtsverhandlung kommt, hat der Jugendstaatsanwalt, der das Ermittlungsverfahren leitet, die Möglichkeit, das Verfahren nach § 45 JGG einzustellen.[225] Diese Möglichkeit einer „formlosen" Erledigung des Verfahrens wird als „Diversion" bezeichnet.[226]

Die mündliche Verhandlung ist gem. § 48 Abs. 1 JGG im Interesse des Jugendlichen grundsätzlich nicht öffentlich.[227] Eine Ausnahme stellt § 48 Abs. 3 JGG dar, wenn im Verfahren neben Jugendlichen auch Heranwachsende oder Erwachsene angeklagt sind.

Während im allgemeinen Strafprozeßrecht dem Anfechtungsberechtigten in der Regel zur Anfechtung von Urteilen die Rechtsmittel der Berufung und der Revision zur Verfügung stehen, wird nach dem JGG der Rechtsmittelweg auf nur ein Rechtsmittel

---

[222] Zu dieser inzwischen „umstrittenen" Doppelrolle der JGH im Jugendstrafverfahren siehe BMJ (Hrsg.): Jugendgerichtshilfe -Quo vadis?, Frankfurter Symposium, Bonn 1991, insb. Beiträge ab S. 43 Zur Stellung der JGH im Verfahren siehe Wilhelm, Jörg E.: Die Stellung der Jugendgerichtshilfe im Verfahren, 1996, S. 54 ff.

[223] Siehe dazu Ostendorf, 1998, S. 11.

[224] Schaffstein/Beulke, 1998, S. 255.

[225] Eine Einstellung des Verfahrens wird auch dem Jugendrichter in der Hauptverhandlung nach § 47 JGG ermöglicht. Siehe dazu Abschn. 4.6 des 2. Kap.

[226] Ausführlich zum „Diversions"-Begriff siehe Abschn. 1.1 des 2. Kap. Eine detaillierte Analyse der Einstellungsmöglichkeiten im Jugendstrafrecht erfolgt in den Abschn. 5, 6, u. 7 des 2. Kap.

[227] BGH NStZ 1998, S. 53 bzgl. des Ausschlusses der Öffentlichkeit nach § 109 Abs. 1 S. 4 JGG im Verfahren gegen Heranwachsenden: „Die Ausschließung der Öffentlichkeit nach dieser Vorschrift gilt für die gesamte Verhandlung und umfaßt daher, soweit das Gericht nichts anderes bestimmt, auch die Verkündung des Urteils".

verkürzt. Gem. § 55 Abs. 2 JGG kann jeder Anfechtungsberechtigte gegen Urteile des Jugendrichters oder des Jugendschöffengerichts entweder Berufung oder Revision einlegen. Gegen Urteile der Jugendkammer räumt das Gesetz selbst nur die Möglichkeit der Revision zum Bundesgerichtshof ein. Begründet wird diese Rechtsmittelverkürzung mit der langen Verfahrensdauer, die im Jugendstrafverfahren besonders für die erzieherische Wirkung der vorgesehenen Maßnahme schädlich sei.[228]

Für den Vollzug der Jugendstrafe gibt § 91 JGG sehr allgemein gehaltene Vorgaben: „Durch den Vollzug der Jugendstrafe soll der Verurteilte dazu erzogen werden, künftig einen rechtschaffenen und verantwortungsbewußten Lebenswandel zu führen". Im Gegensatz zum allgemeinen Strafprozeßrecht ist der Jugendrichter gem. § 82 JGG Vollstreckungsleiter. Angesichts der Tatsache, daß das seit dem 1.1.1977 in Kraft getretene Strafvollzugsgesetz in erster Linie nur für den Vollzug der Freiheitsstrafe des Erwachsenenstrafrechts Geltung hat, besteht ein dringender Bedarf, durch ein Gesetz über den Jugendstrafvollzug zu einer Regelung zu kommen, die den Anforderungen des als spezialpräventiv konzipierten Jugendstrafrechts in Anspielung auf § 91 JGG entspricht. Allerdings finden sich im JGG eigenständige Regeln für den Jugendstrafvollzug. Nach einer verbreiteten Ansicht genügen diese Bestimmungen aber nicht den Anforderungen des Bundesverfassungsgerichts an eine gesetzliche Ausgestaltung des Vollzugs.[229] Aus diesen Gründen ist ein Jugendstrafvollzugsgesetz seit mehreren Jahren in Vorbereitung.

2.2.5 Fazit

Wie aus den oben aufgeführten Erläuterungen hervorgeht, ist das bundesdeutsche Jugendstrafrecht im wesentlichen als Sonder(straf)recht zu verstehen. Es sieht abweichend vom allgemeinen Strafrecht eigene Verfahrensregeln und Sanktionen für die Gruppe der Jugendlichen zwischen 14 und unter 18 Jahren vor.[230]

Das Jugendgerichtsgesetz der Bundesrepublik Deutschland ist in seiner geltenden Form von der Zweispurigkeit – Strafe und Erziehung – geprägt. In diesem Sinne kann man davon ausgehen, daß das bundesdeutsche Jugendstrafrecht einen „Kompromiß" zwischen Erziehung und Strafe darstellt. Schon seit dem ersten JGG von 1923 wird im Jugendstrafrecht der Erziehungsgedanke in den Vordergrund gestellt. Dieser Erziehungsgedanke wird grundsätzlich als Vehikel für die Zurückdrängung eines rein tatvergeltenden Strafrechts zugunsten eines (Erziehungs-)Strafrechts konzipiert, in dem die Gedanken der Besserung und der Spezialprävention des Jugendlichen eine dominierende Rolle spielen.

---

[228] Schaffstein/Beulke, 1998, S. 243 f.; a.M. Albrecht, 2000, S. 385. Nach diesem rechtfertige die Erziehungsideologie des Jugendstrafrechts in keiner Weise eine Einschränkung der Rechtsmittelmöglichkeiten im Jugendstrafverfahren. Vielmehr führe diese Ungleichbehandlung Jugendlicher und Heranwachsender gegenüber Erwachsenen zu einem Verstoß gegen den Gleichbehandlungsgrundsatz des Art. 3 GG.

[229] Ostendorf, in: Informationen zur politischen Bildung, 1999, S. 40.

[230] Nach § 105 JGG kann das Jugendstrafrecht in bestimmten Fällen auch für Heranwachsende zwischen 18 und unter 21 Jahren angewendet werden.

Diese dargestellte Auffassung wirkt sich in den im JGG vorgesehenen Sanktionen aus. Die Erziehungsmaßregeln zielen im wesentlichen nicht auf eine Ahndung der Jugendstraftat, sondern vornehmlich auf die Erziehung des Täters ab. Die Zuchtmittel enthalten grundsätzlich auch einen erzieherischen Charakter. Sie sind aber auch mit einem ahndenden Charakter versehen, wie beispielsweise der Jugendarrest zeigt. Letztendlich stellt die Jugendstrafe die einzige Kriminalstrafe des Jugendstrafrechts dar. Diese wird verhängt, wenn wegen der in der Tat hervorgetretenen „schädlichen Neigungen" des Jugendlichen die anderen Reaktionsformen nicht ausreichend erscheinen, oder wegen der „Schwere der Schuld" die Jugendstrafe erforderlich ist. Problematisch ist in diesem Zusammenhang zunächst der Begriff der schädlichen Neigungen. Er unterstellt eine quasi biologische Kausalität. Ferner weist er einen hohen Stigmatisierungseffekt auf. Unbestimmt ist auch die zweite Indikation für die Verhängung einer Jugendstrafe, die „Schwere der Schuld". Diese Formulierung legt den Gedanken nahe, es handele sich um eine reine Sühnestrafe. Eine Bestrafung des jugendlichen Täters aufgrund dieser Konzeption ist aber schwerlich mit dem oben angeführten spezialpräventiven Grundgedanken des Jugendstrafrechts vereinbar. Der Jugendliche soll nicht wegen einer Tat bestraft werden, sondern aus Anlaß dieser Tat und zur Verhinderung neuer Straftaten.

Weiter wird im Jugendstrafverfahren ausgehend von dieser Erziehungskonzeption des Jugendstrafrechts das allgemeine Strafverfahrensrecht in wesentlichen Punkten modifiziert. Die Ausgestaltung des Jugendstrafverfahrens dient in erster Linie den erzieherischen Bedürfnissen des Jugendlichen. Dieser Aspekt sollte aber nicht zu einer Einschränkung rechtsstaatlicher bzw. prozessualer Grundsätze des Jugendlichen führen, was schließlich in eine Schlechterstellung des Jugendlichen bzw. Heranwachsenden gegenüber Erwachsenen münden könnte. Diese Spannung zwischen Erziehungsgedanken und rechtsstaatlichen Prinzipien zeigt sich beispielsweise in der Beschränkung der Anfechtungsmöglichkeiten seitens des Angeklagten im Verfahren.

Inzwischen herrscht in der Politik, der jugendstrafrechtlichen Praxis und Wissenschaft Übereinstimmung darüber, daß weiterer Reformbedarf des bundesdeutschen Jugendstrafrechts besteht. Schon der Gesetzgeber hatte in bezug auf das 1.JGGÄndG von 1990 die Bundesregierung dazu aufgefordert, bis zum 1.10.1992 den „Entwurf eines Zweiten Gesetzes zur Änderung des Jugendgerichtsgesetzes" vorzulegen, in dem dieser angeführte Reformbedarf aufgegriffen werden sollte. Diese mit dem 1.JGGÄndG von 1990 begonnene Reform des Jugendstrafrechts wurde jedoch von der Bundesregierung nicht fortgeführt.

Angesichts dieser Untätigkeit auf offizieller Ebene wurde die Diskussion über die Reformen des Jugendstrafrechts von Wissenschaft und Praxis übernommen.[231] Dabei wurden in erster Linie die Gesichtspunkte der Subsidiarität sowohl im Fall der Strafe als auch im Fall des Strafverfahrens betont. Es ging in erster Linie darum, den im Jugendstrafrecht prägenden Erziehungsgedanken im Lichte neuerer Befunde über die Merkmale der Jugendkriminalität zu reformulieren.[232]

Nicht zuletzt unter dem Eindruck einer ansteigenden Jugendkriminalität und einer Gewaltbereitschaft vor allem bei Jugendlichen und Heranwachsenden werden zur Zeit in bestimmten Politikerkreisen Stimmen laut, die eine Verschärfung des Jugendstrafrechts als Gegenreaktion befürworten. Während also die Gesetzesreformen in der

---

231 Siehe dazu DVJJ (Hrsg.): Jugend im sozialen Rechtsstaat – Für ein neues Jugendstrafrecht, Bd. 23 1996.

232 Ausführlich zu diesen Merkmalen siehe Abschn. 1.2.3 des 1. Kap.

Vergangenheit auf die spezialpräventive Wirkung des Jugendstrafrechts setzten, sind in letzter Zeit Strömungen hervorgetreten, die grundsätzlich für Abschreckung und Sühne plädieren. Gleichwohl sind diese Forderungen in der Literatur und Praxis auf breite Ablehnung gestoßen.

Der Erziehungsgedanke ist als Leitprinzip des Jugendstrafrechts beizubehalten, eine alleinige Berücksichtigung der Erziehung im Jugendstrafrecht ist aber nicht tragbar. In diesem Sinne zeigt die Erfahrung, daß Erziehung bei bestimmten Erscheinungsformen der Jugendkriminalität nicht ganz ohne Strafe auskommt. Den Stimmen, die für eine Ablösung des Erziehungsgedankens im Jugendstrafrecht plädieren, ist hingegen eine klare Absage zu erteilen.

Eine Weiterentwicklung des bundesdeutschen Jugendstrafrechts erscheint insoweit erforderlich. Eine Verschärfung dessen allerdings überflüssig. Die zur Zeit vorhandenen breiten Sanktionsmöglichkeiten des JGG, die mitunter eine zehnjährige Jugendstrafe vorsehen, reichen vollkommen aus, um auf die Straftat eines Jugendlichen angemessen reagieren zu können.

„Das geltende Jugendstrafrecht hat dem Erwachsenenstrafrecht vor allem zweierlei voraus: Vielfalt des möglichen Reagierens und Flexibilität der Prozeduren. Mit beidem steht ein Instrumentarium zur Verfügung, das es erlaubt, den Verhältnissen, Bedürfnissen und „Lagen" der 14- bis unter 21-Jährigen, die strafrechtlich auffallen, mit einem hohen Grad an Individualisierung (im Wortsinn:) gerecht zu werden".[233]

2.3 Das Jugendstrafrecht in Spanien

2.3.1 Historische Entwicklung

Die Jugendgerichtsbarkeit erscheint in Spanien Ende des 19. Jahrhunderts infolge der Institutionalisierung der sog. „Bewegung zum Wohl des Minderjährigen", mit der Absicht, die Kinder aus dem allgemeinen Strafrecht herauszunehmen. Dem positivistischen Grundgedanken zufolge sollte die Straftat eines Jugendlichen nicht in den Vordergrund gestellt werden; vielmehr war die Persönlichkeit des Täters von Bedeutung.[234]

Ein erstes Gesetz zur Behandlung Straftaten Minderjähriger, dem das belgische Jugendstrafgesetz vom 15. Mai 1912 zugrunde lag, wurde im Jahre 1918 in Spanien verabschiedet.[235] Im Jahre 1920 wurde in Bilbao das erste Jugendpflegegericht eingerichtet.

Durch die Verordnung vom 2. Juli 1948 wurde die Neufassung des Jugendpflegegerichtsgesetzes (LTTM) erlassen.[236] Die gesetzliche Grundlage für die

---

233 Auszug aus der Stellungnahme von 55 (Jugend-)Strafrechtsprofessoren und Kriminologen aus dem Jahre 1998. Abgedruckt in: DVJJ-Journal 3 (1998), S. 203 ff.; StV 18 (1998), S. 632 f.; ZRP 1998, S. 446 ff.

234 Cea d'Ancona, Diss. jur. 1991, S. 11.

235 Rahmengesetz vom 2. August 1918, Ley de Tribunales de Menores (Jugendgerichtsgesetz).

236 Ley de los Tribunales Tutelares de Menores vom 11. Juni 1948 (BOE vom 19. Juli 1948).

Tätigkeit der sog. Jugendpflegegerichte war somit in diesem Gesetz sowie in der dazu erlassenen Ausführungsverordnung (ebenfalls am 11. Juni 1948 erlassen) zu finden.

Das LTTM von 1948 war dadurch gekennzeichnet, daß es ein sog. „vaterschaftliches" und „moralisches" Kriterium hervorhob, was im übrigen bezeichnend für die Zeit war, in der das Gesetz erlassen wurde.[237] Das LTTM ist dabei innerhalb der positivistischen Strömungen von Anfang des 20. Jahrhunderts einzuordnen. Der Positivismus basierte grundsätzlich auf einer radikalen Konzeption des Strafrechts in dem Sinne, daß die Pflege und Besserung des Minderjährigen im Vordergrund standen. Demzufolge war der Minderjährige für seine Straftaten nicht zur Verantwortung zu ziehen. Diese kriminologischen Gedanken führten dazu, daß das Jugendstrafrecht in Spanien in erster Linie von einem Täterstrafrecht ausging.

Nach den Vorschriften des LTTM von 1948 war die Jugendgerichtsbarkeit zuständig für Gesetzesverstöße Minderjähriger unter 16 Jahren – ohne eine bestimmte Altersgrenze nach unten zu bestimmen – gegen Strafvorschriften und polizeiliche Normen, sowie bei einem „unregelmäßigen Lebenswandel" der Minderjährigen.[238] Infolgedessen kann man daraus schließen, daß die spanische Gesetzgebung von einem weiten Delinquenzbegriff ausgegangen war. Es waren in diesem Sinne nicht nur die gegen das Strafgesetzbuch oder besondere Gesetze verstoßenden Übertretungen einbezogen, sondern auch diejenigen Verhalten, die grundsätzlich bei den Erwachsenen nicht unter Strafe gestellt waren.

Nach art. 1 Abs. 1 LTTM waren die Jugendpflegegerichte nicht in die ordentliche Gerichtsbarkeit eingegliedert.

Wichtig war auch die Regelung des art. 15 LTTM: Nach dieser Vorschrift war das Gericht „nicht den geltenden förmlichen Bestimmungen der Strafprozeßordnung (...)" unterworfen, sondern es hatte absolute Freiheit „all jene Mittel zu gebrauchen, die ihm zur Erfüllung der ihm anvertrauten pflegerisch-bessernden Funktion am geeignetsten" erschien. Folglich fand in der spanischen Jugendgerichtsbarkeit die sog. „doppelte Phase" des Verfahrens, die aus Ermittlungs- und Hauptverfahren bestand, keine Anwendung. Vielmehr war es dieselbe Person, nämlich der Jugendrichter, der die Ermittlungen durchführte, ein Urteil über den Minderjährigen aussprach und die Vollstreckung der angeordneten Maßnahme sicherte. Das Gesetz ging hierbei davon aus, daß das Gericht nur das Wohl des Minderjährigen vor Augen hatte.

Nach Überwindung der Franco-Diktatur Mitte der 70er-Jahre und der Wiederkehr der Demokratie in Spanien wurde von der demokratisch gewählten spanischen Regierung als primäres Anliegen angesehen, die inzwischen veraltete und mitunter verfassungswidrig gewordene spanische Rechtsordnung mit den Forderungen eines demokratischen und sozialen Rechtsstaates in Einklang zu bringen.

---

[237] Ausführlich zu dem LTTM 1948 siehe: Cea d'Ancona, Diss. jur. 1991, S. 23 ff.

[238] In diesem Sinne bestimmte art. 9 Abs. 1 Nr. 1 LTTM 1948, daß die Jugendpflegegerichte im einzelnen zuständig für Minderjährige unter 16 Jahren waren, „die der Prostitution nachgehen, einen ausschweifenden Lebenswandel führen oder ohne festen Wohnsitz sind (...)".

Mit der Verabschiedung des spanischen Grundgesetzes im Jahre 1978[239] eröffnete sich für die Juristen die wichtigste Aufgabe, die bislang geltende Rechtsordnung mit den Verfassungsgrundsätzen eines demokratischen Rechtsstaates zu harmonisieren.

Eines der Gesetze, welches klar mit den Bestimmungen der spanischen Verfassung in Widerspruch stand, war das Jugendpflegegerichtsgesetz von 1948. Wie schon bereits erwähnt, waren nicht nur die Jugendpflegegerichte der ordentlichen Gerichtsbarkeit nicht untergeordnet, sondern auch waren nach art. 15 LTTM die allgemeinen strafprozessualen Garantien im Verfahren gegen Jugendliche nicht anwendbar.

Art. 117 CE legt die Grundlagen für die rechtsprechende Gewalt folgendermaßen fest: „Die Rechtsprechung geht vom Volke aus und wird in Namen des Königs von Richtern ausgeübt, die die rechtsprechende Gewalt bilden; sie sind unabhängig, unabsetzbar, verantwortlich und allein dem Gesetz unterworfen". Dabei sind ebenfalls die Jugendpflegegerichte gemeint. Die Tatsache, daß diese Gerichte nicht in der ordentlichen Gerichtsbarkeit angesiedelt waren, führte zu einem Verstoß gegen Art. 117 CE, der ausdrücklich bestimmt, daß alle Gerichte zur rechtsprechenden Gewalt gehören.

Ausgangspunkt, eine Änderung des veralteten LTTM von 1948 vorzunehmen, ist im spanischen Gerichtsverfassungsgesetz von 1985 zu sehen.[240] Dieses Gesetz trug in art. 26 dem Verfassungsauftrag des Art. 117 CE Rechnung: Die ehemaligen Jugendpflegegerichte wurden nach art. 26 LOPJ durch „Jugendgerichte" ersetzt. Diese Jugendgerichte gehörten nunmehr zu der ordentlichen Gerichtsbarkeit und waren grundsätzlich dafür zuständig, zu erkennen, wann Jugendliche unter 16 Jahren (ausnahmsweise auch die unter 18 Jahren) eine im Strafgesetzbuch bzw. in strafrechtlichen Nebengesetzen geregelte Straftat oder Übertretung begangen hatten. Jene Verhalten, welche unter das im LTTM von 1948 geprägte Stichwort „unregelmäßiger Lebenswandel" fielen, wurden durch das spanische Gerichtsverfassungsgesetz unter Berücksichtigung des in Art. 24 CE geregelten Legalitätsprinzips nicht mehr erfaßt.

Durch das LOPJ 1985 wurden somit die Zuständigkeiten der neuen Jugendgerichte abschließend auf die strafrechtlichen beschränkt. Ein wegen eines abweichenden Verhaltens angezeigter Minderjähriger war von den Jugendgerichten nur zur Verantwortung zu ziehen, wenn dieses abweichende Verhalten gegen das Strafgesetzbuch oder gegen andere strafrechtliche Nebengesetze verstoßen hatte.[241]

Art. 24 CE stellt die strafprozessualen Grundsätze fest, welche im Strafverfahren berücksichtigt werden sollen.[242] Die Respektierung dieser Grundsätze war im allgemeinen Strafverfahren durch die Vorschriften der spanischen Strafprozeßordnung (LECrim)[243] gesichert. Dies war im Jugendstrafverfahren gem. art. 15 LTTM nicht der Fall. Wie schon

---

239 Constitución Española (Grundgesetz) vom 27. Dezember 1978 (BOE Nr. 311-1 vom 29. Dezember 1978). Im folgenden CE.

240 LO 6/1985 vom 1. Juli del Poder Judicial (BOE Nr. 157 vom 2. Juli 1985). Im folgenden LOPJ.

241 Cea d'Ancona, Diss. jur. 1991, S. 203 f.

242 Nach Art. 24 Abs. 2 CE haben alle Personen „das Recht auf einen vom Gesetz bestimmten ordentlichen Richter, auf Verteidigung und Beistand durch einen Rechtsanwalt, auf Information über die gegen sie erhobene Anklage, auf einen öffentlichen Prozeß ohne ungebührliche Verzögerungen und mit allen Garantien, auf Verwendung von zur Sache gehörenden Beweismitteln für ihre Verteidigung, auf Nichtaussage gegen sich selbst, darauf, sich nicht schuldig zu bekennen, und auf die Vermutung der Unschuld".

243 Ley de Enjuiciamiento Criminal (Strafprozeßordnung) vom 14. September 1882. Im folgenden LECrim.

angeführt, waren nach art. 15 LTTM im Bereich der Jugendgerichtsbarkeit die geltenden förmlichen Bestimmungen der spanischen Strafprozeßordnung nicht anwendbar.

Schließlich stellte das spanische Verfassungsgericht durch seine Entscheidung aus dem Jahre 1991 die Verfassungswidrigkeit des art. 15 LTTM fest.[244] In seiner Begründung wurde u.a. angeführt, daß die in Art. 24 CE festgestellten strafprozessualen Grundsätze auch im Verfahren gegen Jugendliche Anwendung finden sollen.

Durch das Organgesetz 4/92 (LO 4/92) vom 5. Juni[245] wurde das Gesetz von 1948 geändert. Zum einen bekam das ehemalige LTTM einen neuen Namen, so daß es nunmehr „Gesetz zur Regelung der Zuständigkeit und des Verfahrens in den Jugendgerichten" genannt wurde. Zum anderen wurden einige Vorschriften modifiziert, insbesondere der durch die oben genannte Entscheidung des spanischen Verfassungsgerichts als verfassungswidrig erklärte art. 15 LTTM 1948, welcher neu gefaßt wurde.[246]

In der „Exposición de Motivos" (Begründung des Gesetzes) des LO 4/92 wurde die sog. „spezielle Berücksichtigung des Interesses des Minderjährigen" als Grundsatz genannt, welcher sowohl das materielle Jugendstrafrecht, insbesondere die vom Jugendrichter anzuordnenden Maßnahmen, als auch das Jugendstrafverfahren gegenüber dem allgemeinen Straf- bzw. Strafverfahrensrecht absonderte.

Nach dem neugefaßten art. 9 LO 4/92 waren die Jugendgerichte im einzelnen zuständig für die von Jugendlichen nach Erreichen des zwölften Lebensjahres und „vor Erreichen des als strafmündig im Strafgesetzbuch vorgesehenen Alters" begangenen Verbrechen oder Vergehen.[247] Hatte der Täter das Alter von zwölf Jahren nicht erreicht, war er den Verwaltungseinrichtungen zum Schutz von Minderjährigen zu übergeben.
Das LO 4/92 bestimmte somit – im Gegensatz zum LTTM 1948 – eine untere Altersgrenze von zwölf Jahren für die Anwendung der jugendstrafrechtlichen Vorschriften.

Durch das LO 4/92 wurde eine wichtige Novellierung im Bereich des Jugendstrafverfahrens vorgebracht: Mit dem neuen Gesetz wurde der Jugendstaatsanwalt mit der Durchführung des Ermittlungsverfahrens beauftragt. Somit wurde der Staatsanwalt – anders als im Jugendpflegegerichtsgesetz von 1948 der Fall gewesen

---

[244] STC 36/1991 vom 4. Februar.

[245] BOE Nr. 150 vom 11. Juni 1992.

[246] Ausführlich zum LO 4/92 siehe: de la Cuesta/Giménez-Salinas, in: Dünkel/van Kalmthout/Schüler-Springorum (Hrsg.), 1997, S. 327 ff.; ferner Martín Ostos, José, in: La Ley Nr. 1 (1994), S. 1142 ff.; ders. in: CGPJ (Hrsg.), 1996, S. 159 ff.; Sánchez Martínez, 1999, S. 163 ff.

[247] Was die obere Altersgrenze betrifft, ab der die Bestimmungen des allg. Strafrechts anstatt des Jugendstrafrechts zur Anwendung kamen, wurde durch das LO 4/92 absichtlich kein konkretes Alter angeführt. Damit mutmaßte der damalige Gesetzgeber die Möglichkeit einer Heraufsetzung des Strafmündigkeitsalters mit der Verabschiedung eines neuen Strafgesetzbuches. Als das LO 4/92 erlassen wurde, war das Strafmündigkeitsalter nach art. 8.2 CP 1973 auf 16 Jahre bestimmt. Dieses wurde mit Inkrafttreten des neuen Strafgesetzbuches aus dem Jahre 1995 auf 18 Jahre heraufgesetzt.

war[248]– zum ersten Mal im spanischen Strafprozeß mit diesen Befugnissen versehen. Diese Tätigkeit des Jugendstaatsanwalts im Ermittlungsverfahren war in art. 15 Abs. 1 Nr. 2 LO 4/92 geregelt. Nach dieser Vorschrift waren die Funktionen eines Ermittlungsrichters von dem Jugendstaatsanwalt wahrzunehmen, ohne daß dem Jugendstaatsanwalt durch Gesetz richterliche Kompetenzen zukamen.

Dies bedeutete ein Novum in der spanischen Gerichtsbarkeit, wonach die spanische Strafprozeßordnung (LECrim) die Durchführung des Ermittlungsverfahrens grundsätzlich in die Hand eines Ermittlungsrichters legt.[249] Nach herrschender Meinung war der Grund für diese „Kompetenzverlagerung" auf die Figur des Staatsanwalts die im Strafverfahren erforderliche Bewahrung der Unparteilichkeit des Jugendrichters in der zweiten Phase des Verfahrens. Dort war eine erzieherische Maßnahme von dem Jugendrichter zu bestimmen.[250] Diese Unparteilichkeit sei schwer zu vollziehen, wenn dieselbe Person, sprich der Jugendrichter, die Ermittlungen durchführt und nach der Hauptverhandlung eine bestimmte Maßnahme anordnet.

Darüber hinaus bestimmte das LO 4/92 das Anklagemonopol des Staatsanwalts im Jugendstrafverfahren. Somit war die Mitwirkung des Verletzten am Verfahren als privater Ankläger, sowie die Popularklage und der Zivilkläger in der Jugendgerichtsbarkeit ausgeschlossen. Dem Opfer oder Verletzen wurde also der Statuts einer Prozeßpartei im Verfahren vor den Jugendgerichten entzogen.[251]

Nach art. 15 Abs. 1 Nr. 4 LO 4/92 war die Mitwirkung am Verfahren von einem sog. „technischen Team" vorgesehen. Dieses bestand aus einem Psychologen, einem Erzieher und einem Sozialarbeiter. Die wichtigste Tätigkeit des technischen Teams war die Anfertigung eines Berichtes über die psychologische, erzieherische und familiäre Situation des Minderjährigen, sowie über diejenigen Umstände, die für die Begehung der strafbaren Handlung Einfluß gehabt haben konnten.

Die Möglichkeit, in bestimmten Fällen ein Absehen von der Verfolgung bzw. eine Einstellung des Verfahrens vorzunehmen, wurde auch im LO 4/92 in art. 15 Abs. 1 Nr. 6 bzw. art. 16 Abs. 3 vorgesehen. Grund dafür war im wesentlichen in der neuen Stellung des Staatsanwaltes im Verfahren vor den Jugendgerichten zu sehen.[252]

Das LO 4/92 bestimmte in der Zusatzbestimmung („Disposición Adicional") Nr. 3 und als Folge der nach dem Grundgesetz erfolgten neuen Einteilung des spanischen Staates in autonome Regionen („Comunidades Autónomas") die Zuständigkeit dieser autonomen Gebiete zur Vollstreckung und zum Vollzug der vom Jugendrichter angeordneten Maßnahmen, gleichwohl unter seiner ständigen Kontrolle.[253]

---

[248] Ausgehend von der dem Jugendrichter in art. 15 LTTM 1948 anvertrauten pflegerisch-bessernden Funktion, hatte dieser nicht nur das Ermittlungsverfahren durchzuführen, sondern auch ein Urteil über den Minderjährigen auszusprechen und die Vollstreckung der angeordneten Maßnahmen zu sichern.

[249] Zu einem Überblick über das spanische Strafverfahren siehe Abschn. 2.1 des 3. Kap.

[250] Pantoja García, in: CGPJ (Hrsg.), Cuadernos de Derecho Judicial, 1994, S. 240.

[251] Ausführlich zur Rechtsstellung des Verletzten im spanischen Strafverfahrensrecht sowie zum Konzept der „Popularklage" siehe Abschn. 2.1 des 3. Kap.

[252] Auf diese zwei Varianten von Diversion wird später im Rahmen der Diversion im spanischen Jugendstrafrecht ausführlich eingegangen. Siehe dazu Abschn. 4.3 des 3. Kap.

[253] Die meisten autonomen Regionen hatten durch ihre Autonomiestatuten die Zuständigkeiten im Rahmen der sog. „bienestar social" (auf Deutsch: „soziale Wohlfahrt") übernommen. Darunter fallen auch die Zuständigkeiten im Rahmen des Schutzes von Minderjährigen.

Nach diesem Überblick über die wichtigsten Neuerungen, die das LO 4/92 in das spanische Jugendstrafrecht eingeführt hatte, wird deutlich, daß dieses Gesetz sich grundsätzlich von den positivistischen Strömungen vom Anfang des 20. Jahrhunderts entfernt hatte. Somit wurde das sog. „vormundschaftsrechtliche Modell" des alten LTTM 1948 durch das neue „rechtsförmlich-strafrechtliche Modell" oder „Justizmodell" ersetzt, welches unter Beachtung der verfassungsrechtlichen sowie verfahrensrechtlichen Grundsätze eine Harmonisierung von erzieherischen und strafrechtlichen Prinzipien im Rahmen des Jugendstrafrechts anstrebt.[254]

Mit dem Inkrafttreten des neuen spanischen Strafgesetzbuches (CP) im Mai 1996 wurde in art. 19 CP die Strafmündigkeit gegenüber der alten Regelung in art. 8.2 CP 1973 auf 18 Jahre heraufgesetzt.

Nach dem Wortlaut des art. 19 CP sind Minderjährige unter 18 Jahren nach den Vorschriften des in Spanien geltenden Strafgesetzbuches nicht verantwortlich. Es wird aber folgendes angeführt:

„Wenn ein Minderjähriger unter 18 Jahren eine Straftat begeht, kann er sich nach den Vorschriften verantworten, welche die strafrechtliche Verantwortlichkeit der Minderjährigen regeln".

Ein Gesetz, welches die strafrechtliche Verantwortlichkeit der 16 bis unter 18-Jahre alten Minderjährigen regeln sollte, war nach Inkrafttreten des neuen CP 1995 in Spanien nicht verabschiedet worden. Wie schon oben angeführt wurde, waren nach art. 9 Nr. 1 LO 4/92 die Bestimmungen des Gesetzes nur bei Minderjährigen zwischen zwölf Jahren und „vor Erreichen des als strafmündig im Strafgesetzbuch vorgesehenen Alters", welches damals nach art. 8.2 CP 1973 16 Jahre betrug, anzuwenden.

Dadurch entstand eine Gesetzeslücke für diese Altersgruppe der 16 bis unter 18-Jahre alten Minderjährigen.[255]

Es gibt ferner im neuen Strafgesetzbuch von 1995 weitere Vorschriften, die sich mit der Strafmündigkeit befassen. Art. 69 CP sieht die Möglichkeit vor, die Vorschriften, welche die strafrechtliche Verantwortlichkeit des Minderjährigen regeln, für diejenigen anzuwenden, die älter als 18 Jahre, aber jünger als 21 Jahre sind.[256]

Schließlich muß die „Disposición Final" (Schlußbestimmung) Nr. 7 CP 1995 in Betracht gezogen werden: Das Nichtsbestehen eines eigenständigen Jugendstrafgesetzes in Spanien zur Zeit des Inkrafttretens des neuen Strafgesetzbuches in Mai 1996, welches

---

[254] Pantoja García, in: CGPJ (Hrsg.), Cuadernos de Derecho Judicial, 1994, S. 249; auch Aguirre Zamorano, in: CGPJ (Hrsg.), 1996, S. 199. Zum „rechtsförmlich-strafrechtlichen Modell" sowie zu anderen Modellen zur Behandlung der Jugendkriminalität siehe Fn. 117.

[255] Allerdings sind einige Autoren der Auffassung, daß es zur Zeit des Inkrafttretens des CP 1995 ein Gesetz gäbe, welches die strafrechtliche Verantwortlichkeit der Minderjährigen unter 18 Jahren regelte. Um diese Auffassung zu untermauern, machen sie eine sog. wörtliche Auslegung des art. 9 LO 4/92. Danach bestimmte das LO 4/92 seinen Anwendungsbereich nicht für Minderjährigen zwischen zwölf und 16 Jahren, sondern für Minderjährigen zwischen zwölf Jahren und der Obergrenze, welche das in der Zeit geltende Strafgesetzbuch vorsieht. Nach Inkrafttreten des CP 1995 war das Strafmündigkeitsalter gem. art. 19 CP auf 18 Jahre bestimmt. Nach dieser Interpretation hätte art. 19 CP zusammen mit dem ganzen Strafgesetzbuch in Kraft treten sollen. Siehe dazu Gisbert, in: CGPJ (Hrsg.), 1996, S. 119 ff.

[256] Die „Heranwachsenden" in der Terminologie des deutschen Jugendstrafrechts.

die strafrechtliche Verantwortlichkeit des unter 18 Jahren straffällig gewordenen Jugendlichen regelt, führte dazu, daß die Anwendung der art. 19 und art. 69 CP bis zur Verabschiedung dieses Gesetzes vorübergehend nicht zustande kommen konnte. Aus diesen Gründen galten trotz dieses Inkrafttretens des neuen spanischen Strafgesetzbuches die Vorschriften bezüglich der Strafmündigkeit des alten CP 1973 (art. 8 Nr. 2, art. 9 Nr. 3 und art. 65) weiter.

Aus den oben genannten Gründen war die Notwendigkeit eines neuen Jugendstrafgesetzes in der spanischen Gerichtsbarkeit offenkundig. Dieses Gesetz hatte prinzipiell den Neuerungen des Strafgesetzbuches 1995 bezüglich der Heraufsetzung der Altersgrenze Folge zu leisten und somit die bestehende Gesetzeslücke in der Regelung der Strafmündigkeit in Spanien zu füllen.

Nach einem Regierungsentwurf eines Jugendgerichtsgesetzes aus dem Jahre 1995, welcher zur gleichen Zeit wie der Entwurf des neuen Strafgesetzbuches erarbeitet wurde und sich infolge der mannigfaltigen Kritiken des Richterwahlausschusses (CGPJ) nicht durchsetzen konnte, wurde im Jahre 1997 ein neuer Regierungsentwurf mit dem Titel „Organgesetz zur Regelung der Jugendgerichtsbarkeit" veröffentlicht. Am 16. Oktober 1998 wurde dieser Regierungsentwurf durch einen Beschluß der spanischen Regierung als ein neuer verfassungsrechtlicher Gesetzesentwurf („Proyecto de ley") „zur Regelung der strafrechtlichen Verantwortlichkeit von Minderjährigen" veröffentlicht.[257]

Dieser Entwurf, der mit einer Verzögerung von mehr als zwei Jahren den Anforderungen des Art. 19 CP 1995 entsprach, wurde – nach einigen Änderungen – am Ende Gesetz.

Am 12. Januar 2000 wurde ein neues Gesetz „zur Regelung der strafrechtlichen Verantwortlichkeit von Minderjährigen" erlassen: Das LO 5/2000. Dieses Gesetz trat am 13. Januar 2001 in Kraft.[258]

Gemäß den Ausführungen der „Exposición de Motivos" (Begründung des Gesetzes) des LO 5/2000 hat dieses formalrechtlich einen strafrechtlichen Charakter, gleichwohl einen ahndenden-erzieherischen Charakter aus materiellrechtlicher Sicht.

Wie im alten LO 4/92 vorgesehen war, steht das „höchste Interesse des Minderjährigen" als Leitgedanke des gesamten Jugendstrafrechts im Vordergrund.

Das neue spanische LO 5/2000 enthält sowohl die materiellen Vorschriften (die Folgen einer Straftat) als auch die formellen Vorschriften (die Verfassung der Jugendgerichte und das Verfahren vor den Jugendgerichten), die die straffälligen Verhaltensweisen von Minderjährigen unter 18 Jahren – u.U. auch von Heranwachsenden zwischen 18 und unter 21 Jahren – erfassen. Weiter enthält das Gesetz auch Normen über die Strafvollstreckung und den Strafvollzug.

---

[257] Entwurf eines Gesetzes zur Regelung der strafrechtlichen Verantwortlichkeit von Minderjährigen [Boletín Oficial de las Cortes Generales, Sección Congreso de los Diputados, (auf Deutsch: Parlamentsdrucksachen) Serie Proyectos de Ley (Reihe Gesetzesentwürfe) Nr. 144-1 vom 3. November 1998].

[258] BOE Nr. 11 vom 13. Januar 2000. Eine ausführliche Analyse dieses Gesetzes erfolgt im Abschn. 4.4.1 des 3. Kap.

2.3.2 Anwendungsbereich

Das LO 5/2000 regelt in art. 1 den sachlichen bzw. den persönlichen Anwendungsbereich des Gesetzes.

Nach art. 1 Abs. 1 LO 5/2000 findet das Gesetz Anwendung auf Personen, die „älter als 14 Jahre[259] und jünger als 18 Jahre alt sind", die eine strafbare Handlung begangen haben, welche im Sinne des Strafgesetzbuches oder der strafrechtlichen Nebengesetze Verbrechen oder Vergehen ist.

Das spanische LO 5/2000 enthält also wie das deutsche JGG 1953 keine selbständigen Tatbestände. Somit gelten in der spanischen Jugendgerichtsbarkeit ebenfalls die Tatbestände des Besonderen Teils des spanischen Strafgesetzbuches von 1995. Darüber hinaus bestimmen sich für den jugendlichen Täter die Voraussetzungen der Strafbarkeit nach dem allgemeinen Teil des spanischen „Código Penal" (CP).

Wesentlich andere Vorschriften als die des CP sind im LO 5/2000 für den Rechtsfolgenbereich geregelt, so daß die art. 32 ff. CP durch die in art. 7 bis art. 15 LO 5/2000 vorgesehenen besonderen Rechtsfolgen verdrängt werden.

Was den persönlichen Anwendungsbereich betrifft, bestimmt das Gesetz die Strafmündigkeit ab 14 Jahren. Kinder unter 14 Jahren sind also strafrechtlich nicht verantwortlich. Für diese Altersgruppe werden die Vorschriften zum Schutz von Minderjährigen angewandt, die das spanische Zivilgesetzbuch („Código Civil") sowie andere geltende Gesetze, wie das LO 1/1996 vom 15. Januar „zum rechtlichen Schutz des Minderjährigen", vorsehen (art. 3 LO 5/2000).[260] Es wird in diesem Sinne vom Gesetzgeber folgendes angeführt: „Die von Kindern unter 14 Jahren begangenen strafbaren Handlungen sind im allgemeinen als unbedeutend einzustufen. In den Fällen, in denen diese Verfehlungen eine Gefahr für die Gesellschaft darstellen, erscheint der familiäre sowie der zivil-fürsorgerische Bereich ausreichend, diese Verfehlungen effektiv zu behandeln, ohne daß der staatliche Justizapparat einzugreifen braucht".[261]

Das Gesetz sieht in bestimmten Fällen nach art. 69 CP die Anwendung des Jugendstrafrechts auf die Altersgruppe zwischen 18 und unter 21 Jahren vor. Diese Möglichkeit wird in art. 4 LO 5/2000 geregelt. Danach kann der Jugendrichter das Jugendstrafrecht für die „Jugendlichen" („jóvenes") beschließen.[262] Dabei sind insbesondere die persönlichen Umstände des Täters und sein Reifegrad einerseits, sowie die Rechtsnatur und die Tatschwere der begangenen Straftat andererseits, zu berücksichtigen.[263]

---

259 Der Gesetzesentwurf vom 3. November 1998 hatte im Prinzip die untere Altersgrenze für die Anwendung der jugendstrafrechtlichen Vorschriften auf 13 Jahre bestimmt.

260 In diesem Sinne und von besonderer Bedeutung vgl. LO 1/1996 vom 15. Januar „zum rechtlichen Schutz des Minderjährigen" (BOE Nr. 15 vom 17.1.1996).

261 Vgl. dazu die „Exposición de Motivos" des LO 5/2000.

262 Die „Exposición de Motivos" bezeichnet irrigerweise diese Gruppe als „Jugendliche" im Gegensatz zu den „Menores" (Minderjährige zwischen 14 und unter 18 Jahren), während das deutsche Jugendstrafrecht von dem treffenderen Begriff des „Heranwachsenden" ausgeht.

263 Trotz dieser vorgesehenen Bestimmungen für die Altersgruppe der 18- bis unter 21-jährigen wurde die Anwendung des art. 4 LO 5/2000 beim Inkrafttreten des Gesetzes am 13. Januar 2001 für zwei Jahre ausgesetzt (gem. der Übergangsbestimmung des LO 9/2000 vom 22. Dezember „über Maßnahmen zur

Der Analyse des persönlichen Anwendungsbereichs des LO 5/2000 folgend, unterscheidet das Gesetz zwischen zwei verschiedenen Altersgruppen innerhalb der Minderjährigen unter 18 Jahren. Zum einen die Gruppe der 14- bis unter 16-Jahre alten Jugendlichen; zum anderen die Gruppe der 16- bis unter 18-jährigen.[264] Ziel dieser Differenzierung ist die angemessene Bemessung der in art. 7 LO 5/2000 vorgesehenen Maßnahmen unter der besonderen Berücksichtigung des Alters des Minderjährigen (vgl. art. 9 LO 5/2000). Auf diese Problematik wird im folgenden eingegangen.

2.3.3 Sanktionen

Das LO 5/2000 regelt in art. 7 eine breite Palette von Maßnahmen, die im Jugendstrafrecht zur Anwendung kommen können. Der strafrechtlich-erzieherische Charakter dieser Maßnahmen soll dabei stets im Vordergrund stehen.

Zur Auswahl einer bestimmten Maßnahme muß der Jugendrichter das „Interesse des Minderjährigen" im besonderen Maße berücksichtigen. Dementsprechend hat der Jugendrichter nicht nur die strafrechtliche Würdigung der Tat für die Anordnung einer bestimmten Maßnahme zu beachten. Gleichzeitig sind die persönlichen, familiären bzw. sozialen Umstände des Minderjährigen, sowie die erwartete Entwicklung des Verurteilten während der Verbüßung der angeordneten Maßnahme mit einzubeziehen.

Die konkreten Maßnahmen, die der art. 7 LO 5/2000 je nach Beeinträchtigung der Rechte des Minderjährigen ordnet, sind folgende:

a) Unterbringung in eine geschlossene Jugendstrafanstalt.
b) Unterbringung in eine halboffene Jugendstrafanstalt.
c) Unterbringung in eine offene Jugendstrafanstalt.
d) Therapeutische Unterbringung.
e) Ambulante Behandlung.
f) Anwesenheit in einem sog. Tageszentrum.
g) Hausarrest für das Wochenende.
h) Freiheit unter Aufsicht.
i) Zusammenleben mit einer bestimmten Person, Familie oder erzieherischen Gruppe.
j) Gemeinnützige Aktivitäten.
k) Durchführung von Aktivitäten erzieherischen oder sozialen Charakters.
l) Verwarnung.

Vereinfachung der Strafgerichtsbarkeit"). Dieses Moratorium wurde von den autonomen Gebieten bei der spanischen Regierung verlangt mit der Annahme, die Kosten für die Anwendung des LO 5/2000 bei der oben genannten Altersgruppe (18 bis unter 21 Jahren) seien um ein Dreifaches höher als bei der Gruppe der 14 bis unter 18 Jahren. Darüber hinaus war mit dieser Aussetzung angestrebt, durch diese vorübergehende Ausschließung der „jóvenes" die Jugendgerichtsbarkeit am Anfang der Anwendung des neuen LO 5/2000 nicht so sehr zu belasten.

[264] Beide Altersgruppen werden in den Vorschriften des LO 5/2000 mit der gemeinsamen Bezeichnung „Menores" (Minderjährige) benannt.

m) Führerscheinentzug für Mopeds oder für andere Kraftfahrzeuge, und Verbot des Führerscheinerwerbs, sowie Verbot des Erwerbs eines Jagdscheins oder Waffenscheins.

n) Aberkennung der bürgerlichen Ehrenrechte.[265]

Art. 9 LO 5/2000 regelt die strafrechtlichen Maßstäbe für die Auswahl der in art. 7 LO 5/2000 aufgeführten „Maßnahmen“ sowie für ihre jeweiligen Strafzumessung.

Für schwerste strafbare Handlungen von Minderjährigen ab 16 Jahren sah das Gesetz in seiner ursprünglichen Fassung eine Unterbringung in eine geschlossene Strafanstalt für eine Dauer von maximal fünf Jahren vor. Diese Unterbringung war anschließend mit einer Maßnahme der Freiheit unter Aufsicht zu ergänzen, welche auch eine Dauer von bis zu fünf Jahren haben konnte.

Gleichwohl wurden diese Strafzumessungsregeln sowie die Dauer des Freiheitsentzuges durch das LO 7/2000 vom 22. Dezember modifiziert.[266] Wie schon oben angeführt wurde, brachte dieses Gesetz eine Änderung von bestimmten Vorschriften des spanischen Strafgesetzbuches 1995 sowie des neuen LO 5/2000 bezüglich der Terrorismusdelikte.[267]

Beschränkt auf das LO 5/2000, wurden die art. 7 und art. 9 LO 5/2000 durch dieses Änderungsgesetz (LO 7/2000) erheblich geändert. Darüber hinaus wurden zwei neue Zusatzbestimmungen („Disposiciones Adicionales“) in das Gesetz eingeführt, nämlich die Nr. 4 und Nr. 5. Nach der „Disposición Adicional“ Nr. 4 konnte die Maßnahme der Unterbringung in eine geschlossene Anstalt für Jugendliche ab 16 Jahren eine Dauer von bis zu zehn Jahren erreichen, wenn der Jugendliche für eines der folgenden Delikte verantwortlich war: Totschlag (art. 138 CP), Mord (art. 139 CP), Sexualdelikte (art. 179 und art. 180 CP), Terrorismusdelikte (art. 571 bis art. 580 CP) oder sonst für solche Delikte, die das geltende Strafgesetzbuch mit einer Freiheitsstrafe von mindestens 15 Jahren ahndet. Für die Altersgruppe zwischen 14 und unter 16 Jahren konnte diese Unterbringung bei denselben Deliktskategorien bis zu fünf Jahren dauern. In beiden Fällen war die Unterbringung mit einer Maßnahme der Freiheit unter Aufsicht zu ergänzen.[268]

---

[265] Diese Maßnahme ist durch das LO 7/2000 vom 22. Dezember zur Reform des Strafgesetzbuches und des LO 5/2000, in bezug auf die Terrorismusdelikte in den Maßnahmenkatalog des art. 7 LO 5/2000 eingeführt worden. Diese Maßnahme gibt es seit 1970 in der Bundesrepublik Deutschland nicht mehr. Siehe dazu Creifelds, Rechtswörterbuch, 16. Aufl. 2000, Stichwort: „Ehrenrechte“.

[266] LO 7/2000 vom 22. Dezember „zur Änderung des LO 10/1995 vom 23. Dezember „des Strafgesetzbuches“ und des LO 5/2000 vom 12. Januar „zur Regelung der strafrechtlichen Verantwortlichkeit von Minderjährigen“, bezüglich der Terrorismusdelikte“ (BOE vom 23. Dezember). Der Gesetzgeber hat mit diesem Änderungsgesetz u.a. den Tatbestand des sog. „terrorismo impropio“ (so eine Art „unechter Terrorismus“) in den Grundtatbestand des „Terrorismus“ (art. 577 CP) eingefügt. Bei diesem sog. „terrorismo impropio“ handelt es sich um terroristische Aktivitäten, die von Personen begangen werden, ohne daß diese gleichzeitig zu einer terroristischen Vereinigung gehören. Zu den kriminalpolitischen Hintergründen des LO 7/2000 siehe Abschn. 1.5 des 1. Kap. Ferner auch Fn. 172 u. 173.

[267] Dabei ist darauf hinzuweisen, daß diese Änderungen des LO 5/2000 erfolgten, noch bevor dieses in Kraft getreten war.

[268] Diese Verschärfung des Jugendstrafrechts durch das LO 7/2000 ist Ausdruck der in letzter Zeit vorgenommenen Kriminalpolitik der spanischen Regierung, die Strafen für terroristische Aktivitäten zu verschärfen. Damit sind nicht nur die Verbrechen der Terrororganisation ETA gemeint, sondern auch die von ihrem Umfeld. Zu den letzteren gehören überwiegend die gewalttätigen Aktivitäten, die von den der ETA-nahestehenden jugendlichen radikalen Separatisten im Baskenland begangen werden: Die sog.

2.3.4 Verfahrensrechtliche Besonderheiten

Die Verfasser des LO 5/2000 brachten mit den neuen Bestimmungen des Jugendstrafrechts zum Ausdruck, daß dieses grundlegend die im Grundgesetz verankerten Grundrechte im Rahmen des Jugendstrafverfahrens zu respektieren habe, vorbehaltlich der logischen Besonderheiten, die das Jugendstrafverfahren gegenüber dem in der allgemeinen spanischen Strafprozeßordnung (LECrim) geregelten Strafverfahren aufweist. Diese verfahrensrechtlichen Besonderheiten des Jugendstrafrechts beruhen in erster Linie auf dem Alter der Minderjährigen und sind in diesem Zusammenhang als Folge jenes spezialpräventiven Zwecks anzusehen, welcher sich grundlegend auf das „höchste Interesse des Minderjährigen" sowie auf dessen Wiedereingliederung in die Gesellschaft orientiert.[269]

Was das Jugendstrafverfahren anbelangt, bestimmt art. 2 LO 5/2000 die Zuständigkeit des Jugendrichters für strafbare Handlungen, die von der in art. 1 LO 5/2000 aufgeführten Altersgruppe (14 bis unter 18 Jahren) begangen worden sind. Ferner ist der Jugendrichter für die Vollstreckung der angeordneten Maßnahmen zuständig, ungeachtet der Befugnisse, die das LO 5/2000 diesbezüglich den spanischen autonomen Gebieten („Comunidades Autónomas") gewährt.[270]

In derselben Weise wie im LO 4/92 bestimmt das neue Gesetz die Zuständigkeit der Staatsanwaltschaft für die Durchführung des Ermittlungsverfahrens (art. 16 LO 5/2000).

Die Rechtsstellung der Staatsanwaltschaft im Verfahren ist von Bedeutung: Einerseits ist sie verfassungsrechtlich mit der Aufgabe beauftragt, die Tätigkeit der Justiz zum Schutz der Gesetzlichkeit zu unterstützen (Art. 124 Abs. 1 CE). Andererseits hat sie im gesamten Jugendstrafverfahren die Rechte des Minderjährigen zu beachten und seine Interessen in den Vordergrund zu stellen.[271]

Wie aus art. 23 Abs. 3 LO 5/2000 hervorgeht, ist dem Staatsanwalt gesetzlich untersagt, eigenhändig Ermittlungshandlungen vorzunehmen, die zu einer Beeinträchtigung der Grundrechte des Beschuldigten führen könnten. In diesem Fall hat er den Jugendrichter zur Durchführung dieser Handlungen einzuschalten.

„Straßenkämpfer" des sog. „terrorismo callejero" („Straßenterrorismus") oder auf Baskisch: „kale borroka". Wie schon oben angeführt, ist diese erfolgte Strafverschärfung bei einem beachtlichen Teil der Lehre auf scharfe Kritik gestoßen. Siehe dazu u.a. Ornosa Fernández, 2001, S. 133; Landrove Díaz, 2001, S. 181. Ausführlich zu den Kritikpunkten siehe Abschn. 2.1.2 des 1. Kap.

269 Landrove Díaz, La Ley, vom 26. Juni 2000, S. 2.

270 Siehe dazu art. 45 i.V.m. art. 44 LO 5/2000. Die eigentliche Vollstreckung der Maßnahmen liegt in der Hand der autonomen Gebiete Spaniens. Die Zuständigkeiten des Jugendrichters beschränken sich auf die Kontrolle dieser Vollstreckung. Es werden also weiterhin die Regelungen des LO 4/92 bezüglich der Zuständigkeit der autonomen Gebiete zur Vollstreckung der vom Jugendrichter angeordneten Maßnahmen fortgesetzt.

271 In bezug auf diese Doppelrolle der Staatsanwaltschaft im Jugendstrafverfahren wird Kritik von einem Teil der Lehre laut. Siehe u.a. Raposo Fernández, La Ley 6 (1997), S. 1604; Martín Ostos, in: CGPJ (Hrsg.), 1996, S. 163. Siehe ferner Abschn. 3.1 des 3. Kap.

Wie im deutschen Jugendstrafrecht, sieht das LO 5/2000 die Mitwirkung eines sog. „technischen Teams" am Jugendstrafverfahren vor.[272] Dieses Team hat nach art. 27 LO 5/2000 einen Bericht über „die psychologische, erzieherische und familiäre Situation des Minderjährigen" zu erstellen, sowie über „sonst andere relevante Umstände", um die geeignetste der im LO 5/2000 vorgesehenen Maßnahmen zu ergreifen.

Bezüglich der Rechtsstellung des Verletzten im Jugendstrafrecht, bestimmt art. 25 LO 5/2000 den allgemeinen Grundsatz, wonach im Jugendstrafverfahren die Partikular- und Popularklage weitgehend ausgeschlossen sind.[273] Nur in bestimmten Fällen erlaubt das Gesetz dem Verletzten, sich am Ermittlungsverfahren zu beteiligen.[274] Dabei beschränkt sich seine Mitwirkung lediglich darauf, einen Beweis zu beantragen oder zu erheben. So wie es auch im deutschen Jugendstrafrecht geregelt ist (vgl. § 80 JGG), sind in Spanien im Strafverfahren gegen Minderjährige die Rechte des Verletzten weitgehend eingeschränkt. So läßt die spanische Gesetzgebung im Rahmen des Jugendstrafrechts nicht zu, daß der Verletzte als Prozeßpartei im Verfahren auftritt und mit all seinen prozessualen Rechten und Pflichten strafrechtliche Ansprüche geltend macht. Dabei ist vom Gesetzgeber angeführt, daß im Jugendstrafverfahren die Interessen des Staates sowie die Sozialinteressen bezüglich der erfolgreichen Ahndung einer begangenen Straftat weitgehend mit den Interessen des Minderjährigen übereinstimmen sollen.[275]

Ungeachtet dieser Limitierung der Rechtsstellung des Verletzten im Jugendstrafverfahren, hat das LO 5/2000 in art. 61 Abs. 3 ein sog. „revolutionäres" Prinzip in die spanische Jugendgerichtsbarkeit eingeführt. Diese Vorschrift bestimmt die solidarische Haftung des Minderjährigen und seiner Eltern für die Schäden, die dieser Minderjährige durch seine Straftat angerichtet hat. Von dieser solidarischen Haftung sind auch eventuell andere gesetzliche Vertreter des Minderjährigen betroffen.

Was die zivilrechtliche Haftung im Jugendstrafverfahren angeht, sieht art. 61 Abs. 1 LO 5/2000 die Erhebung der Zivilklage seitens des Staatsanwaltes vor. Diese wird in einem getrennten Vorgang innerhalb desselben Verfahrens durchgeführt, es sei denn, erstens der Verletzte verzichtet ausdrücklich auf die etwaigen zivilrechtlichen Forderungen, oder zweitens er erhebt aus eigenem Antrieb die Zivilklage binnen eines Monats nach Zustellung des Bescheides durch den Staatsanwalt über die Eröffnung des getrennten Vorgangs oder drittens er hält sich ausdrücklich vor, den Anspruch auf diese zivilrechtlichen Forderungen in einem Zivilprozeß nach den Vorschriften des „Código Civil" (Zivilgesetzbuch) und des „Ley de Enjuiciamiento Civil" (Zivilprozeßordnung) geltend zu machen.

Von großer Bedeutung sind die neu eingeführten Möglichkeiten einer Absehen von der Verfolgung bzw. einer Einstellung des Verfahrens nach erfolgtem Ausgleich

---

[272] Wie im LO 4/92 vorgesehen war, besteht das „technische Team" auch im neuen LO 5/2000 aus einem Psychologen, einem Erzieher und einem Sozialarbeiter.

[273] Ausführlich zur Partikular- und Popularklage im spanischen allgemeinen Strafprozeßrecht siehe Abschn. 2.1 des 3. Kap.

[274] Nach art. 25 LO 5/2000 ist dies der Fall „wenn die tatbestandsmäßigen Handlungen von Personen begangen werden, die zur Tatzeit das 16. Lebensjahr vollendet und zur Tatbegehung Gewalt oder Einschüchterung angewandt haben oder wenn die Begehung dieser Straftaten von dieser Altersgruppe ein hohes Risiko für das Leben oder für die körperliche Unversehrtheit des Opfers dargestellt hat".

[275] Landrove Díaz, La Ley, vom 26. Juni 2000, S. 3.

durch den minderjährigen Täter mit dem Opfer oder nach Wiedergutmachung des Schadens zu bewerten. In diesem Sinne sieht art. 18 LO 5/2000 in seiner Überschrift die Möglichkeit des Absehens von der Verfolgung durch den Staatsanwalt „aufgrund einer erfolgten Besserung (des Minderjährigen, Anm.) im erzieherischen oder familiären Bereich" vor. Art. 19 LO 5/2000 räumt seinerseits die Möglichkeit der Einstellung des Verfahrens durch den Staatsanwalt mit Zustimmung des Jugendrichters „nach Ausgleich oder Wiedergutmachung des Schadens zwischen dem Minderjährigen und dem Opfer" ein.[276]

Nach art. 35 Abs. 2 LO 5/2000 kann der Jugendrichter die Nichtöffentlichkeit der Hauptverhandlung anordnen. Auch in diesem Sinne bestimmt das Gesetz, daß die Massenmedien in keiner Weise Daten bzw. Bilder des Minderjährigen erlangen sollen, wenn diese zu seiner Identifizierung führen können.

In bezug auf die Rechtsmittel im spanischen LO 5/2000 sieht dieses in art. 41 die Möglichkeit der Anfechtung eines vom Jugendrichter gefällten Urteils durch das Rechtsmittel der Berufung („Apelación") bei der Jugendgerichtskammer des zuständigen Oberen Gerichtshofes („Sala de Menores del correspondiente Tribunal Superior de Justicia") vor. Darüber hinaus räumt art. 42 LO 5/2000 die Möglichkeit der Einlegung des Rechtsmittels der „casación" aus sog. „materiellrechtlichen Gründen" bzw. wegen Verletzung materiellen Rechts beim Senat in Strafsachen (Zweiter Senat) des obersten Gerichtshofes („Tribunal Supremo") ein.[277] Das Rechtsmittel der „casación" ist aber nur statthaft, wenn eine der in den Nr. 4 und Nr. 5 des art. 9 LO 5/2000 vorgesehenen Maßnahmen verhängt worden sind.[278]

Das Gesetz sieht in art. 40 LO 5/2000 die Möglichkeit vor, wonach der Jugendrichter die Vollstreckung der angeordneten Maßnahmen zur Bewährung aussetzten kann, wenn diese Maßnahme die Dauer von zwei Jahren nicht überschreitet. Die Bewährungsfrist beträgt höchstens zwei Jahre. Diese Aussetzung ist an bestimmte Voraussetzungen geknüpft, welche in art. 40 LO 5/2000 aufgelistet sind.

Wie schon oben angeführt, wird nach art. 45 i.V.m. art. 44 LO 5/2000 die Vollstreckung der vom Jugendrichter angeordneten Maßnahmen durch die sog. „öffentlichen Anstalten zum Schutz und Besserung der Minderjährigen" vorgenommen. Diese Vollstreckung soll nach art. 44 LO 5/2000 unter ständiger Kontrolle des Jugendrichters erfolgen.

2.3.5 Fazit

Wie schon im Jugendstrafrecht der Bundesrepublik Deutschland deutlich wird, ist das spanische Jugendstrafrecht grundsätzlich auch als ein Sonder(straf)recht für

[276] Auf diese im LO 5/2000 geregelten Diversionsmöglichkeiten wird im Abschn. 4.4.2 des 3. Kap. ausführlich eingegangen.

[277] Zur Rechtsnatur dieses Rechtsmittels im allgemeinen Strafverfahren siehe Fn. 564.

[278] Dabei geht es um die Unterbringung in eine geschlossene Strafanstalt für die Dauer von bis zu zehn Jahren.

Minderjährige zwischen 14 und unter 18 Jahren anzusehen. Diese Annahme wirkt sich sowohl in den materiellen als auch in den formellen Vorschriften des spanischen geltenden LO 5/2000 aus.

Wie der Begründung des Gesetzes „zur Regelung der strafrechtlichen Verantwortlichkeit von Minderjährigen" (LO 5/2000) zu entnehmen ist, enthalten die Maßnahmen des spanischen Jugendstrafrechts keinen repressiven, sondern eher einen spezialpräventiven Charakter. Die Erziehung und die Resozialisierung des jugendlichen Täters stehen im spanischen Jugendstrafrecht im Vordergrund. Demnach hat sich der Jugendrichter für die Festsetzung der Rechtsfolgen einer Straftat nicht so sehr durch die Tat, sondern in erster Linie durch die persönliche, familiäre und schulische Situation des Minderjährigen leiten zu lassen.

Diese dargestellte Auffassung läßt sich aus den in art. 7 LO 5/2000 vorgesehenen Sanktionen entnehmen, gleichwohl aber nicht in so einer eindeutigen Weise, wie aus § 5 JGG hervorgeht.

Weiterhin wird im spanischen Jugendstrafrecht ausgehend von dem in der Begründung des Gesetzes hervorgehobenen höchsten Interesse des Minderjährigen das im LECrim geregelte allgemeine Strafverfahren in wesentlichen Punkten durch ein an die erzieherischen Belange des Minderjährigen orientiertes Jugendstrafverfahren abgeändert. Ungeachtet dieser Abweichungen vom ordentlichen Verfahren gegen Erwachsene sind im Jugendstrafverfahren die strafprozessualen Garantien des Minderjährigen stets zu respektieren. In diesem Sinne entfernt sich das neue LO 5/2000 weitestgehend von den positivistischen Gedanken vom Anfang des 20. Jahrhunderts, welche das alte LTTM 1948 beeinflußt hatten. So wie im LO 4/92 der Fall war, wird im neuen LO 5/2000 das sog. „rechtsförmlich-strafrechtliche Modell" oder „Justizmodell" zur Behandlung der Jugendkriminalität eingenommen.

Hervorzuheben ist zunächst die besondere Rechtsstellung der Staatsanwaltschaft im neuen Jugendstrafverfahren. Wie schon im alten LO 4/92 geregelt war, bestimmt auch das neue LO 5/2000 die Zuständigkeit der Staatsanwaltschaft für die Durchführung des Ermittlungsverfahrens. Gleichzeitig hat er im gesamten Jugendstrafverfahren die Rechte der Minderjährigen zu beachten und ihre Interessen in den Vordergrund zu stellen. Auf den ersten Blick erscheint es schwer, diese prozessuale ambivalente Position der Staatsanwaltschaft im Verfahren zu harmonisieren. Angesichts dieser besonderen Rechtsstellung der Staatsanwaltschaft in der spanischen Jugendgerichtsbarkeit wird das Funktionieren des Jugendstrafverfahrens besonders von der angemessenen beruflichen Anpassung dieser Behörde an die neuen eingeräumten Zuständigkeiten abhängen.

Von großer Bedeutung im Rahmen der jugendstrafverfahrensrechtlichen Entkriminalisierungs- bzw. Informalisierungsmechanismen sind die in art. 18 und art. 19 LO 5/2000 verankerten Einstellungsmöglichkeiten im spanischen Jugendstrafrecht. Beide Vorschriften gewähren dem Staatsanwalt einen im Gegensatz zu der früheren Regelung weitreichenderen Ermessensspielraum im Rahmen der Diversion. Es bleibt indessen abzuwarten, wie die praktische Anwendung beider Vorschriften in der jugendstrafrechtlichen Praxis tatsächlich erfolgt.

Was die (jugend)strafrechtlichen Eingriffe gegenüber Minderjährigen betrifft, bedeutet das neue LO 5/2000 durch die eingeführte breite Palette von Maßnahmen zweifelsfrei einen Fortschritt im Vergleich zur früheren Situation. Nichtsdestotrotz werden dringend Zentren bzw. finanzielle Mittel für die Vollstreckung einiger der neu eingeführten ambulanten Maßnahmen benötigt. Zur Zeit der Gesetzesverabschiedung fehlten und fehlen – abgesehen von einigen autonomen Gebieten wie z.B. Katalonien – bis heute noch in der Mehrheit der spanischen autonomen Gebiete diese materiellen Ressourcen.

In diesem Zusammenhang erscheint als dringend geboten, das aus Kostengründen eingelegte Moratorium für die Anwendung des Jugendstrafrechts auf die Altersgruppe zwischen 18 und unter 21 Jahren aufzuheben.

Wie oben angeführt worden ist, steht im neuen LO 5/2000 – so wie im alten LO 4/92 bestimmt war – das „höchste Interesse des Minderjährigen" als Leitprinzip des gesamten – materiellen und formellen – spanischen Jugendstrafrechts im Vordergrund. Diese Annahme erscheint jedoch ohnehin fragwürdig, wenn man sich die letzten durch die spanische Regierung vorgebrachten Änderungen des LO 5/2000 im Bereich der Terrorismusdelikte vor Augen hält. Wie schon oben dargestellt, hat diese Teilreform u.a. zu einer eindeutigen Verlängerung der Unterbringungsmaßnahmen für bestimmte Delikte von Jugendlichen ab 16 Jahren geführt. Folglich werden die als Leitgedanken des neuen LO 5/2000 konzipierten Stichworte der Erziehung und Resozialisierung jugendlicher Täter in Frage gestellt.

Ein fürsorgliches und erzieherisches Jugendstrafrecht tritt somit weitestgehend in den Hintergrund, zugunsten eines Jugendstrafrechts, in dem die Vergeltung für die begangene Tat, die Abschreckung und der Schutz der Gesellschaft eindeutig in den Vordergrund rücken.

Eine solche Betrachtungsweise erweist sich in der spanischen Jugendgerichtsbarkeit auch im Hinblick auf die grundsätzlichen Ziele des Jugendstrafrechts als verfehlt. Die Aktivitäten Jugendlicher, die dem Umfeld der ETA nahestehenden Jugendgruppen zuzurechnen sind, können mit der in der ursprünglichen Fassung des LO 5/2000 vorgesehenen Bandbreite von bis zu fünf Jahren Jugendstrafe (mit der zusätzlichen Ergänzung einer Maßnahme der Freiheit unter Aufsicht für die Dauer von bis zu fünf Jahren) ausschöpfend geahndet werden, ohne dabei den Schutz der Gesellschaft vor diesen „terroristischen" Aktivitäten zu vernachlässigen. Die Minderjährigen sind unabhängig von der begangenen Straftat, ihrem Alter entsprechend zu behandeln. Dies ist jedoch nach der in Spanien erfolgten Verschärfung des Jugendstrafrechts sehr schwer nachzuvollziehen. Von Anfang an werden diese Minderjährigen als „Terroristen" stigmatisiert.

Eine Weiterentwicklung des spanischen Jugendstrafrechts erscheint angebracht. Eine Verschärfung dessen ist jedoch überflüssig. Die zur Zeit im LO 5/2000 vorgesehenen breiten Sanktionsmöglichkeiten reichen vollkommen aus, um auf die Straftat eines Jugendlichen erzieherisch zu reagieren.

Letzten Endes ist aufgrund des jüngsten Inkrafttretens des neuen spanischen LO 5/2000 in erster Linie Zurückhaltung angebracht und vor allem die praktische Anwendung des Gesetzes zu beobachten, um nach einem angemessenen Zeitraum zuverlässige kriminalpolitische Schlußfolgerungen ziehen zu können.

2. Kapitel: Die staatsanwaltschaftliche Diversion im deutschen Jugendstrafrecht

1. Einführung in die Materie: Zum Konzept „Diversion"

1.1 Begriffsbestimmung

Der Begriff „Diversion" dient – bezogen auf die Strafgerichtsbarkeit – als Sammelbegriff für vielfältige kriminalpolitische Strategien und Tendenzen, die vorwiegend darauf abzielen, ein Absehen von der Verfolgung in der Strafrechtspflege zu erreichen.[279]

Im allgemeinen ist das Konzept „Diversion" lateinischen Ursprungs und wird von dem Verb „vertere" abgeleitet.[280] In der Kriminologie geht dieser Begriff auf die amerikanische Kriminalpolitik der 60er-Jahre, namentlich auf das Verb „to divert", zurück und wird dementsprechend im deutschsprachigen Raum im Sinne von „Ablenkung", „Umleitung" oder „Wegführung" übersetzt. Im Strafprozeßrecht ist damit im wesentlichen gemeint, daß ein Abbruch des Strafverfahrens zwischen der polizeilichen Erfassung des Täters wegen einer Straftat und der förmlichen Beendigung des Verfahrens durch Urteil stattfindet.

Der Begriff der Diversion bringt somit zum Ausdruck, daß der Staat bei Straftaten im unteren – mitunter auch im mittleren – Kriminalitätsbereich auf ein förmliches Strafverfahren sowie auf die Verhängung von formellen Sanktionen verzichtet. Stattdessen erfolgt diese oben genannte „Ablenkung" des Strafverfahrens auf einen alternativen Weg verschiedenartiger informeller Erledigungen, deren gemeinsames Kennzeichen darin besteht, daß das Verfahren ohne seine sonst normale förmliche Durchführung beendet wird.[281]

Je nach Intensität unterscheidet man zwischen einer schlichten Diversion (im amerikanischen Recht „Diversion to nothing" genannt) und einer intervenierenden Diversion (sog. „Diversion by intervention"). Während bei der intervenierenden Diversion der Verzicht auf die Strafverfolgung voraussetzt, daß der Beschuldigte bestimmte Leistungen erbringen muß, besteht die schlichte Diversion in einem bloßen Absehen von der Strafverfolgung, ohne daß dem Beschuldigten dafür zusätzliche Leistungen abverlangt werden.

Insoweit kann die kriminalpolitische Strategie der Diversion als ein nordamerikanischer Importartikel angesehen werden.

---

[279] Die im folgenden dargestellten theoretischen Ausführungen über den Begriff „Diversion" gelten für das deutsche und das spanische Recht gleichermaßen. Aus diesen Gründen wird im 3. Kap. (Die staatsanwaltschaftliche Diversion im spanischen Jugendstrafrecht) im Hinblick auf diesen Begriff auf diese Ausführungen verwiesen.

[280] Es bedeutet: Sich nach einer anderen, insbesondere entgegengesetzten Richtung kehren, wenden, drehen, etc. Siehe Pohl-Laukamp, Kriminalistik 37 (1983), S. 131. Siehe auch: Duden: Das Fremdwörterbuch, Bd. Nr. 5, Stichwort: „Diversion".

[281] Mitunter spricht man bei der Diversion von einer sog. „dritten Spur" – neben den Strafen und vorbeugenden Maßnahmen – des Strafrechts. Siehe Kienapfel/Höpfel, Strafrecht AT, 9. Aufl. 2001, S. 281 ff. In der spanischen Literatur siehe López Barja de Quiroga: „La tercera vía" in: Gencat. Dep. de Justicia, La mediació penal, Justícia i Societat, Nr. 19 (1999), S. 107 ff.

Der Begriff Diversion ist auf internationaler Ebene von der Lehre mehrmals definiert worden. Als umfassend und in diesem Thema richtungsweisend gilt noch die von dem japanischen Strafrechtler Hirano formulierte Definition, wonach unter Diversion

„jede Abweichung von dem normalen Strafverfahren vor der gerichtlichen Schuldfeststellung, die zur Teilnahme des Verdächtigen in einem nicht strafrechtlichen Programm führt, dessen Zweck nicht in der Bestrafung des Verbrechers, sondern in seiner Resozialisierung oder in der Lösung des Konflikts, aus dem die Straftat entstanden ist, besteht",[282]

zu verstehen ist.

Hervorzuheben ist bei sämtlichen Diversionsformen die Tatsache, daß das Absehen von der Strafverfolgung ohne eine förmliche gerichtliche Schuldfeststellung des Beschuldigten erfolgt.

In der Praxis der deutschen Strafrechtspflege findet Diversion hauptsächlich im Jugendstrafrecht Anwendung. Hierbei handelt es sich um die Vermeidung eines förmlichen Strafverfahrens bei Straftaten im unteren und mittleren Kriminalitätsbereich, dessen Durchführung sich zu Ungunsten des Jugendlichen auswirken könnte.

Ist der Jugendliche der Begehung einer Straftat verdächtigt, und ist daraufhin gegen ihn ein Ermittlungsverfahren durch die Staatsanwaltschaft eingeleitet worden, so wird, falls dieses eingeleitete Verfahren hinreichende Verdachtsmomente gegen den jugendlichen Beschuldigten nachweist, ein gerichtliches Hauptverfahren durchgeführt, an dessen Ende ein Urteil gegen den jugendlichen Beschuldigten verhängt wird.

Mit der Diversion wird hierbei eine „Umleitung" von diesem förmlichen Strafverfahren verfolgt, ein sog. „Transfer" strafrechtlich auffälliger Jugendlicher von der Justiz hin zu sozialpädagogischen Handlungsprogrammen.[283] Diese Umleitung erfolgt in der deutschen Jugendstrafrechtspflege entweder von seiten der Staatsanwaltschaft oder des Gerichts. Die Entscheidungsmacht bleibt also bei den Justizorganen.

Der Diversion als kriminalpolitischer Alternative werden unterschiedliche Ziele zugeschrieben. Diese können als personenbezogene und systembezogene Ziele angesehen werden. Zu den ersteren gehören im wesentlichen: Vermeidung von Stigmatisierung

[282] Hirano, ZStW 93 (1981), S. 1085. Diese internationale Definition von Diversion wird auf nationaler Ebene im Bereich des deutschen Jugendstrafrechts von der Lehre weiter ergänzt. Insoweit – und aufschlußreich für die Diversion im deutschen Jugendstrafrecht – ist die folgende Begriffsbestimmung von Lehmann zu erwähnen: „Diversion ist jede Abweichung vom normalen Strafverfahren zwischen der Tatentdeckung und vor der gerichtlichen Schuldfeststellung, bei der im Rahmen eines formlosen, aber rechtsstaatlichen Verfahrens durch den Staatsanwalt und/oder Jugendrichter eine Selektion unter den jugendlichen Verdächtigen vorgenommen wird und diese, soweit nicht schon das besondere öffentliche Interesse an der Verfolgung verneint wird (Stichwort: Non-intervention), einem Behandlungsprogramm außerstrafrechtlicher Instanzen zugeführt werden oder jugendstrafrechtliche Maßnahmen ambulanter Art getroffen werden". Lehmann, Diss. jur. 1991, S. 46.

[283] Ludwig, MschrKrim 69 (1986), S. 194.

sowie flexiblere und schnellere Reaktion auf die Straftat des jungen Menschen. Zu den zweiten: Abbau von formeller Sozialkontrolle und Entlastung der Justiz.

Das Hauptziel dieser kriminalpolitischen Alternative im Bereich der allg. Strafrechtspflege ist in der sog. Entkriminalisierung bestimmter Deliktsbereiche zu sehen. Es ist nicht zu übersehen, daß die Verarbeitung von sog. Bagatellkriminalität im Rahmen der Diversion zu einer Verringerung der Arbeitsbelastung der Justiz führen kann. Ein anderes Ziel der Diversion, welches im Bereich der Jugendgerichtsbarkeit eine wichtige Rolle spielt, ist es, die stigmatisierenden Wirkungen eines förmlichen Strafverfahrens zu vermeiden. Insofern impliziert der Begriff „Diversion" eine Kritik an der sozialen Kontrolle von Jugendkriminalität durch Strafverfahren und strafrechtliche Sanktionen. Bezogen auf den Bereich der Jugendstrafrechtspflege wird in diesem Sinne angeführt, diese Stigmatisierungsthese nehme eine besondere Bedeutung aufgrund des besonderen Charakters des straffälligen Jugendlichen ein. Man geht dabei von der Annahme aus, daß eine förmliche strafgerichtliche Intervention eher zu einer Verfestigung des abweichenden Verhaltens des Beschuldigten führen könne (sog. sekundäre Devianz), als diesen abzuschrecken oder ihm bei der Lösung der meist hinter der Straftat stehenden Probleme zu helfen.[284] Im Zusammenhang damit werde schließlich das Strafverfahren das ihm zugeschriebene Ziel, Kriminalität zu reduzieren, nicht erreichen. Es werde vielmehr zur einer Verstärkung der Kriminalität beitragen.

Mit Diversion werden somit Bestrebungen bezeichnet, welche im wesentlichen darauf abzielen, insbesondere im Bereich der sog. Bagatellkriminalität mehr und mehr ein förmliches Strafverfahren zu vermeiden und statt dessen mit informellen Sanktionen zu reagieren. Dabei werden strafbare Handlungen im unteren und mittleren Kriminalitätsbereich von der formellen Sozialkontrolle hin zu informellen Kontrollmechanismen umgeleitet, in denen sog. alternative Programme entweder ohne oder mit Verknüpfung an informellen Begleitmaßnahmen zur Anwendung kommen.

1.2 Die Entstehung der Diversion im amerikanischen Jugendstrafrechtssystem

Der Begriff „Diversion" als kriminalpolitische Strategie sozialer Kontrolle wurde in den 60er-Jahren in die nordamerikanische kriminalpolitische Diskussion eingeführt.[285]

Als kriminalpolitischer Hintergrund zur Entstehung der „Diversion" in den USA werden die Bemühungen der amerikanischen Bundesregierung angesehen, der in jener Zeit registrierten ansteigenden Jugendkriminalität bestmöglich entgegenzuwirken. Zum einen war es in dieser Zeit zu einer exzessiven Anwendung repressiver Maßnahmen im

[284] Kaiser, in: KKW 1993, S. 88. Diese Annahme geht auf die Theorie des „labeling approach" zurück. In die Wissenschaft eingeführt wurde der Begriff des „labeling" (auf Deutsch: Etikett oder Makel) von Becker, H.G.: Outsiders. Studies in the Sociology of Deviance, New York, 1963, S. 9. Ausführlich zu dieser Theorie siehe: Lamnek, 1993, S. 216 ff.

[285] Ausführlich zur Diversion in den USA siehe: Janssen, in: Kerner (Hrsg.), 1983, S. 15 ff.; Kirchhoff, in: Kury/Lerchenmüller (Hrsg.), 1981, S. 246 ff.; Ludwig, MschrKrim 69 (1986), S. 193 ff.; ders., 1989, S. 38 ff.

Jugendstrafrecht gekommen, was zu einer Fallüberlastung der Strafverfolgungsbehörden führte. Diese Entwicklung war durch die Tatsache begünstigt, daß die amerikanische Strafjustiz weitgehend von einem weiten Delinquenzbegriff ausging, was insbesondere dazu führte, daß viele Jugendliche wegen sog. „status offenses" strafrechtlich verfolgt wurden.[286] Zum anderen war eine mangelhafte Effektivität stationärer Maßnahmen zur Resozialisierung jugendlicher Rechtsbrecher zu verzeichnen.

Dies war Anlaß für die amerikanische Regierung, den Blick auf die Pädagogik zu leiten. Es wurde nach Möglichkeiten gesucht, jugendliche Rechtsbrecher aus der formellen Sozialkontrolle herauszunehmen und sie außerhalb der offiziellen Instanzen pädagogisch zu betreuen.[287] Theoretischer Hintergrund dieser Bewegung ist in den Etikettierungsansätzen („Labeling-Ansatz") zu sehen, wonach abweichendes Verhalten im wesentlichen durch spezielle Definitions- und Zuschreibungsprozesse der Instanzen sozialer Kontrolle entsteht.[288] Die von diesem Theorieansatz ausgehenden neuen kriminologischen Erkenntnisse versuchte die amerikanische Regierung kriminalpolitisch umzusetzen.

Der Diversionsgedanke geht grundsätzlich auf zwei regierungsamtliche Kommissionsberichte zurück, die jeweils in den Jahren 1967 bzw. 1973 verfaßt wurden.

Der im Jahre 1967 gegründeten „President's Commission on Law Enforcement and Administration of Justice" wurde in dem Kommissionsbericht „The Challenge of Crime in a Free Society" der Begriff „Diversion" als neue kriminalpolitische Strategie zur Kriminalitätskontrolle vorgestellt. Im Zusammenhang damit wurden im Schlußbericht „Task Force Report: Juvenile Delinquency and Youth Crime" die wesentlichen Grundlagen der Diversionsbewegung formuliert. Dabei sprach sich die Kommission dafür aus, bei Straftaten Jugendlicher den Einsatz des justitiellen Sanktionssystems möglichst zurückzudrängen und statt dessen weniger belastende Maßnahmen außerhalb des formellen Sanktionssystems zu nutzen oder neu zu entwickeln.[289]

In einem zweiten Bericht „National Advisory Commission on Criminal Justice Standars and Goals, Task Force Report On Corrections" aus dem Jahre 1973 wurde erstmals der Versuch unternommen, eine passende Definition dieser neuen kriminalpolitischen Strategie namens „Diversion" zu finden.

---

286 Micheel, Diss. jur. 1994, S. 3. Als „status offenses" sind Jugendverfehlungen zu verstehen, die für Erwachsene nicht strafbar sind. Darunter fallen Verhaltensweisen wie z.B. das Weglaufen von zu Hause, Schuleschwänzen, Ungehorsam gegenüber Erziehungsberechtigten oder ungebührliches Verhalten in der Öffentlichkeit. Vgl. dazu Kirchhoff, a.a.O., S. 259 f.

287 Höbel/Quick, 1987, S. 7.

288 Ziel der Kritik dieses theoretischen Ansatzes war das Kriminaljustizsystem und die mit ihm verbundenen nachteiligen Nebenwirkungen: Das Strafverfahren vermöge die Kriminalität nicht zu reduzieren. Statt dessen werde die strafrechtliche Intervention als Verstärkung von Kriminalität angesehen. Die Durchführung eines strafrechtlichen Verfahrens und die folglich verhängte Strafe würden statt zu einer Reduzierung zu einer Verfestigung des abweichenden Verhaltens beitragen. Um diese Behauptung zu unterstützen, greift diese Theorie auf das von Lemert entwickelte Konzept der „sekundären Devianz" (siehe dazu Lemert, E.M.: Social Pathology, 1951, S. 425 ff.). Mit dem Strafverfahren werde der Jugendliche als „kriminell" stigmatisiert. Konsequenterweise werde dieser Jugendliche von seiner sozialen Umgebung weiter stigmatisiert. Das führe zwangsläufig dazu, daß der Jugendliche sich selbst in der Rolle eines „Kriminellen" sehe, was am Ende dieses Prozesses in eine kriminelle Karriere münden könne. Dieser „sekundär" delinquente Jugendliche habe seine Rolle als Abweichender nicht plötzlich entwickelt, sondern in einem Interaktionsprozeß: Erstens mit der formellen, zweitens mit der informellen Sozialkontrolle. Siehe dazu Eisenberg, 2000, S. 70 ff.; Kaiser, 1996, S. 275 ff.; Lamnek, 1993, S. 216 ff.

289 Siehe zu diesem Schlußbericht ausführlich: Kirchhoff, a.a.O., S. 251 ff.

Aus diesen Berichten kann festgehalten werden, daß die Diversionsbewegung in den USA auf Bundesebene entstand und somit von „oben" für die Einzelstaaten propagiert wurde.

Die erste politische Konsequenz dieser Kommissionsberichte war der „Omnibus Crime Control and Safe Streets Act" von 1968, auf dessen Grundlage die „Law Enforcement Assistance Administration" (LEEA) errichtet wurde. Diese Behörde – als Abteilung des amerikanischen Justizministeriums tätig – wurde zur Koordination der Diversion in den einzelnen Staaten und Polizeidepartments eingesetzt. Ihre vornehmlichste Aufgabe bestand darin, finanzielle Mittel für den Aufbau lokaler Programme für Prävention, Diversion und Entwicklung ambulanter Alternativen zur Verfügung zu stellen.

Bis 1971 war dann die bundesweite Einrichtung von regionalen Diversionsprogrammen abgeschlossen, womit inzwischen mehr als 150 sog. „Youth Service Bureaus", die von der LEEA finanziell unterstützt wurden, ihre Arbeit aufgenommen hatten.[290]

Die Initiative zur Propagierung und Durchsetzung von Diversionsprogrammen ging also von der amerikanischen Bundesregierung aus. Auf dieser Grundlage entstanden Ende der 60er-Jahre mit finanzieller Unterstützung der Bundesregierung landesweit zahlreiche Diversionsprogramme.[291]

Um die Gründe für die Entstehung und Weiterentwicklung der Diversion in den USA genauer verstehen zu können, ist von erheblicher Bedeutung, die sozialen, politischen und kriminologischen Bedingungen des US-amerikanischen Systems zu berücksichtigen.[292]

Ausgehend von den kriminologischen Hintergründen erscheint zunächst eine Begriffsbestimmung erforderlich. Wie schon oben angeführt, umfaßt das Konzept „juvenile delinquency" im amerikanischen Rechtssystem nicht nur die Straftaten im allgemeinen strafrechtlichen Sinne, also die klassischen „criminal offenses"; es kommen zusätzlich die sog. „status offenses" in Betracht. Bei diesen handelt es sich überwiegend um Rechtsbrüche Jugendlicher, die z.B. in der BRD als schlichte Verhaltensauffälligkeiten bezeichnet und dementsprechend nicht verfolgt werden, wie z.B. Schulschwänzen,

---

[290] Dirnaichner, 1990, S. 49.

[291] In diesem Zusammenhang ist folgendes festzuhalten: Strafverfolgung und Justiz sind in den USA, abgesehen von wenigen Ausnahmen wie dem FBI als nationale Polizeibehörde oder dem „Supreme Court" der USA (das etwa mit dem deutschen Bundesverfassungsgericht oder dem spanischen „Tribunal Constitucional" verglichen werden könnte), eine Angelegenheit der Einzelstaaten. Die Erklärung dafür, warum diese finanzielle staatliche Unterstützung erfolgte, kann auf die in den 60er-Jahren zunehmende Tendenz der US-amerikanischen Bundesregierung, sich in die Politik der Einzelstaaten einzumischen, zurückgeführt werden. Ferner wurden unter der Johnsons Regierung verschiedene Themen als sog. „national issues" (nationale Interesse) in den Vordergrund gestellt. Siehe Ludwig, 1989, S. 39.

[292] Die politischen und sozialen Bedingungen sind hierbei nur stichwortartig zu erwähnen: In den 60er-Jahren waren in den USA immense innenpolitische bzw. soziale Schwierigkeiten zu bewältigen: Rassendiskriminierung führte zu Rassenkrawallen; es kam zu Ausschreitungen bei Anti-Vietnam-Demonstrationen; und insbesondere war ein zunehmender Drogenkonsum einer verunsicherten Generation Jugendlicher zu registrieren. Siehe dazu Janssen, in: Kerner (Hrsg.), 1983, S. 16.

Weglaufen von zu Hause, unangepaßtes Verhalten in der Öffentlichkeit, etc.[293] Dieses abweichende Verhalten wurde in den USA auch vom System der Jugendgerichtsbarkeit erfaßt. Diese „status offenses“ führten aufgrund ihrer zunehmenden Zahl zu einer zunehmenden Fallüberlastung der Jugendgerichte.[294]

Ferner war es in den USA zu einer exzessiven Anwendung repressiver Maßnahmen im Jugendstrafrecht gekommen, was zu einer Überlastung der Strafverfolgungsorgane und folglich zu einer Überfüllung der Gefängnisse führte.

Ein weiterer Aspekt für die Entstehung und Verbreitung von Diversion ist anzuführen. Nach kriminologischen Untersuchungen in den USA war belegt worden, daß die Jugendkriminalität im wesentlichen ein passageres Phänomen darstellt, das ganz spontan im Laufe des Erwachsenenwerdens wieder verschwindet. Insofern könnte ein förmliches Jugendstrafverfahren den Jugendlichen psychologisch gefährden. In diesem Zusammenhang ging ein wesentlicher Beitrag zur Ausweitung der Diversion von der sog. Etikettierungstheorie („Labeling-Approach“) aus. „Labeling“ und Stigmatisierung waren die zentralen Begriffe.[295] Als Vertreter dieser kriminalsoziologischen Theorie wirkte Edwin M. Lemert als Berater in der „Task Force Report: Juvenile Delinquency and Youth Crime“ mit.[296]

Aus diesen Gründen stellte Diversion eine Alternative für dieses entstandene Problem dar. Die Überweisung derjenigen Jugendlichen, die im Bereich der unteren bzw. mittleren Kriminalität straffällig geworden wären, vom formalen Justizsystem zu ambulanten Programmen könnte diese Fallüberlastung der Justiz erheblich erleichtern. Wenn die Jugendlichen anstatt in geschlossenen Einrichtungen vorzugsweise in ambulanten Programmen betreut und behandelt würden, könnte die Kontrolle dieser Jugendlichen effizienter und kostengünstiger erfolgen. „Helfen statt strafen“ lautete die Devise in den 60er-Jahren in den USA.[297]

Entsprechend den obengenannten theoretischen Argumenten entstand in den 70er-Jahren in den Vereinigten Staaten eine Fülle verschiedener Diversionsmodelle, die alle überwiegend das Ziel hatten, der vorgeführten Skepsis hinsichtlich der Effektivität der herkömmlichen Sanktionen des Jugendstrafrechts Rechnung zu tragen. Insofern stand die Behandlungsidee im Vordergrund. Damit war in erster Linie gemeint, strafrechtlich

---

[293] Wie schon im Abschn. 2.2.2 des 1. Kap. angeführt, hat das deutsche Jugendstrafrecht darauf verzichtet, besondere Straftatbestände für Jugendliche aufzustellen. Es hat vielmehr die Tatbestände des StGB übernommen und lediglich besondere Sanktionen für Jugendliche (u.U. auch für Heranwachsende) in § 5 JGG bereitgestellt. Anderes stellt es sich bei der US-amerikanischen Jugendstrafjustiz dar. Dort hat man nicht nur die Sanktionen gegenüber dem allgemeinen Strafrecht modifiziert, sondern auch Tatbestände aufgestellt, die nur für Jugendliche gelten: Das sind die sog. „status offenses“.

[294] Janssen, in: Kerner (Hrsg.), 1983, S. 21.

[295] Wie schon oben angeführt (siehe Fn. 284) wurde der Begriff „labeling“ in die Wissenschaft von Becker eingeführt. Kernpunkt dieses Ansatzes besteht grundsätzlich darin, daß das Phänomen der kriminellen Abweichung selbst erst als Ergebnis einer Stigmatisierung bzw. Etikettierung verstanden wird. Die Durchführung eines Strafverfahrens könne zu einer Stigmatisierung führen, d.h. zu einer Belastung des jungen Menschen mit einem sozialen Makel.

[296] Diese Kommission war ein Unterausschuß der „President's Commission on Law Enforcement and Administration of Justice“. Siehe Lemert, E.M. in: Brusten/Herriger/Malinowski (Hrsg.), 1985, S. 124 ff. Nach Lemert könnte eine Einbeziehung der „status offenses“ in das förmliche System der Jugendgerichtsbarkeit eine Stigmatisierung des Jugendlichen zur Folge haben.

[297] van den Woldenberg, 1993, S. 7.

auffällige Jugendliche nicht zu bestrafen, sondern sie mit erzieherischen und therapeutischen Mitteln zu behandeln.[298]

Wie schon oben angeführt, konnte die Etablierung dieser Diversionsprogramme dank enormer finanzieller Unterstützung der amerikanischen Bundesregierung durch die LEAA erfolgen. Infolgedessen wurde der Diversionsgedanke von „oben", sprich der Bundesregierung, für die Einzelstaaten gefördert.[299]

Diversionsmodelle sind in den USA grundsätzlich auf vier verschiedenen Ebenen zu finden:

1. Diversion im vorstaatlichen Bereich. Die begangene Straftat des Jugendlichen wird nicht angezeigt; vielmehr wird diese Straffälligkeit durch die informellen Instanzen der Sozialkontrolle [Schule, private bzw. öffentliche Organisationen der Jugendhilfe oder mittels eines Täter-Opfer-Ausgleichs (sog. „mediation")] informell erledigt.[300]

2. Diversion durch die Polizei.[301] Im Gegensatz zum deutschen Rechtssystem[302] ist die Polizei in den USA nicht an das Legalitätsprinzip gebunden, welches sie zwingt, jede strafbare Handlung zu verfolgen und die ausgeführten Ermittlungen an die Staatsanwaltschaft weiterzuleiten. Die Polizei besitzt in den Vereinigten Staaten einen äußerst weiten Ermessensspielraum, welcher ihr ermöglicht, das Ermittlungsverfahren einzustellen, die Täter anderen sozialen Diensten zu überstellen oder auch polizeieigene Betreuungsprogramme zu betreiben.

3. Diversion durch die Staatsanwaltschaft. Angesichts dieses in den USA weit konzipierten Legalitätsprinzips hat die Staatsanwaltschaft einen im Gegensatz zum deutschen Strafprozeßrecht breiteren Ermessensspielraum. Infolgedessen liegt bei ihr die Entscheidung darüber, ob ein Verfahren vor Gericht kommt oder nicht. Mangels Anklagezwanges kann die schlichte Einstellung des Verfahrens, sog. „Diversion to nothing" erfolgen. Ferner kann eine intervenierende Diversion (sog. „Diversion with referral" oder „Diversion by intervention") geschehen, indem der Staatsanwalt eine Aussetzung der Strafverfolgung unter Auflagen und nach persönlicher Anhörung des Beschuldigten anordnet.

4. Diversion durch den Richter. Von zahlreichen US-amerikanischen Gerichten sind verschiedene Diversionsmodelle (sog. „Court-Based-Diversion"-Modelle) entwickelt worden.[303] Bei richterlicher Diversion kann nicht nur Bagatellkriminalität, sondern auch mittlere Kriminalität Jugendlicher erledigt

---

[298] Ludwig, 1989, S. 46 f.

[299] van den Woldenberg, 1993, S. 4.

[300] Blau, Jura 9 (1987), S. 26.

[301] Siehe dazu ausführlich: Lemert, E.M. in: Brusten/Herriger/Malinowski (Hrsg.), 1985, S. 37 ff.

[302] Nach § 163 Abs. 2 StPO haben die Behörden und Beamten des Polizeidienstes „ihre Verhandlungen ohne Verzug der Staatsanwaltschaft" zu übersenden.

[303] Blau, Jura 9 (1987), S. 27.

werden. Das liegt daran, daß der Richter eingreifendere Auflagen erteilen kann als Polizei und Staatsanwalt.[304]

Obwohl es heutzutage zwar noch Diversionsprogramme in den USA gibt, geht die US-amerikanische Kriminalpolitik inzwischen von anderen Interessen aus. Herbeigeführt von dem kriminalpolitischen Begriff der „Zero tolerance" der US-amerikanischen Kriminalpolitik der 90er-Jahre hat ein Übergang vom sog. „Wohlfahrtsmodell" hin zu einem sog. „Justizmodell" stattgefunden, verbunden mit einer Abkehr von der sogenannten Behandlungsideologie der 60er- und 70er-Jahre zu einem neoklassischen Strafrecht, das den Gedanken der Generalprävention und der strengeren tatadäquaten Vergeltung wieder in den Vordergrund stellt. Der am Ende der Johnsons Regierung eingeführte sog. „War on crime" wird somit wiederhergestellt.[305]

Die Diversionspolitik ist aus vielen Bereichen heftig kritisiert worden. Die Kritiker stützen sich dabei auf drei Hauptaussagen, um die Diversion als kriminalpolitische Alternative in Verruf zu bringen:

Erstens wird angeführt, daß unter dem Mantel der Diversion eine Ausweitung des Netzes sozialer Kontrolle (sog. „Net-Widening-Effekt") eingetreten sei.[306] Unter dem Vorwand, daß durch eine Überweisung Jugendlicher von strafrechtlichen Verfahren hin zu Diversionsprogrammen eine „Entstigmatisierung" erfolge, sei vielmehr die Kontrolle intensiviert worden, d.h. es werden mehr Jugendlichen intensiver kontrolliert als zuvor. Konsequenterweise seien dadurch viele Bagatellfälle, die sonst folgenlos wegen Geringfügigkeit eingestellt worden wären, anhand ambulanter Programme einer intensiven „vereinfachten" Kontrolle unterworfen worden.

Zweitens sei darauf hinzuweisen, daß die Einführung von Diversionsprogrammen zu einem Verlust an strafprozessualen Garantien für den jugendlichen Täter geführt habe, da die meisten Programme nur für geständige Täter gedacht seien. Das verstoße im Prinzip gegen die strafprozessuale Garantie der Unschuldsvermutung.[307]

Drittens haben die Erkenntnisse der Dunkelfeldforschung gezeigt, daß Jugendkriminalität sich durch alle Schichten der Bevölkerung gleich verteilt (Ubiquitätsthese), die Reaktion der Strafverfolgungsbehörde aber schichtsspezifisch sei. Das wurde durch die Anwendung von Diversionsprogrammen in den USA bestätigt.[308]

Ob die bereits angeführten Argumente in die deutsche Diversionsdebatte ohne weiteres übernommen werden können, scheint zunächst zweifelhaft. Die Ergebnisse der amerikanischen Evaluationsstudien können nur unter Berücksichtigung der besonderen soziokulturellen und rechtlichen Rahmenbedingungen der USA Aussagekraft besitzen. Angesichts der Tatsache, daß beide Rechtssysteme an einen wesentlich anderen Ausgangspunkt anknüpfen, lassen sich die Kritikpunkte bezüglich der Diversion nicht

---

304 Siehe van den Woldenberg, 1993, S. 9.

305 Aufschlußreich zum Begriff „War on crime" bzw. „Zero tolerance" siehe: Der Spiegel 28/1997, S. 48 ff.

306 Siehe dazu ausführlich Janssen, in: Kerner (Hrsg.) 1983, S. 38 ff.

307 Kerner, 1991, S. 72. Zum Prinzip der Unschuldsvermutung siehe ausführlich Abschn. 8.1.3 des 2. Kap.

308 Kriminologische Untersuchungen zur Anwendung von Diversionsprogrammen in den USA kamen übereinstimmend zu dem Ergebnis, daß Jugendliche der oberen sozialen Schichten bzw. weiße Jugendliche gegenüber ihren Altersgenossen aus unteren Schichten vorzugsweise in ein Diversionsprogramm eingewiesen wurden. Siehe Janssen, in: Kerner (Hrsg.), 1983, S. 38 f.

bedingungslos in das Rechtssystem der Bundesrepublik Deutschland übertragen. Als Beispiel für die vertretene Haltung ist das Legalitätsprinzip zu erwähnen: Während Polizei und Staatsanwaltschaft in den USA nicht strikt an dieses Prinzip gebunden sind, gilt dieses hingegen zumindest für die Polizei in der BRD ausnahmslos (vgl. §§ 152, 163 StPO).

1.3 Die Förderung der Diversion im internationalen Bereich

Auch im internationalen Bereich, insbesondere durch internationale Organisationen, wird in den letzten Jahren anhand von verschiedenen Empfehlungen bzw. Kongressen ein Ausbau und eine Stärkung der Diversion vor allem in der Jugendgerichtsbarkeit gefordert.

Insbesondere sind dabei die Vereinten Nationen sowie der Europarat als richtungsweisend zu erwähnen, welche in dieser Materie eine sog. „internationale Lehre" geschaffen haben.

Die durch diese Organisationen erlassenen Bestimmungen und Richtlinien sind von vielen Ländern in ihre innerstaatlichen Rechtsordnungen übernommen worden, wie der Fall der deutschen und der spanischen Rechtsordnung zeigt.

Zunächst ist der XIII. Internationale Strafrechtskongreß der Association Internationale de Droit Penal (Kairo 1984) zu erwähnen. Dort wurde der Begriff „Diversion" als grundsätzliches Thema behandelt. Diversion wurde als „ein neuer und begrüßenswerter Ansatz für die gegenwärtigen Probleme des Strafrechtspflegesystems" bezeichnet.[309]

Die zunehmende Aufmerksamkeit, die die Vereinten Nationen in den letzten Jahrzehnten der Behandlung der Jugendkriminalität geschenkt hat, hat in verschiedenen Richtlinien ihren gesetzlichen Niederschlag gefunden, welche von den innerstaatlichen Rechtsordnungen allmählich übernommen worden sind.

Von entscheidender Bedeutung sind in diesem Bereich die „Mindestgrundsätze der Vereinten Nationen für die Jugendgerichtsbarkeit" („Beijing-Grundsätze") von 1985.[310]. Diese sprechen sich im wesentlichen dafür aus, die Möglichkeiten der Diversion, soweit angebracht, zu praktizieren.[311] Erstes Ziel der Jugendgerichtsbarkeit ist das Wohl des Jugendlichen. Daher können durch den Gebrauch von Diversionsformen die nachteiligen Auswirkungen des Jugendstrafverfahrens vermieden werden, insbesondere die Gefahr einer Abstempelung des Jugendlichen als kriminell. In Fällen einer leichten Verfehlung wäre es durchaus sinnvoll, nicht nur auf eine strafrechtliche Verfolgung zu verzichten, sondern auch keine alternativen (sozialen) Einrichtungen einzuschalten. In solchen Fällen kann die Reaktion des unmittelbaren sozialen Umfeldes des Jugendlichen schon genügen.

---

[309] Heinz, in: Heinz/Storz, 1992, S. 14. Ausführlich zu diesem XIII. Internationalen Strafrechtskongreß siehe ZStW 97 (1985), S. 707 ff. insb. zum Thema Diversion, S. 738 ff.

[310] Siehe dazu: Schüler-Springorum, ZStW 99 (1987), S. 253 ff.

[311] Nr. 11.1 besagt: „Soweit angebracht ist die Möglichkeit in Betracht zu ziehen, gegen jugendliche Täter einzuschreiten, ohne daß das nach Nr. 14.1 zuständige Organ ein förmliches Verfahren durchführt".

Die „Richtlinien der Vereinten Nationen für die Prävention von Jugendkriminalität" („Riyadh-Richtlinien") von 1990[312] gehen von der folgenden Prämisse aus: Um Jugendkriminalität erfolgreich vorzubeugen, muß das Wohl des jungen Menschen von früher Kindheit an im Mittelpunkt eines Präventionsprogramms stehen. Um eine Stigmatisierung und Kriminalisierung des Jugendlichen entgegenzuwirken, müssen die Rechtssysteme möglichst so konzipiert werden, daß ein Jugendlicher für sein Verhalten, soweit angebracht, nicht strafrechtlich verfolgt wird. Dafür müssen die in der Jugendgerichtsbarkeit tätigen Personen die Möglichkeiten in Erwägung ziehen, bei jungen Menschen von einem förmlichen Strafverfahren abzusehen und statt dessen den jungen Täter an bestimmte Einrichtungen und Projekte zu überweisen.

Diese von den Vereinten Nationen erlassenen Empfehlungen und Richtlinien sollen für alle Mitgliedsstaaten als Orientierung dienen, damit diese angemessen ihre Gesetzgebung bzw. ihre Politik an die internationalen Bestimmungen anpassen.

Die Kinderrechtskonvention der Vereinten Nationen aus dem Jahre 1989, welche sowohl von Deutschland als auch von Spanien ratifiziert worden ist,[313] verlangt – wenn dies als angebracht erscheint – das Ergreifen von Mechanismen zur Behandlung von straffällig gewordenen Minderjährigen, ohne daß hierbei auf ein förmliches Strafverfahren zurückgegriffen werden muß. Dabei sind die Menschenrechte sowie die Rechtsschutzgarantien der Minderjährigen in besonderem Maße zu beachten (Art. 40.3 b Kinderrechtskonvention). Der Rückgriff auf die Strafgerichtsbarkeit ist als letzte Möglichkeit anzusehen. Vorher ist eine Entkriminalisierung bagatellhafter Handlungen anzustreben. Dafür sind alternative Lösungen im Rahmen der Diversion oder der „Mediation" zu suchen, um den entstandenen Konflikt außergerichtlich zu lösen.

Auch auf europäischer Ebene hat sich das Ministerkomitee des Europarates in zwei Empfehlungen für eine Ausweitung der Diversion ausgesprochen:

- In der Empfehlung Nr. R(87) 20 über „die gesellschaftliche Reaktion auf Jugendkriminalität"[314] empfiehlt das Ministerkomitee des Europarates den Regierungen der Mitgliedstaaten, die Entwicklung von Diversion in ihren Rechtssystemen zu verankern, um zu verhindern, daß Minderjährige mit dem Strafverfahren konfrontiert werden.

- In der Empfehlung Nr. R(88) 6 über „die gesellschaftlichen Reaktionen auf Kriminalität unter Jugendlichen aus Gastarbeitnehmerfamilien"[315] wurde den Regierungen vorgeschlagen, um eine mögliche Benachteiligung von

[312] Siehe auch: Schüler-Springorum, ZStW 104 (1992), S. 169 ff.

[313] Spanien: Ratifikationsurkunde („Instrumento") vom 30. November 1990 (BOE Nr. 303 vom 31. Dezember 1990). Deutschland hat am 26. Januar 1990 die Kinderrechtskonvention unterzeichnet. Am 5. April 1992 trat diese in Kraft (BGBl II, S. 121).

[314] Recommendation No. R(87) 20 of the Committee of Ministers to member states on social reactions to juvenile delinquency. Council of Europe. Strasbourg 1987.

[315] Recommendation No. R(88) 6 of the Committee of Ministers to member states on social reactions to juvenile delinquency amog young people comins form migrant families. Council of Europe. Strasbourg 1988.

Jugendlichen aus Gastarbeiterfamilien gegenüber den Einheimischen zu verhindern, die Neuerungen auf dem Gebiet des Jugendstrafrechts, insbesondere die Möglichkeit der Diversion, auch zugunsten jener zu nutzen.

Die oben dargestellten Richtlinien und Empfehlungen sind insgesamt sowohl in der deutschen als auch in der spanischen Gesetzgebung im Bereich des Jugendstrafrechts beachtet worden.[316] Darüber hinaus haben diese Bestimmungen die Entwicklung von alternativen Maßnahmen sowie die Ausbreitung der Diversion im deutschen und spanischen Jugendstrafrecht in besonderem Maße beeinflußt.

1.4 Die Übernahme der Diversion in das deutsche Jugendstrafrecht. Die sog. „deutsche Variante" eines amerikanischen Begriffs

1.4.1 Einführung des Diversionsbegriffs in die kriminalpolitische Diskussion

Die oben dargestellte nordamerikanische Diversionsbewegung wurde auch in Deutschland zur Kenntnis genommen und löste in den 80er-Jahren eine umfangreiche kriminalpolitische Diskussion über die „richtige" Reaktion auf strafbares Verhalten Jugendlicher aus.

Auf theoretischer Ebene wurde der Begriff „Diversion" Ende der 70er-Jahre durch zwei wissenschaftliche Tagungen (sog. Jugendgerichtstage) in die Bundesrepublik eingeführt:

Auf dem 18. Deutschen Jugendgerichtstag 1980 in Göttingen wurde zum ersten Mal in einer breiteren Fachöffentlichkeit über die Diversion und die sog. neuen ambulanten Maßnahmen als Weg zur Vermeidung eines förmlichen Verfahrens diskutiert. Auf dem 19. Jugendgerichtstag 1983 in Mannheim befaßten sich die Teilnehmer auch eingehend mit der Anwendung der Diversion im Jugendgerichtsverfahren. Neue ambulante Maßnahmen, Diversion und erstmals auch der Täter-Opfer-Ausgleich empfahlen sich in diesem Jugendgerichtstag als Alternativen zu einem rein repressiven Umgang mit Jugendkriminalität.

Als aus wissenschaftlicher Sicht von Bedeutung sind ferner die beiden Bände von Kury/Lerchenmüller zum Thema Diversion zu erwähnen.[317] Mit dieser Arbeit erschien die erste ausführliche Zusammenfassung in deutscher Sprache zu dieser amerikanischen Kontrollstrategie namens Diversion.

---

[316] Diese internationalen Bestimmungen sind in der spanischen Jugendgerichtsbarkeit, insb. in den art. 18 und art. 19 LO 5/2000, eingehend aufgenommen worden. In Deutschland stellten diese Richtlinien die Grundlage für das 1.JGGÄndG 1990 dar.

[317] Kury/Lerchenmüller (Hrsg.): Diversion –Alternativen zu klassischen Sanktionsformen, Bd. 1 / 2, Bochum 1981.

Schon in den 70er-Jahren war durch den bundesdeutschen Gesetzgeber – auf ähnliche Weise wie in den USA geschehen – der Versuch unternommen worden, der Sozialpädagogik eine wichtigere Rolle im Bereich der strafrechtlichen Kontrolle abweichenden Verhaltens Jugendlicher zu verschaffen. Es wurde dabei argumentiert, wenn die Jugendlichen anstatt in geschlossenen Einrichtungen vorzugsweise in ambulanten pädagogisch konzipierten Programmen behandelt würden, könnte die Kontrolle dieser Jugendlichen effizienter und erfolgversprechender im Hinblick auf die Bekämpfung der Jugendkriminalität erfolgen.

Dieser Diversionsgedanke setzte sich endgültig in den 80er-Jahren durch. Besondere Bedeutung erlangte er im Jugendstrafrecht durch Einstellungsmöglichkeiten der §§ 45, 47 JGG.[318] Der Schlußstein zur Konsolidierung der Diversion im Jugendstrafrecht der BRD wurde am 1. Dezember 1990 durch Inkrafttreten des 1.JGGÄndG vom 30.8.1990 gesetzt.[319]

Die Tatsache, daß inzwischen auch in der BRD zahlreiche Programme zur Verwirklichung der Diversion implementiert worden sind, hängt mit der gesetzlichen Verankerung dieser im JGG (§§ 45, 47), in der StPO (§§ 153, 153a) und im BtMG (§§ 31a, 37, 38) zusammen. Ohne eine solche gesetzliche Rückendeckung hätte sich die Diversion bei der legalistischen Tradition in der BRD nicht verwirklichen können.[320]

1.4.2 Die gesetzlichen Rahmenbedingungen

Grundsätzlich, und bevor auf die gesetzlichen Rahmenbedingungen der Diversion in der BRD eingegangen wird, ist zunächst darauf hinzuweisen, daß sich die Diversion in den USA und die in der BRD in mehrfacher Hinsicht voneinander unterscheiden. Einerseits sind die verschiedenen kriminalpolitischen Rahmenbedingungen für die Entstehung der Diversion in beiden Ländern zu berücksichtigen. Andererseits sind die prozessualen Grundsätze beider Kriminaljustizsysteme in Betracht zu ziehen.

In der Bundesrepublik steht die Diversion mit ihrer Entstehung Ende der 70er-Jahre in engem Zusammenhang mit einer sog. „inneren Reform" des Jugendstrafrechts.[321] Diversion entstand in der BRD von „unten", d.h. aufgrund der Initiative örtlicher Justizorgane und örtlicher Träger aus dem Bereich der Sozialarbeit. Während in den USA die Diversionsprojekte von „oben", d.h. von der Bundesregierung initiiert und mit erheblichen finanziellen Mitteln gefördert wurden, kamen die finanziellen Mittel für die Diversionsprojekte in der BRD von „unten", d.h. aus unterschiedlichen Quellen.[322] Anfang der 80er-Jahre wurden immer häufiger lokal und oft auch zeitlich begrenzte

---

318 Es muß in diesem Punkt darauf hingewiesen werden, daß, obwohl der Begriff „Diversion" als kriminalpolitische Alternative erst in den 80er-Jahren in das deutsche Jugendstrafrecht übernommen wurde, Einstellungsmöglichkeiten für Staatsanwalt und Jugendrichter schon in § 32 JGG 1923 gesetzlich vorgesehen waren. Diese wurden später in §§ 30, 31 RJGG 1943 erweitert und in §§ 45, 47 JGG 1953 mit einigen Abweichungen übernommen.

319 Ausführlich zum 1.JGGÄndG siehe Abschn. 4.4 des 2. Kap.

320 Blau, Jura 9 (1987), S. 28.

321 Zum Konzept der „inneren Reform" siehe Peters, MschrKrim 49 (1966), S. 62, sowie Fn. 388.

322 Ludwig, 1989, S. 54 ff.

Diversionsprogramme ins Leben gerufen, die sich nicht selten auch justitieller und ministerieller Unterstützung erfreuen konnten.[323] Diese Projekte mußten ihre Etablierung selbständig vorantreiben. Nach Ablauf der Modellphase wurden sie von den jeweiligen Landesministerien weiterfinanziert. Damit war der Einstieg zur Institutionalisierung der Diversion in der Bundesrepublik dargetan.

Durch diese „Jugendstrafrechtsreform von unten" gewannen die Vorschriften der §§ 45, 47 JGG im Jugendstrafverfahren zunehmend an Bedeutung im Sinne einer sog. „Diversionsbewegung".

In bezug auf das Kriminaljustizsystem beider Länder sind weiterhin erhebliche Unterschiede zu verzeichnen, welche die Entstehung und Weiterentwicklung der Diversion entscheidend beeinflußten. Es erscheint insoweit richtungsweisend, eine Gegenüberstellung zweier voneinander auf erheblicher Weise unterschiedlicher Verfahrensgrundsätze vorzunehmen: Das Opportunitätsprinzip der USA versus dem Legalitätsprinzip der Bundesrepublik.

In den USA verfügt die Polizei aufgrund eines weit konzipierten Opportunitätsprinzips über einen rechtlich breiten Ermessensspielraum. Demgemäß kann sie – wie schon oben angeführt wurde – eigenständig Diversionsmaßnahmen veranlassen.

Demgegenüber ist die Strafrechtsordnung der BRD u.a. durch das Legalitätsprinzip gekennzeichnet.[324] Generell sind in der deutschen Jugendstrafrechtspflege nur solche Diversionsmöglichkeiten erlaubt, die im Einklang mit

---

[323] Ab 1978 entstanden in der Bundesrepublik sog. Diversionsprojekte. Die beiden größten, die unter dem Namen „Brücke e.V." in München und Köln entstanden waren, betreuten jährlich 2.000 bis 3.000 Jugendliche, die ihnen von der Strafjustiz zugewiesen wurden. Ausführlich zum „Brücke"-Projekt in München siehe: Pfeiffer, KrimJ 11 (1979), S. 261 ff. Zu „Brücke"-Köln siehe ausführlich: Marks, BewHi 29 (1982), S. 126 ff.

[324] Das Legalitäts- und das Opportunitätsprinzip stellen sich in der Bundesrepublik Deutschland gewissermaßen als zwei Seiten einer Medaille dar. Grund dafür ist in der Tatsache zu sehen, daß das eine Prinzip die notwendige Ergänzung und Einschränkung des anderen bildet. Nach der Rechtsprechung des BVerfG genießt das Legalitätsprinzip als Ausprägung des Rechtsstaatsprinzips über Art. 20 GG Verfassungsrang [vgl. BVerfGE 46, 214, (222)]. Dieser Grundsatz ist in der BRD in den §§ 152 Abs. 2, 160 bzw. 163 StPO geregelt. Es verpflichtet die Strafverfolgungsbehörden (Staatsanwaltschaft und Polizei), wegen aller gerichtlich strafbaren und verfolgbaren Handlungen einzuschreiten, sobald „zureichende tatsächliche Anhaltspunkte" i.S.d. § 152 Abs. 2 StPO vorliegen. Nach Abschluß der Ermittlungen hat dann die Staatsanwaltschaft zu entscheiden, ob „genügender Anlaß" i.S.d. § 170 Abs. 1 StPO zur Erhebung der öffentlichen Klage besteht. Das Opportunitätsprinzip wird dagegen im Gesetz nicht definiert. Dieses Prinzip wird aber gewöhnlich als Ausnahme des in § 152 Abs. 2 StPO verankerten Legalitätsprinzips bestimmt. Das Opportunitätsprinzip befreit die Strafverfolgungsorgane nach eigenem Ermessen, aber nur in gesetzlich normierten Fällen und unter den dort bezeichneten Voraussetzungen, von der strikten Durchführung des Legalitätsprinzips. Allerdings gilt dies nach deutschem Strafprozeßrecht nur für die Staatsanwaltschaft, da die Polizei keine Möglichkeit hat, das Verfahren aus Opportunitätsgründen aus eigener Hand einzustellen (vgl. § 163 Abs. 2 StPO). Insoweit kann man davon ausgehen, daß im deutschen Strafprozeß ein sog. „gesetzlich bestimmtes" Opportunitätsprinzip herrscht. Mitsch, in: Recht der Ordnungswidrigkeiten, 1995, S. 154, spricht von einem „negativen Legalitätsprinzip" in dem Sinne, daß eine Ermessensentscheidung des zuständigen Organs bzgl. seines Tätigwerdens im Verfahren erst dann getroffen werden könne, wenn die gesetzlichen Voraussetzungen für eine Strafverfolgung (z.B. das Bestehen eines „hinreichenden Tatverdachts") erfüllt seien. Im Strafverfahren der BRD ist das Opportunitätsprinzip bekanntlich in den §§ 153 ff. StPO normiert. Für den Bereich des Jugendstrafrechts gelten §§ 45, 47 JGG. Ausführlich zum Legalitäts- bzw. Opportunitätsprinzip in der BRD siehe: Geppert, Jura 3 (1982), S. 139 ff.; ders., Jura 6 (1986), S. 309 ff.; ferner: Erb, Volker: Legalität und Opportunität, 1999, S. 22 ff.

den prozessualen Prinzipien – darunter also auch dem Legalitätsprinzip – stehen. Aufgrund dieser Rechtslage kommt Diversion erst dann in Betracht, nachdem von einer Straftat bereits amtlich Kenntnis genommen worden ist.

Insofern ist in der Bundesrepublik eine Einstellung der Strafverfolgung im polizeilichen Bereich, anders als in den USA, aus strafprozessualen Gründen ausgeschlossen. Die Polizei ist in der BRD ausnahmslos an das Legalitätsprinzip gebunden und muß daher nach amtlicher Kenntnisnahme einer strafbaren Handlung die notwendigen Ermittlungen durchführen. Anschließend ist das Verfahren an die Staatsanwaltschaft gem. § 163 Abs. 2 StPO weiterzuleiten.[325] Im Jugendstrafverfahren bedeutet dies, daß es erst dem Staatsanwalt zusteht, nach § 45 JGG das Verfahren einzustellen oder es seinen ordentlichen Gang weitergehen zu lassen.[326]

Desweiteren ist Diversion in der BRD auf den Geltungsbereich des Jugendgerichtsgesetzes und des Strafgesetzbuches beschränkt: Der sachliche Anwendungsbereich von Diversionsmaßnahmen bezieht sich ausschließlich auf Tatbestände, die im StGB geregelt sind.[327] Vom persönlichen Anwendungsbereich sind nur strafmündige Jugendliche ab 14 Jahren betroffen, denen eine Straftat vorgeworfen wird. Dagegen geht die Zugriffskompetenz der US-amerikanischen Jugendgerichte deutlich über den Rahmen der strafrechtlich kodifizierten Normen hinaus.

Aus den oben genannten Gründen wird Diversion in der deutschen Jugendstrafrechtspflege grundsätzlich als eine offizielle Reaktion staatlicher Organe auf Jugendkriminalität und als innerhalb des gesetzlichen Rahmens verstanden.[328]

Somit kann lediglich von einer sog. „deutschen Variante" der Diversion gesprochen werden. Die Merkmale der Diversion in der Bundesrepublik Deutschland können also wie folgt zusammengefaßt werden:[329]

-Dem Legalitätsprinzip zufolge sind die Diversionsvoraussetzungen gesetzlich geregelt. Im Jugendstrafrecht sind die §§ 45, 47 JGG zu beachten. Gleichwohl werden in

---

[325] Nur bei Ordnungswidrigkeiten wird der Polizei ein eigener Ermessensspielraum zuerkannt. Gleichwohl lassen sich in der Praxis der Jugendgerichtsbarkeit der BRD verschiedene Versuche feststellen, die eine verstärkte Mitwirkung der Polizei im Jugendstrafverfahren anstreben. Diese Modell- oder Diversionsversuche zielen im wesentlichen auf eine Veränderung der polizeilichen Tätigkeit im Rahmen des § 45 JGG ab, ohne aber der Polizei eine direkte Mitwirkung an der Entscheidung über Anklage oder Einstellung des Verfahrens einzuräumen. Als solche können folgende genannt werden: Das „Bielefelder"-Informationsmodell [siehe dazu: Albrecht, Kriminalistik 42 (1988), S. 427 ff.; Rzepka, 1993, S. 17 ff.]; das Hamburger Modell, (siehe: Hering/Sessar, 1990, S. 42 ff.); das Schleswig-Holsteinische Modell [siehe auch: Hering/Sessar, 1990, S. 38 ff.; Schinke, in: Marks/Rössner (Hrsg.), 1990, S. 259 ff.] oder das Präventionsprogramm Polizei/Sozialarbeiter (PPS) in Hannover [ausführlich zu diesem Modell siehe: Schwind, u.a., Kriminalistik 34 (1980), S. 58 ff.].

[326] Es ist aber allgemein bekannt, daß die Polizei das Legalitätsprinzip keineswegs streng beachtet. Sie hat vielmehr in der Phase, die der Einleitung eines Ermittlungsverfahrens vorausgeht, große Ermessensspielräume und somit weitgehende Diversionsmöglichkeiten. Es handelt sich dabei um eine Form der einfachen Diversion durch Nichteinleitung eines Strafverfahrens. In diesem Zusammenhang befürwortet Pfeiffer bei „bestimmten Bagatelldelikten", z.B. einfachen Verkehrsstraftaten die Übertragung der Einstellungskompetenzen an die Polizei. Hierbei spricht sich Pfeiffer dafür aus, im Bereich von leichten Straftaten das Opportunitätsprinzip schon auf Polizeiebene einzuführen, damit diese auch divertierend tätig werden kann. Siehe dazu Pfeiffer, 1983, S. 125 ff; ders., DVJJ-Journal 2 (1993), S. 116.

[327] In der BRD werden die sog. „status offenses" mit den Möglichkeiten des KJHG aufgefangen. So wird z.B. ein Verstoß gegen die Schulpflicht in der BRD als eine Ordnungswidrigkeit angesehen. Siehe Weyel, 1999, S. 83.

[328] Clages, Kriminalistik 49 (1995), S. 609.

[329] Heinz, in: Heinz/Storz, 1992, S. 11 f.

der BRD auch die Alternativen zu freiheitsentziehenden Sanktionen als Diversion bezeichnet. Der Begriff Diversion ist insofern weiter gefaßt.

-Eine Diversionsentscheidung kann nur erfolgen, nachdem von einer Tat amtlich Kenntnis genommen wurde, d.h. nach deren polizeilicher Registrierung. Dementsprechend ist von einer justizförmigen oder justizinternen Diversion die Rede.

-Vor einer Diversionsentscheidung muß der hinreichende Tatverdacht i.S.v. § 203 StPO durch den Jugendstaatsanwalt bzw. den Jugendrichter nachgewiesen werden.

-Die Durchführung einer Diversionsmaßnahme kann nur durch den Jugendstaatsanwalt oder den Jugendrichter getroffen werden. Vor allem unterscheidet man dabei zwischen zwei Ebenen der Diversion: Der Diversion auf Staatsanwaltschafts- und der auf Gerichtsebene. Die sog. „polizeiliche" Diversion ist ausdrücklich ausgeschlossen.

-Mit der entsprechenden Diversionsentscheidung wird vornehmlich das Ziel verfolgt, die Vermeidung einer Anklage bzw. einer Verurteilung zu ermöglichen, gleichwohl mit unterschiedlichen Zielen, je nachdem, ob das Verfahren nach allgemeinem Strafverfahrensrecht oder nach Jugendstrafrecht eingestellt wird.

Aus diesen Merkmalen kann der Schluß gezogen werden, daß der Begriff „Diversion" in der Bundesrepublik Deutschland – anders als in der US-amerikanischen Kriminalpolitik – durch die strafprozessualen Garantien, insbesondere durch das Legalitätsprinzip, bestimmt wird.[330]

---

[330] Hervorzuheben ist in diesem Punkt die Entwicklung der Diversion im österreichischen Recht. Wie auch in anderen Ländern mit einem eigenständigen Jugendstrafrecht, hatte sich das österreichische Jugendgerichtsgesetz von 1988 [ÖJGG vom 20. Oktober 1988 (BGBl 1988/599 i.d.F. BGBl I 1999/55)] als Experimentierfeld für neuartige Reaktionsformen erwiesen und eine ganze Reihe von Möglichkeiten eingeführt, ein Strafverfahren gegen einen Jugendlichen im Rahmen der Diversion ohne Schuldspruch und Strafe zu beenden. Das Gesetz sah neben dem außergerichtlichen Tatausgleich (ATA) auch eine vorläufige Einstellung durch das Gericht unter Festlegung einer Probezeit oder von Auflagen sowie einen Verfolgungsverzicht der Staatsanwaltschaft ohne zusätzliche Verpflichtungen für den Beschuldigten vor. Angesichts des zu verzeichnenden guten Erfolgs dieser diversionellen Maßnahmen im Jugendstrafrecht begann auch im Erwachsenenstrafrecht ein entsprechender Modellversuch: Der „außergerichtliche Tatausgleich für Erwachsene". Die ohnehin positiven Erfahrungen mit dem ATA für Erwachsene führten letztendlich zu der Strafprozeßnovelle 1999 (BGBl I 1999/55), mit der ein umfassendes Diversionskonzept als Hauptstück IXa. (§§ 90a ff. ÖStPO) in die Strafprozeßordnung eingeführt worden ist. Die StP-Nov. 1999, auch als Diversionsgesetz bekannt, sieht – allerdings intervenierende – staatsanwaltschaftliche und richterliche Diversionsmöglichkeiten vor: Der Verzicht auf Strafverfolgung wird prinzipiell – und unter bestimmten Voraussetzungen – von einer bestimmten Leistung des Verdächtigen abhängig gemacht. Dabei sieht das neue Hauptstück IXa. der ÖStPO insgesamt vier Diversionsformen vor: Zahlung eines Geldbetrages, Erbringung gemeinnütziger Leistungen, Bestimmung einer Probezeit und den Außergerichtlichen Tatausgleich. Diese seit 1. Januar 2000 geltenden neuen Diversionsregelungen im Strafprozeßrecht sind – allerdings mit einigen Abweichungen – auch im Jugendstrafrecht anwendbar, denn die bisher im Jugendstrafrecht bestehenden Diversionsmöglichkeiten (§§ 6 bis 11 bzw. 19 bis 21 ÖJGG) wurden durch die entsprechenden Bestimmungen des IXa. Hauptstückes der ÖStPO ersetzt, wobei der – durch die oben genannte Strafprozeßnovelle modifizierte – neue § 7 ÖJGG grundsätzlich auf die neu eingeführten Diversionsbestimmungen der ÖStPO verweist. Ausführlich zur Diversion im österreichischen Strafrecht siehe u.a.: Hinterhofer, Hubert: Diversion statt Strafe?. Untersuchungen zur Strafprozeßnovelle 1999, 2000; Miklau/Schroll (Hrsg.): Diversion. Ein anderer Umgang mit Straftaten. Analysen zur Strafprozeßnovelle 1999, 1999, insb. Burgstaller, Manfred: Über die Bedeutung der neuen Diversionsregelungen für das österreichische Strafrecht, S. 11 ff. Zum österreichischen Jugendstrafrecht siehe Maleczky, Oskar: Jugendstrafrecht, 2. Aufl. 2000.

2. Exkurs: Die Stellung der Staatsanwaltschaft im deutschen Strafprozeßrecht

Die Strafprozeßordnung der Bundesrepublik Deutschland weist der Staatsanwaltschaft eine zentrale Position im Strafverfahren zu. Aus der Struktur des deutschen Strafprozeßrechts ergeben sich für die Staatsanwaltschaft drei Hauptfunktionen: Sie betreibt das Ermittlungsverfahren (§§ 160 ff. StPO), wobei sie die Bezeichnung „Herrin des Ermittlungsverfahrens" trägt, sie ist Anklagevertreterin im Zwischen- und Hauptverfahren und ist Vollstreckungsbehörde (§ 451 StPO).[331]

Die Staatsanwaltschaft wird von dem überwiegenden Teil der Lehre weder der Exekutiven noch der Judikativen zugerechnet, sondern als ein „selbständiges Organ der Rechtspflege" konzipiert.[332]

Die Organisation der Staatsanwaltschaft, deren Aufbau der Gerichtsorganisation folgt, wird in den §§ 141-152 GVG geregelt. Eine wichtige Vorschrift stellt § 146 GVG dar, nach dem die Beamten der Staatsanwaltschaft „den dienstlichen Anweisungen ihres Vorgesetzten nachzukommen" haben. Folglich genießt die Staatsanwaltschaft die sachliche und persönliche Unabhängigkeit eines Richters nach Art. 97 GG nicht. Die Staatsanwälte sind also weisungsgebundene Beamte.

Die Justizbehörde Staatsanwaltschaft (StA) ist im deutschen Strafverfahren nicht Partei im Sinne des angloamerikanischen „adversary-systems", sondern ist zur Objektivität verpflichtet.[333] Diese Pflicht zur Objektivität findet in § 160 Abs. 2 StPO ihren Niederschlag. Danach hat die Staatsanwaltschaft neben den belastenden auch die entlastenden Umstände des Sachverhaltes zu ermitteln.

Wichtigste Aufgabe der Staatsanwaltschaft im Ermittlungsverfahren ist gem. § 160 Abs. 1 StPO den Sachverhalt zu erforschen und nach Abschluß der Ermittlungen zu entscheiden, ob öffentliche Klage beim zuständigen Richter zu erheben ist (§ 170 Abs. 1 StPO).

Das Ermittlungsverfahren beginnt, wenn die Staatsanwaltschaft „durch eine Anzeige, oder auf anderem Wege von dem Verdacht einer Straftat Kenntnis erhält" (§ 160 Abs. 1 StPO). Beim Vorliegen einer strafbaren Handlung ist die StA grundsätzlich verpflichtet, den Sachverhalt zu erforschen und ggf. Anklage zu erheben. Dadurch wird dem in § 152 Abs. 2 StPO zum Ausdruck kommenden Legalitätsprinzip Folge geleistet.[334]

---

331 Wie schon angeführt, weicht das Jugendstrafrecht grundlegend von dieser Regelung auf folgende Weise ab: Nach § 82 JGG ist der Jugendrichter Vollstreckungsleiter.

332 So Hellmann, 1998, S. 26; Roxin, 1998, S. 52; Schlüchter, 1999, S. 37; a.M. Krey, 1988, S. 135, der die Staatsanwaltschaft der Exekutive zurechnet.

333 Im angloamerikanischen Strafprozeß wird der Prozeß als Parteiverfahren ausgestaltet: Die Staatsanwaltschaft vertritt durch die Anklage das staatliche Verfolgungsinteresse. Zur Rechtsstellung der StA im angloamerikanischen Strafprozeßrecht siehe unter der deutschen Literatur: Herrmann, in: Jung (Hrsg.), 1990, S. 138 ff. Unter der spanischen Literatur siehe insb. Martínez Dalmau, 1999, S. 73 ff.

334 Kommt ein Staatsanwalt diesem Verfolgungszwang nicht nach, kann er strafrechtlich wegen Strafvereitelung im Amt (§ 258a StGB) zur Verantwortung gezogen werden.

Die Staatsanwaltschaft leitet das Ermittlungsverfahren mit eigener Hand. Darüber hinaus kann sie gem. § 161 StPO Ermittlungen „jeder Art" durch die Behörden und Beamten des Polizeidienstes durchführen lassen.

Bei einer Reihe von Ermittlungshandlungen ist aber der Staatsanwaltschaft verwehrt, diese selbst vorzunehmen, weil sie einen äußerst einschneidenden Angriff auf die Rechtsstellung des Beschuldigten darstellen. Für die Anordnung solcher Ermittlungshandlungen sieht die StPO in § 162 die Einschaltung eines Ermittlungsrichters vor, so z.B. für die Anordnung sogenannter Zwangsmaßnahmen wie Untersuchungshaft (§§ 112 ff. StPO). In diesem Fall muß die StA die Anordnung dieser Zwangsmaßnahmen bei dem Ermittlungsrichter beantragen.

Bieten die Ermittlungen keinen genügenden Anlaß zur Erhebung der öffentlichen Klage i.S.d. § 170 Abs. 1 StPO, d.h. es fehlt an einem hinreichenden Tatverdacht, so muß die Staatsanwaltschaft nach § 170 Abs. 2 StPO das Verfahren einstellen. Anderenfalls, d.h. wenn ein hinreichender Tatverdacht vorliegt, erhebt die Staatsanwaltschaft die öffentliche Klage „durch Einreichung einer Anklageschrift bei dem zuständigen Gericht" (§ 170 Abs. 1 StPO).

Die Staatsanwaltschaft hat somit die Entscheidung darüber zu treffen, ob öffentliche Klage zu erheben ist.

3. Diversionsmöglichkeiten außerhalb des Jugendstrafrechts

3.1 Einstellungen gemäß § 170 Abs. 2 StPO

Im Prinzip kann die Einstellung des Verfahrens gem. § 170 Abs. 2 StPO nicht als eine eigentliche Diversionsmöglichkeit angesehen werden. Das Opportunitätsprinzip greift in dieser Vorschrift nicht ein. Sie ist vielmehr als Umkehrschluß des in § 152 Abs. 2 bzw. § 170 Abs. 1 StPO geregelten Legalitätsprinzips zu betrachten. Nach diesem Prinzip ist die Staatsanwaltschaft verpflichtet, bei Vorliegen eines hinreichenden Tatverdachts gem. § 170 Abs. 1 StPO öffentliche Klage zu erheben. § 170 Abs. 2 StPO erfaßt also die Einstellung des Verfahrens unter Beachtung des Legalitätsprinzips.[335]

Bieten die Ermittlungen keinen „genügenden Anlaß zur Erhebung der öffentlichen Klage" i.S.d. § 170 Abs. 1 StPO, d.h. fehlt es an einem hinreichenden Tatverdacht, so hat die Staatsanwaltschaft das Verfahren nach § 170 Abs. 2 StPO einzustellen.[336] Das Verfahren wird also eingestellt, wenn aus tatsächlichen (der ermittelte Sachverhalt erfüllt keinen Straftatbestand oder der erforderliche hinreichende Tatverdacht kann nicht nachgewiesen werden) oder rechtlichen Gründen (Fehlen einer Prozeßvoraussetzung oder Bestehen eines Verfahrenshindernisses) nicht mit einer Verurteilung des Beschuldigten zu rechnen ist. Demzufolge gewährt die Strafprozeßordnung in diesem Fall

---

[335] Beulke, 2000, S. 151.

[336] § 170 StPO erwähnt den unbestimmten Rechtsbegriff des „hinreichenden Tatverdachts" nicht ausdrücklich. Dieser kommt aber in § 203 StPO zum Ausdruck. Danach beschließt das Gericht die Eröffnung des Hauptverfahrens, „wenn nach den Ergebnissen des vorbereitenden Verfahrens der Angeschuldigte einer Straftat hinreichend verdächtigt erscheint".

und in strikter Anlehnung an das Legalitätsprinzips dem Staatsanwalt keinen Ermessensspielraum.

Stattdessen kann der Staatsanwalt nach den Opportunitätsvorschriften der StPO (§§ 153-154e, 376 StPO) unter bestimmten Voraussetzungen und nach pflichtgemäßem Ermessen trotz Bestehen eines hinreichenden Tatverdachts i.S.d. § 170 Abs. 1 StPO von den gewährten Einstellungsmöglichkeiten der StPO Gebrauch machen.

Die Einstellung des Verfahrens gem. § 170 Abs. 2 StPO aus tatsächlichen oder rechtlichen Gründen hat gegenüber den Einstellungsvorschriften der §§ 153 ff., 376 StPO, 45, 47 JGG und 31a, 37 und 38 BtMG unbedingten Vorrang.[337]

Eine Einstellung des Verfahrens von seiten des Staatsanwalts mangels hinreichenden Tatverdachts nach § 170 Abs. 2 StPO kann der Verletzte gem. § 172 ff. StPO im Wege des Klageerzwingungsverfahrens angreifen.[338] Bei einer Einstellung des Verfahrens nach den Opportunitätsvorschriften der §§ 153 ff. StPO ist dem Verletzten dagegen dieser Weg ausgeschlossen.

3.2 Einstellungen gemäß §§ 153 ff. StPO

Die §§ 153 bis 154e StPO erlauben eine Einstellung des Verfahrens trotz zureichender tatsächlicher Anhaltspunkte für ein strafbares Verhalten nach § 152 Abs. 2 StPO, teilweise sogar trotz hinreichenden Tatverdachts nach § 170 Abs. 1 StPO. Mit diesen Vorschriften erfolgt eine Durchbrechung des ansonsten in der deutschen Strafprozeßordnung geltenden Legalitätsprinzips zugunsten des sog. Opportunitätsprinzips.[339]

Das Legalitätsprinzip, normiert in § 152 Abs. 2 StPO, besteht seit Inkrafttreten der Reichsstrafprozeßordnung von 1877 nahezu unverändert. Im Jahre 1924 führte die „Emminger-Reform“[340] Einstellungsbestimmungen auch in das Strafverfahren ein.[341] Diese wurden im Laufe der Jahre ausgeweitet, was dazu geführt hat, daß das

---

[337] Bezüglich des Vorrangs von § 170 Abs. 2 StPO gegenüber den §§ 45, 47 JGG siehe: Brunner/Dölling, 1996, § 45 Rdnr. 1; Diemer, in: DSS, 1999, § 45 Rdnr. 7; Eisenberg, 2000, § 45 Rdnr. 8; Rzepka, in: Nix, 1994, § 45 Rdnr. 7; Ostendorf, 2000, § 45 Rdnr. 4.

[338] Das Klageerzwingungsverfahren wird in § 172 StPO geregelt. Dadurch kann der Anzeigeerstatter – wenn er zugleich Verletzter ist – eine gerichtliche Kontrolle der staatsanwaltschaftlichen Entscheidung im Rahmen des Legalitätsprinzips (§§ 152 Abs. 2, 170 Abs. 1 StPO) herbeiführen.

[339] Von sämtlichen Einstellungsvorschriften der StPO (§§ 153 bis 154e) scheinen nur die §§ 153 u. 153a StPO für diese Arbeit von Bedeutung, da ihr Verhältnis zum § 45 JGG zweifelhaft ist. Insoweit erscheint eine ausführliche Analyse der §§ 153, 153a StPO erforderlich. Die weiteren Einstellungsmöglichkeiten nach der StPO werden nicht von § 45 JGG angetastet, so daß diese im folgenden nicht analysiert werden. Wie angeführt, ist die Anwendbarkeit der §§ 153, 153a StPO im Jugendstrafrecht sowie deren Verhältnis zu den §§ 45, 47 JGG nach wie vor umstritten. Auf diese Problematik wird ausführlich im Abschn. 5, 6 u. 7 des 2. Kap. eingegangen.

[340] Nach dem damaligen Reichsjustizminister genannt.

[341] Wie schon angeführt, war im ersten JGG aus dem Jahre 1923 in § 32 eine Durchbrechung des Legalitätsprinzips schon vorgesehen.

Legalitätsprinzip oft durchbrochen wird. Insofern sieht die StPO zahlreiche Fälle vor, in denen der Staatsanwaltschaft bzw. dem Gericht die Möglichkeit eingeräumt wird, nach pflichtgemäßem Ermessen zwischen Anklageerhebung oder Verfahrenseinstellung auch dann zu wählen, obwohl ein hinreichender Tatverdacht besteht.

Den Vorschriften der §§ 153 ff. StPO liegen zumeist – und anders als im Jugendstrafrecht – verfahrensökonomische Aspekte zugrunde, nämlich das Bestreben, die Strafverfolgungsorgane bzw. Strafgerichte dadurch zu entlasten, daß diese von der Verfolgung sog. Bagatellkriminalität befreit werden, damit die Verfolgung schwerer Straftaten effizienter erfolgen kann.[342] Darüber hinaus dienen sie auch als Mittel zur Entkriminalisierung.

Nach § 153 Abs. 1 StPO kann die Staatsanwaltschaft das Verfahren mit Zustimmung des für die Eröffnung des Hauptverfahrens zuständigen Gerichts und ohne Verhängung einer Sanktion einstellen, wenn dem Beschuldigten lediglich ein Vergehen i.S.d. § 12 Abs. 2 StGB vorgeworfen wird, seine Schuld als gering anzusehen „wäre“ und kein öffentliches Interesse an der Verfolgung besteht. Bei Berücksichtigung des öffentlichen Verfolgungsinteresses muß die Staatsanwaltschaft sich fragen, ob entweder aus spezial- oder aus generalpräventiven Gründen oder aber zum Schuldausgleich eine Fortsetzung des Verfahrens notwendig erscheint. Mit der Betonung der Verbform „wäre“ kommt zum Ausdruck, daß die Einstellung wegen Geringfügigkeit nach § 153 StPO keinen abschließenden Schuldnachweis erfordert und folglich keine Schuldfeststellung enthält.[343] Die Schuld braucht also nicht nachgewiesen zu werden.

Nach § 153 Abs. 1 S. 2 StPO[344] ist die Zustimmung des Gerichts entbehrlich bei Vergehen, die nicht mit einer im Mindestmaß erhöhten Strafe bedroht sind und bei denen die durch die Tat verursachten Folgen gering sind.

Ist die öffentliche Klage i.S.d. § 170 Abs. 1 StPO durch die Staatsanwaltschaft erhoben, geht nach § 153 Abs. 2 StPO die Zuständigkeit zur Einstellung auf das Gericht über. Nunmehr kann das Gericht das Verfahren unter denselben Voraussetzungen wie vorher die Staatsanwaltschaft in jeder Lage des Verfahrens einstellen. Die Einstellungsverfügung seitens des Gerichts ist von der Zustimmung der Staatsanwaltschaft sowie die des Angeschuldigten abhängig. Diese Zustimmung seitens der Staatsanwaltschaft ist erforderlich, damit ihrem Anklagemonopol im Strafverfahren angemessen Rechnung getragen wird. Die Zustimmung des Angeschuldigten ist erforderlich, damit dieser die Durchführung einer Hauptverhandlung zum Zweck einer ihm eventuellen günstigeren Entscheidung erzwingen kann.[345]

In den neuen Bundesländern besteht nach dem Einigungsvertrag weiterhin neben der Einstellung nach § 153 StPO auch die Möglichkeit, bei Vergehen mit geringfügigen Folgen und bei geringer Schuld des Beschuldigten die Sache zu einer außergerichtlichen Erledigung an eine Schiedsstelle abzugeben. Weitere Voraussetzung ist, daß der

---

[342] Hellmann, 1998, S. 171.

[343] Vgl. Beulke, 2000, S. 161; ferner Hellmann, 1998, S. 172; BVerfGE 82, 106, (116).

[344] § 153 Abs. 1 S. 2 StPO wurde durch das Rechtspflegeentlastungsgesetz vom 11.1.1993 (BGBl I, S. 59) modifiziert.

[345] Zu den Ausnahmen dieses Zustimmungserfordernisses siehe § 153 Abs. 2 S. 2 StPO.

Beschuldigte zustimmt und kein öffentliches Interesse an der Erhebung der öffentlichen Klage besteht.[346]

Wie schon oben angeführt, bleibt dem Verletzten bei einer Einstellung des Verfahrens im Rahmen des Opportunitätsprinzips das Klageerzwingungsverfahren ausgeschlossen (vgl. § 172 Abs. 2 S. 3 StPO).

§ 153a StPO eröffnet dem Staatsanwalt weiterhin die Möglichkeit, bereits im Ermittlungsverfahren eine Einstellung des Verfahrens herbeizuführen.

Der wesentliche Unterschied zwischen § 153 und § 153a StPO besteht grundsätzlich darin, daß gem. der zweiten Vorschrift ein im Prinzip bestehendes öffentliches Interesse an der Strafverfolgung durch die Erfüllung einer Auflage oder Weisung von seiten des Beschuldigten beseitigt werden kann, wenn die Schwere der Schuld dem nicht entgegensteht. Während also das öffentliche Interesse an der Strafverfolgung bei § 153 StPO von Anfang an fehlt, ist es bei § 153a StPO zunächst gegeben, kann jedoch durch Erbringung von Leistungen kompensiert werden.

Auch bei einer Einstellung des Verfahrens nach § 153a StPO ist zwischen der Einstellung im Ermittlungsverfahren (§ 153a Abs. 1 StPO) und nach Anklageerhebung (§ 153a Abs. 2 StPO) zu differenzieren.

Im Ermittlungsverfahren kann eine Einstellung durch den Staatsanwalt gem. § 153a Abs. 1 StPO erfolgen, wenn es sich auch hier – wie in § 153 StPO – um ein Vergehen handelt. Außerdem ist erforderlich, daß ein zunächst bestehendes öffentliches Interesse durch die von der Staatsanwaltschaft auferlegten Auflagen und Weisungen beseitigt werden kann und die Schwere der Schuld dem nicht entgegensteht. Im Gegensatz zu § 153 StPO erfordert die Einstellung nach § 153a StPO eine Schuldfeststellung. Nach h.M. genügt ein hinreichender Tatverdacht i.S.v. §§ 170 Abs. 1, 203 StPO.[347]

Bei den in § 153a StPO aufgezählten Weisungen und Auflagen handelt es sich um einen abschließenden Katalog. Insofern dürfen andere Leistungen nicht festgesetzt werden.

Besonders zu erwähnen ist die neu eingeführte Möglichkeit eines Täter-Opfer-Ausgleichs im Katalog der Auflagen und Weisungen.[348] Diese alternative Maßnahme, welche bereits materiell in § 46a StGB und in zahlreichen Vorschriften des JGG verankert ist, ist als Auflage in § 153a StPO aufgenommen worden. Wenn der Beschuldigte sich ernsthaft zu bemühen versucht, einen Ausgleich mit dem Verletzten zu erreichen und

---

[346] Vgl. §§ 40 ff. des (DDR-)Gesetzes über die Schiedsstellen in den Gemeinden vom 13. September 1990 (DDR-GBl I, S. 1527).

[347] Beulke, 2000, S. 163; Hellmann, 1998, S. 173; Kleinknecht/Meyer-Goßner, 1999 § 153a Rdnr. 7.

[348] Eingeführt durch das Gesetz zur strafverfahrensrechtlichen Verankerung des Täter-Opfer-Ausgleichs und zur Änderung des Gesetzes über Fernmeldeanlagen vom 20.12.1999 (BGBl I, S. 2491). Ferner wurden durch dieses Gesetz die §§ 155a u. 155b StPO eingeführt, wonach die Staatsanwaltschaft und das Gericht in jedem Stadium des Verfahrens die Möglichkeit prüfen sollen, einen Ausgleich zwischen Beschuldigtem und Verletzten zu erreichen.

dabei seine Tat ganz oder zum überwiegenden Teil wiedergutmacht oder deren Wiedergutmachung anstrebt, kann diese Leistung des Beschuldigten zu einer Einstellung des Verfahrens nach § 153a StPO führen.

Die Entscheidung des Staatsanwalts bedarf der Zustimmung des Gerichts. Ferner ist die Zustimmung des Beschuldigten erforderlich. Gleichwohl ist auch hier, wie in § 153 StPO, die Zustimmung des zuständigen Gerichts unter bestimmten Voraussetzungen entbehrlich.[349]

Nach Anklageerhebung und bis zum Ende der Hauptverhandlung[350] kann das Gericht gem. § 153a Abs. 2 S. 1 StPO das Verfahren unter Beachtung der in § 153a Abs. 1 StPO genannten Voraussetzungen und mit Zustimmung der Staatsanwaltschaft bzw. des Angeschuldigten das Verfahren einstellen.

Sowohl im Ermittlungsverfahren gem. § 153a Abs. 1 StPO als auch in der Hauptverhandlung gem. § 153a Abs. 2 StPO wird das Verfahren nur vorläufig eingestellt. Erfüllt der Beschuldigte die Auflagen oder Weisungen nicht, kann das Verfahren fortgesetzt werden. Hat der Beschuldigte dagegen die Auflagen oder Weisungen erfüllt, tritt dann nach § 153a Abs. 1 S. 5 StPO eine endgültige Verfahrenseinstellung ein.

§ 153a StPO wurde durch Art. 21 Nr. 44 des EGStGB 1974 eingeführt. Die Vorschrift ist von Anfang an von der Lehre heftig kritisiert worden. Ein wesentlicher Kritikpunkt betrifft die vermeintliche Wahrnehmung richterlicher Aufgaben durch den Staatsanwalt. Im einzelnen wird geltend gemacht, daß die Vorschrift zu einer Rückkehr in den sog. Inquisitionsprozeß führe, weil sie dem Staatsanwalt eine Sanktionskompetenz zugestehe.[351] Die Zuweisung dieser Entscheidungskompetenz auf die Staatsanwaltschaft führe zu einem Verstoß gegen das in Art. 92 GG verankerte Richtermonopol. Ferner wird behauptet, § 153a StPO verstoße gegen den Grundgedanken des § 136a StPO insofern, als daß der Beschuldigte wegen des sonst drohenden Strafverfahrens zu einer mitunter unfreiwilligen Zustimmung zur Erfüllung einer der in § 153a StPO aufgezählten Maßnahmen verleitet wird. Schließlich wird befürchtet, daß der vermögende Beschuldigte sich durch § 153a StPO von der Strafsanktion „freikaufen" könne.[352]

Die h.M. vertritt aber die Ansicht, bei den Auflagen und Weisungen i.S.d. § 153a StPO handele es sich nicht um Kriminalstrafen, sondern vielmehr um Sanktionen nichtstrafrechtlicher Art.[353] Insofern übe der Staatsanwalt bei einer Einstellung nach § 153a StPO keine Rechtsprechung aus. In diesem Zusammenhang sei die Tatsache auch

---

349 Siehe dazu § 153a Abs. 1 S. 7 StPO i.V.m. § 153 Abs. 1 S. 2 StPO.

350 Im Gegensatz also zu § 153 Abs. 2 StPO nicht „in jeder Lage des Verfahrens".

351 Siehe dazu Kausch, 1980, S. 225 ff.

352 Rieß, in: Löwe-Rosenberg, 1989, § 153a Rdnr. 12. Mitunter wird § 153a StPO als „Tuschelverfahren" oder „Millionärschutzparagraph" bezeichnet. Siehe dazu illustrativ eine empirische Untersuchung über die Einstellung nach § 153a StPO bei Wirtschaftsstrafsachen in: Kaiser/Meinberg, NStZ 1984, S. 343 ff.

353 Kleinknecht/Meyer-Goßner, 1999, § 153a Rdnr. 12; auch Krey, 1990, S. 78; Rieß, in Löwe-Rosenberg, 1989, § 153a Rdnr. 9: „Freilich handelt es sich hierbei (...) um eine Sanktion besonderer, nichtstrafrechtlicher Art, der namentlich das mit der Strafe verbundene sozialethische Unwerturteil ebensowenig zukommt wie die in ihr liegende Schuldfeststellung. (...) Weil die Schuldfrage offen bleibt, verstößt das Verfahren auch nicht gegen die Unschuldsvermutung des Art. 6 Abs. 2 EMRK; die Unschuldsvermutung gilt auch nach der Erfüllung der Auflagen und Weisungen weiter".

zu berücksichtigen, daß der Beschuldigte die Erfüllung der Maßnahme doch noch unterlassen könne, auch wenn er der vorläufigen Einstellung zugestimmt hätte. Ferner stelle die eventuelle Durchführung des Strafverfahrens im Falle der Nichtunterwerfung keinen unzulässigen Zwang dar.[354]

Gleichwohl seien die Befürchtungen hinsichtlich eines sog. „Freikaufs“ zugunsten des wohlhabenden Beschuldigten im weiteren Verfahren zu beachten.[355]

Im Rahmen der Einstellungsmöglichkeiten im Jugendstrafrecht, nach der Vorschrift des § 45 Abs. 2 JGG, werden auch die von einem Teil der Lehre oben genannten Bedenken bezüglich eines Verstoßes gegen Art. 92 GG durch Wahrnehmung richterlicher Aufgaben von seiten des Jugendstaatsanwalts erhoben.[356]

In den neuen Bundesländern ist weiterhin statt der Einstellung nach § 153a StPO bei Vergehen mit geringfügigen Folgen die Abgabe an eine Schiedsstelle zulässig, wenn der Beschuldigte zustimmt und kein öffentliches Interesse an der Verfolgung besteht.[357]

3.3 Einstellungen gemäß §§ 31a, 37 und 38 Abs. 2 BMG

Das Betäubungsmittelgesetz[358] enthält auch Vorschriften, die ein Absehen von der Verfolgung bzw. eine Einstellung des Verfahrens nach dem Opportunitätsprinzip ermöglichen. Einige Vorschriften dieses Gesetzes können auch im Jugendstrafrecht Anwendung finden.

Gem. § 37 Abs. 1 S. 1 BtMG im Zusammenhang mit § 38 Abs. 2 BtMG[359] kann der Jugendstaatsanwalt nach pflichtgemäßem Ermessen und mit Zustimmung des zuständigen Jugendrichters vorläufig von der Erhebung der öffentlichen Klage absehen, wenn ein Jugendlicher oder Heranwachsender aufgrund seiner Betäubungsmittelabhängigkeit eine Straftat begangen hat, für die eine Jugendstrafe von nicht mehr als zwei Jahren zu erwarten ist. Weiterhin soll der Beschuldigte nachweisen, daß er sich wegen seiner Abhängigkeit einer in § 35 Abs. 1 BtMG beschriebenen Behandlung unterzogen hat und seine Resozialisierung zu erwarten ist. Ist bereits Anklage erhoben, kann der Richter gem. § 37 Abs. 2 BtMG mit Zustimmung des Staatsanwaltes das Verfahren noch bis zum Ende der Hauptverhandlung einstellen.

---

354 Hellmann, 1998, S. 174.

355 So Hellmann, a.a.O., S. 174, der weiterhin vor Mißbrauchsmöglichkeiten in der Anwendung des § 153a StPO warnt.

356 Siehe dazu ausführlich Abschn. 8 des 2. Kap.

357 Siehe Fn. 346.

358 Gesetz über den Verkehr mit Betäubungsmitteln [Betäubungsmittelgesetz (BtMG)] vom 28.7.1981 (BGBl I, S. 681) i.d.F.d. Bekanntmachung vom 1.3.1994 (BGBl I, S. 358) zuletzt geändert durch Drittes BtMG-Änderungsgesetz vom 28.3.2000 (BGBl I, S. 302).

359 Nach § 38 Abs. 2 BtMG gilt § 37 sinngemäß auch für Jugendliche und Heranwachsende.

Mit dem Gesetz zur Änderung des Betäubungsmittelgesetzes vom 4.6.1992[360] wurde u.a. der § 31a BtMG eingeführt. Mit dieser Vorschrift wurde dem Jugendstaatsanwalt eine weitere Kompetenz zum Absehen von der Verfolgung zugewiesen. Nach § 31a BtMG kann der Jugendstaatsanwalt von der Verfolgung absehen, wenn:

1. Das Verfahren ein Vergehen nach § 29 Abs. 1, 2 oder 4 BtMG zum Gegenstand hat.
2. Die Schuld des Täters als gering anzusehen wäre, was vor allem bei Erstkonsumenten in Betracht kommt, aber Wiederholungstäter nicht ausschließt.
3. Kein öffentliches Interesse an der Verfolgung besteht.
4. Der Täter die Betäubungsmittel lediglich zum Eigenverbrauch in geringem Maße anbaut, herstellt, ausführt, durchführt, erwirbt, sich in sonstiger Weise verschafft oder besitzt.

Weiterhin kann das Gericht nach § 31a Abs. 2 BtMG nach Anklageerhebung unter den genannten Voraussetzungen das Verfahren mit Zustimmung des Staatsanwaltes und des Angeschuldigten einstellen.[361]

Es könnte auf dem ersten Blick problematisch sein, die §§ 31a, 37 Abs. 1 und 38 Abs. 2 BtMG mit den Einstellungsmöglichkeiten der §§ 45, 47 JGG bei strafbaren Handlungen Jugendlicher oder Heranwachsender in Verbindung zu setzen. Von der herrschenden Lehre wird aber die Meinung vertreten, daß die im BtMG geregelten Einstellungsmöglichkeiten neben denjenigen des § 45 JGG bestehen bleiben, ja sogar sie als „lex specialis" zuerst Anwendung finden gegenüber § 45 JGG.[362]

Gleichwohl ist eine Konkurrenz des § 37 Abs. 1 BtMG mit § 45 JGG praktisch kaum existent, weil der Jugendstaatsanwalt § 45 JGG immer dann anwendet, wenn er die dort möglichen Sanktionen für ausreichend hält, § 37 BtMG aber, wenn er zum Zeitpunkt der Entscheidung konkret eine Jugendstrafe von bis zu zwei Jahren für geboten hält.[363]

---

[360] In Kraft getreten am 9.9.1992 (BGBl I, S. 1593).

[361] Durch das Dritte Gesetz zur Änderung des Betäubungsmittelgesetzes vom 28.3.2000 (BGBl I, S. 302, in Kraft getreten am 1.4.2000) ist mit dem neu eingeführten § 10a BtMG die Erlaubnis für den Betrieb von sog. Drogenkonsumräumen geregelt worden. Ferner ist § 31a BtMG durch die Einführung eines neuen Satzes ergänzt worden. Nach § 31a Abs. 1 S. 2 BtMG soll von der Verfolgung abgesehen werden, wenn der Täter in einem Drogenkonsumraum Betäubungsmittel lediglich zum Eigenverbrauch, die nach § 10a BtMG geduldet werden können, in geringem Maße besitzt, ohne zugleich im Besitz einer schriftlichen Erlaubnis für den Erwerb zu sein. Siehe dazu ausführlich: Endriß/Malek: Betäubungsmittelgesetz, 2. Aufl. 2000, S. 279.

[362] Brunner/Dölling, 1996, § 45, Rdnr. 43; Eisenberg, 2000, § 45, Rdnr. 10a; Ostendorf, 1997, § 45, Rdnr. 8; van den Woldenberg, 1993, S. 44.

[363] In den in § 45 bzw. § 47 JGG vorgesehenen Sanktionen kommt eine Jugendstrafe nicht in Betracht.

3.4 Einstellungen gemäß § 376 StPO

Die Staatsanwaltschaft kann auch nach § 376 StPO im Rahmen des Opportunitätsprinzips von der Verfolgung absehen.

Die in § 374 Abs. 1 StPO aufgezählten Delikte können im Wege der Privatklage im Gegensatz zum Offizialverfahren von Privatpersonen verfolgt werden. Bei diesen Delikten gilt im großen Maße das Opportunitätsprinzip: Gem. § 376 StPO wird eine öffentliche Klage von der Staatsanwaltschaft nur dann erhoben, „wenn dies im öffentlichen Interesse liegt". Ein öffentliches Interesse wird in der Regel von der Staatsanwaltschaft nur dann bejaht, wenn der Rechtsfrieden über den Lebenskreis des Verletzen hinaus gestört ist und die Strafverfolgung ein gegenwärtiges Anliegen der Allgemeinheit darstellt.[364] In diesem Fall erhebt die Staatsanwaltschaft öffentliche Klage bei dem zuständigen Gericht nach § 376 StPO. Andernfalls stellt sie das Verfahren gem. § 170 Abs. 2 StPO ein und verweist den Verletzten auf den Privatklageweg. Dem Verletzen bleibt auch in diesem Fall der Weg des Klageerzwingungsverfahrens gem. § 172 Abs. 2 StPO versperrt.

Nach h.M. tritt die Bestimmung des § 376 StPO hinter §§ 45, 47, 80 Abs. 1 JGG zurück.[365] Insofern ist § 376 StPO in vollem Umfang durch den § 80 Abs. 1 S. 2 JGG ersetzt. Im Jugendstrafrecht sind Privat- und Nebenklage gegen Jugendliche gem. § 80 JGG nicht zulässig.[366] Die Verfehlung eines Jugendlichen wird vom Jugendstaatsanwalt nur dann verfolgt, wenn neben einem öffentlichen Interesse auch „Gründe der Erziehung oder ein berechtigtes Interesse des Verletzten, das dem Erziehungszweck nicht entgegensteht, es erfordern" (vgl. § 80 Abs. 1 JGG).

4. Diversionsmöglichkeiten im deutschen Jugendstrafrecht. Ein Überblick

4.1 Einleitung

Wie schon oben angeführt wurde, gilt im deutschen Strafprozeßrecht als Grundsatz nach wie vor das Legalitätsprinzip (§§ 152 Abs. 2, 170 Abs. 1 StPO). Dieser Verfahrensgrundsatz wird aber in der StPO durch eine Reihe von Vorschriften im Rahmen des Opportunitätsprinzips durchbrochen (§§ 153-154e, 376 StPO). Diese ermöglichen den Justizorganen, in bestimmten Fällen und trotz Bestehens aller Prozeßvoraussetzungen bzw. eines hinreichenden Tatverdachts, von der Verfolgung abzusehen.

Im Jugendstrafrecht ist der Verfolgungszwang von seiten der Staatsanwaltschaft ebenfalls verankert. Danach ist die Staatsanwaltschaft auch im Jugendstrafverfahren

---

[364] Beulke, 2000, S. 289; Hellmann, 1998, S. 309; vgl. auch Nr. 86 II RiStBV.

[365] Brunner/Dölling, 1996, § 80, Rdnr. 2; Eisenberg, 2000, § 80 Rdnr. 5; Ostendorf, 1997, § 80, Rdnr. 5.

[366] Gegen Heranwachsende sind dagegen Privat- und Nebenklage zulässig, und zwar auch dann, wenn Jugendstrafrecht nach § 105 JGG zur Anwendung kommt. Siehe dazu § 109 JGG.

grundsätzlich verpflichtet, wegen aller verfolgbaren Straftaten einzuschreiten und Ermittlungen aufzunehmen, sofern zureichende tatsächliche Anhaltspunkte vorliegen (§ 152 Abs. 2 StPO).

Kommt der Jugendstaatsanwalt nach Durchführung · der erforderlichen Ermittlungen zu dem Ergebnis, daß alle Prozeßvoraussetzungen gegeben sind und ein hinreichender Tatverdacht vorliegt, so ist er wie im allgemeinen Verfahrensrecht verpflichtet, öffentliche Klage zu erheben. Fehlt es hingegen an einer Prozeßvoraussetzung, hat sich der Beschuldigte aus tatsächlichen oder rechtlichen Gründen nicht strafbar gemacht, ist ein hinreichender Tatverdacht i.S.d. §§ 2 JGG, 203 StPO nicht gegeben oder ist der Jugendliche gem. § 3 JGG mangels Reife strafrechtlich nicht verantwortlich, so ist der Jugendstaatsanwalt verpflichtet, das Verfahren gem. § 170 Abs. 2 StPO einzustellen.[367]

Im Jugendstrafrecht sind aber auch im Rahmen des Opportunitätsprinzips Vorschriften vorgesehen, die eine Durchbrechung des Legalitätsprinzips ermöglichen. Diese als einstimmig konzipierten Diversionsmaßnahmen des Jugendstrafrechts sind die §§ 45, 47 JGG.

§ 45 JGG stellt eine Ausprägung des Opportunitätsprinzips dar, nach der die Staatsanwaltschaft befugt ist, bereits im Ermittlungsverfahren in bestimmten Fällen und unter bestimmten Voraussetzungen, teilweise sogar ohne Zustimmung des zuständigen Richters, von der Verfolgung einer Straftat abzusehen. Nach § 47 JGG steht dem Jugendrichter nach Erhebung der öffentlichen Klage mit Zustimmung des Staatsanwalts die Einstellungskompetenz zu.

Die Gründe für die Durchbrechung des Legalitätsprinzips sind im Erwachsenen- und Jugendstrafrecht recht unterschiedlich. Während im Erwachsenenstrafrecht in erster Linie eine Beschleunigung des Verfahrens sowie eine Entlastung der Gerichte mit den in der StPO geregelten Einstellungsmöglichkeiten erzielt werden soll, steht im Jugendstrafverfahren hingegen im Vordergrund, den Jugendlichen vor der stigmatisierenden negativen Wirkung eines formellen Strafverfahrens zu bewahren.[368]

Diversionsmöglichkeiten setzen also eine Durchbrechung des strafprozessualen Legalitätsprinzips voraus. Diese Durchbrechung ist im Jugendstrafrecht, das sich auch hier als „Schrittmacher" des allgemeinen Strafrechts erwiesen hat, seit 1953 aufgrund der

---

[367] Erfolgt die Einstellung allein wegen fehlender Verantwortungsreife, so ist der Jugendrichter gem. § 3 S. 2 JGG dazu berechtigt, dieselben Maßnahmen anzuordnen wie der Familien- oder Vormundschaftsrichter.

[368] Schaffstein, FS-Jescheck 1985, S. 939. Auch in diesem Sinne äußert sich Heinz, in: Heinz/Storz, 1992, S. 23: „Den jugendstrafverfahrensrechtlichen Einstellungsvorschriften lag und liegt also primär das Ziel zugrunde, aus präventiven Gründen stigmatisierende Effekte und soziale Diskriminierung sowie eine zur Erreichung des jugendstrafrechtlichen Erziehungsziels – Rückfallvermeidung – nicht erforderliche Belastung der betroffenen Jugendlichen zu vermeiden. Die in den letzten Jahren (...) betonten verfahrensökonomischen Aspekte – Entlastung der Strafjustiz und Verfahrensbeschleunigung durch Abbau unnötiger Sozialkontrolle und Verzicht auf die Verfolgung von Bagatellfällen – hatten demgegenüber Nachrang. Hierin besteht auch der wesentliche Unterschied zu den seit 1921 erfolgten Begrenzungen des Legalitätsprinzips im allgemeinen Strafverfahrensrecht durch §§ 153 ff. StPO, bei denen (...) mehr Entlastungs-, Beschleunigungs-, Vereinfachungs- und Verbilligungseffekte im Vordergrund standen und es sich hinsichtlich der Vermeidung von Stigmatisierung eher um einen (erwünschten) Nebeneffekt handelte".

§§ 45, 47 JGG möglich. Ihr Ursprung läßt sich aber bereits auf das Jugendgerichtsgesetz von 1923 zurückführen.

Bevor es aber zu einem Überblick über die Geschichte der informellen Erledigung im deutschen Jugendstrafrecht kommt, erscheint es angebracht, auf die rechtliche Stellung der Staatsanwaltschaft im Jugendstrafrecht einzugehen. Grund dafür ist im wesentlichen – wie nachher in bezug auf die staatsanwaltschaftliche Diversion beobachtet werden wird – die besondere Stellung, welche dem Jugendstaatsanwalt bei der Einstellung des Verfahrens nach § 45 JGG zukommt.

Wie schon früher hinsichtlich der Einstellung des Verfahrens im allgemeinen Strafprozeßrecht gem. §§ 153, 153a StPO[369] analysiert worden ist, erfordert das Vorgehen der Staatsanwaltschaft – abgesehen von den oben dargestellten Ausnahmen – grundsätzlich die Zustimmung des Jugendrichters. Demgegenüber ist die Staatsanwaltschaft im Jugendstrafverfahren nach § 45 Abs. 1 und Abs. 2 JGG befugt, die Einstellung des Verfahrens ohne Zustimmung des zuständigen Richters zu veranlassen. Diese sog. „staatsanwaltschaftliche Diversion“ ist in der Literatur äußerst umstritten. Diesbezüglich wird von einem nicht unerheblichen Teil der Lehre geltend gemacht, diese im gewissen Sinne Alleinzuständigkeit der Staatsanwaltschaft zur Einstellung des Verfahrens im Jugendstrafrecht verstoße gegen verfassungsrechtliche Prinzipien wie das Gewaltenteilungsprinzip (Art. 20 Abs. 2 S. 2 JGG), das Richtermonopol (Art. 92 GG) oder die Unschuldsvermutung (Art. 6 Abs. 2 EMRK).[370]

4.2 Exkurs: Die Stellung der Staatsanwaltschaft im Jugendstrafrecht

Die rechtliche Grundlage für die Zuständigkeit des Jugendstaatsanwalts im Jugendstrafverfahren wird in § 36 JGG bestimmt.

Grundsätzlich hat der Jugendstaatsanwalt dieselben Aufgaben wie ein Erwachsenenstaatsanwalt, jedoch mit einigen Besonderheiten, welche sich aus dem besonderen „Erziehungs“-Auftrag des Jugendstrafverfahrens ergeben.

Der Jugendstaatsanwalt „bearbeitet grundsätzlich sämtliche Verfahren, die zur Zuständigkeit der Jugendrichter gehören“.[371] Die besondere Bedeutung des Jugendstaatsanwalts im Jugendstrafrecht zeigt sich vor allem im Ermittlungsverfahren. In diesem Verfahrensabschnitt hat der Jugendstaatsanwalt für eine jugendgemäße Gestaltung des Verfahrens Sorge zu tragen.[372] Seine besondere Stellung zeigt sich im Ermittlungsverfahren vor allem in zwei Aspekten: Einerseits beschränkt sich seine Aufgabe nicht nur auf die Tataufklärung. Daneben hat er gem. § 43 JGG die Ermittlungen über die Persönlichkeit des jugendlichen Täters anzustellen. Hierbei wird die Jugendgerichtshilfe herangezogen. Andererseits und als von erheblicher Bedeutung ist

---

369 Siehe dazu Abschn. 3.2 des 2. Kap.

370 Siehe dazu ausführlich Abschn. 8 des 2. Kap.

371 RiLi Nr. 2 a.F. (= RLJGG vom 15. Februar 1955) zu § 36 JGG.

372 Eisenberg, 2000, § 36 Rdnr. 2.

die verstärkte Durchbrechung des Legalitätsprinzips durch erweiterte Einstellungsmöglichkeiten von seiten des Staatsanwalts gem. § 45 JGG, insbesondere gem. § 45 Abs. 1 und Abs. 2 JGG zu erwähnen, nach denen eine Einstellung des Verfahrens im Vorverfahren und ohne Zustimmung des Richters erfolgen kann. Der Jugendstaatsanwalt verfügt also über ein im Gegensatz zum allgemeinen Strafverfahrensrecht erweitertes Ermessen, da er in zahlreichen Fällen allein zu entscheiden hat, ob es überhaupt zu einem Hauptverfahren kommt.[373]

Gemäß § 37 JGG sollen die Jugendstaatsanwälte – so wie die Jugendrichter – erzieherisch besonders befähigt und in der Jugenderziehung erfahren sein.[374] Grund dafür ist diese besondere Stellung des Jugendstaatsanwalts im Jugendstrafverfahren: Neben seinen Aufgaben und Pflichten nach dem allgemeinen Strafverfahrensrecht hat er auch besondere Aufgaben und Pflichten, welche aus dem besonderen Sinn und Zweck des Jugendstrafrechts hergeleitet werden.

In der Hauptverhandlung ist die Stellung des Jugendstaatsanwalts im Gegensatz zum Staatsanwalt im Verfahren gegen Erwachsene geschwächt. In diesem Verfahrensabschnitt werden die Gestaltung des Verfahrens sowie dessen erzieherische Aufgaben vom Jugendrichter wahrgenommen.[375] Nichtsdestotrotz hat der Jugendstaatsanwalt in der Hauptverhandlung als sog. „Wächter" dafür Sorge zu tragen, daß Sinn und Erziehungsziel des JGG vor allem auch prozessual gewahrt bleiben.[376]

Abweichend vom allgemeinen Strafverfahrensrecht, nach dem die Strafvollstreckung gem. § 451 StPO der Staatsanwaltschaft als Vollstreckungsbehörde obliegt, wird im Jugendstrafrecht gem. § 82 JGG dem Jugendstaatsanwalt die Strafvollstreckung entzogen und dem Jugendrichter übertragen, der somit als Vollstreckungsleiter fungiert. Das Ziel dieser Abweichung vom allgemeinen Strafverfahrensrecht ist eine rasche, unbürokratische und dennoch kompetente Durchführung der Vollstreckung, die bei einer Einheit des Erkenntnis- und Vollstreckungsverfahrens eher zu erreichen ist.[377]

4.3 Geschichte der informellen Erledigung im Jugendstrafrecht

Möglichkeiten einer Verfahrenseinstellung bereits auf staatsanwaltschaftlicher Ebene waren schon im Jugendstrafrecht seit dem Inkrafttreten des JGG von 1923 gesetzlich geregelt.

§ 32 Abs. 2 S. 1 JGG 1923 brachte zum ersten Mal in der deutschen Gerichtsbarkeit eine Durchbrechung des Legalitätsprinzips.[378] Die Vorschrift ermöglichte schon dem Jugendstaatsanwalt, die Einstellung des Verfahrens mit Zustimmung des

---

373 Zu § 45 Abs. 1 u. Abs. 2 JGG siehe ausführlich Abschn. 5 u. 6 des 2. Kap.

374 Mit dieser Vorschrift wird dem Erziehungsgedanken des Jugendstrafrechts weitgehend Rechnung getragen.

375 Albrecht, 1993, S. 334; Böhm, 1996, S. 110.

376 Brunner/Dölling, 1996, § 36 Rdnr. 4.

377 Diemer, in: DSS, 1999, § 82 Rdnr. 3; Ostendorf, 2000, Grdl. zu §§ 82-85 Rdnr. 3.

378 Siehe dazu ausführlich Kiesov, 1923, § 32, S. 197 ff.

Richters zu veranlassen, wenn eine Erziehungsmaßregel angeordnet worden war und weitere Maßnahmen nicht erforderlich waren sowie wenn in besonders leichten Fällen ohne Anordnung von Erziehungsmaßnahmen von Strafe abgesehen werden konnte. Ferner wurde die Regelung des heutigen § 47 JGG bereits in § 32 JGG 1923 vorweggenommen: Nach § 32 Abs. 2 S. 2 JGG konnte der Richter nach Erhebung der Klage mit Zustimmung der Staatsanwaltschaft die Einstellung des Verfahrens beschließen.

Im RJGG 1943 wurden diese Einstellungsmöglichkeiten in den §§ 30, 31 komplettiert und erweitert.[379]

Die Einstellung durch den Jugendrichter nach Erhebung der öffentlichen Klage wurde in § 31 RJGG 1943 als eine selbständige Vorschrift geregelt. In jedem Fall war aber die Zustimmung der Staatsanwaltschaft erforderlich.

Nach § 30 RJGG 1943 konnte der Staatsanwalt verschiedene Wege im Rahmen der Verfahrenseinstellung einschlagen: In § 30 Abs. 2 S. 2 RJGG 1943 war nun dem Staatsanwalt eine nicht an die Zustimmung des Jugendrichters gebundene Einstellungsbefugnis in besonders leichten Fällen zuerkannt worden. In § 30 Abs. 2 S. 1 RJGG 1943 war die Möglichkeit vorgesehen, wonach der Staatsanwalt von der Verfolgung absehen konnte, wenn eine erzieherische Maßnahme, insbesondere eine Arbeitsauflage oder ein Disziplinarmittel, bereits angeordnet worden war.[380] Nach § 30 Abs. 1 S. 1 RJGG 1943 konnte der Staatsanwalt bei dem Vormundschaftsrichter Erziehungsmaßregeln oder eine Ermahnung anregen. Schließlich sah § 30 Abs. 1 S. 2 RJGG 1943 die Möglichkeit vor, wonach der Jugendrichter dem Jugendlichen auf Anregung des Staatsanwalts besondere Pflichten auferlegen oder eine Ermahnung aussprechen konnte.

Mit dem JGG 1953 wurden in § 45 die Einstellungsmöglichkeiten durch den Jugendstaatsanwalt gesetzlich geregelt. Die Einstellung durch den Jugendrichter nach Erhebung der öffentlichen Klage fand in § 47 ihre gesetzliche Verankerung.

§ 45 JGG 1953 sah drei Möglichkeiten vor, unter denen eine Einstellung des Verfahrens durch den Jugendstaatsanwalt erfolgen konnte:

- § 45 Abs. 1 JGG 1953 eröffnete die Möglichkeit einer Einstellung des Verfahrens mit Einschaltung des Jugendrichters im Rahmen des sog. „jugendrichterlichen Erziehungsverfahrens“. In diesem Fall konnte der Jugendstaatsanwalt beim Jugendrichter anregen, dem Beschuldigten eine Arbeitsauflage zu erteilen, ihm besondere Pflichten aufzuerlegen, seine Teilnahme an einem polizeilichen Verkehrsunterricht anzuordnen oder ihn zu ermahnen. Diese Einstellungsmöglichkeit war jedoch nur dann statthaft, wenn der Jugendliche geständig war.

379 Siehe dazu Peters, 1944, § 30, S. 113 ff.

380 Diese erzieherischen Maßnahmen konnten von Personen oder Stellen getroffen werden, denen Erziehungsaufgaben für den Jugendlichen oblagen, wie z.B. dem Jugendamt, der JGH oder der Schule. Peters, 1947, S. 43; Disziplinarmittel konnten auch von der HJ oder dem RAD ausgehen, so Jureit, 1995, S. 78.

- In § 45 Abs. 2 JGG 1953, seinerseits in zwei Nummern gegliedert, waren zwei Alternativen geregelt: Nach Nr. 1 konnte der Staatsanwalt ohne Zustimmung des Richters von der Verfolgung absehen, wenn eine erzieherische Maßnahme, welche eine Ahndung durch den Richter entbehrlich machte, bereits angeordnet worden war.[381] Nach Nr. 2 konnte der Staatsanwalt auch ohne Zustimmung des Richters von der Verfolgung absehen, wenn die Voraussetzungen des § 153 StPO vorlagen, d.h. wenn es sich bei der Straftat um ein Vergehen handelte. Ferner mußte die Schuld des Täters als gering einzustufen sein, und ein öffentliches Interesse an der Strafverfolgung durfte nicht bestehen.[382]

Nach Erhebung der Anklage konnte das Verfahren vom Jugendrichter gem. § 47 JGG 1953 aus drei Gründen eingestellt werden. Diese Voraussetzungen für eine richterliche Entscheidung nach § 47 JGG 1953 waren grundsätzlich die gleichen wie diejenigen der staatsanwaltschaftlichen Einstellung nach § 45 JGG 1953.

Nach § 47 Abs. 1 Nr. 1 JGG 1953 konnte eine Einstellung des Verfahrens erfolgen, wenn die Voraussetzungen des § 45 Abs. 1 JGG 1953 vorlagen. Desweiteren war eine Einstellung gem. § 47 Abs. 1 Nr. 2 JGG 1953 unter Hinzuziehung der in § 45 Abs. 2 JGG 1953 genannten Voraussetzungen vorgesehen. Schließlich wurde in § 47 Abs. 1 Nr. 3 JGG 1953 für eine Einstellung des Verfahrens auf die strafrechtliche Verantwortlichkeit –namentlich auf ihr Fehlen – gem. § 3 JGG 1953 nach Eröffnung des Hauptverfahrens verwiesen. Diese Entscheidung über die Einstellung des Verfahrens stand dem Richter mit Zustimmung der Staatsanwaltschaft zu.

Allerdings ist an diesem Punkt zu betonen, daß diese Einstellungsmöglichkeiten im Jugendstrafrecht nur bei Jugendlichen galten, nicht aber bei Heranwachsenden; gegen sie konnte nur das Verfahren nach den Vorschriften des allgemeinen Strafverfahrensrechts eingestellt werden.[383]

§ 45 Abs. 1 JGG 1953 wurde durch das EGStGB vom 2.3.1974[384] geändert. Das Erfordernis eines Geständnisses wurde in § 45 Abs. 1 JGG 1953 an erste Stelle gesetzt. Desweiteren wurde die Systematik der von der Staatsanwaltschaft beim Jugendrichter angeregten Maßnahmen geändert. Danach konnte der Jugendrichter dem geständigen Jugendlichen auf Anregung des Jugendstaatsanwalts eine Ermahnung aussprechen, die

---

[381] Nach RiLi Nr. 4 a.F. zu § 45 JGG 1953 (RLJGG vom 15. Februar 1955) konnte diese erzieherische Maßnahme von dem Erziehungsberechtigten, dem Jugendamt, der Schule oder dem Lehrherrn ausgehen. Insofern wurde der Vorrang erzieherischer Reaktionen aus dem sozialen Umfeld des Jugendlichen angestrebt.

[382] Gleichwohl war nach RiLi Nr. 5 a.F. zu § 45 JGG 1953 von dieser Möglichkeit der Verfahrenseinstellung nach § 45 Abs. 2 Nr. 2 JGG 1953 i.V.m. § 153 StPO nur in seltenen Ausnahmefällen Gebrauch zu machen. Dabei wurde argumentiert, daß ein Absehen von der Verfolgung ohne jede Maßnahme gegen den Jugendlichen „nachteilige erzieherische Wirkungen“ hervorrufen könne.

[383] Siehe dazu § 109 JGG 1953; auch Potrykus, 1955, § 45 Bem. 9. Zum 1.1.1975 wurden auch die Heranwachsenden in den Anwendungsbereich der jugendstrafverfahrensrechtlichen Einstellungsvorschriften einbezogen. Durch das EGStGB vom 2.3.1974 wurden §§ 45, 47 JGG Abs. 1 Nr. 1, 2, Abs. 2, 3 JGG 1953 auch bei Heranwachsenden für anwendbar erklärt, wenn der Richter Jugendstrafrecht anwendet (vgl. § 109 Abs. 2 S. 1 JGG i.d.F. von Art. 26 Nr. 50a EGStGB vom 2.3.1974).

[384] BGBl I, S. 469. Am 11.12.74 erfolgte die Bekanntmachung der Neufassung des Jugendgerichtsgesetzes (BGBl I, S. 3427), womit das JGG 1953 geändert wurde.

Weisung erteilen, Arbeitsleistungen zu erbringen oder an einem Verkehrsunterricht teilzunehmen oder die Auflage erteilen, nach Kräften den durch die Tat verursachten Schaden wiedergutzumachen, sich persönlich beim Verletzten zu entschuldigen oder einen Geldbetrag zugunsten einer gemeinnützigen Einrichtung zu bezahlen.[385]

Obwohl die Einstellung wegen Geringfügigkeit gem. § 45 Abs. 2 Nr. 2 JGG 1953 erst an letzter Stelle der jugendstrafrechtlichen Einstellungsgründe in § 45 JGG 1953 aufgeführt war, wurde dieser von der Literatur und in der Praxis – entgegen der gesetzlich vorgegebenen Reihenfolge des § 45 JGG 1953 und den Ausführungen in RiLi Nr. 5 zu § 45 JGG 1953 – zunehmend Vorrang eingeräumt.[386] Der Grund dafür war in dem im Jugendstrafrecht vorherrschenden Subsidiaritätsprinzip zu sehen, wonach die eingriffsschwächere Reaktion Vorrang vor der eingriffsintensiveren haben sollte. Erst an zweiter Stelle war eine Einstellung gem. § 45 Abs. 2 Nr. 1 JGG 1953 zu erwägen, wobei in diesem Fall gerade der informellen Sozialkontrolle Vorrang von der formellen eingeräumt werden sollte. Schließlich kam dem sog. formlosen Erziehungsverfahren gem. § 45 Abs. 1 JGG 1953 erst der dritte Rang zu.[387]

Die dargestellte Systematik wurde im Laufe der Jahre von der Literatur und der jugendstrafrechtlichen Praxis gefordert und angewandt. Schließlich wurde sie durch das 1.JGGÄndG aufgegriffen. Durch dieses Gesetz wurde § 45 JGG aus dem Jahre 1953 neu geregelt.

4.4 Das 1.JGGÄndG vom 30.8.1990

Zu Beginn der 80er-Jahre hatte eine Reformbewegung im deutschen Jugendstrafrecht eingesetzt, die vor allem durch die Praxis, mitunter aber auch durch das Bundesministerium der Justiz und die Landesjustizverwaltungen, angestoßen wurde. Diese Reformbewegung kann unter dem Stichwort „Jugendstrafrechtsreform durch die Praxis“ oder „innere Reform“ des Jugendstrafrechts bezeichnet werden.[388]

---

385 Dies waren die in § 15 JGG 1953 i.d.F.d. Bekanntmachung von 11.12.1974 vorgesehenen Auflagen.

386 Schon Peters nannte im Jahre 1947 bei der Analyse des § 30 RJGG 1943 die Einstellung „bei besonders leichten Fällen“ nach § 30 Abs. 2 S. 2 an erster Stelle der Einstellungsvorschriften. Siehe Peters, 1947, S. 43; ferner ders. 1944, § 30, S. 114. Als Beleg dafür siehe auch Ostendorf, JGG-Kommentar 1987, § 45 Rdnr. 9 ff. Dabei analysiert er erstens das Absehen von der Verfolgung von seiten der Staatsanwaltschaft ohne Zustimmung des Richters wegen Geringfügigkeit (§ 45 Abs. 2 Nr. 2 JGG 1953), an zweiter Stelle die Einstellung durch die Staatsanwaltschaft ebenfalls ohne Zustimmung des Richters wegen einer vorausgegangenen Sanktionierung (§ 45 Abs. 2 Nr. 1 JGG 1953) und erst an dritter Stelle das Absehen von der Verfolgung mit Einschaltung des Richters (§ 45 Abs. 1 JGG 1953).

387 Diese Annahme galt auch für die in § 47 JGG 1953 aufgeführte Rangfolge entsprechend.

388 Der Begriff der „inneren Reform“ wurde erstmals von Peters in die Diskussion eingeführt. Darunter verstand er „die Neugestaltung innerhalb der heutigen gesetzlichen Gegebenheiten durch deren Ausschöpfung und vor allem den Wandel des Geistes“. Vgl. Peters, MschrKrim 49 (1966), S. 62. Nach Jung bedeutet das Stichwort der „inneren Reform“ zweierlei: „Zum einen tastet die Reform die Grundstrukturen des Jugendgerichtsgesetzes nicht an. Zum anderen deutet es an, daß die Reform des Jugendstrafrechts wesentlich durch die Praxis getragen und vorbereitet worden ist“. Vgl. Jung, JuS 1992, S. 187. Zu den Tendenzen dieser „inneren Reform“ des Jugendstrafrechts durch die Praxis siehe Heinz, RdJB 38 (1990), S. 133 f.

Diese Reformbewegung war vor allem gekennzeichnet von der Skepsis der Praktiker gegen die Erfolgsmöglichkeiten der traditionell repressiven stationären Strafen des Jugendstrafrechts und die Hoffnung auf neue stützende, helfende ambulante Maßnahmen sowie auf informelle Erledigungen mit dem Ziel, die Jugendkriminalität besser bewältigen zu können.[389]

Dabei stützten sich die Befürworter dieser Reformbewegung in erster Linie auf die Ergebnisse kriminologischer Forschungen, wonach dem überwiegenden Teil der Jugendkriminalität ein ubiquitärer, normaler, episodenhafter bzw. ein bagatellhafter Charakter beizumessen war.[390] Es war die Rede von der Suche nach neuen Alternativen im Jugendkriminalrecht. Auf dieser Basis und angestoßen durch ausländische Einflüsse – vor allem aus den USA – entwickelten sich seit Beginn der 80er-Jahre an vielen Orten der Bundesrepublik Deutschland Modellprojekte, die alle im wesentlichen das Ziel hatten, die informelle Erledigung des Jugendstrafverfahrens und die Verhängung von sog. neuen ambulanten Maßnahmen zu erproben.[391]

Das Ziel dieser „Jugendstrafrechtsreform durch die Praxis" war im wesentlichen darauf gerichtet, das spezialpräventive Potential des Jugendstrafrechts zu stärken. Dabei waren die Spielräume, die das Jugendgerichtsgesetz bietet, d.h. innerhalb des gesetzlichen Rahmens des JGG, resolut zu nutzen und in der Form von Modellversuchen und -projekten neue Formen der Reaktion auf Jugendkriminalität zu prüfen. Ziel war es, repressive und stationäre Maßnahmen zurückzudrängen und durch Diversion und ambulante Reaktionsformen zu ersetzen. Damit sollte in erster Linie dem Erziehungsgedanken des Jugendstrafrechts Rechnung getragen werden.

Um diese Ziele in die deutsche Jugendgerichtsbarkeit umzusetzen, wurden im Laufe der 80er-Jahre Gesetzesentwürfe aller Art vorgelegt, die alle im wesentlichen darauf abzielten, die informellen Erledigungsmöglichkeiten des JGG besser zu nutzen und den Sanktionskatalog des JGG mit neuen ambulanten Reaktionen zu erweitern. Diese Reformbestrebungen mündeten 1990 in die Verabschiedung eines Gesetzes, durch das grundsätzlich den oben genannten Forderungen weitgehend Rechnung getragen wurde.

Die Chronologie bis zur Verabschiedung des Ersten Gesetzes zur Änderung des Jugendgerichtsgesetzes von 1990 (1.JGGÄndG) ließe sich folgendermaßen darstellen:

Der erste Entwurf für ein JGG-Änderungsgesetz datiert aus dem Jahre 1982.[392] Zentrales Ziel dieses Reformvorhabens war im wesentlichen, die informellen Erledigungsmöglichkeiten des Jugendstrafrechts besser zum Tragen zu bringen.

Mit dem Referentenentwurf aus dem Jahre 1983[393] wurde zum zweiten Mal der Versuch unternommen, die bis dahin von der Praxis des Jugendkriminalrechts als verfehlt

---

389 Hye-Wook Won, 1996, S. 37.

390 Zu diesen Begriffen siehe Abschn. 1.2.3 des 1. Kap.

391 Zu einzelnen Diversionsmodellen im Rahmen des § 45 JGG siehe Fn. 439, 441 u. 442. Zu einer ausführlichen Auflistung von Modellen siehe: BAG, in: DVJJ (Hrsg.), 1992, S. 22 ff.

392 Arbeitsentwurf eines Gesetzes zur Änderung des Jugendgerichtsgesetzes. Stand: 30. August 1982.

393 Bundesministerium der Justiz: Referentenentwurf: Erstes Gesetz zur Änderung des Jugendgerichtsgesetzes (1.JGGÄndG). Stand: 18. November 1983.

angesehene Systematik des § 45 JGG 1953 derart zu ändern, daß die staatsanwaltschaftliche Einstellung des Verfahrens künftig an erster Stelle der Reihenfolge des § 45 JGG 1953 stehen sollte.

Eine Änderung der Systematik von § 45 JGG 1953 war auch das Ziel eines zweiten Referentenentwurfs zur Änderung des Jugendgerichtsgesetzes.[394] Demnach sollte bei der Anwendung der Erledigungsmöglichkeiten nach § 45 JGG 1953 zunächst die eingriffsschwächste Maßnahme und nachrangig die Einbeziehung des Jugendrichters in Betracht gezogen werden. Nach dieser vorgeschlagenen Systematik war das Absehen von der Verfolgung gem. § 45 Abs. 1 JGG i.d.F.d.E. durch den Jugendstaatsanwalt unter den Voraussetzungen des § 153 StPO vorrangig vor einer Einstellung des Verfahrens mit Einschaltung des Jugendrichters zu prüfen.[395]. Nach der neuen Stufenfolge sollte die Verfahrensweise nach § 45 Abs. 2 Nr. 2 JGG 1953 vorrangig vor den anderen Erledigungsmöglichkeiten und entgegen der RiLi Nr. 5 a.F. zu § 45 JGG 1953[396] geprüft werden.

Aufgrund eines Beschlusses der Konferenzen der Jugendminister und -senatoren sowie der Justizminister und -senatoren wurde im Jahre 1986 die sog. Ad-hoc-Kommission „Diversion" ins Leben gerufen. Ein wesentliches Ziel dieser Kommission war, Empfehlungen zu einer besseren Ausschöpfung der im JGG geregelten Erledigungsmöglichkeiten zu erarbeiten. Diese Empfehlungen wurden am 5. Februar 1988 einstimmig verabschiedet und der auftraggebenden Konferenz zugeleitet.[397] Insbesondere und vorrangig sprach sich die Ad-hoc-Kommission „Diversion" dafür aus, die informellen Erledigungsmöglichkeiten der §§ 45, 47 JGG stärker zu nutzen und die durch Urteil verhängten stationären Sanktionen zugunsten ambulanter Maßnahmen zurückzudrängen. In diesem Zusammenhang sollten sog. „neue ambulante Maßnahmen" wie Arbeits- und Betreuungsweisungen, der soziale Trainingskurs, die Schadenswiedergutmachung und der Täter-Opfer-Ausgleich erprobt und gesetzlich geregelt werden.

Der letzte Grundstein zur Reformierung des JGG aus dem Jahre 1953 wurde im Herbst 1989 durch einen Regierungsentwurf zur Änderung des Jugendgerichtsgesetzes gelegt.[398]

Wie bereits erwähnt, war es seit dem ersten Entwurf aus dem Jahre 1982 eines der zentralen Ziele dieser Reformbestrebungen gewesen, die Verbesserung der informellen Reaktionsmöglichkeiten vom Jugendstaatsanwalt und Jugendrichter gesetzlich zu sichern. Dieses und andere Ziele wurden durch diesen Regierungsentwurf aus dem Jahre 1989 übernommen.[399] Dabei stützte sich der Regierungsentwurf auf Befunde der neuen kriminologischen Forschung zur Jugendkriminalität und auf Ergebnisse der

---

394 Bundesministerium der Justiz: Referentenentwurf: Erstes Gesetz zur Änderung des Jugendgerichtsgesetzes (1.JGGÄndG). Stand: Juli 1987.

395 Ausführlich zu diesem Referentenentwurf siehe Kalpers-Schwaderlapp, Diss. jur. 1987, S. 1 ff.; siehe ferner Abschn. 8.2.4 des 2. Kap.

396 Siehe oben Fn. 382.

397 Die Empfehlungen dieser Ad-hoc-Kommission „Diversion" sind veröffentlicht in: BMJ (Hrsg.): „Diversion" im deutschen Jugendstrafrecht. Thesen, Empfehlungen, Bibliographie, 1989, S. 11 bis 30.

398 Bundesregierung: Entwurf eines Ersten Gesetzes zur Änderung des Jugendgerichtsgesetzes (1.JGGÄndG) vom 27.11.1989 (BT-Drucks. 11/5829).

399 Siehe RegE 1989, (BT-Drucks. 11/5829), S. 2.

Sanktionsforschung.[400] Um diesen Ergebnissen der kriminologischen Forschung Rechnung zu tragen, sah der Gesetzesentwurf folgende Ziele als die wichtigsten bei einer umfassenden Reform des JGG vor:

- Verbesserung der informellen Reaktionsmöglichkeiten.
- Erweiterung der ambulanten Reaktionsmöglichkeiten durch Einführung der sog. „neuen ambulanten Maßnahmen".
- Reduzierung der freiheitsentziehenden Sanktionen.
- Einschränkung der Untersuchungshaft.
- Verbesserung der Funktionen der Jugendgerichtshilfe.

Mit dem Ersten Gesetz zur Änderung des Jugendgerichtsgesetzes (1.JGGÄndG) vom 30.8.1990[401] wurde die Reformierung des deutschen Jugendstrafrechts hinsichtlich der oben aufgeführten Anforderungen vollzogen. Ein, wie dargestellt, ungewöhnlich langwieriges Verfahren fand damit seinen Abschluß. Als besonders bedeutsam ist die neue Systematik des § 45 JGG zu erwähnen, welche mit dem 1.JGGÄndG neu geregelt wurde:

§ 45 Abs. 2 Nr. 2 JGG a.F. wurde zu Absatz 1.[402] Danach kann der Jugendstaatsanwalt ohne Zustimmung des Gerichts von der Verfolgung absehen, wenn die Voraussetzungen des § 153 StPO vorliegen. Weiterhin wurde § 45 Abs. 2 Nr. 1 JGG a.F. zu § 45 Abs. 2 als selbständige Einstellungsmöglichkeit geregelt. Demzufolge kann der Staatsanwalt weiterhin ohne Zustimmung des Richters von der Verfolgung absehen, wenn eine erzieherische Maßnahme bereits durchgeführt oder eingeleitet worden ist und er weder eine Beteiligung des Richters nach dem nächstfolgenden Absatz noch die Erhebung der Anklage für erforderlich hält. Ferner wurde ein neuer Satz in diesen Absatz 2 eingefügt: Als einer erzieherischen Maßnahme gleichstehend wird das Bemühen des Jugendlichen angesehen, einen Ausgleich mit dem Verletzten zu erreichen. Schließlich rückte der bis dahin § 45 Abs. 1 JGG a.F. als Abs. 3 an die letzte Stelle der Einstellungsmöglichkeiten nach § 45 JGG. Wenn der Staatsanwalt ein Vorgehen nach den

---

[400] Siehe RegE 1989, (BT-Drucks. 11/5829), S. 1: „Neue kriminologische Forschungen haben erwiesen, daß Kriminalität im Jugendalter meist nicht Indiz für ein erzieherisches Defizit ist, sondern überwiegend als entwicklungsbedingte Auffälligkeit mit dem Eintritt in das Erwachsenenalter abklingt und sich nicht wiederholt. Eine förmliche Verurteilung Jugendlicher ist daher in weitaus weniger Fällen geboten, als es der Gesetzgeber von 1953 noch für erforderlich erachtete. Untersuchungen zu der Frage, inwieweit der Verzicht auf eine formelle Sanktion zugunsten einer informellen Erledigung kriminalpolitisch von Bedeutung ist, haben – jedenfalls für den Bereich der leichten und mittleren Jugenddelinquenz – zu der Erkenntnis geführt, daß informellen Erledigungen als kostengünstigeren, schnelleren und humaneren Möglichkeiten im Hinblick auf Prävention und Rückfallvermeidung höhere Effizienz zukommt. Es hat sich weiterhin gezeigt, daß die in der Praxis vielfältig erprobten neuen ambulanten Maßnahmen (Betreuungsweisung, sozialer Trainingskurs, Täter-Opfer-Ausgleich) die traditionellen Sanktionen (Geldbuße, Jugendarrest, Jugendstrafe) weitgehend ersetzen können, ohne daß sich damit die Rückfallgefahr erhöht".

[401] Erstes Gesetz zur Änderung des Jugendgerichtsgesetzes vom 30.8.1990 (BGBl I, S. 1853), in Kraft getreten am 1.12.1990. Ausführlich zum 1.JGGÄndG siehe: Böhm, NJW 1991, S. 534 ff.; Böttcher/Weber, NStZ 1990, S. 561 ff.; ders., NStZ 1991, S. 7 ff.; Heinz, RdJB 38 (1990), S. 133 ff.; ders., ZRP 1991, S. 183 ff.; Viehmann, FuR 5 (1991), S. 256 ff.

[402] Die Abkürzung „a.F." bezieht sich im folgenden auf das JGG 1953 i.d.F.d. Bekanntmachung der Neufassung des JGG vom 11.12.1974 (BGBl I, S. 3427). Demgegenüber betrifft das Kürzel „n.F." das JGG i.d.F.d. 1.JGGÄndG vom 30.8.1990 (BGBl I, S. 1853). Soweit nicht anders angegeben, beziehen sich sämtliche Paragraphen des JGG auf die Fassung nach dem 1.JGGÄndG 1990.

beiden ersten Absätzen als nicht angemessen erachtet, erlaubt ihm der neue § 45 Abs. 3 JGG, beim Jugendrichter die Erteilung einer Ermahnung, von Weisungen oder von Auflagen anzuregen. Voraussetzung dieses Vorgehens ist – wie in § 45 Abs. 1 JGG a.F. geregelt – ein Geständnis des Jugendlichen.

§ 47 JGG, der dem Richter mit Zustimmung des Staatsanwalts entsprechende Möglichkeiten für die Einstellung des Verfahrens nach Einreichung der Anklage offenhielt, wurde in ähnlicher Weise wie § 45 JGG umstrukturiert. Ferner wurde in § 47 Abs. 1 JGG ein neuer Satz eingeführt, der eine vorläufige Einstellung des Verfahrens ermöglichte. Dieser sieht vor, dem Jugendlichen eine Frist von höchstens sechs Monaten zu setzen, binnen derer er den in § 47 JGG vorgesehenen Auflagen, Weisungen oder den erzieherischen Maßnahmen nachzukommen hat.

Mit dieser neuen Reihenfolge wurde der bis dahin in der Jugendgerichtsbarkeit praktizierten Anwendung des § 45 JGG a.F. gesetzlich entsprochen. Desweiteren wurde auch das Subsidiaritätsprinzip verfahrensrechtlich berücksichtigt, wonach das Absehen von der Verfolgung durch den Staatsanwalt als die eingriffsschwächste Maßnahme nun vor die Beteiligung des Richters gestellt wurde.

Die durch das 1.JGGÄndG 1990 erfolgten Änderungen der §§ 45, 47 JGG schrieben daher vornehmlich nur das fest, was die jugendstrafrechtliche Praxis ohnehin bereits anwendete.

Mit dem 1.JGGÄndG wurden auch die im Rahmen der Reaktionsmöglichkeiten des JGG in § 10 angeführten Erziehungsmaßregeln um die sog. „neuen ambulanten Maßnahmen“ erweitert. Dies waren die Betreuungsweisung (§ 10 Abs. 1 S. 3 Nr. 5 JGG), der soziale Trainingskurs (§ 10 Abs. 1 S. 3 Nr. 6 JGG) und der Täter-Opfer-Ausgleich (TOA) (§ 10 Abs. 1 S. 3 Nr. 7 JGG). Ferner wurde der Katalog der Auflagen nach § 15 JGG um eine Arbeitsleistung erweitert (§ 15 Abs. 1 S. 1 Nr. 3 JGG). Alle vier Maßnahmen waren schon vor ihrer Einführung in das JGG durch zahlreiche Modellprojekte in der Bundesrepublik angewandt worden.[403]

4.5 Die Richtlinien zur Förderung der Diversion (Diversionsrichtlinien)

Ausgehend von den Ergebnissen neuerer kriminologischer Forschungen zur Jugendkriminalität und zur Wirksamkeit strafrechtlicher Sanktionen einerseits und in Anlehnung an die durch die Ad-hoc-Kommission „Diversion“ formulierten Empfehlungen sowie an den Regierungsentwurf von 1989 zur Änderung des Jugendgerichtsgesetzes andererseits haben alle Landesjustizverwaltungen – Bayern ausgenommen – in den letzten Jahren sog. „Diversionsrichtlinien“ zur Ergänzung des JGG sowie der RLJGG erlassen.

Durch diese Richtlinien wird in erster Linie der Versuch unternommen, eine weitergehende Ausschöpfung der Anwendungsmöglichkeiten der §§ 45 ff. JGG und eine

[403] Siehe Fn. 391.

gleichmäßigere Handhabung bzw. Vereinheitlichung der Diversion zu fördern.[404] Darüber hinaus haben die einzelnen Bundesländer durch ihre jeweiligen Richtlinien vor allem die Anwendung und Auslegung von § 45 JGG konkretisiert.[405]

In erster Linie sind die Empfehlungen der Ad-hoc-Kommission „Diversion" von 1988 zu einer vermehrten Nutzung der §§ 45, 47 JGG von diesen „Diversionsrichtlinien" aufgegriffen und umgesetzt worden.[406] Um diesen Empfehlungen Rechnung zu tragen, sind die Richtlinien derart konzipiert, daß sie den Staatsanwaltschaften Hinweise und Anregungen für eine vermehrte Nutzung der in § 45 JGG eröffneten informellen Erledigungsmöglichkeiten geben.

Inwieweit durch diese Richtlinien eine gleichmäßige Anwendung der Diversionsmöglichkeiten des Jugendstrafrechts im Sinne des. Art. 3 GG im Bundesgebiet erreicht werden kann, ist angesichts der bestehenden Unterschiede zwischen den Diversionsrichtlinien der einzelnen Bundesländer, insbesondere hinsichtlich der unterschiedlichen Behandlung einzelner Tatbestände oder des Ein- bzw. Ausschlusses der Anwendung bestimmter Reaktionsmöglichkeiten auf bestimmte Täterprofile äußerst fraglich.[407]

Im 4. Kapitel erfolgt eine detaillierte Analyse der Einstellungspraxis nach § 45 JGG in zwei verschiedenen Bundesländern,[408] in denen sog. Diversionsrichtlinien seit geraumer Zeit in Kraft sind. Inwieweit eine – wie oben erwähnte – gleichmäßigere Anwendung von seiten der Justizorgane bezüglich der Einstellungsmöglichkeiten nach § 45 JGG in diesen beiden Bundesländern erfolgt, wird nach Auswertung der zur Verfügung gestellten statistischen Daten dargestellt.

---

404 Heinz, MschrKrim 76 (1993), S. 358.

405 Ausführlich zu den Diversions-Richtlinien der einzelnen Bundesländer siehe Heinz, DVJJ-Journal 2 (1999), S. 132 ff.; ferner Ostendorf, 2000, Grdl. zu §§ 45, 47 Rdnr. 8.

406 Siehe z.B. in Anlehnung an die in dieser Arbeit durchgeführte empirische Forschung die Diversionsrichtlinien folgender Länder: Berlin: Gemeinsame Anordnung der Senatsverwaltungen für Justiz, für Inneres und für Schule, Jugend und Sport zur vermehrten Anwendung des § 45 JGG im Verfahren gegen Jugendliche und Heranwachsende (Diversionsrichtlinien) vom 22. März 1999 (SenJust IV A 4), abgedruckt in: DVJJ-Journal 2 (1999), S. 202 ff.; Brandenburg: Einstellung von Jugendstrafverfahren nach §§ 45, 47 JGG (Diversion). Gemeinsamer Runderlaß des Ministeriums der Justiz und für Europaangelegenheiten, des Ministeriums des Innern und des Ministeriums für Bildung, Jugend und Sport des Landes Brandenburg vom 22. Dezember 2000 (4210-III.1), abgedruckt in: DVJJ-Journal 2 (2001), S. 186 ff.; Nordrhein-Westfalen: Richtlinien zur Förderung der Diversion im Jugendstrafverfahren (Diversionsrichtlinien) vom 1. Februar 1992, abgedruckt in: DVJJ-Journal 1-2 (1992), S. 156 ff.

407 Eingehend Heinz, in: Heinz/Storz, 1992, S. 84 ff. Von der Tatseite her gesehen sind die Unterschiede zwischen den einzelnen Diversionsrichtlinien manchmal augenfällig. So ist beispielsweise der in den meisten Richtlinien aufgeführte Straftatenkatalog für die Einstellungsmöglichkeit nach § 45 Abs. 1 JGG deutlich unterschiedlich. In bezug auf Täterseite sind Richtlinien zu finden, die eine Anwendung des § 45 Abs. 1 JGG nur auf „erstmalig auffällige" Jugendliche beschränken. Andere Richtlinien dagegen sehen ein Absehen von der Verfolgung nach § 45 Abs. 1 JGG auch noch im Wiederholungsfall vor.

408 LG Münster (Nordrhein-Westfalen) und LG Neuruppin (Brandenburg).

4.6 Einführung in die §§ 45, 47 JGG

Das in Deutschland geltende Jugendgerichtsgesetz von 1953[409] bietet im Rahmen der §§ 45, 47 JGG die Möglichkeit, auf Jugendstraftaten ohne ein förmliches Urteil zu reagieren.

Diese im deutschen Jugendstrafrecht vorgesehenen Einstellungsmöglichkeiten beruhen zum einen auf dem Opportunitätsprinzip, mit dem der Verfolgungszwang (Legalitätsprinzip) durchbrochen wird. Zum anderen ist das im Jugendstrafrecht vorherrschende Subsidiaritätsprinzip zu nennen, wonach informelle Erledigungsweisen und ambulante Maßnahmen Vorrang vor einer Sanktionierung durch förmliches Urteil und stationäre Sanktionen haben.

§ 45 JGG stellt die wesentliche Grundlage für die sog. Diversion im Jugendstrafverfahren dar. Diese Vorschrift sieht drei Varianten von Diversion, d.h. von informeller Verfahrenserledigung vor. Sie erlaubt trotz Bestehen allgemeiner Prozeßvoraussetzungen, strafrechtlicher Verantwortlichkeit i.S.d. § 3 JGG sowie hinreichenden Tatverdachts i.S.d. § 2 JGG i.V.m. § 203 StPO einen Abbruch des formellen Strafverfahrens, sanktionslos oder gekoppelt an erzieherischen Maßnahmen.

§ 45 JGG gliedert sich in drei Absätze und ist somit im Sinne eines Stufenmodells zu verstehen. Dabei ist § 45 Abs. 1 JGG grundsätzlich primär zu prüfen. Nur wenn die Anwendung dieses Abs. 1 ausscheidet, ist Abs. 2 und ggf. Abs. 3 in Betracht zu ziehen.

1. Zunächst kann der Jugendstaatsanwalt ohne Beteiligung des Richters gem. § 45 Abs. 1 JGG i.V.m. § 153 StPO bei geringfügigen Straftaten das Verfahren sanktionslos einstellen.
2. Nach § 45 Abs. 2 JGG kann der Staatsanwalt weiterhin die Einstellung des Verfahrens ohne Beteiligung des Richters veranlassen, wenn eine erzieherische Maßnahme bereits durchgeführt oder eingeleitet worden ist. Daher ist nach dieser Variante die Einstellung des Verfahrens mit einer erzieherischen Maßnahme verbunden.
3. Wenn die Voraussetzungen der Abs. 1 und Abs. 2 nicht gegeben sind, ermöglicht § 45 Abs. 3 JGG weiterhin eine Einstellung des Verfahrens durch den Staatsanwalt, diesmal aber mit Beteiligung des Jugendrichters und unter Anregung einer der in Abs. 3 erwähnten jugendrichterlichen Sanktionen. Formelle Voraussetzung für diese dritte Variante der Diversion ist das Geständnis des Jugendlichen.

§ 47 JGG eröffnet dem Jugendrichter die Möglichkeit der Einstellung des Verfahrens nach Erhebung der öffentlichen Klage durch den Jugendstaatsanwalt.

Eine Einstellung durch den Jugendrichter ist nach Anklageerhebung in allen Stadien des Verfahrens zulässig, also nicht nur im Hauptverfahren, wo sie am häufigsten

---

409 i.d.F.d. Bekanntmachung vom 11.12.1974 (BGBl I, S. 3427).

erfolgt, sondern auch schon im Zwischenverfahren sowie im Berufungs- oder Revisionsverfahren bis zur Rechtskraft des Urteils.[410]

Nach Erhebung der Anklage kann der Jugendrichter das Verfahren nach § 47 JGG aus vier Gründen einstellen. Dabei benötigt er die Zustimmung des Jugendstaatsanwalts. Die Voraussetzungen für eine richterliche Einstellung sind grundsätzlich die gleichen wie diejenigen der staatsanwaltschaftlichen Einstellung nach § 45 JGG:

- Nach § 47 Abs. 1 S. 1 Nr. 1 JGG kann eine Einstellung des Verfahrens unter den Voraussetzungen des § 153 StPO erfolgen.
- Nach § 47 Abs. 1 S. 1 Nr. 2 JGG wird die Einstellung des Verfahrens vorgenommen, wenn erst nach Einreichung der Anklage festgestellt wird, daß eine erzieherische Maßnahme i.S.d. § 45 Abs. 2 JGG bereits durchgeführt oder eingeleitet worden ist.
- Nach § 47 Abs. 1 S. 1 Nr. 3 JGG kommt eine Verfahrenseinstellung in Betracht, wenn der Richter nach Eröffnung des Hauptverfahrens eine Entscheidung durch Urteil für entbehrlich hält und gegen den geständigen Jugendlichen eine in § 45 Abs. 3 JGG bezeichnete Maßnahme anordnet.
- Die in § 47 Abs. 1 S. 1 Nr. 4 JGG letztgenannte Einstellungsmöglichkeit knüpft nicht an einer der Voraussetzungen des § 45 JGG an; vielmehr kommt es auf die Voraussetzung der strafrechtlichen Verantwortlichkeit des Jugendlichen gem. § 3 JGG nach Eröffnung des Hauptverfahrens an.

Gemäß dem durch das 1.JGGÄndG neu eingeführten § 47 Abs. 1 S. 2 JGG kann der Richter mit Zustimmung des Jugendstaatsanwaltes das Verfahren zunächst vorläufig einstellen und dem Jugendlichen eine Frist von höchstens sechs Monaten setzen, innerhalb derer er den in § 47 Abs. 1 S. 1 Nr. 2 und 3 JGG angeordneten erzieherischen Maßnahmen nachzukommen hat. Kommt der Jugendliche tatsächlich den Weisungen, Auflagen bzw. der angeordneten erzieherischen Maßnahme nach, so stellt der Richter das Verfahren endgültig ein.

Im folgenden wird eine ausführliche Analyse der Verfahrenseinstellung nach § 45 JGG von seiten der Staatsanwaltschaft im Rahmen des Opportunitätsprinzips vorgenommen. Anschließend wird auf die Verfassungsmäßigkeit dieser staatsanwaltschaftlichen Diversionstätigkeit im Jugendstrafverfahren eingegangen. In diesem Sinne werden von einem Teil der Lehre, wie oben angeführt, erhebliche verfassungsrechtliche Bedenken gegen diese Einstellungskompetenz des Jugendstaatsanwalts vorgebracht. Dabei gehen die Vertreter dieser Auffassung grundsätzlich von einer vermeintlichen „Kompetenzverlagerung“ richterlicher Aufgaben auf die Figur des Staatsanwalts aus. Da die Einstellung des Verfahrens nach § 47 JGG hingegen durch den Jugendrichter erfolgt, treten in diesem Fall keine verfassungsrechtlichen Bedenken auf, so daß hier eine Analyse dieser Vorschrift ausbleibt.

---

[410] Brunner/Dölling, 1996, § 47 Rdnr. 5; Diemer, in: DSS, 1999, § 47 Rdnr. 6; Eisenberg, 2000, § 47 Rdnr. 6; Ostendorf, 2000, § 47 Rdnr. 3; Rzepka, in: Nix, 1994, § 47 Rdnr. 10.

5. Die sanktionslose Einstellung durch den Jugendstaatsanwalt gem. § 45 Abs. 1 JGG

5.1 Einleitung

Nach der Umstellung des § 45 JGG durch das 1.JGGÄndG von 1990 steht gem. § 45 Abs. 1 JGG nunmehr die Einstellung des Verfahrens durch den Jugendstaatsanwalt wegen Geringfügigkeit an erster Stelle innerhalb der jugendstrafrechtlichen Einstellungsgründe.

Als kriminologische Erkenntnis für die Anwendung dieser Diversionsmöglichkeit wird vorrangig zu Felde geführt, daß es sich bei dem überwiegenden Teil der Jugendkriminalität um ein ubiquitäres, normales, episodenhaftes bzw. bagatellhaftes Phänomen handelt. Angesichts dessen spricht alles dafür, die sanktionslose Einstellung (sog. „Non-intervention") innerhalb der in § 45 JGG geregelten Einstellungsvarianten primär zu prüfen.

Nach § 45 Abs. 1 JGG kann der Staatsanwalt ohne Zustimmung des Richters von der Verfolgung absehen, wenn die Voraussetzungen des § 153 StPO vorliegen, d.h. wenn es sich um ein Vergehen i.S.d. § 12 Abs. 2 StGB handelt, die Schuld des Täters gering ist und kein öffentliches Interesse an der Verfolgung besteht.

Bei dieser Diversionsvariante handelt es sich um eine Ermessensvorschrift des Jugendstaatsanwaltes, die vor allem dann eingreift, wenn dieser der Ansicht ist, daß beim Jugendlichen keine erzieherischen Maßnahmen mehr erforderlich sind, da davon ausgegangen werden kann, daß bereits die Entdeckung der Tat und das Ermittlungsverfahren eine ausreichende erzieherische Wirkung erzielt haben.[411]

5.2 Historische Entwicklung

Wie schon bereits erwähnt wurde, war die sog. informelle Erledigung des Jugendstrafverfahrens vor und nach Anklageerhebung bereits in den Jugendgerichtsgesetzen von 1923 und von 1943 vorgesehen.[412]

Einstellungsmöglichkeiten für den Staatsanwalt waren schon in § 32 JGG 1923 geregelt. Allerdings war dieses Einschreiten durch den Jugendstaatsanwalt nur mit Zustimmung des Richters möglich. Insofern war eine sog. Alleinzuständigkeit des Jugendstaatsanwalts im Sinne des heutigen § 45 Abs. 1 JGG nicht vorgesehen. Nach § 32 JGG 1923 konnte der Jugendstaatsanwalt mit Zustimmung des Richters das Verfahren einstellen, wenn eine Erziehungsmaßregel angeordnet war und weitere Maßnahmen nicht erforderlich waren, sowie wenn in besonders leichten Fällen von einer Strafe abgesehen werden konnte.

---

[411] Siehe RiLi Nr. 2 zu § 45 JGG.
[412] Siehe Abschn. 4.3 des 2. Kap.

Mit dem RJGG von 1943 wurde dem Staatsanwalt eine nicht an die Zustimmung des Jugendrichters gebundene Einstellungsbefugnis zuerkannt. Nach § 30 Abs. 2 RJGG 1943 war die Möglichkeit der Nichtverfolgung durch den Staatsanwalt vorgesehen, wenn eine erzieherische Maßnahme, insbesondere eine Arbeitsauflage oder ein „Disziplinarmittel", bereits angeordnet war. Desweiteren konnte der Staatsanwalt nach § 30 Abs. 2 S. 2 RJGG „in besonders leichten Fällen von der Verfolgung absehen". Mit dieser Einstellungsmöglichkeit wurde die heutige Vorschrift des § 45 Abs. 1 JGG vorweggenommen. Eine Zustimmung des Jugendrichters war in diesen beiden Fällen nicht vorgesehen.

Mit Inkrafttreten des JGG von 1953 wurden die Einstellungsvorschriften im Jugendstrafrecht in §§ 45, 47 JGG neu geregelt. Einstellungsmöglichkeiten durch den Jugendstaatsanwalt ohne Zustimmung des Jugendrichters waren in § 45 Abs. 2 JGG 1953 in zwei Nummern gegliedert, wobei die heutige § 45 Abs. 1 JGG an letzter Stelle der Einstellungsmöglichkeiten nach § 45 JGG 1953 geregelt war.[413]

Schließlich erhielt die Vorschrift des § 45 JGG durch das 1.JGGÄndG von 1990 ihre heutige Regelung. Die sanktionslose Einstellung durch den Staatsanwalt ohne Zustimmung des Jugendrichters rückte an die erste Stelle der Einstellungsmöglichkeiten im Jugendstrafrecht.

5.3 Die sog. „Diversion to nothing" gem. § 45 Abs. 1 JGG

Gem. § 45 Abs. 1 JGG kann der Jugendstaatsanwalt nach seinem pflichtgemäßen Ermessen das Verfahren ohne Zustimmung des Richters einstellen, wenn die Voraussetzungen des § 153 StPO vorliegen. Danach ist erforderlich, daß es sich um ein Vergehen handelt, bei dem die Schuld des Täters „als gering anzusehen wäre" und bei dem zusätzlich kein öffentliches Interesse an der Strafverfolgung besteht.

Abweichend von § 153 StPO, wonach die Einstellung von seiten des Staatsanwaltes generell der Zustimmung des Richters bedarf, gilt für die Einstellung gem. § 45 Abs. 1 JGG, daß immer ohne Zustimmung des Jugendrichters eingestellt werden kann.

Beginnend mit der ersten Voraussetzung, kommt eine Einstellung des Verfahrens, der Verweisung von § 45 Abs. 1 JGG auf § 153 StPO entsprechend, nur bei Vergehen i.S.d. § 12 Abs. 2 StGB in Betracht, d.h. bei rechtswidrigen Taten, die im Mindestmaß mit einer Freiheitsstrafe unter einem Jahr oder mit einer Geldstrafe bedroht sind.

Was die Schuld des Täters anbelangt, so muß diese als gering betrachtet werden. Aus dieser Formulierung läßt sich wohl nach herrschender Meinung ableiten, daß es keines Nachweises der geringen Schuld bedarf. Die Entscheidung über eine

[413] Dabei ist erneut auf RiLi Nr. 5 a.F. zu § 45 JGG (a.F.) hinzuweisen, wonach der Staatsanwalt nur in „seltenen Ausnahmefällen" nach § 153 StPO verfahren sollte, da das Absehen von der Verfolgung ohne jede Maßnahme bei Jugendlichen „nachteilige erzieherische Wirkungen" hervorrufen konnte. Inzwischen wurde diese Ansicht durch die neue RiLi Nr. 2 zu § 45 JGG aufgehoben.

Verfahrenseinstellung wird nach der anzunehmenden Schuld für die konkrete Verfahrenslage getroffen.

§ 45 Abs. 1 JGG i.V.m. § 153 StPO verlangt als dritte Voraussetzung ein fehlendes öffentliches Interesse an der Strafverfolgung. Hierbei ist das öffentliche Interesse allerdings anders als im Erwachsenenstrafrecht zu beurteilen. Ein aus spezialpräventiven Überlegungen konzipiertes Jugendstrafrecht weicht weitgehend von den generalpräventiven Aspekten ab, welche das Erwachsenenstrafrecht prägen. Während im letzteren das öffentliche Interesse an der Strafverfolgung sowohl an spezial- als auch an generalpräventiven Gründen gemessen wird, ist nach herrschender Meinung im Jugendstrafrecht kein Raum für generalpräventive Erwägungen. Maßgebend im Jugendstrafrecht ist die positive Individualprävention. Generalpräventive Überlegungen sind im Jugendstrafrecht Fehl am Platz.[414]

Von der Tatseite her gesehen, findet § 45 Abs. 1 JGG in der Regel bei jugendtypischen Verfehlungen – sog. Bagatelldelikten – mit geringem Schuldgehalt und geringen Auswirkungen Anwendung, bei denen kein Bedarf an zusätzlichen jugendstrafrechtlichen erzieherischen Maßnahmen besteht. Ebenfalls in diesem Sinne sprechen sich die Begründung des Regierungsentwurfes zum 1.JGGÄndG[415] sowie die RiLi Nr. 2 zu § 45 JGG[416] aus. Beide Regelungen weisen ferner zu Recht darauf hin, daß schon die Auswirkungen der Tatentdeckung und des eingeleiteten Ermittlungsverfahrens mitsamt den dadurch ausgelösten Reaktionen der Bezugspersonen weitere erzieherische Maßnahmen entbehrlich machen können. Jugendliche, mitunter auch Heranwachsende, können das Ermittlungsverfahren einschließlich der damit im Zusammenhang stehenden Eingriffe und Zwangsmaßnahmen[417] als zum Teil erheblich belastende Umstände erleben, welche vor allem bei Bagatelltaten die Auferlegung von zusätzlichen erzieherischen Maßnahmen entbehrlich machen können.

Von der Täterseite her gesehen wird von der h.M. angenommen, daß die sanktionslose Diversionsvariante gem. § 45 Abs. 1 JGG nicht nur bei Ersttätern in Betracht kommt.[418] Vielmehr kann diese auch unter bestimmten Voraussetzungen bei mehrfach auffällig gewordenen Jugendlichen gerechtfertigt sein, wenn der Jugendliche in erheblichem Abstand zu der zuletzt zurückliegenden Straftat oder wegen einer Straftat auffällig wird, die mit der vorangegangenen weder im Hinblick auf das geschützte Rechtsgut noch nach der Art der Tatbegehung zu vergleichen ist. Maßgebend sind in diesem Sinne die Umstände des Einzelfalles.[419]

Die von seiten der einzelnen Bundesländer erlassenen „Diversionsrichtlinien",[420] welche, wie angeführt, in erster Linie zum Ziel hatten, die Anwendung von § 45 JGG

---

[414] Ostendorf, 2000, § 45 Rdnr. 10.

[415] BT-Drucks. 11/5829, S. 23.

[416] Danach ist § 45 Abs. 1 JGG insbesondere bei Straftaten erstmals auffälliger Jugendlicher mit einem geringeren Schuldgehalt und geringeren Auswirkungen anzuwenden.

[417] z.B. polizeiliche Vernehmung, Durchsuchung, Zeugenbefragung, Ermittlungen der JGH, elterliche Reaktionen, etc.

[418] Entgegen RiLi Nr. 2 zu § 45 JGG.

[419] Zustimmend RegE 1.JGGÄndG 1990 (BT-Drucks. 11/5829), S. 23 f.; auch Brunner/Dölling, 1996, § 45, Rdnr. 17; Diemer, in: DSS, 1999, § 45 Rdnr. 12.

[420] Siehe dazu Abschn. 4.5 des 2. Kap.

weitgehend zu vereinheitlichen, haben in der Anlage sog. Bagatellkataloge für die Anwendung des § 45 Abs. 1 JGG beigefügt. Danach werden als jugendtypisch und geringfügig folgende Straftaten angesehen, bei denen eine sanktionslose Einstellung des Verfahrens gem. § 45 Abs. 1 JGG erfolgen kann:[421]

- Diebstahl geringwertiger Sachen und vergleichbare Taten (Unterschlagung, Hehlerei, Betrug), in denen das Gesetz auf § 248a StGB verweist.
- Leichte Fälle der Sachbeschädigung in jugendtypischen Situationen oder mit jugendtypischer Motivation (§ 303 StGB).
- Vorsätzliche Körperverletzung bei leichtem Angriff und leichten Folgen (§ 223 StGB).
- Fahrlässige Körperverletzung (§ 229 StGB) bei geringer Schuld und leichten Folgen.
- Leichte Fälle der Beleidigung (§ 185 StGB).
- Unbefugter Gebrauch eines Fahrzeugs (§ 248b StGB), soweit eine Fahrerlaubnis nicht erforderlich ist.
- Beförderungserschleichung (§ 265a StGB).
- Leichte Fälle der Verkehrsunfallflucht (§ 142 StGB).
- Fahren ohne Fahrerlaubnis (§ 21 StVG).
- Leichte Fälle des Verstoßes gegen das Pflichtversicherungsgesetz (§§ 1, 6 PflVG) und/oder die Abgabenordnung (§ 370 AO).
- Geringfügige Verstöße gegen strafrechtliche Nebengesetze, wie etwa das Waffengesetz, das Ausländer- und Asylverfahrensgesetz oder das Betäubungsmittelgesetz.

Eine Einstellung des Verfahrens nach § 45 Abs. 1 JGG kommt also nur bei Vergehen in Betracht, d.h. bei jugendtypischen Verfehlungen Jugendlicher geringeren Gewichts,[422] wie z.B. Diebstahl geringfügiger Sachen (vor allem Ladendiebstahl). Darüber hinaus bei fahrlässiger Körperverletzung, unbefugtem Gebrauch eines Fahrzeuges oder Verstößen gegen strafrechtliche Nebengesetze, wie z.B. Fahren ohne Fahrerlaubnis (§ 21 StVG).

Ein Geständnis des Jugendlichen ist – wie in § 45 Abs. 2 JGG – bei dieser Einstellungsmöglichkeit nicht Voraussetzung, sofern der Tat- und Schuldnachweis auf andere Weise geführt werden kann und der Beschuldigte nicht widerspricht.[423]

---

[421] Zu diesem Straftatenkatalog siehe u.a. Heinz, DVJJ-Journal 3 (1999), S. 262 ff.; Heinz, in: Heinz/Storz, 1992, S. 85 ff.; van den Woldenberg, 1993, S. 36 f.; Ostendorf, 2000, § 45 Rdnr. 10.

[422] z.B. liegt die Schadenshöchstgrenze bei bestimmten Vermögensdelikten in den meisten Diversionsrichtlinien bei 100,- DM.

[423] Ostendorf, 2000, § 45 Rdnr. 10. In der heutigen Regelung des § 45 JGG wird nur ein Geständnis des Beschuldigten in § 45 Abs. 3 JGG verlangt, was schließlich auf erhebliche verfahrensrechtliche Bedenken von seiten der h.M. stößt. Ausführlich zu dieser Problematik in § 45 Abs. 3 JGG siehe Abschn. 7.3 des 2. Kap.

Die Einstellungsmöglichkeit des § 45 Abs. 1 JGG erlaubt unter den genannten Voraussetzungen des § 153 StPO eine sanktionslose (sog. „Diversion to nothing"), wenn auch nicht folgenlose Einstellung des Verfahrens, da gem. § 60 Abs. 1 Nr. 7 BZRG die Entscheidung des Jugendstaatsanwalts nach § 45 Abs. 1 JGG in das Erziehungsregister einzutragen ist. Die Angemessenheit dieser Eintragungspflicht ist im Jugendstrafrecht recht umstritten. Zwar könnte sich dies einerseits für den jugendlichen Beschuldigten positiv auswirken, wenn er in einem möglichen zukünftigen Verfahren und aufgrund dieser registrierten Information mit einer nützlichen, bzw. hilfreichen Maßnahme bedacht werden könnte. Andererseits ist die Tatsache nicht von der Hand zu weisen, daß dieser Jugendliche im Vergleich zu einem Erwachsenen in einer entsprechenden Verfahrenssituation benachteiligt werden kann, da Einstellungen nach § 153 StPO, anders als in § 45 Abs. 1 JGG, nicht eintragungspflichtig sind. Daher könnte der jugendliche Beschuldigte mit einer Entscheidung gem. § 45 Abs. 1 JGG gegenüber den Einstellungsvorschriften des allgemeinen Strafverfahrens schlechter gestellt werden. Aus diesen Gründen werden kriminalpolitische Forderungen laut, die eine Streichung „de lege ferenda" dieser Eintragungspflicht nach § 60 Abs. 1 Nr. 7 BZRG anstreben.[424]

Äußerst umstritten ist ferner, ob § 153 StPO auch im Jugendstrafrecht Anwendung finden kann, oder vielmehr jene Vorschrift durch § 45 Abs. 1 JGG als „lex specialis" im vollen Umfang verdrängt wird. Eine mögliche Anwendung des § 153 StPO im Jugendstrafrecht ist so bedeutsam, weil Voraussetzungen und Rechtsfolgen beider Einstellungsvorschriften erhebliche Unterschiede voneinander aufweisen. So ist zum einen für die Einstellung gem. § 45 Abs. 1 JGG im Gegensatz zu § 153 StPO die Zustimmung des Richters nicht erforderlich. Zum anderen und am gravierendsten sind wohl die registerrechtlichen Unterschiede beider Vorschriften, da Einstellungen gem. §§ 45, 47 JGG generell nach § 60 Abs. 1 Nr. 7 BZRG eintragungspflichtig sind, wohingegen die Einstellungen gem. §§ 153, 153a StPO keine registerrechtlichen Folgen haben.

Ausgangspunkt für die Konkurrenz der staatsanwaltschaftlichen Einstellungsmöglichkeiten im Jugendstrafrecht zu den staatsanwaltschaftlichen Opportunitätsvorschriften nach der StPO ist § 2 JGG, wonach die allgemeinen Vorschriften nur im Jugendstrafrecht gelten, „soweit in diesem Gesetz (JGG, Anm.) nichts anders bestimmt ist".

Hinsichtlich dieser Problematik haben sich in der Rechtslehre einerseits unter Auslegung des § 2 JGG und andererseits unter Zugrundelegung eines als spezialpräventiv konzipierten Jugendstrafrechts zwei Positionen herauskristallisiert.

Ein Teil der Lehre spricht sich für eine unmittelbare Anwendung des § 153 StPO als die am wenigsten belastende Maßnahme im Jugendstrafrecht aus, um die Jugendlichen/Heranwachsenden wegen der registerrechtlichen Folgen einer Einstellung nach § 45 Abs. 1 JGG nicht gegenüber Erwachsenen zu benachteiligen.[425]

---

[424] Albrecht, 2000, S. 126; auch Ostendorf, 2000, Grdl. zu §§ 45, 47, Rdnr. 9; Rzepka, in: Nix, 1994, § 45 Rdnr. 56; a.M. Böhm, 1996, S. 102 f., der gleichwohl dafür plädiert, Eintragungen ins Erziehungsregister nach §§ 45, 47 JGG nach Erreichen des 24. Lebensjahres des Eingetragenen zu löschen.

[425] So Bohnert, NJW 1980, S. 1931; LG Itzehoe = StV 1993, S. 537; Ostendorf, 2000, § 45 Rdnr. 5; Eisenberg, 2000, § 45, Rdnr. 10, spricht sich für die unmittelbare Anwendung des § 153 StPO aus, wenn eine Zustimmung des Gerichts vorliegt. In diesem Sinne ist dort folgendes zu lesen: „Eine Einstellung nach § 153

Einem anderen Teil der Lehre zufolge ist eine Anwendung des § 153 StPO im Jugendstrafrecht grundsätzlich auszuschließen.[426] Unter Zugrundelegung des § 2 JGG verdrängt § 45 Abs. 1 JGG als „lex specialis" die Vorschrift des § 153 StPO. Dementsprechend ist § 45 Abs. 1 JGG eine vollständige Regelung, die einer möglichen Anwendung des § 153 StPO im Jugendstrafrecht keinen Raum läßt.

Die Entscheidung des Staatsanwalts gem. § 45 Abs. 1 JGG muß nicht endgültig sein. Nach h.M. tritt durch sie weder ein Verbrauch der Strafklage, noch eine – zumindest eingeschränkte – Rechtskraftwirkung ein. Dementsprechend kann die Strafverfolgung jederzeit wieder aufgenommen werden, ohne daß es neuer Beweismittel oder Tatsachen bedarf, wie es andererseits in § 45 Abs. 3 JGG i.V.m. § 47 Abs. 3 JGG verlangt wird.

Die Einstellung wegen Geringfügigkeit gem. § 45 Abs. 1 JGG ist die weniger belastende Reaktion. Insofern ist dieser Einstellungsgrund entsprechend dem im Jugendstrafrecht herrschenden Subsidiaritätsprinzip primär zu prüfen. Gerade im Jugendstrafverfahren kommt diese Diversionsmöglichkeit in Betracht, da es sich hier vielfach um Bagatellen handelt und die Straftaten in der Mehrzahl der Fälle einen episodenhaften Charakter aufweisen, die keiner weiteren strafrechtlichen Reaktion bedürfen. Die sog. „Diversion to nothing" hat somit Vorrang vor einer sog. „Diversion by intervention".

6. Die Einstellung durch den Jugendstaatsanwalt mit erzieherischen Maßnahmen gem. § 45 Abs. 2 JGG

6.1 Einleitung

Gemäß § 45 Abs. 2 JGG sieht der Staatsanwalt ebenfalls – wie in § 45 Abs. 1 JGG der Fall war – ohne Zustimmung des Richters von der Verfolgung ab, „wenn eine erzieherische Maßnahme bereits durchgeführt oder eingeleitet ist und er weder eine Beteiligung des Richters nach Abs. 3 noch die Erhebung der Anklage für erforderlich hält". Nach dieser Diversionsmöglichkeit scheidet weitgehend die sog. „Diversion to nothing" des § 45 Abs. 1 JGG aus. Vielmehr ist in diesem Fall aufgrund der eintretenden erzieherischen Maßnahme von einem sog. „Diversion by intervention" die Rede.

StPO wird durch § 45 Abs. 1 JGG grundsätzlich ausgeschlossen, da Abs. 1 dem Jugendstaatsanwalt bereits ohne Zustimmung des Richters das Absehen von der Verfolgung ermöglicht. (...) Zu bedenken ist jedoch, daß eine Entscheidung des Jugendstaatsanwalts nach § 45 Abs. 1 in das Erziehungsregister eingetragen wird (§ 60 Abs. 1 Nr. 7 BZRG). (...) Daher ist immer dann, wenn die Zustimmung des Gerichts vorliegt, nach § 153 Abs. 1 StPO einzustellen, sofern die übrigen Voraussetzungen der Bestimmung erfüllt sind"; zustimmend Albrecht, 2000, S. 132; auch Nothacker, JZ 1982, S. 61.

426 So Böhm, 1996, S. 101; Brunner/Dölling, 1996, § 45, Rdnr. 3; Diemer, in: DSS, 1999, § 45, Rdnr. 9; van den Woldenberg, 1993, S. 44; Schaffstein/Beulke, 1991, S. 186 gehen von einer abschließenden Sonderregelung des § 45 Abs. 1 JGG aus, welcher auf die speziellen Belange junger Straftäter zugeschnitten ist. Die Erziehungskonzeption des JGG könne im Einzelfall zu staatlichen Reaktionen führen, die vom Betroffenen als „härter" eingestuft werden als die Vorgehensweise, die bei Anwendung vom Erwachsenenstrafrecht zu erwarten gewesen wäre. Die sei vor allem auch im registerrechtlichen Bereich möglich.

Nach dem Wortlaut des § 45 Abs. 2 JGG ist der Staatsanwalt zum Absehen von der Strafverfolgung verpflichtet,[427] wenn, erstens, eine erzieherische Maßnahme bereits durchgeführt oder eingeleitet ist und insofern er weder, zweitens, die Beteiligung des Richters nach Abs. 3, noch, drittens, die Erhebung der Anklage für erforderlich hält.

Die Anwendung von § 45 Abs. 2 JGG ist im Gegensatz zu § 45 Abs. 1 JGG nicht ausschließlich an das Vorliegen eines Vergehens gebunden. Vielmehr kann die Vorschrift des § 45 Abs. 2 JGG für Straftaten angewendet werden, die das StGB gem. § 12 Abs. 1 als Verbrechen einstuft.

6.2 Historische Entwicklung

Die Regelung des heutigen § 45 Abs. 2 JGG wurde schon in § 30 Abs. 2 S. 1 RJGG 1943 vorweggenommen. In dieser Vorschrift war die Möglichkeit vorgesehen, wonach der Staatsanwalt von der Verfolgung abzusehen hatte,[428] „wenn eine erzieherische Maßnahme, namentlich eine Arbeitsauflage, oder eine Disziplinarmaßnahme bereits angeordnet" war und dadurch eine Ahndung durch den Richter als entbehrlich einzustufen war. Diese erzieherischen Maßnahmen dienten im wesentlichen zur Erziehung des Jugendlichen und sollten in erster Linie von Personen oder Stellen getroffen werden, denen Erziehungsaufgaben für Jugendliche oblagen.[429]

Mit dem JGG 1953 waren in § 45 Abs. 2 JGG zwei Alternativen zur Einstellung des Verfahrens im Jugendstrafrecht geregelt: Nach Nr. 1 konnte der Staatsanwalt ohne Zustimmung des Jugendrichters von der Verfolgung absehen,[430] wenn eine erzieherische Maßnahme, welche eine Ahndung durch den Richter entbehrlich machte, bereits angeordnet war. Nach h.M. umfaßte der Begriff der „erzieherischen Maßnahme" diejenigen justizfremder Stellen, die zum Zwecke der Erziehung des Jugendlichen dienten, wie z.B. die Erziehungsberechtigten, das Jugendamt, der Lehrmeister oder die Schule, wobei alle aufgeführten Institutionen oder Personen zur Anordnung einer erzieherischen Maßnahmen befugt waren.[431] Wie im RJGG 1943 war somit der informellen sozialen Kontrolle Vorrang vor der formellen eingeräumt.

Nach der durch das 1.JGGÄndG 1990 erfolgten Neugliederung des § 45 JGG wurde § 45 Abs. 2 Nr. 1 JGG a.F. zu dem heutigen § 45 Abs. 2. Diese Vorschrift ist nun wieder als zwingende Form (sog. „Mußvorschrift") eines Absehens von der Verfolgung ausgestaltet worden. Ferner ist jetzt geregelt, daß nicht mehr darauf abgestellt werden soll, ob eine erzieherische Maßnahme „angeordnet", sondern lediglich darauf, ob sie durchgeführt oder eingeleitet worden ist.

---

[427] § 45 Abs. 2 JGG ist seit dem 1.JGGÄndG 1990 als sog. „Mußvorschrift" ausgestaltet worden. Der Wortlaut ist hierbei eindeutig: „Der Staatsanwalt sieht von der Verfolgung ab, (...)".

[428] Insofern war die alte Regelung des § 30 Abs. 2 S. 1 RJGG 1943 wie die heutige Regelung des § 45 Abs. 2 JGG auch als „Mußvorschrift" konzipiert.

[429] Peters, 1947, S. 43.

[430] Im Gegensatz zu § 32 Abs. 2 S. 1 RJGG 1943 sowie zu dem heutigen § 45 Abs. 2 JGG war die Regelung gem. § 45 Abs. 2 Nr. 1 JGG a.F. nicht als zwingende Vorschrift ausgestaltet.

[431] Potrykus, 1955, § 45 Bem. 7.

6.3 Die sog. „Diversion by intervention" gem. § 45 Abs. 2 JGG

Wenn § 45 Abs. 1 JGG nicht in Betracht kommt, ist auf der nächsten Stufe der Einstellungsmöglichkeiten im Jugendstrafrecht § 45 Abs. 2 JGG zu prüfen. Die Nichtanwendbarkeit des § 45 Abs. 1 JGG kann darauf beruhen, daß die Voraussetzungen des § 153 Abs. 1 StPO nicht gegeben sind. Dies könnte etwa der Fall sein, wenn die Schuld des Beschuldigten an der ihm zur Last gelegten Tat nicht gering oder wenn diese Tat ein Verbrechen ist.[432]

Wie schon oben angeführt, sieht der Staatsanwalt gem. § 45 Abs. 2 JGG ebenfalls ohne Zustimmung des Richters von der Verfolgung ab, „wenn eine erzieherische Maßnahme bereits durchgeführt oder eingeleitet ist und er weder eine Beteiligung des Richters nach Abs. 3 noch die Erhebung der Anklage für erforderlich hält".

Einerseits muß in dieser Einstellungsmöglichkeit die Tatsache hervorgehoben werden, daß § 45 Abs. 2 JGG keine Ermessensvorschrift des Jugendstaatsanwaltes darstellt.[433] Diese Einstellungsvariante ist nunmehr als zwingende Vorschrift ausgestaltet worden. Sie billigt dem Jugendstaatsanwalt bei ihrer Anwendung keinen Ermessensspielraum mehr zu. Andererseits ist zu berücksichtigen, daß in § 45 Abs. 2 JGG die informelle Erledigung des Verfahrens mit der Einleitung bzw. Durchführung einer erzieherischen Maßnahme verbunden ist. Abweichend vom § 45 Abs. 1 JGG handelt es sich hierbei nicht mehr um eine schlichte „Diversion to nothing", sondern vielmehr um eine „Diversion by intervention".

Der Begriff der „erzieherischen Maßnahme" geht im Hinblick auf die Einstellungsmöglichkeit nach § 45 Abs. 2 JGG weitgehend über die Erziehungsmaßregeln des § 9 JGG hinaus und umfaßt im weitesten Sinne alle Maßnahmen, die zur erzieherischen Einwirkung auf den Jugendlichen von privater oder öffentlicher Seite durchgeführt oder eingeleitet worden sind.[434] Die Entscheidung darüber, ob die erzieherische Maßnahme ausreicht, um ein Absehen von der Verfolgung zu rechtfertigen, obliegt nach § 45 Abs. 2 JGG allein dem Staatsanwalt. Wie in § 45 Abs. 1 JGG erfolgt das Absehen von der Verfolgung ohne Zustimmung des Jugendrichters.

Die entscheidende Frage bezüglich dieser Einstellungsmöglichkeit bzw. Kernpunkt aller Bedenken in der Literatur ist, wer die erzieherischen Maßnahmen anordnen bzw. einleiten kann.

Grundsätzlich besteht Einigkeit darüber, daß der Gesetzgeber durch die Regelung des § 45 Abs. 2 JGG der informellen Sozialkontrolle Vorrang vor der formellen

---

[432] Der Anwendungsbereich des § 45 Abs. 2 JGG erstreckt sich somit – abweichend von § 45 Abs. 1 JGG – auch auf Verbrechen i.S.v. § 12 StGB.

[433] Im Gegensatz zu der Einstellungsvariante nach § 45 Abs. 1 JGG, wonach die sog. „Kann-Regelung" weitgehend auf eine Ermessensvorschrift des Jugendstaatsanwaltes hinweist, wurde durch das 1.JGGÄndG die bis dahin geltende „Kann-Regelung" durch eine obligatorische Ausgestaltung („sieht...ab") ersetzt. Mit dieser Änderung wurden den von der Ad-hoc-Kommission „Diversion" gemachten Empfehlungen im Sinne einer verstärkten Nutzung informeller Erledigungsformen Rechnung getragen.

[434] Clages, Kriminalistik 49 (1995), S. 610; Eisenberg, 2000, § 45 Rdnr. 19.

Sozialkontrolle einräumt. Damit wird auch dem im Jugendstrafrecht leitenden Subsidiaritätsprinzip Rechnung getragen.

In diesem Sinne sind zunächst die elterlichen Maßnahmen zu beachten, die die Eltern des Jugendlichen anläßlich der begangenen Tat treffen können. Insofern ist das elterliche Erziehungsrecht nach Art. 6 Abs. 2 GG und ihr Personensorgerecht nach § 1626 BGB zu berücksichtigen. Ferner sind auch andere Erziehungsberechtigte wie z.B. Erzieher im Rahmen des KJHG,[435] Schule, Bewährungshelfer, Jugendgerichtshelfer, Vormundschaftsrichter, oder andere Bezugspersonen mit einzubeziehen, die zur Einleitung bzw. Durchführung von erzieherischen Maßnahmen befugt sind. Schließlich sind auch alle Maßnahmen zu berücksichtigen, die aufgrund der beschuldigten Tat schon getroffen wurden.[436]

Der Gesetzgeber vertritt somit die Einsicht, daß „erzieherische Maßnahmen aus dem sozialen Umfeld des Jugendlichen nachdrücklicher empfunden werden und – folgen sie der Tat auf dem Fuße – besonders geeignet sind, die Schuldeinsicht zu fördern und das künftige Verhalten des Jugendlichen zu beeinflussen".[437] Da diese erzieherischen Maßnahmen im sozialen Umfeld des Jugendlichen stattfinden, können sie verstärkt das künftige Verhalten des Jugendlichen beeinflussen und somit zu einer Änderung seines Verhaltens führen.

Der Begriff der „erzieherischen Maßnahme" und ihre Anordnung i.S.v. § 45 Abs. 2 JGG ist in der Praxis auf erhebliche Weise ausgedehnt worden. Es werden in diesem Sinne erzieherische Maßnahmen beigefügt, welche von anderen Säulen der Sozialkontrolle zur Anwendung gebracht werden. Insofern können auch erzieherische Maßnahmen zu einem Absehen von der Verfolgung nach § 45 Abs. 2 JGG führen, die von am Jugendstrafverfahren beteiligten Instanzen veranlaßt worden sind. Damit sind beispielsweise ein pädagogisches Gespräch mit der Polizei, oder eine erzieherische Maßnahme von seiten der Jugendgerichtshilfe gemeint.[438] In diesem Sinne kann eine erzieherische Wirkung auf den Jugendlichen ausgehen, wenn beispielsweise der Jugendsachbearbeiter der Polizei im Rahmen der Tatermittlungen ein Gespräch mit dem

---

435 Diesbezüglich von Bedeutung erscheint § 52 Abs. 2 SGB VIII (KJHG), welcher die Mitwirkung des Jugendamtes in Verfahren nach dem Jugendgerichtsgesetz regelt. Nach dieser Vorschrift besteht für das Jugendamt die Verpflichtung, frühzeitig zu prüfen, ob für den Jugendlichen oder den jungen Volljährigen Leistungen der Jugendhilfe in Betracht kommen. Ist dies der Fall, so muß eine Mitteilung an die Justiz erfolgen, damit geprüft werden kann, ob aufgrund der eingeleiteten oder gewährten erzieherischen Maßnahme ein Absehen von der Verfolgung nach § 45 JGG oder eine Einstellung des Verfahrens nach § 47 JGG erfolgen kann. Bezüglich der Einstellungsmöglichkeit nach § 45 Abs. 2 JGG ist der Staatsanwalt die entscheidende Instanz. Nach welchen Kriterien aber der Staatsanwalt entscheidet, ob die eingeleitete erzieherische Maßnahme von seiten der Jugendhilfe ausreicht, um ein Absehen von der Verfolgung nach § 45 Abs. 2 JGG zu rechtfertigen, ist gesetzlich nicht geregelt. Es wird aber in diesem Sinne angenommen, der Staatsanwalt habe sich an die Schwere der Tat und an die damit korrelierende Eingriffsintensität der Maßnahme leiten zu lassen (siehe dazu Wiesner, u.a., 2000, § 52 Rdnr. 56).

436 So Ostendorf, 2000, § 45 Rdnr. 12.

437 RegE 1.JGGAndG (BT-Drucks. 11/5829), S. 24. Auch in diesem Sinne siehe RiLi Nr. 3 S. 2 zu § 45 JGG: „Sie können (die erzieherischen Maßnahmen, Anm.) von den Erziehungsberechtigten, aber z.B. auch vom Jugendamt, der Schule oder dem Ausbilder ausgehen".

438 Weiterhin RegE 1.JGGÄndG (BT-Drucks. 11/5829), S. 24: „Überwiegend wird davon ausgegangen, daß sich regelmäßig bereits aus den Niederschriften und Vermerken der Polizei Angaben zur persönlichen und sozialen Situation des Beschuldigten, insbesondere zu bereits erfolgten erzieherischen Reaktionen des sozialen Umfeldes, ergeben (...).Gegebenenfalls kann auch die Jugendgerichtshilfe über bereits erfolgte erzieherische Maßnahmen oder über eine beachtliche Verhaltensänderung des Jugendlichen nach der Tat berichten".

Jugendlichen führt, welches dann später im Rahmen der Verfahrenseinstellung gem. § 45 Abs. 2 JGG als eine „erzieherische Maßnahme" eingestuft werden kann.[439] Ferner kann die Jugendgerichtshilfe im Rahmen der Persönlichkeitsforschung[440] – im Gegensatz etwa zu der sog. „Diversion to nothing" gem. § 45 Abs. 1 JGG, wo eine Persönlichkeitserforschung des Jugendlichen angesichts des Bagatellcharakters der Straftat unnötig erscheint – erzieherisch auf den Jugendlichen einwirken. So kann ein Gespräch des Jugendgerichtshelfers mit dem Beschuldigten als eine geeignete erzieherische Maßnahme gewertet werden, die dann dem Jugendstaatsanwalt erlaubt, gem. § 45 Abs. 2 JGG von einer weiteren Verfolgung abzusehen.[441]

Die entscheidendste Frage bezüglich der Einstellungsmöglichkeit gem. § 45 Abs. 2 JGG und nach wie vor Kernpunkt einer lebhaften Diskussion in der Literatur ist, ob und wenn ja inwieweit der Staatsanwalt selbst die Voraussetzungen für ein Absehen von der Verfolgung nach § 45 Abs. 2 JGG schaffen kann, in dem Sinne, ob er auch als am Jugendstrafverfahren beteiligte Instanz selbst befugt ist, erzieherische Maßnahmen anzuregen oder einzuleiten und anschließend von der Verfolgung gem. § 45 Abs. 2 JGG abzusehen.[442]

---

[439] Diese angeführte Möglichkeit wird durch eine Reihe von sog. polizeilichen Diversionsprogrammen in der Bundesrepublik Deutschland praktiziert, wie z.B. das „Bielefelder"-Informationsmodell. Diesem Modellprojekt liegt die Erkenntnis zugrunde, daß der Polizeibeamte den ersten Kontakt auf offizieller Seite mit dem jugendlichen Beschuldigten aufnimmt. Aus diesem Kontakt könne die Polizei unmittelbare Informationen und Eindrücke von dem Jugendlichen und seinem sozialen Umfeld in Erfahrung bringen sowie beispielsweise von bereits erfolgten Reaktionen von seiten der Erziehungsberechtigten auf die begangene Tat. Mit Hilfe dieser Information, welche in einem Informationsbogen reflektiert wird, könnten dem Staatsanwalt wichtige Erkenntnisse von dem Beschuldigten vermittelt werden, die alle zu einem Absehen von der Verfolgung gem. § 45 Abs. 2 JGG führen könnten. Ausführlich zu diesem Diversionsmodell siehe Rzepka, 1993, S. 11 ff. sowie Albrecht, Kriminalistik 42 (1988), S. 427 ff. Im übrigen steht dieses Diversionsmodell weitgehend in Einklang mit den verfassungsrechtlichen Prinzipien. Das „Bielefelder"-Informationsmodell bezweckt lediglich eine Veränderung der polizeilichen Tätigkeit im Bereich des Jugendstrafverfahrens, ohne der Polizei jedoch eine selbständige Entscheidung über Einstellung des Verfahrens einzuräumen. In diesem Sinne ist die sog. Polizei-Diversion – also die eigenständige Erledigungskompetenz für die Polizei ohne vorherige staatsanwaltschaftliche Kontrolle – abzulehnen. Anders als in den USA werden in der Bundesrepublik die Aufgaben der Polizei für das jugendstrafrechtliche Ermittlungsverfahren vom Legalitätsprinzip gesetzlich abschließend bestimmt (vgl. § 163 StPO).

[440] Das Tätigkeitsfeld der Jugendgerichtshilfe ist vornehmlich dadurch gekennzeichnet, im Jugendstrafverfahren die Erforschung der Persönlichkeit des Jugendlichen sowie seines sozialen Umfeldes zur Geltung zu bringen (§ 38 Abs. 2 JGG).

[441] Diese sozusagen „sanktionsvermeidende" Funktion der JGH ist mit dem am 1.4.1993 in Kraft getretenen Ersten Gesetz zur Änderung des Achten Buches Sozialgesetzbuch (BGBl, 1993 I, S. 239 ff.) und die Neufassung des § 52 Abs. 2 KJHG gestärkt worden. Ferner hat sich die Jugendgerichtshilfe in letzter Zeit als tragende Säule vielfältiger Diversionsprogramme erwiesen, die grundsätzlich im Rahmen des § 45 Abs. 2 JGG erfolgen. Zu erwähnen sind u.a. das „STOP-Programm" INTEG in Mönchengladbach, oder das „Marler"-Modell. Beide Modelle verfolgen grundsätzlich das Ziel, durch eine frühestmögliche Einschaltung der JGH nach § 38 Abs. 3 S. 2 JGG die Voraussetzungen für eine Einstellung nach § 45 Abs. 2 JGG durch bestimmte von seiten der JGH eingeleitete erzieherische Maßnahmen zu schaffen. Ausführlich zu dem ersteren Modell siehe Kirchhoff/Wachowius, in: Kury (Hrsg.), 1982, S. 390 ff. Zu dem zweiten siehe Beckmann, in: Kury (Hrsg.), 1985, S. 417 ff. Indes werden von einem Teil des Schrifttums erhebliche Bedenken gegen eine solche Diversionspraxis der JGH erhoben. Es wird dabei angeführt, eine Sanktionsaufgabe durch die JGH könne gegen das im Art. 92 GG verankerte „Richtermonopol" sowie gegen das Gewaltenteilungsprinzip gem. Art. 20 Abs. 2 S. 2 GG verstoßen, indem die JGH Ermittlungs- und Sanktionskompetenzen unter einen Hut bringt. Siehe dazu Dirnaichner, 1990, S. 287 ff., der sich auf eine fehlende Rechtsgrundlage bezieht; auch van den Woldenberg, 1993, S. 111 ff., 143 ff.; ferner Ostendorf, 2000, § 45 Rdnr. 15, der seine Bedenken gegenüber dem Marler-Modell äußert, weil die Jugendgerichtshilfe damit allzusehr die Rolle eines Justizorgans übernehme.

[442] Zahlreiche in der Bundesrepublik Deutschland laufenden Diversionsprogramme basieren auf der Annahme einer derart gestalteten Rolle des Staatsanwalts im Rahmen des § 45 Abs. 2 JGG, wie z.B. das Modellprojekt

Übt der Jugendstaatsanwalt eine Rechtsprechungstätigkeit im Sinne des Art. 92 GG aus, wenn er nach § 45 Abs. 2 JGG eine erzieherische Maßnahme anregt oder anordnet, aufgrund derer er anschließend von der Verfolgung des Verfahrens gegen den Jugendlichen absieht? Kann der Staatsanwalt ohne Einschaltung des Jugendrichters „divertierend" tätig sein?

Von einem Teil des Schrifttums werden erhebliche rechtsstaatliche Bedenken hinsichtlich dieser Diversionstätigkeit von seiten des Staatsanwalts vorgebracht. Ob diese Bedenken stichhaltig sind, wird im Abschnitt 8 des laufenden Kapitels ausführlich analysiert.

Weitgehende Übereinstimmung in der Literatur besteht darin, daß der Jugendstaatsanwalt hinsichtlich der in § 45 Abs. 2 JGG genannten erzieherischen Maßnahmen keine „Anordnungskompetenz" hat, daß er aber erzieherische Maßnahmen „anregen" darf, wobei diese „angeregten" Maßnahmen nicht die dem Richter in § 45 Abs. 3 JGG gezogene Eingriffsgrenze überschreiten dürfen.[443]

In diesem Zusammenhang ist es aber streitig, welche Eingriffsintensität die vom Staatsanwalt angeregten erzieherischen Maßnahmen erreichen kann, namentlich, ob der Staatsanwalt auf die in § 45 Abs. 3 JGG genannten Maßnahmen zurückgreifen darf oder nicht. Bezüglich dieser Reichweite der Anregungskompetenz des Staatsanwalts haben sich in der Literatur drei Positionen zur Auslegung der staatsanwaltschaftlichen Diversion nach § 45 Abs. 2 JGG herauskristallisiert:[444]

1. Eine extensive Auffassung will dem Staatsanwalt eine „Anregungskompetenz" in dem Maße zubilligen, wie sie der Jugendrichter nach § 45 Abs. 3 JGG Maßnahmen anordnen kann. In diesem Sinne könne der Staatsanwalt bezüglich ihrer Anregungskompetenz auf die in § 45 Abs. 3 JGG genannten erzieherischen Maßnahmen zurückgreifen.
2. Nach einer restriktiven Auffassung habe der Staatsanwalt keine „Anregungskompetenz". Zulässig solle lediglich eine „Ermahnung" sein, wenn und soweit dieses Gespräch nicht Bedingung für eine Einstellung sei, sondern nur der Klärung der Grundlage für die staatsanwaltschaftliche Entscheidungsbildung diene.
3. Schließlich will eine vermittelnde Meinung dem Staatsanwalt eine (im unterschiedlichen Maße) eingeschränkte „Anregungskompetenz" zubilligen, so

---

in Braunschweig oder das „Lübecker"-Modell. Das letztere gilt als eines der ältesten und am meisten bekanntgewordenen deutschen Diversionsmodelle. Nach diesem Diversionsmodell kann ein Vernehmungsgespräch des Jugendstaatsanwaltes mit dem Jugendlichen als eine erzieherische Maßnahme angesehen werden, so daß eine Einstellung des Verfahrens nach § 45 Abs. 2 JGG durch den Jugendstaatsanwalt beschlossen werden kann. Erscheint dem Jugendstaatsanwalt aber eine zusätzliche Maßnahme sinnvoll, so kann er den Eltern oder den Erziehungsberechtigten eine Arbeitsleistung oder die Teilnahme an einem Verkehrsunterricht anregen. Ausführlich zu diesem Modell siehe: Pohl-Laukamp, Kriminalistik 37 (1983), S. 131 ff.

[443] Brunner/Dölling, 1996, § 45 Rdnr. 21; Heinz, ZStW 104 (1992), S. 629 f.; ders. in: DVJJ (Hrsg.) 1996, S. 364; Ostendorf, 2000, § 45 Rdnr. 12; Schaffstein/Beulke, 1998, S. 232; Schimmel, 2000, S. 22.

[444] Diese sind augenblicklich nur stichwortartig zu erwähnen, da eine ausführliche Analyse deren im Abschn. 8.2 des 2. Kap. erfolgt.

etwa, neben einem Ermahnungsgespräch, Anregungen an die Erziehungsberechtigten zu erzieherischen Maßnahmen geben.

Nach der erfolgten Darstellung wird ersichtlich, wie die Meinungen des Gesetzgebers einerseits und die von verschiedenen Teilen der Literatur andererseits im Hinblick auf diese staatsanwaltschaftliche Diversionstätigkeit voneinander abweichen.

Der Regierungsentwurf zum 1.JGGÄndG geht von einer solchen „Anregungskompetenz" des Jugendstaatsanwalts aus, und zwar auch zu solchen Maßnahmen, die in § 45 Abs. 3 JGG erwähnt sind. Demnach kann der Jugendstaatsanwalt „auch selbst die Voraussetzungen für ein Absehen von der Verfolgung nach § 45 Abs. 2 JGG schaffen, falls noch keine angemessene erzieherische Reaktion erfolgt ist".[445] Auch die Richtlinien zum Jugendgerichtsgesetz aus dem Jahre 1994 haben diese Auffassung in Nr. 3 S. 3 zu § 45 weitgehend übernommen: „Ist noch keine angemessene erzieherische Reaktion erfolgt, so prüft die Staatsanwaltschaft, ob sie selbst die Voraussetzungen für die Einstellung des Verfahrens herbeiführen kann".[446] Ein solches aktives Eingreifen solle für den Staatsanwalt kein Anordnen, sondern lediglich ein Anregen bedeuten.[447]

Gegen die Möglichkeit eines solchen Einschreitens des Jugendstaatsanwalts sind inzwischen von einem Teil der Literatur große Bedenken erhoben worden. Es wird dabei angeführt, der Gesetzeswortlaut des § 45 Abs. 2 JGG, der weitgehend von einer durchgeführten oder eingeleiteten erzieherischen Maßnahme ausgeht, spreche zunächst gegen eine staatsanwaltschaftliche Anordnungskompetenz, ja sogar gegen die Anregung erzieherischer Maßnahmen.[448] Um diese Interpretation zu untermauern, stützt sich dieser Teil des Schrifttums auf verfassungsrechtliche Prinzipien wie das Gewaltenteilungsprinzip (Art. 20 Abs. 2 S. 2 GG), die Unschuldsvermutung (Art. 6 Abs. 2 EMRK) und insbesondere auf das Richtermonopol (Art. 92 GG). Bezüglich des zuletzt erwähnten

---

[445] RegE 1.JGGÄndG (BT-Drucks. 11/5829), S. 24. Schon die Ad-hoc Kommission „Diversion" hatte 1988 in ihren Empfehlungen die Meinung vertreten, daß der Jugendstaatsanwalt selbst die Voraussetzung für ein Absehen von der Verfolgung nach § 45 Abs. 2 Nr. 1 JGG a.F. schaffen könne, wenn noch keine angemessene erzieherische Reaktion erfolgt sei. Vgl. Empfehlungen der Ad-hoc Kommission „Diversion" vom 5. Februar 1988, in: BMJ (Hrsg.), 1989, S. 14.

[446] Allerdings erfordert RiLi Nr. 3 S. 4 zu § 45 JGG weitgehend, daß der Beschuldigte mit der vorgeschlagenen Maßnahme einverstanden ist und daß die Erziehungsberechtigten und der gesetzliche Vertreter nicht widersprechen. Zustimmend dazu: Brunner/Dölling, JGG 1996, § 45 Rdnr. 25, wobei diese eine Zustimmung des Erziehungsberechtigten oder gesetzlichen Vertreters ausdrücklich verlangen; a.M. Müller, DRiZ 1996, S. 444, der sich darauf stützt, daß die zu einem solchen Einverständnis erforderliche „Mündigkeit" des Jugendlichen in vielen Fällen anzuzweifeln sei.

[447] Auch in diesem Sinne sprechen sich einige Richtlinien zur Förderung der Diversion der einzelnen Bundesländer (Diversionsrichtlinien) aus. Richtungsweisend z.B. Brandenburg: Einstellung von Jugendstrafverfahren nach §§ 45, 47 JGG (Diversion) vom 22. Dezember 2000 (4210 III.1), abgedruckt in: DVJJ-Journal 2 (2001), S. 186: „(...) Unbeschadet von Vorstehendem (Voraussetzungen für die Tätigkeit der Staatsanwaltschaft im Rahmen des § 45 Abs. 2 JGG, Anm.) ist die Staatsanwaltschaft im Rahmen ihres Beurteilungs- und Ermessensspielraums nicht gehindert, bei Vorliegen der dort angenommenen Voraussetzungen andere Reaktionsmöglichkeiten zu ergreifen oder auch in den dort nicht aufgeführten Fällen die Voraussetzungen des § 45 JGG als gegeben anzunehmen". Siehe auch Berlin: Gemeinsame Anordnung der Senatsverwaltungen für Justiz, für Inneres und für Schule, Jugend und Sport zur vermehrten Anwendung des § 45 JGG im Verfahren gegen Jugendliche und Heranwachsende (Diversionsrichtlinien) vom 22. März 1999 (SenJust IV A 4), abgedruckt in: DVJJ-Journal 2 (1999), S. 202.

[448] Diemer, in: DSS, 1999, § 45 Rdnr. 14; Dirnaichner, ZfJ 78 (1991), S. 17; van den Woldenberg, 1993, S. 155.

Prinzips werden Stimmen in der Literatur laut, wonach schwerwiegende Sanktionen in einem Rechtsstaat ausschließlich von einem unabhängigen Richter festgesetzt werden sollten. Werde aber der Jugendstaatsanwalt im Rahmen des § 45 Abs. 2 JGG divertierend tätig, so finde eine sog. „Kompetenzverlagerung" zugunsten des Staatsanwaltes statt. Dies führe letztendlich zu einer Rückkehr zum Inquisitionsprozeß, in dem sich Ankläger und Urteilender in einer Person vereinigen, was schließlich einen Verstoß gegen Art. 92 GG darstelle.[449]

Ob die dargestellten verfassungsrechtlichen Bedenken hinsichtlich einer staatsanwaltschaftlichen Diversionstätigkeit im Rahmen des § 45 Abs. 2 JGG stichhaltig sind, wird im Abschnitt 8 des laufenden Kapitels ausführlich analysiert.

Ein Geständnis des beschuldigten Jugendlichen ist für § 45 Abs. 2 JGG – ebenfalls wie in § 45 Abs. 1 JGG – und in Abgrenzung zu § 45 Abs. 3 JGG nicht Voraussetzung.[450] Dabei wird einerseits argumentiert, daß in § 45 Abs. 1 und 2 JGG leichtere Voraussetzungen für ein Absehen von der Verfolgung aufgestellt werden als in § 45 Abs. 3 JGG. Darüber hinaus könne ein Geständnis niemals den Tatnachweis ersetzen, denn § 170 Abs. 2 StPO geht gegenüber § 45 JGG vor. Doch andere Argumente zielen tiefer, namentlich auf die Gefahren, die ein Geständnis im Wege der Diversion für jugendliche Beschuldigte verbergen könnte: Die Geständnisbereitschaft Jugendlicher sei sehr groß, wobei auch die Möglichkeit eines falschen Geständnisses nicht auszuschließen sei. Ferner würden sich unter Jugendlichen Verweigerungen zeigen, sich zum Rechtsbruch zu bekennen, sei es aus Trotz oder aus Scham. Aus diesen Gründen würden den Jugendlichen mit der Voraussetzung eines Geständnisses nicht die Vorteile des § 45 Abs. 2 JGG zugute kommen.[451]

In § 45 Abs. 2 S. 2 JGG – eingeführt durch das 1.JGGÄndG 1990 – wird die Möglichkeit vorgesehen, wonach das Bemühen des beschuldigten Jugendlichen um einen Ausgleich mit dem Geschädigten (Täter-Opfer-Ausgleich) der Einleitung oder Durchführung einer erzieherischen Maßnahme i.S.v. § 45 Abs. 2 S. 1 JGG gleichsteht.[452]

Der Jugendstaatsanwalt braucht nicht zuzuwarten, bis die angelegte erzieherische Maßnahme erfolgreich abgeschlossen ist. Nach dem Wortlaut des § 45 Abs. 2 S. 1 JGG reicht es zur Verfahrenseinstellung aus, wenn die erzieherische Maßnahme schlicht

---

[449] Siehe dazu die Überlegungen von Kausch: Der Staatsanwalt, ein „Richter vor dem Richter?", 1980, S. 235 f. in bezug auf die Sanktionsbefugnis von seiten des Staatsanwalts gem. § 153a StPO.

[450] Bohnert, NJW 1980, S. 1931. Auch Häner, StV 12 (1984), S. 530 ff. Beide Autoren beziehen sich in ihren Kommentaren auf § 45 Abs. 2 JGG a.F.; ferner Eisenberg, 2000, § 45 Rdnr. 18; Diemer, in: DSS, 1999, § 45 Rdnr. 17; Ostendorf, 2000, § 45 Rdnr. 14. Nach RiLi Nr. 3 S. 4 zu § 45 JGG genügt, daß der Jugendliche den Tatvorwurf nicht ernstlich bestreitet; a.M. Breymann, ZfJ 74 (1985), S. 16; Brunner/Dölling, 1996, § 45 Rdnr. 24. Es wird dabei angeführt, daß mit der Voraussetzung eines Geständnisses ein Schutz des Beschuldigten erreicht werden solle.

[451] So Ostendorf, 2000, § 45 Rdnr. 14.

[452] Vgl. dazu das Gesetz zur strafverfahrensrechtlichen Verankerung des Täter-Opfer-Ausgleichs vom 20.12.1999 (BGBl I, S. 2491), wonach § 153a StPO als Einstellungsvorschrift des allgemeinen Strafverfahrensrechts mit der Durchführung eines TOA als mögliche Weisung oder Auflage ergänzt worden ist. Siehe dazu Fn. 348.

eingeleitet, aber noch nicht durchgeführt worden ist.[453] Eine – wie in § 45 Abs. 3 JGG vorgesehene – „Bewährungsfrist" sieht somit das Gesetz nicht vor.

Bricht aber der Jugendliche die eingeleitete erzieherische Maßnahme ab, oder ist bis zu einem bestimmten Zeitpunkt kein nennenswerter erzieherischer Erfolg zu verzeichnen, so kann der Staatsanwalt das bereits eingestellte Ermittlungsverfahren wieder aufnehmen. Eine gewisse Bestandskraft – wie in § 45 Abs. 3 S. 4 i.V.m. § 47 Abs. 3 JGG erfolgt – kommt der Einstellung des Verfahrens nach § 45 Abs. 2 JGG grundsätzlich nicht zu.[454]

Wie in § 45 Abs. 1 JGG wird die Entscheidung nach § 45 Abs. 2 JGG i.V.m. §§ 20, 59, 60 Abs. 1 Nr. 7, Abs. 2 BZRG in das Erziehungsregister beim Bundeszentralregister eingetragen. Diese Mitteilungspflicht wird von der Literatur aus spezialpräventiven Gründen, namentlich unter dem Aspekt einer Schlechterstellung Jugendlicher gegenüber Erwachsenen und unter Verweis auf das Prinzip der Unschuldsvermutung, da nach dieser Diversionsentscheidung keine Schuldfeststellung durch einen unabhängigen Richter erfolgt, heftig kritisiert. Darüber hinaus steht diese Registrierung in Widerspruch zu den Erkenntnissen der Kriminologie über die Ubiquität von kriminellem Verhalten bei jungen Menschen, sowie zu dem Ziel einer sog. Entstigmatisierung als theoretische Grundlage der Diversion. Es mehren sich deshalb die Stimmen, die eine Streichung dieser Mitteilungspflicht fordern.[455]

7. Die Einstellung mit Einschaltung des Jugendrichters gem. § 45 Abs. 3 JGG

7.1 Einleitung

Im Rahmen der Diversionsmöglichkeiten nach dem Jugendgerichtsgesetz kommt das sog. „formlose richterliche Erziehungsverfahren" dem Subsidiaritätsprinzip zufolge erst an dritter Stelle in Betracht.

Nach § 45 Abs. 3 JGG kann der Jugendstaatsanwalt weiterhin noch ohne Anklageerhebung das Verfahren einstellen. Aber abweichend von § 45 Abs. 1 und Abs. 2 JGG wird hier eine Einschaltung des Richters erforderlich.

Hält der Jugendstaatsanwalt aus erzieherischen oder anderen Gründen die Erhebung der Anklage oder einen Antrag auf vereinfachtes Jugendverfahren gem. § 76 JGG für entbehrlich, gleichwohl aber eine Entscheidung nach § 45 Abs. 1 oder Abs. 2 JGG für erzieherisch nicht ausreichend, so kann er auf die Einstellungsvariante des § 45 Abs. 3 JGG zugreifen. Hält der Jugendstaatsanwalt die Einschaltung des Jugendrichters

---

453 Albrecht, 2000, S. 125; siehe auch RegE 1.JGGÄndG (BT-Drucks. 11/5829), S. 24: „Der Staatsanwalt sieht schon von der Verfolgung ab, wenn bei längerfristig angelegten erzieherischen Maßnahmen, etwa der Aufnahme eines Ausbildungsverhältnisses, der Beginn der Maßnahme erfolgt ist".

454 Brunner/Dölling, 1996, § 45 Rdnr. 28 i.V.m. Rdnr. 20; Rzepka, in: Nix, 1994, § 45 Rdnr. 36.

455 Siehe dazu Müller, DRiZ 1996, S. 447; Ostendorf, 2000, Grdl. zu §§ 45, 47, Rdnr. 9; Rzepka, in: Nix 1994, § 45 Rdnr. 56. Nach einer stichprobenartigen Untersuchung wurde belegt, daß Entscheidungen nach § 45 JGG in 27% der Fälle nicht in das Erziehungsregister eingetragen werden (siehe dazu Heinz, u.a.: Kriminologische Forschung in den achtziger Jahren, hrsg. von Kaiser/Kury/Albrecht, 1988, S. 643, Fn. 13).

für erzieherisch geboten, kann er beim Jugendrichter die in § 45 Abs. 3 JGG erwähnten erzieherischen Maßnahmen anregen.

Formelle Voraussetzung für diese dritte Variante der Diversion ist zum einen neben dem Tat- und hinreichendem Schuldnachweis nach § 170 StPO das Geständnis des Jugendlichen, zum anderen die Sanktionsanordnung durch den Jugendrichter auf Anregung der Staatsanwaltschaft.

Diese Form der intervenierenden Diversion, geregelt in § 45 Abs. 3 JGG, ist wegen der breiten vorgesehenen Reaktionsmöglichkeiten nicht nur auf Erst- und Bagatelltäter beschränkt, sondern findet in der Praxis auch im Bereich des sog. mittleren Kriminalitätsbereichs und im Fall von Wiederholungstätern Anwendung.[456]

7.2 Historische Entwicklung

Die Auferlegung erzieherischer Maßnahmen von seiten des Jugendrichters auf Anregung des Jugendstaatsanwaltes war in § 32 JGG 1923 nicht geregelt.

In § 30 Abs. 1 RJGG 1943 war die Möglichkeit vorgesehen, wonach der Staatsanwalt entweder beim Vormundschaftsrichter oder beim Jugendrichter die Anordnung von Erziehungsmaßnahmen anregen konnte. Demnach konnte der Staatsanwalt den Vorgang entweder dem Vormundschaftsrichter oder dem Jugendrichter vorlegen. Entsprachen diese Justizorgane den vom Staatsanwalt angeregten Maßnahmen, so konnte dies eine Einstellung des Verfahrens bewirken.[457]

Mit dem JGG 1953 war in § 45 Abs. 1 JGG als erste Diversionsvariante innerhalb der jugendstrafrechtlichen Einstellungsmöglichkeiten die Einstellung des Verfahrens mit Einschaltung des Jugendrichters vorgesehen. Dadurch machte der Gesetzgeber deutlich, daß die Einschaltung des Jugendrichters innerhalb der Einstellungsmöglichkeiten gem. § 45 JGG a.F. als Regelfall ansah.[458] Desweiteren wurde in diese Vorschrift die Voraussetzung eines Geständnisses eingeführt, dessen Sinn bis heute noch äußerst umstritten ist.[459]

Durch das 1.JGGÄndG 1990 rückte § 45 Abs. 1 JGG a.F. an letzte Stelle der Einstellungsmöglichkeiten des neu gefaßten § 45 JGG i.d.F.d. 1.JGGÄndG. Der neue § 45 Abs. 3 JGG wurde – abweichend von der alten Regelung – nunmehr als „Mußvorschrift“ ausgestaltet. Des weiteren wurden die durch Anordnung des Jugendrichters zur Anwendung kommenden Maßnahmen nach § 45 Abs. 3 JGG durch die neu eingeführten ambulanten Maßnahmen der Arbeitsleistungen und des Täter-Opfer-Ausgleichs erweitert.

---

456 van den Woldenberg, 1993, S. 39.

457 Nach Peters, 1944, § 30, S. 115 könnte der Vormundschaftsrichter jede Erziehungsmaßregel des RJGG und des allgemeinen Jugendpflegerechts anordnen. Der Jugendrichter hingegen könnte nur besondere Pflichten gem. § 9 RJGG sowie eine Arbeitsverpflichtung auferlegen oder eine Ermahnung aussprechen.

458 Schaffstein/Beulke, 1987, S. 166.

459 Mit der Änderung des § 45 JGG 1953 durch das EGStGB vom 2.3.1974 wurde sogar diese Geständnisvoraussetzung am Anfang der Vorschrift umgeleitet. Danach ging es bei einer Einstellung nach § 45 Abs. 1 JGG nicht in erster Linie darum, ob der Staatsanwalt „eine Ahndung durch Urteil für entbehrlich“ hielte, sondern darum, ob „der Beschuldigte geständig“ sei.

Nach dem neuen § 45 Abs. 3 JGG soll der Staatsanwalt diese Diversionsmöglichkeit anwenden, wenn er eine der dort bezeichneten richterlichen Maßnahmen für erforderlich, die Erhebung der Anklage aber nicht für notwendig hält. Bis zur Neuformulierung des § 45 JGG war das entscheidende Kriterium, ob der Staatsanwalt eine Ahndung durch Urteil für entbehrlich hielt. Die Neufassung des § 45 JGG vermeidet somit den Begriff der „Ahndung“ und wählt als Bezugspunkt nicht mehr das Urteil, sondern die Anklageerhebung. An der Voraussetzung eines Geständnisses wird nach einigem Schwanken und trotz der in der Literatur geübten Kritik nach wie vor festgehalten.

7.3 Das sog. „formlose richterliche Erziehungsverfahren“ gem. § 45 Abs. 3 JGG

Die in § 45 Abs. 3 JGG aufgestellten Voraussetzungen bedeuten –verglichen mit § 45 Abs. 1 und Abs. 2 JGG – eine eindeutige Erhöhung der Anforderungen für ein Absehen von der Strafverfolgung. Wie schon oben angeführt wurde, ist für die Anwendung des § 45 Abs. 3 JGG einerseits der Tat- und Schuldnachweis bzw. ein Geständnis des jugendlichen Beschuldigten erforderlich; andererseits die Sanktionsanordnung durch den Jugendrichter auf Anregung des Staatsanwaltes.

Nach § 45 Abs. 3 JGG erfolgt eine zwingende Einschaltung des Jugendrichters von seiten des Jugendstaatsanwalts zur Einstellung des Verfahrens. Dabei regt der Jugendstaatsanwalt beim Jugendrichter die Anordnung von bestimmten Maßnahmen an, wenn er diese für erforderlich, gleichwohl aber die Erhebung der Anklage nicht für geboten hält.

Infolgedessen ist der Staatsanwalt nicht mehr einzelne Entscheidungsinstanz für diese Diversionsalternative. Vielmehr sieht die Vorschrift eine gewissermaßen obligatorische Einschaltung des Richters vor, wenn der Staatsanwalt die Anordnung einer der in § 45 Abs. 3 JGG genannten Maßnahmen für erforderlich hält, um damit ein Absehen von der Verfolgung im Rahmen der Diversion herbeizuführen.

Dementsprechend läßt sich zweifelsfrei festhalten, daß die eigentliche Entscheidungsinstanz nach dieser Einstellungsvariante der Jugendrichter ist. Freilich steht weiterhin dem Staatsanwalt die Kompetenz zur Einstellung zu.

Wie schon oben angeführt, ist diese Form der „intervenierenden Diversion“ nicht nur auf Erst- und Bagatelltäter beschränkt, sondern findet in der Praxis wohl auch im Bereich der mittleren Kriminalität bzw. im Falle von Wiederholungstätern Anwendung.

Die Maßnahmen, die gem. § 45 Abs. 3 S. 1 JGG dem Jugendrichter auf Anregung des Jugendstaatsanwaltes zur Verfügung stehen, unterscheiden sich nach der Intensität ihres Eingriffes auf den jungen Täter erheblich voneinander. Desweiteren ist der Katalog der Maßnahmen, die der Jugendrichter anordnen kann, in § 45 Abs. 3 JGG abschließend geregelt.

Als erste erzieherische Maßnahme – und überhaupt als eingriffsschwächste – kommt die sog. „Ermahnung“ in Betracht. Diese ist – im Unterschied zur in § 14 JGG angeführten Verwarnung – eine formlos ausgesprochene Zurechtweisung, die in der Regel mündlich erteilt werden sollte.[460] Weiterhin kann der Jugendrichter dem Jugendlichen bestimmte in § 10 JGG geregelte Weisungen auferlegen,[461] namentlich Arbeitsleistungen zu erbringen (§ 10 Abs. 1 S. 3 Nr. 4 JGG), sich zu bemühen, einen Ausgleich mit dem Verletzten zu erreichen (Täter-Opfer-Ausgleich, vgl. § 10 Abs. 1 S. 3 Nr. 7 JGG), oder ihm die Teilnahme an einem Verkehrsunterricht auferlegen (§ 10 Abs. 1 S. 3 Nr. 9 JGG).[462] Schließlich kann der Jugendrichter dem Jugendlichen Auflagen erteilen; insoweit gilt der abschließende Katalog des § 15 JGG.[463].

Eigentliche Entscheidungsinstanz ist nach dieser Einstellungsvariante der Jugendrichter. Dieser ist grundsätzlich an die Anregung des Staatsanwalts nicht gebunden, d.h. ihm steht die Alternative offen, der Anregung des Staatsanwalts zu entsprechen oder seinen Vorschlag abzulehnen. In diesem Sinne kann er die Anregung des Staatsanwaltes ablehnen, wenn er z.B. eine andere als die vom Staatsanwalt angeregte Maßnahme für erforderlich hält, eine andere Einstellungsart bevorzugt oder die Durchführung einer Hauptverhandlung aus erzieherischen Gründen für nötig hält.[464]

Entspricht der Jugendrichter der Anregung des Staatsanwaltes zu einer der in § 45 Abs. 3 JGG aufgeführten erzieherischen Maßnahme, dann findet das sog. „formlose richterliche Erziehungsverfahren“ statt: Der Jugendrichter lädt den Beschuldigten zu einer Anhörung in seinem Dienstzimmer vor, um sich einen persönlichen Eindruck von ihm zu verschaffen. Durch diese Ladung, zu der auch je nach Bedarf ein Vertreter der JGH oder die Eltern bzw. Erziehungsberechtigte des Beschuldigten herangezogen werden können, wird das Hauptverfahren durch dieses formlose richterliche Erziehungsverfahren ersetzt. Am Ende dieser Anhörung wird die entsprechende Maßnahme erteilt, d.h. eine bestimmte Weisung, Auflage oder eine bloße Ermahnung.

Wird das Verfahren gem. § 45 Abs. 3 JGG entsprechend der Anregung des Staatsanwalts durchgeführt, d.h. hat der Jugendrichter seiner Anregung entsprochen und ist der Jugendliche der angeordneten erzieherischen Maßnahme nachgekommen, so ist für den Jugendstaatsanwalt gem. § 45 Abs. 3 S. 2 JGG zwingend, von der weiteren

[460] Brunner/Dölling, 1996, § 45 Rdnr. 31; Eisenberg, 2000, § 45 Rdnr. 26.

[461] Von bestimmten Weisungen des § 10 JGG, insbesondere der Betreuungsweisung und der Weisung zur Teilnahme an einem sozialen Trainingskurs hat der Gesetzgeber in § 45 Abs. 3 JGG bewußt abgesehen, weil diese wegen ihrer Eingriffsintensität mit den eigentlichen Zwecken der Diversion – so rasch und entstigmatisierend wie möglich zu handeln – nicht vereinbar sind [siehe dazu RegE 1.JGGÄndG vom 27.11.1989 (BT-Drucks. 11/5829), S. 25].

[462] Diese Maßnahme ist grundsätzlich für die Fälle bedacht, in denen der Beschuldigte wegen eines Verkehrsdeliktes auffällig geworden ist.

[463] Danach kommen Schadenswiedergutmachung, Entschuldigung beim Verletzten, Arbeitsleistung und Zahlung eines Geldbetrages zugunsten einer gemeinnützigen Einrichtung in Betracht.

[464] Ist daraufhin der Staatsanwalt mit der Abweichung von seiten des Jugendrichters nicht einverstanden, so ist der Staatsanwalt nicht zur Einstellung des Verfahrens verpflichtet; er kann z.B. das Verfahren nach einer anderen Diversionsmöglichkeit einstellen, ja sogar Anklage erheben. Eine solche Situation könnte sich jedoch für den Jugendlichen verhängnisvoll auswirken, da das im Prinzip angestrebte rasche und mit wenig Stigmatisierung verbundene Verfahren durch mehrere formelle Instanzen fortgeführt wurde. Um diese Auswirkungen zu vermeiden, sollten solche eventuelle Abweichungen des Jugendrichters grundsätzlich im Einvernehmen mit dem Staatsanwalt erfolgen (siehe dazu Brunner/Dölling, 1996, § 45 Rdnr. 33).

Verfolgung abzusehen und das Verfahren einzustellen. Die Entscheidung bezüglich der Einstellung des Verfahrens steht somit nicht in seinem pflichtgemäßen Ermessen. Allerdings gilt diese Annahme nicht uneingeschränkt. Da gem. § 45 Abs. 3 S. 3 JGG keine Möglichkeit besteht, die richterliche Anordnung von Weisungen und Auflagen im Wege der Diversion zwingend durch die Verhängung vom sog. Ungehorsamarrest durchzusetzen,[465] schreibt § 45 Abs. 3 S. 2, 2. Hs. JGG die Möglichkeit vor, wonach der Jugendstaatsanwalt bei der richterlichen Erteilung von Weisungen und Auflagen erst von der Verfolgung absehen kann, nachdem der Jugendliche ihnen nachgekommen ist. Der Staatsanwalt hat deshalb nur auf die Erfüllung der angeordneten Sanktion von seiten des Jugendlichen zu warten.[466] Bei nicht Erfüllung der Weisungen oder Auflagen von seiten des Jugendlichen kann der Staatsanwalt das Verfahren fortsetzen und gegebenenfalls Anklage erheben.

Nach der endgültigen Erfüllung von seiten des jugendlichen Beschuldigten der angeordneten erzieherischen Maßnahmen liegt –abweichend von § 45 Abs. 1 und Abs. 2 JGG – ein Verfahrenshindernis für eine Anklage oder einen Antrag auf vereinfachtes Jugendverfahren nach § 76 JGG vor. Diese Rechtskraft besteht aber nur beschränkt: Gem. § 45 Abs. 3 S. 4 i.V.m. § 47 Abs. 3 JGG – eingeführt durch das 1.JGGÄndG von 1990 – kann das Ermittlungsverfahren wegen derselben Tat aufgrund neuer Tatsachen oder Beweismittel von neuem wieder aufgenommen werden.

Gesetzliche Voraussetzung für die Einstellung nach § 45 Abs. 3 JGG ist ein Geständnis des Beschuldigten. Nach dem Willen des Gesetzgebers kommt diesem Geständniserfordernis eine verfahrenssichernde Aufgabe zu. Es solle damit verhindert werden, daß dem Beschuldigten eine der in § 45 Abs. 3 JGG genannten erzieherischen Maßnahmen im Wege der Diversion auferlegt werden könne, ehe feststehe, ob er eine mit Strafe bedrohte Handlung begangen habe, d.h. ohne daß die Schuldfrage geklärt worden sei. Gleichwohl kann das Geständnis niemals den Tatnachweis ersetzen.[467]

Unter den in § 45 JGG vorgesehenen staatsanwaltschaftlichen Einstellungsmöglichkeiten ist dies die einzige, bei der diese Geständnisvoraussetzung vorgesehen wird. § 45 Abs. 1 und Abs. 2 JGG setzen kein Geständnis des Beschuldigten voraus. Dieses Erfordernis ist in den letzten Jahren von dem überwiegenden Teil der Literatur scharf kritisiert worden.[468] Dabei wird es einerseits auf die hohe

465 §§ 11 Abs. 3 und 15 Abs. 3 JGG sehen die Möglichkeit der Verhängung von Jugendarrest bei schuldhafter Nichterfüllung von seiten des Jugendlichen von den angeordneten Weisungen und Auflagen vor.

466 Im Zusammenhang mit § 45 Abs. 3 S. 2, 1. Hs. JGG hält ein Teil der Literatur für zulässig, daß der Jugendstaatsanwalt in Absprache mit dem Jugendrichter von der Entscheidung über das Absehen von der Verfolgung vorläufig absieht. Bei dieser sog. „Aussetzung der Entscheidung zur Bewährung" wird dem Beschuldigten auferlegt, binnen eines Zeitraumes von möglichst kurzer Dauer die Erfüllung einer der in Abs. 3 vorgesehenen Maßnahmen zu leisten; geschieht dies, so wird von der Verfolgung abgesehen. So Eisenberg, 2000, § 45 Rdnr. 30.

467 Albrecht, 2000, S. 127; Eisenberg, 2000, § 45 Rdnr. 24; Heinz, in: DVJJ (Hrsg.) 1996, S. 365.

468 Albrecht, a.a.O., S. 127; Rzepka, in: Nix, 1994, § 45 Rdnr. 40. Kuhlen, 1988, S. 33 hält die Geständnisvoraussetzung für verfassungswidrig, weil sie ein Mittel der vorweggenommenen Schuldfeststellung sei – es erfolgt hierbei keine Schuldfeststellung durch einen unabhängigen Richter – und deshalb gegen die Unschuldsvermutung verstoße. Voß, 1993, S. 49 bringt zum Ausdruck, daß mit der Voraussetzung eines Geständnisses eine deutliche Schlechterstellung des jugendlichen oder heranwachsenden Tatverdächtigen gegenüber dem erwachsenen Beschuldigten gegeben sei. Hingegen meint Diemer, das Geständnis sei erforderlich, damit ein gewisser Grad an Wahrscheinlichkeit für die Schuld

Geständnisbereitschaft Jugendlicher hingewiesen. Es wird in diesem Sinne argumentiert, ein Jugendlicher könne eine von ihm nicht begangene Tat gestehen und somit eine erzieherische Maßnahme nach § 45 Abs. 3 JGG auf sich nehmen, um ein ansonsten langwieriges und bedrohliches Verfahren zu vermeiden. Die Voraussetzung eines Geständnisses könne somit die Quote falscher Einlassungen erhöhen und somit den Tat- und Schuldnachweis reduzieren. Insofern wird die Sicherungsfunktion des Geständnisses in Frage gestellt. Andererseits wird die Meinung vertreten, durch dieses Geständniserfordernis erfolge eine Schlechterstellung von jugendlichen Beschuldigten gegenüber Erwachsenen.

Äußerst umstritten ist auch das Verhältnis des § 45 Abs. 2 und Abs. 3 JGG mit § 153a StPO, welcher im allgemeinen Strafverfahrensrecht eine Einstellung des Verfahrens verbunden mit der Anordnung von bestimmten Weisungen und Auflagen vorsieht.[469]

Von einem Teil der Lehre wird die Meinung vertreten, die Vorschriften des Jugendstrafrechts, namentlich §§ 2, 45, 47 JGG verdrängen als „leges speciales" im vollen Umfang die §§ 153, 153a StPO. Dementsprechend sei im Falle einer eventuellen Konkurrenz zwischen § 153a StPO und § 45 Abs. 2 oder Abs. 3 JGG die Vorschrift des allgemeinen Strafverfahrensrechts nicht anwendbar.[470]

Hingegen wird von einem anderen Teil der Lehre aus erzieherischen Gründen eine Anwendbarkeit des § 153a StPO neben oder anstelle des § 45 Abs. 3 JGG für zulässig erklärt, wenn mangels Geständnisses § 45 Abs. 3 JGG nicht eingreifen kann oder die mit der Entscheidung nach § 45 Abs. 3 JGG verknüpfte Eintragung in das Erziehungsregister vermieden werden soll, um die Jugendlichen nicht gegenüber den Erwachsenen zu benachteiligen.[471]

---

bestehe und die Chance bestehe, daß die anzuordnenden Maßnahmen „auf fruchtbaren Boden fallen" (siehe Diemer, in: DSS, 1999, § 45 Rdnr. 19).

469 Siehe dazu Abschn. 3.2 des 2. Kap.

470 So Brunner/Dölling, 1996, § 45 Rdnr. 3; Diemer, in: DSS, 1999, § 45 Rdnr. 9; Eisenberg, 2000, § 45 Rdnr. 12.

471 In diesem Sinne Albrecht, 2000, S. 127; Bohnert, NJW 1980, S. 1931; Bottke ZStW 95 (1983), S. 93, oder Nothacker, JZ 1982, S. 61. Diesbezüglich meint dagegen Ostendorf, es sei nicht zulässig, die in § 45 Abs. 3 JGG vorgesehene Geständnisvoraussetzung mit der Anwendung von § 153a StPO zu umgehen. (Ostendorf, 2000, § 45 Rdnr. 6) Was die Eintragung ins Erziehungsregister angeht, differenziert van den Woldenberg bei der Anwendung von §§ 153 ff. StPO oder § 45 Abs. 2 oder Abs. 3 JGG danach, ob diese Eintragung der Verfahrenseinstellung nach Jugendstrafrecht aus Gründen der Prävention als erforderlich anzusehen sei (insoweit Vorrang des § 45 JGG), oder diese Eintragung zu einer Schlechterstellung des Jugendlichen gegenüber eines Erwachsenen führen könne (insoweit Vorrang des § 153a StPO) (siehe van den Woldenberg, 1993, S. 43). Im Ergebnis hält sie aber eine unmittelbare Anwendung der §§ 153 ff. StPO aus Gründen der Benachteiligung der Jugendlichen gegenüber Erwachsenen als unzulässig, so sachgerecht die angeführten Argumente auch erscheinen mögen. Nach § 2 JGG sollen die Einstellungsvorschriften des allgemeinen Strafprozeßrechts als subsidiär angesehen werden.

8. Rechtsstaatliche Bedenken gegen eine sog. „Ausdehnung" der staatsanwaltschaftlichen Tätigkeit im Rahmen des § 45 JGG

8.1 Einleitung. Verfassungsrechtliche Prinzipien

Es wurde schon innerhalb dieser Arbeit darauf hingewiesen, daß hinsichtlich der sog. „staatsanwaltschaftlichen Diversion", sowohl im Jugend- als auch im allgemeinen Strafverfahrensrecht, von einem Teil der Lehre verfahrens- bzw. verfassungsrechtliche Bedenken vorgebracht werden.[472]

Das Hauptargument dieser Kritik bezieht sich auf die Annahme, daß bei Verzicht auf den Jugendrichter bei der Verhängung von erzieherischen Maßnahmen es zu einer Rückkehr zu dem Inquisitionsprozeß kommen könnte, in dem sich Ankläger und Urteilender in der Person des Jugendstaatsanwalts vereinigen. Dabei kommen verfassungsrechtliche Prinzipien in Betracht, insbesondere das Gewaltenteilungsprinzip nach Art. 20 Abs. 2 S. 2 GG, das Richtermonopol nach Art. 92 GG und die Unschuldsvermutung nach Art. 6 Abs. 2 EMRK. Zur Wahrung dieser Prinzipien dürften schwerwiegende Sanktionen nur von einem unabhängigen Richter festgesetzt werden.

Ob und inwieweit diese Einwände stichhaltig sind, ist aber nach wie vor umstritten.

Bezogen auf das Jugendstrafrecht ist die zweite Diversionsvariante nach § 45 Abs. 2 JGG prinzipiell in Betracht zu ziehen. Diesbezüglich werden von der Literatur die größten Bedenken vorgebracht.[473] Heftig umstritten ist die Frage, ob § 45 Abs. 2 JGG eine Rechtsgrundlage für eine divertierende Tätigkeit des Jugendstaatsanwalts in dem Sinne vermittelt, daß der Jugendstaatsanwalt selbst eine erzieherische Maßnahme in die Wege leiten kann und wenn ja in welchem Umfang, auf deren Grundlage er eine Einstellung des Verfahrens nach § 45 Abs. 2 JGG verfügen kann.

Wie schon angeführt, besteht in der Literatur Übereinstimmung lediglich darin, daß der Jugendstaatsanwalt hinsichtlich der in § 45 Abs. 2 JGG genannten erzieherischen

---

[472] Siehe u.a. Dirnaichner, 1990, S. 359 ff.; Mohren, 1998, S. 82 ff.; van den Woldenberg, 1993, S. 147 ff. Im allg. Strafverfahrensrecht siehe Kausch, 1980, S. 225 ff.

[473] In diesem Sinne erscheint die erste Einstellungsmöglichkeit nach § 45 Abs. 1 JGG wenig problematisch, da diese Diversionsvariante nicht mit irgendwelchen Sanktionen verbunden ist. Folglich nimmt der Jugendstaatsanwalt, obwohl er weiterhin als Entscheidungsinstanz bleibt, keine den Richtern vorbehaltene Sanktionskompetenz für sich in Anspruch. Insofern übt er keine Rechtsprechungstätigkeit. i.S.v. Art. 92 GG aus. Eine Einstellung des Verfahrens nach § 45 Abs. 1 JGG ist somit mit den oben angeführten verfassungsrechtlichen Prinzipien zweifellos vereinbar. Vgl. dazu Dölling, in: BMJ (Hrsg.), 1989, S. 245, bzgl. § 45 Abs. 2 Nr. 2 JGG a.F. Siehe auch van den Woldenberg, 1993, S. 147. Darüber hinaus sind gegen die dritte Diversionsvariante nach § 45 Abs. 3 JGG, das sog. „formlose richterliche Erziehungsverfahren", keine verfassungsrechtlichen Bedenken zu erheben. Es steht weiterhin im Ermessen des Staatsanwaltes, ob er das Verfahren fortführt oder beendet. Die Anordnungen der in § 45 Abs. 3 JGG angeführten erzieherischen Maßnahmen werden aber ausschließlich von dem dazu zuständigen Richter getroffen. Die staatsanwaltschaftliche Diversion nach § 45 Abs. 3 JGG steht somit im Einklang mit dem Gewaltenteilungsprinzip nach Art. 20 Abs. 2 S. 2 GG sowie dem Richtermonopol nach Art. 92 GG. Vgl. Dölling, a.a.O., S. 253, bzgl. § 45 Abs. 1 JGG a.F.; ferner Mohren, 1998, S. 131 f.; van den Woldenberg, 1993, S. 158.

Maßnahmen keine „Anordnungskompetenz“ besitzt, wohl aber eine sog. „Anregungskompetenz“.[474]

Als Ausgangslage kann somit folgendes festgehalten werden: Es wird von der herrschenden Meinung für richtig angenommen, daß dem Jugendstaatsanwalt nach § 45 Abs. 2 JGG eine Anregungskompetenz erzieherischer Maßnahmen zusteht. Dafür spricht zum einen die Begründung für das 1.JGGÄndG von 1989.[475] Desweiteren ist die Richtlinie Nr. 3 zu § 45 JGG zu berücksichtigen.[476]

Soweit diese Anregungskompetenz anerkannt wird, stellt sich allerdings die Frage, unter welchen Voraussetzungen diese Anregung seitens des Staatsanwalts erfolgen kann und welche Maßnahmen von dieser Kompetenz abgedeckt sind.[477]

In diesem Punkt gehen die in der Literatur vertretenen Meinungen größtenteils auseinander. Problematisch kann eine Anregungskompetenz des Staatsanwaltes nach § 45 Abs. 2 JGG dann sein, wenn die in Aussicht gestellte Reaktion Belastungen für den Jugendlichen enthält. Als Beispiel könnte folgende Situation angenommen werden: Der Jugendstaatsanwalt veranlaßt den Jugendlichen im Rahmen des § 45 Abs. 2 JGG zur Zahlung eines Geldbetrages an eine gemeinnützige Einrichtung oder zu einer Arbeitsleistung – diese erzieherischen Maßnahmen werden in der dritten Diversionsvariante nach § 45 Abs. 3 JGG vorgesehen – und er sodann das Verfahren einstellt. Es ist eine solche konkrete Vorgehensweise des Jugendstaatsanwalts, die die oben angeführten verfassungsrechtlichen Bedenken hervorruft.

Im folgenden werden zunächst die verfahrens- bzw. verfassungsrechtliche Prinzipien analysiert, welche von einem Teil der Literatur ins Felde geführt werden, um eine mögliche staatsanwaltschaftliche Diversionstätigkeit im Rahmen des § 45 Abs. 2 JGG zu verneinen.

Wie schon oben angeführt, vertritt die herrschende Meinung lediglich eine Anregungskompetenz der Staatsanwaltschaft im Rahmen des § 45 Abs. 2 JGG, nicht aber eine selbständige Anordnung. Welche Reichweite aber diese Anregungskompetenz umfassen darf, ist nach wie vor umstritten. Diesbezüglich haben sich in der Literatur im allgemeinen drei Auffassungen herauskristallisiert. Auf eine Darstellung dieser vertretenen Auffassungen wird im zweiten Teil dieses Abschnitts eingegangen.

---

[474] Siehe Fn. 443.

[475] RegE 1.JGGÄndG vom 27.11.1989 (BT-Drucks. 11/5829), S. 24: „Der Staatsanwalt kann auch selbst die Voraussetzungen für ein Absehen von der Verfolgung nach § 45 Abs. 2 JGG i.d.F.d.E. schaffen, falls noch keine angemessene erzieherische Reaktion erfolgt ist“.

[476] Die RLJGG vom 14./15. April 1994 haben die von dem RegE 1.JGGÄndG vorgebrachten Ausführungen zu § 45 Abs. 2 JGG in dem Umfang übernommen: „Ist noch keine angemessene erzieherische Reaktion erfolgt, so prüft die Staatsanwaltschaft, ob sie selbst die Voraussetzungen für die Einstellung des Verfahrens herbeiführen kann“.

[477] Schimmel, 2000, S. 23.

8.1.1 Gewaltenteilungsprinzip (Art. 20 Abs. 2 S. 2 GG)

Das im Grundgesetz verankerte Prinzip der Gewaltenteilung ist eine Schöpfung der liberalen Gesetzgebung des 19. Jahrhunderts und ein wesentliches Element der Rechtsstaatlichkeit.

Dieses Prinzip unterscheidet zunächst drei Teilbereiche staatlicher Aufgaben: Die Gesetzgebung, die vollziehende Gewalt und die Rechtsprechung.

Sinn der Gewaltenteilung ist in erster Linie, ein System für die Machtkontrolle zu schaffen, um dem Staatsbürger einen möglichst großen Schutz vor staatlicher Willkür zu gewährleisten. In diesem Sinne ist die wichtigste Funktion der Rechtsprechung, die Kontrolle der Legislativen und Exekutiven aufrechtzuerhalten.

Im Gewaltenteilungsprinzip ist auf der strafprozessualen Ebene insbesondere der Anklagegrundsatz verankert.[478] Demnach ist im deutschen Strafprozeßrecht die Strafverfolgung einer Straftat und die Urteilsfindung in verschiedene Hände gelegt. Dem Staatsanwalt steht im Strafverfahren als Ankläger die Sachverhaltsaufklärung zu (§ 160 StPO). Demgegenüber ist die Schuldfeststellung sowie die Verhängung einer Strafe für begangenes Unrecht dem Richter vorbehalten (in diesem Sinne Art. 92 GG). Hierdurch findet im deutschen Strafprozeß sozusagen eine justizinterne Gewaltenteilung zwischen Staatsanwalt und Richter statt.[479] Die Staatsanwaltschaft ist zwar nach herrschender Meinung eine Justizbehörde, aber nicht ein Teil der Judikativen[480] und dies aus zwei Gründen: Zum einen ist sie hierarchisch organisiert, zum anderen genießen ihre Beamten keine richterliche Unabhängigkeit im Sinne des Art. 97 GG.[481]

Wenn aber im Rahmen der Diversion im Jugendstrafrecht eine Ermessensentscheidung vom Jugendrichter auf die Person des Jugendstaatsanwalts übertragen wird, so daß die Aufklärung der Tat und die Einstellung des Verfahrens nach Erfüllung einer angeregten erzieherischen Maßnahme von seiten des Jugendlichen auf die Person des Jugendstaatsanwalts zusammenfallen, könnte dies Bedenken erwecken. Dadurch könnte der Inquisitionsprozeß wiederhergestellt werden, indem Ankläger und

---

[478] Anklagegrundsatz in Verbindung mit dem Offizialprinzip, wonach die Strafverfolgung von Amts wegen („ex oficio") geschieht. Dabei versteht man unter Strafverfolgung nicht nur die Tätigkeit der Staatsanwaltschaft bis zur Anklageerhebung, sondern auch die anschließende Tätigkeit des Gerichts bis zur Verhängung eines Urteils. Der Anklagegrundsatz besteht darin, daß Richter und Ankläger nicht dieselbe Person sind. Das kann nur in der Weise geschehen, daß der Staat sowohl die Aufgabe des Anklägers wie die des Richters übernimmt, aber diese Aufgabe auf zwei verschiedene staatliche Behörden verteilt. Das ist nur möglich durch Einrichtung einer besonderen staatlichen Anklagebehörde, der Staatsanwaltschaft. Zur Erhebung der öffentlichen Klage ist der Staat berufen. Er wird dabei durch die Staatsanwaltschaft vertreten (§ 152 Abs. 1 StPO). Näheres dazu siehe Roxin, 1998, S. 82 f.

[479] So Kausch, 1980, S. 234. Im Zusammenhang mit dieser Form justizinterner Gewaltenteilung ist nach diesem Autor folgendes zu entnehmen: „Alle Eingriffsbefugnisse liegen beim unabhängigen Richter, der zum Zwecke eben dieser Unabhängigkeit passiv bleiben muß, also nicht von sich aus tätig werden darf. Alle Initiativen dagegen liegen beim Staatsanwalt, dem aber dem Prinzip nach keinerlei Eingriffsmöglichkeiten zustehen sollen". Dennoch entspricht dieses idealtypische Verhältnis von Richter und Staatsanwalt der Wirklichkeit nur bedingt. Faktisch übt die Staatsanwaltschaft einen weit größeren Einfluß auf den Gang des Strafverfahrens aus, als es gemäß diesen obengenannten Vorstellungen sein dürfte.

[480] Siehe Fn. 332.

[481] Näheres zur Stellung der StA im Strafprozeßrecht siehe Abschn. 2 des 2. Kap.

Urteilender sich in der Person des Staatsanwaltes vereinigen.[482] Schließlich könnte diese sog. „Diversionsmacht" der Staatsanwaltschaft gegen den in Art. 20 Abs. 2 S. 2 GG und Art. 92 GG verankerten Grundsatz der Trennung von rechtsprechender und exekutiver Gewalt verstoßen. Soweit es um schwerwiegende Eingriffe in die Rechtsstellung des Bürgers geht, dürften diese von vornherein nur durch den unabhängigen Richter vorgenommen werden.

Es erscheint in diesem Zusammenhang aber fraglich, ob die in § 45 Abs. 2 JGG aufgeführten erzieherischen Maßnahmen als schwerwiegende Eingriffe in die Rechtsstellung des Jugendlichen anzusehen sind oder diese doch eher keinen strafrechtlichen bzw. strafähnlichen Charakter aufweisen. Um diese Bedenken näher zu erläutern, erscheint eine Analyse des folgenden rechtsstaatlichen Prinzips von Bedeutung.

8.1.2 Richtermonopol (Art. 92 GG)

Nach Art. 92 GG ist in der Bundesrepublik Deutschland die rechtsprechende Gewalt den Richtern anvertraut. Daraus ist der Schluß zu ziehen, daß andere staatliche Instanzen keine Rechtsprechungstätigkeit ausüben dürfen. Insofern garantiert Art. 92 GG ein Rechtsprechungsmonopol der Gerichte.

Im Hinblick auf die von einem Teil der Lehre angeführten rechtsstaatlichen Bedenken gegenüber einer staatsanwaltschaftlichen Diversionstätigkeit nach § 45 Abs. 2 JGG erscheint es als notwendig zu klären, inwieweit die Tätigkeit der Staatsanwaltschaft nach § 45 Abs. 2 JGG als Rechtsprechung im Sinne von Art. 92 GG anzusehen ist.

Fraglich ist nun, ob der Staatsanwalt verbotene Strafgewalt bzw. Rechtsprechung ausübt, wenn er erzieherische Maßnahmen nach § 45 Abs. 2 JGG selbst veranlaßt.[483]

Es ist in diesem Punkt zunächst erforderlich zu klären, was unter „Rechtsprechung" als Haupttätigkeitsfeld der rechtsprechenden Gewalt zu verstehen ist. Das Bundesverfassungsgericht hat diesen Begriff durch eine Reihe von Entscheidungen in der Weise verstanden, nach dem zur Tätigkeit der Gerichte im Sinne des oben angesprochenen Richtervorbehalts insbesondere die Verhängung von Kriminalstrafen gehört.[484] Diesbezüglich wird vom BVerfG folgendes betont:

„Nur die Kriminalstrafe ist echte Strafe. Nur sie ist mit einem ethischen Schuldvorwurf verbunden. Sie wird regelmäßig ins Strafregister eingetragen und gilt als „Vorstrafe". (...) Nach dem Grundgesetz stellt sich (...) die Verhängung einer Kriminalstrafe als ein so schwerwiegender Eingriff in die Rechtssphäre des Staatsbürgers dar, daß sie unter allen Umständen nur durch den Richter vorgenommen werden darf".[485]

---

[482] Es wird in diesem Sinne mitunter von einer sog. „Anmaßung fremder Befugnisse durch die Anklagebehörde" gesprochen. So Herbort, 1992, S. 32.

[483] Mohren, 1998, S. 82.

[484] Grundlegend BVerfGE 22, 49, (73 ff.); BVerfGE 27, 18, (28).

[485] BVerfGE 22, 49, (79). In derselben Weise äußerst sich das BVerfG in einer Entscheidung bzgl. des strafrechtlichen Charakters eines Fahrverbots nach § 24 StVG, nach dem diesem weitgehend die Voraussetzungen einer Kriminalstrafe fehlt [vgl. BVerfGE 27, 36, (40)].

Nach der Rechtsprechung des BVerfG behält also Art. 92 GG dem Richter im Bereich der Strafrechtspflege die Verhängung von Kriminalstrafen vor.

Nach Darstellung der Interpretation des Bundesverfassungsgerichts bezüglich des Rechtsprechungsbegriffs im Sinne des Art. 92 GG gehört es jetzt zu den wichtigsten Aufgaben dieses Kapitels, auf die Zentralfrage hinsichtlich der staatsanwaltschaftlichen Diversionstätigkeit im Jugendstrafrecht einzugehen, das heißt inwieweit die Tätigkeit der Staatsanwaltschaft nach § 45 Abs. 2 JGG als Rechtsprechung im Sinne von Art. 92 GG anzusehen ist. Kurzum: Ob die oben genannten Ausführungen des BVerfG bezüglich des Rechtsprechungsbegriffs auch bei den im Rahmen des § 45 Abs. 2 JGG in Betracht kommenden erzieherischen Maßnahmen erfüllt sind, wenn der Staatsanwalt eine dieser erzieherischen Maßnahmen selbst durchführt und damit unmittelbar das Verfahren einstellt oder nicht.

Ist nun die Anregung einer erzieherischen Maßnahme nach § 45 Abs. 2 JGG durch den Staatsanwalt mit der Verhängung einer Strafe i.S.v. Art. 92 GG gleichzusetzen? Ist den – nach § 45 Abs. 2 JGG – erzieherischen Maßnahmen der Charakter einer Kriminalstrafe beizumessen?

Hinsichtlich dieser Problematik und ausgehend von dem in Art. 92 GG verankerten Prinzip des Richtermonopols findet man in der Literatur zwei entgegengesetzte Auffassungen.

Nach einer wohl strengen Auffassung sei in den erzieherischen Maßnahmen im Rahmen des § 45 Abs. 2 JGG ein strafähnlicher Charakter zu erkennen. Infolgedessen seien diese Maßnahmen dem Richter gem. Art. 92 GG zu unterstellen.[486] Dabei stützt sich diese Auffassung auf folgende These: Wenn der Staatsanwalt für ein Vorgehen nach § 45 Abs. 2 JGG auf eine der in § 45 Abs. 3 JGG angeführten Maßnahmen zurückgreife, um eine Verfahrenseinstellung nach § 45 Abs. 2 JGG zu ermöglichen, werde diese Vorgehensweise für den Jugendlichen nicht weniger eingriffsintensiv als die Anordnung dieser Maßnahme im Urteil. Grund dafür sei in der Tatsache zu sehen, daß alle in § 45 Abs. 3 JGG genannten Maßnahmen auch durch richterliches Urteil auferlegt werden könnten.[487] Mit dem Grundgesetz vereinbar sei deshalb lediglich eine Anregungskompetenz des Jugendstaatsanwaltes im Rahmen der Diversion nach § 45 Abs. 2 JGG gegenüber dem Jugendrichter, nicht aber gegenüber dem Betroffenen selbst. Eine andere Auffassung würde zu einer Kompetenzverlagerung auf den Staatsanwalt führen, was schließlich gegen das Richterprivileg des Art. 92 GG verstoßen würde.[488]

Demgegenüber vertritt eine wohl extensive Auffassung des § 45 Abs. 2 JGG die Meinung, daß – der Rechtsprechung des BVerfG entsprechend – den erzieherischen

---

486 So Dirnaichner, 1990, S. 369 f.; van den Woldenberg, 1993, S. 152.

487 van den Woldenberg, a.a.O., S. 152.

488 Dirnaichner, 1990, S. 371 ff. sieht im Anschluß an die Überlegungen von Kausch: Der Staatsanwalt -ein Richter vor dem Richter?, 1980, die staatsanwaltschaftliche Diversion ohne Mitwirkung des Richters generell als verfassungswidrig an, soweit es nicht bei einer bloßen Ermahnung bleibt. Gleichwohl geht Dirnaichner – auf der Grundlage des Kriteriums der Schwere – von der Zulässigkeit eines staatsanwaltschaftlichen „Ermahnungsgesprächs" im Rahmen des § 45 Abs. 2 JGG aus. Dabei sei die Grenze zu einer dem Richter zur Verhängung vorbehaltenen Kriminalstrafe nicht überschritten.

Maßnahmen des § 45 Abs. 2 JGG das persönliche Stigma einer Strafe fehle. Diese erzieherischen Maßnahmen stellen somit keine strafähnlichen Maßnahmen dar. Die Erbringung einer Leistung durch den Jugendlichen sei kein Eingriff von großer Tragweite in seine Lebensführung. Darüber hinaus enthielten die erzieherischen Maßnahmen nach § 45 JGG kein sozialethisches Unwerturteil. Es handele sich vielmehr um Sanktionen „besonderer, nichtstrafrechtlicher Art".[489] Ihre Erfüllung werde vom Betroffenen freiwillig übernommen. Insoweit sei ein Verstoß gegen den Richtervorbehalt des Art. 92 GG bei solchen Maßnahmen weitgehend zu verneinen.[490]

8.1.3 Unschuldsvermutung (Art. 6 Abs. 2 EMRK)

Der strafrechtliche Grundsatz der Unschuldsvermutung ist in Art. 6 Abs. 2 EMRK kodifiziert und wird vom Bundesverfassungsgericht direkt aus dem Rechtsstaatsprinzip des Art. 20 GG hergeleitet.[491]

Die Unschuldsvermutung schützt den Beschuldigten während des gesamten Verfahrens und bis zum Abschluß der Hauptverhandlung vor Schuldzuweisungen, die einer gesicherten Grundlage entbehren.

Wie bereits angeführt, besteht nach herrschender Meinung für den Staatsanwalt gem. § 45 Abs. 2 JGG die Möglichkeit, das Verfahren nach Anregung einer erzieherischen Maßnahme einzustellen.

Da diese erzieherische Maßnahme durchgeführt oder eingeleitet wird, ohne daß die Schuld des Täters in einem sonst rechtsstaatlichen Verfahren von einem Richter festgestellt wird, könnte darin ein Verstoß gegen die Unschuldsvermutung vorliegen.[492]

Um diese Bedenken annehmen bzw. widerrufen zu können, erscheint auch hier zunächst ein Blick auf die Rechtsprechung des Bundesverfassungsgerichts zum Thema Unschuldsvermutung von Bedeutung.

Das BVerfG hat sich in seiner Rechtsprechung mit der Reichweite der Unschuldsvermutung eingehend befaßt. Diese bedeutet im wesentlichen, daß dem Täter Tat und Schuld nachgewiesen werden müssen und daß bis zum gesetzlichen Nachweis der Schuld seine Unschuld vermutet wird.[493] Weiterhin vertritt das BVerfG in seiner Rechtsprechung die These, daß der Grundsatz der Unschuldsvermutung verbietet, bis zum gesetzlichen Nachweis der Schuld Maßnahmen gegen den Beschuldigten zu verhängen, die in ihrer Wirkung einer Strafe gleichkommen.[494]

---

489 Heinz, ZStW 104 (1992), S. 628; Rieß, in: Löwe-Rosenberg, § 153a Rdnr. 9.

490 Siehe insb. Dölling, in: BMJ (Hrsg.), 1989, S. 252, der die Meinung vertritt, daß eine Einstellung nach § 45 Abs. 2 Nr. 1 JGG a.F., auch wenn damit eine erzieherische Maßnahme verknüpft werde, keine Verhängung einer Kriminalstrafe darstelle. Aus diesem Grunde sei die Vorschrift vereinbar mit Art. 92 GG; auch Heinz, ZStW 104 (1992), S. 628 ff.; Steffens, 1999, S. 118 f., bezüglich des TOA.

491 Die Unschuldsvermutung ist im Wege der Transformation der Europäischen Menschenrechtskonvention von 1952 Teil des deutschen Rechts geworden (BGBl II, S. 685, 953). Nach Art. 6 Abs. 2 EMRK wird bis zum gesetzlichen Nachweis seiner Schuld vermutet, daß der wegen einer strafbaren Handlung Angeklagte unschuldig ist.

492 Siehe Steffens, 1999, S. 113 f. im Rahmen eines TOA.

493 BVerfGE NJW 1990, S. 2741.

494 Vgl. BVerfGE 35, 311, (329); BVerfGE 74, 358, (371).

In diesem Sinne ist es fraglich, ob eine von seiten des Jugendstaatsanwalts im Rahmen des § 45 Abs. 2 JGG angeregte Maßnahme einen strafähnlichen Strafcharakter beinhaltet.

Das Spannungsverhältnis zwischen der Diversionsmöglichkeit gem. § 45 Abs. 2 JGG einerseits und dem Prinzip der Unschuldsvermutung andererseits entsteht dadurch, daß zwar formal betrachtet die Unschuldsvermutung mit der Durchführung der Diversion weitgehend aufrecht bleibt, weil kein Schuldspruch erfolgt. Doch wird bei dieser diversionellen Erledigung mit der Einleitung bzw. Durchführung von erzieherischen Maßnahmen gegen den Jugendlichen davon ausgegangen, daß er die ihm vorgeworfene Tat tatsächlich auch begangen hat und deswegen in einem formellen Verfahren für schuldig gesprochen und bestraft worden wäre.

Ein Teil der Lehre, die die Möglichkeit einer Diversionstätigkeit von seiten des Staatsanwalts ohne Einschaltung des Jugendrichters nach § 45 Abs. 2 JGG grundsätzlich verneint, greift auf das Prinzip der Unschuldsvermutung und dessen Verletzung zurück, um die verfassungsrechtlichen Bedenken gegen eine staatsanwaltschaftliche Diversionstätigkeit im Rahmen des § 45 Abs. 2 JGG zu begründen

Da eine erzieherische Maßnahme gem. § 45 Abs. 2 JGG durchgeführt oder eingeleitet wird, ohne daß die Schuld des Beschuldigten in einem sonst rechtsstaatlichen Verfahren von einem Richter festgestellt wird, liege darin ein Verstoß gegen die Unschuldsvermutung.[495] Der Staatsanwalt dürfe im Zusammenhang mit Verfahrenseinstellungen nach § 45 Abs. 2 JGG keine Schuldfeststellungen treffen.

Das gelte auch für die Maßnahmen, die der Jugendstaatsanwalt im Rahmen des § 45 Abs. 2 JGG anrege. Da dem Staatsanwalt weitgehend verwehrt sei, Schuldfeststellungen im Ermittlungsverfahren zu treffen, dürfe er nicht erzieherische Rechtsfolgen veranlassen, die sachlich Schuld voraussetzen.[496]

Ein anderer Teil der Literatur verneint die oben dargelegten Ausführungen: Das Absehen von der Verfolgung nach § 45 Abs. 2 JGG verstoße nicht gegen die im Rechtsstaatsprinzip begründete Unschuldsvermutung. Die von der BVerfGE aufgestellten Anforderungen würden durch eine Entscheidung des Jugendstaatsanwaltes nach § 45 Abs. 2 JGG nicht verletzt. Erstens erfolge keine Schuldfeststellung, d.h. die Schuldfrage bleibt weiterhin offen,[497] zweitens werde die Leistung von dem Jugendlichen freiwillig übernommen[498] und drittens handele es sich bei den innerhalb des § 45 Abs. 2 JGG angeregten erzieherischen Maßnahmen nicht um Kriminalstrafen im Sinne der Rechtsprechung des BVerfG.[499]

---

[495] Mohren, 1998, S. 93 f. sowie S. 100.

[496] Ders. S. 100.

[497] Durch die Diversion wird gerade versucht, die Wirkungen einer formellen Verurteilung einschließlich einer formellen Schuldzuweisung zu vermeiden. Siehe dazu Heinz, in: DVJJ-Schriftenr. Bd. 23, 1996, S. 357; ders., DVJJ-Journal 2 (1999), S. 137.

[498] Dölling, in: BMJ (Hrsg.), 1989, S. 252.

[499] Vgl. BVerfGE 82, 106, (117): „Die Unschuldsvermutung verbietet, gegen den Beschuldigten Maßregeln zu verhängen, die in ihrer Wirkung einer Strafe gleichkommen...".

Probleme ergeben sich auch in bezug auf die Unschuldsvermutung vor allem durch die registerrechtlichen Folgen, die eine Einstellung nach § 45 JGG nach sich zieht. Einstellungen nach § 45 JGG sind gemäß §§ 20, 59, 60 Abs. 1 Nr. 7, Abs. 2 BZRG in das Erziehungsregister beim Bundeszentralregister einzutragen. Bedenken gegenüber dieser Eintragung ergeben sich dann, wenn diese von seiten der Justiz nicht als das gesehen werden, was sie tatsächlich sind. Sie sollte als ein vorzeitiger Abbruch eines Strafverfahrens ohne Schuldfeststellung betrachtet werden und nicht als eine gewisse „Vorbelastung" ja sogar eine „Vorverurteilung" gewertet werden, die zu einer sog. Sanktionseskalation anläßlich eines etwaigen zukünftigen Verfahrens zum Anlaß genommen werden könnte.

Aus diesem Grunde werden in der Literatur zunehmend Stimmen laut, die eine ersatzlose Streichung des § 60 Abs. 1 Nr. 7 BZRG fordern.[500]

8.2 Reichweite der staatsanwaltschaftlichen Tätigkeit im Rahmen des § 45 JGG

8.2.1 Einleitung

Wie aus den oben dargestellten Ausführungen entnommen werden kann, ist ein lebhafter Meinungsstreit innerhalb der deutschen Rechtslehre zu beobachten, der sich grundsätzlich in der staatsanwaltschaftlichen Diversion nach der Vorschrift des § 45 Abs. 2 JGG konzentriert.

Heftig umstritten ist nach dieser Diversionsalternative die Frage, ob und inwieweit der Jugendstaatsanwalt selbst die Voraussetzungen für ein Absehen von der Verfolgung nach § 45 Abs. 2 JGG schaffen kann. Das heißt, ob der Staatsanwalt selbst befugt ist, erzieherische Maßnahmen anzuregen oder durchzuführen, aufgrund derer er dann gem. § 45 Abs. 2 JGG von der Verfolgung absehen kann oder ob er unter Berücksichtigung der oben erwähnten verfahrens- bzw. verfassungsrechtlichen Prinzipien lediglich die eingeleiteten oder abgeschlossenen erzieherischen Maßnahmen von anderen Trägern der Sozialkontrolle leiten lassen sollte, um anschließend von der weiteren Verfolgung abzusehen.

In diesem Sinne wurde schon angeführt, daß eine weitgehende Übereinstimmung in der Literatur darüber besteht, daß der Jugendstaatsanwalt hinsichtlich der in § 45 Abs. 2 JGG genannten erzieherischen Maßnahmen keine „Anordnungskompetenz" hat, wohl aber eine sog. „Anregungskompetenz".[501]

Hinsichtlich der Reichweite dieser von dem Staatsanwalt gem. § 45 Abs. 2 JGG angeregten erzieherischen Maßnahmen besteht in der Literatur eine eindeutige Meinungsverschiedenheit. Diese hat sich in der Praxis anhand von drei verschiedenen Auffassungen reflektiert, die in der Folge analysiert werden.[502]

---

[500] Siehe dazu Fn. 424 u. 455.
[501] Siehe Fn. 474 i.V.m. Fn. 443.
[502] Es wurde schon im Abschn. 6.3 des 2. Kap. stichwortartig darauf hingewiesen.

8.2.2 Die extensive Auslegung des § 45 Abs. 2 JGG

Die extensive Auffassung des § 45 Abs. 2 JGG will in der Regel dem Staatsanwalt eine „Anregungskompetenz" in dem Maße zubilligen, wie der Jugendrichter nach § 45 Abs. 3 JGG Maßnahmen anordnen kann.[503]

Diese stützt sich dabei in erster Linie auf die Ausführungen des Regierungsentwurfs zum 1.JGGÄndG von 1989. Die Begründung gehe von einer solchen „Anregungskompetenz" des Staatsanwalts aus und zwar von solchen Maßnahmen, die in § 45 Abs. 3 JGG erwähnt sind.[504] Der Staatsanwalt könne somit im Rahmen des § 45 Abs. 2 JGG alle, auch die in § 45 Abs. 3 JGG genannten Sanktionen dem Jugendlichen anbieten und erteilen. Die in § 45 Abs. 3 JGG genannten Sanktionen stellen somit lediglich eine Grenze dar, die nicht vom Staatsanwalt überschritten werden dürfe.

Problematisch kann eine solche weit konzipierte Anregungskompetenz des Staatsanwalts nach § 45 Abs. 2 JGG dann sein, wenn die in Aussicht gestellte Reaktion Belastungen für den Jugendlichen enthält. Dies wäre z.B. der Fall, wenn der Staatsanwalt den Jugendlichen zur Zahlung eines Geldbetrages an eine gemeinnützige Einrichtung oder zu einer Arbeitsleistung veranlaßt und sodann das Verfahren einstellt. Gegen diese Vorgehensweise sind von einem anderen Teil der Literatur erhebliche rechtsstaatliche Bedenken vorgebracht worden: Diese weit konzipierte Auslegung des § 45 Abs. 2 JGG könnte zum einen zu einer Umgehung des § 45 Abs. 3 JGG führen, zum anderen könnte diese Anregung als eine „Quasi-Sanktionierung" verstanden werden, was sich letztendlich als eine Rückkehr zum Inquisitionsprozeß erwiesen würde.

Trotz dieser aufgeführten Bedenken vertritt die oben genannte extensive Auffassung die These, § 45 Abs. 2 und Abs. 3 JGG könnten so interpretiert werden, daß dem Jugendstaatsanwalt zwei unterschiedliche Erledigungsmöglichkeiten zur Verfügung gestellt würden, die sich grundsätzlich darin unterscheiden, ob aus Präventivgründen eine Einschaltung des Jugendrichters nach § 45 Abs. 3 JGG erforderlich sei oder vielmehr der Weg nach § 45 Abs. 2 JGG angemessener erscheine.[505] Dabei habe der Staatsanwalt nach den Erfordernissen des Einzelfalles zu entscheiden, welche Diversionsmöglichkeit, entweder Einstellung nach § 45 Abs. 2 oder nach Abs. 3 JGG, in jedem einzelnen Fall angebracht ist.

Verfassungsrechtliche Bedenken im Sinne einer vermeintlichen Rückkehr zum Inquisitionsprozeß bestünden insofern nicht, weil es sich bei den erzieherischen

---

503 So: Begründung zum 1.JGGÄndG (BT-Drucks. 11/5829), S. 24; auch RiLi Nr. 3 S. 3 zu § 45; Brunner/Dölling, 1996, § 45 Rdnr. 26; Dölling, in: BMJ (Hrsg.), 1989, S. 249 f.; Heinz, ZStW 104 (1992), S. 630. Nach Albrecht, 2000, S. 125 sollten die von der Jugendstaatsanwaltschaft vorgeschlagenen „erzieherischen" Maßnahmen nicht eingriffsintensiver sein als diejenigen, die der Jugendrichter nach Abs. 3 anordnen kann; ferner Schaffstein/Beulke, 1998, S. 232, allerdings mit der Beschränkung auf solche Maßnahmen, die den Beschuldigten nicht allzu sehr belasten, wie z.B. ein Vernehmungsgespräch, eine Ermahnung, einen TOA oder eine nicht allzu gravierende Arbeitsauflage; siehe auch Schimmel, 2000, S. 28, bezüglich der Durchführung eines TOA im Rahmen des § 45 Abs. 2 JGG.

504 Heinz, ZStW 104 (1992), S. 630.

505 Dölling, in: BMJ (Hrsg.), 1989, S. 248; auch Heinz, ZStW 104 (1992), S. 630; ders. in: DVJJ-Schriftenr. Nr. 23 1996, S. 365. Diese Interpretation hat der Gesetzgeber bei der Neuregelung des § 45 JGG durch das 1.JGGÄndG übernommen [RegE 1.JGGÄndG vom 27.11.1989 (BT-Drucks. 11/5829), S. 25: „Wichtigstes Unterscheidungskriterium zwischen den neuen Absätzen 2 und 3 ist die Antwort auf die Frage, ob der Staatsanwalt eine Entscheidung/Anklage durch den Richter für entbehrlich oder aber für erforderlich hält"].

Maßnahmen des § 45 JGG (Auflagen oder Weisungen) um keine dem Jugendrichter vorbehaltene Kriminalstrafe handele.[506] Weiterhin werde die Unschuldsvermutung nicht verletzt, weil ein Schuldspruch nicht erfolgt, vielmehr bleibe die Schuldfrage weiter offen.[507]

Es gibt aber auch innerhalb der hier dargestellten extensiven Auslegung des § 45 Abs. 2 JGG Auffassungen, die sich für eine Beschränkung der Anregungskompetenz des Staatsanwaltes gem. § 45 Abs. 2 JGG aussprechen. Diese sog. „beschränkte extensive Auslegung" des § 45 Abs. 2 JGG schmälert die oben geschilderte Auffassung. Demzufolge umfasse die Anregungskompetenz des Staatsanwalts nach § 45 Abs. 2 JGG nur solche Maßnahmen, die unterhalb der Eingriffsintensität der in § 45 Abs. 3 JGG aufgezählten liegen.[508] Die Argumente für eine solche Begrenzung staatsanwaltschaftlicher Anregungskompetenz gem. § 45 Abs. 2 JGG unterhalb von § 45 Abs. 3 JGG beziehen sich vor allem auf die Tatsache, daß dem Staatsanwalt keine eigenständige Sanktionsgewalt im Sinne der Erteilung einer Weisung bzw. einer Auflage zukomme.[509]

8.2.3 Die restriktive Auslegung des § 45 Abs. 2 JGG

Die restriktive Auslegung des § 45 Abs. 2 JGG will dem Staatsanwalt entgegen der Begründung des Regierungsentwurfes von 1989 sowie entgegen RiLi Nr. 3 zu § 45 keine „Anregungskompetenz" verleihen.[510]

Es wird angeführt, der Wortlaut des § 45 Abs. 2 JGG, der von einer durchgeführten oder eingeleiteten Maßnahme ausgeht, lege im Prinzip eine Auslegung der Vorschrift in Richtung einer staatsanwaltschaftlichen Anregungskompetenz nicht nahe.[511] Dies gelte zunächst für eine Anregung der in § 45 Abs. 3 JGG genannten erzieherischen Maßnahmen. Einerseits weil diese dem Jugendrichter vorbehalten seien, andererseits weil diese auch dem Betroffenen durch verurteilende Entscheidung des Richters auferlegt werden könnten. Aber auch andere erzieherische Maßnahmen unterhalb der

---

[506] Vgl. BVerfGE 22, 49, (73 ff.); BVerfGE 27, 18, (28).

[507] Siehe Fn. 497.

[508] So Eisenberg, 2000, § 45 Rdnr. 21: „Falls der Jugendstaatsanwalt (...) sich i.S. erzieherischer Maßnahmen nicht allein auf Gespräche beschränkt, sondern sonstiges „vorschlägt", werden dafür nicht die in Abs. 3 genannten Maßnahmen in Betracht kommen (...), da diese dem Jugendrichter vorbehalten sind und der Jugendstaatsanwalt (...) nur solche Maßnahmen anregen darf (...), die unterhalb der Eingriffsintensität der in Abs. 3 aufgezählten liegen (...) und nicht einer „Sanktionierung" gleichkommen"; auch Rzepka, in: Nix, 1994, § 45 Rdnr. 29; Ostendorf, 1997, § 45 Rdnr. 13, hält aber die Anregung von seiten des Staatsanwalts zum TOA für zulässig, weil der Gesetzgeber das Bemühen des Jugendlichen um einen Ausgleich mit dem Verletzten im Rahmen eines TOA gem. § 45 Abs. 2 S. 2 JGG einer erzieherischen Maßnahme gleichgesetzt hat. Demzufolge bleiben somit für eine staatsanwaltschaftliche Diversion nach § 45 Abs. 2 JGG neben einem Ermahnungsgespräch, Anregungen zum TOA sowie Anregungen an die Erziehungsberechtigte zu erzieherischen Maßnahmen.

[509] Schimmel, 2000, S. 26 f.

[510] So Böhm, FS-Spendel, 1992, S. 789; Diemer, in: DSS, 1999, § 45 Rdnr. 14 f.; Dirnaichner, 1990, S. 341 ff., 400 ff.; ders. ZfJ 78 (1991), S. 16; Mohren, 1998, S. 100; van den Woldenberg, 1993, S. 155.

[511] Böhm, a.a.O., S. 789; auch in diesem Sinne und bzgl. § 45 Abs. 2 Nr. 1 JGG a.F. van den Woldenberg, 1993, S. 149.

Eingriffsintensität der in Abs. 3 aufgezählten seien davon betroffen. Dabei wird angeführt, daß erzieherische Maßnahmen gleich welcher Art eine belastende Maßnahme und einen Eingriff in die Rechte des Jugendlichen darstellen.[512]

Desweiteren stünden einer Anregungskompetenz des Staatsanwalts die oben geschilderten verfassungsrechtlichen Bedenken im Wege. Diese seien grundsätzlich mit einer Auslegung des § 45 Abs. 2 JGG in Richtung einer eventuellen Sanktionsanordnung bzw. -anregung von seiten des Staatsanwaltes unvereinbar. Wenn eine erzieherische Maßnahme unter Verzicht des Jugendrichters von dem Jugendstaatsanwalt selbst angeregt würde, könnte dies zu einer unerwünschten Kompetenzverlagerung auf die Figur des Staatsanwalts und folglich zu einer Rückkehr zum Inquisitionsprozeß führen, in dem sich Ankläger und Urteilender in einer Person vereinigen.[513] Insofern erscheine eine Einschaltung des Jugendrichters als notwendig.[514] Schwerwiegende Sanktionen dürften in einem Rechtsstaat nur von einem unabhängigen Richter festgesetzt werden.

Zulässig soll für einen Teil dieser Auffassung lediglich ein erzieherisches Gespräch zwischen dem Jugendstaatsanwalt und dem Jugendlichen sein, wenn und soweit dieses Gespräch nicht als eine „Ermahnung" fungiert und Bedingung für die Einstellung ist, sondern lediglich der Klärung der Grundlage für die staatsanwaltschaftliche Entscheidung dient.[515] In diesem Fall mache der Staatsanwalt die Einstellung nicht von irgendeiner von ihm angeregten erzieherischen Maßnahme abhängig, d.h. dieses Vernehmungsgespräch stelle keine erzieherische Maßnahme im Sinne des § 45 Abs. 2 JGG dar. Unter diesen Voraussetzungen bestünden grundsätzlich keine verfassungsrechtlichen Bedenken gegen dieses staatsanwaltschaftliche Vernehmungsgespräch zur Verdeutlichung der übertretenen Norm und zur Betonung der Folgen der Tat für den Geschädigten und die Gemeinschaft.[516]

Außerdem erscheine mit dem Wortlaut des § 45 Abs. 2 JGG die staatsanwaltschaftliche Anregung einer erzieherischen Maßnahme gegenüber dem Jugendrichter vereinbar, nicht aber gegenüber dem Betroffenen selbst.[517]

---

[512] Diemer, in: DSS, 1999, § 45 Rdnr. 14.

[513] Vgl. die Überlegungen von Kausch, 1980, S. 235 f., der die staatsanwaltschaftliche Diversion ohne Mitwirkung des Richters generell als verfassungswidrig ansieht.

[514] In diesem Sinne auch Mohren, 1998, S. 92, die die Meinung vertritt, daß der Staatsanwalt aus verfassungsrechtlicher Sicht keine Schuldfeststellung treffen dürfe. Dementsprechend sei es ihm verwehrt, eine erzieherische Maßnahme anzuordnen, ja sogar anzuregen, da diese eigentlich, weil sie auf eine kriminelle Verfehlung reagiert, eine Schuldfeststellung enthalte.

[515] Böhm, FS-Spendel, 1992, S. 791; Dirnaichner, 1990, S. 371 ff., kommt aber unter Beachtung des Richtermonopols nach Art. 92 GG zu dem Ergebnis, daß eine staatsanwaltschaftliche Ermahnung im Rahmen des § 45 Abs. 2 JGG als Diversionsmaßnahme zulässig sei. Der zieht eine Grenze dort, wo dem Beschuldigten im Rahmen des § 45 Abs. 2 JGG ein aktives Tätigwerden abverlangt wird (wie z.B. eine Geldbuße, eine Schadenswiedergutmachung oder ein TOA). Unterhalb dieser Grenze könne z.B. eine Ermahnung erfolgen.

[516] van den Woldenberg, 1993, S. 157. Diese beruft sich auf die Begründung zum RegE von 1989. Dort habe der Gesetzgeber festgestellt, daß der Staatsanwalt „zum Zwecke der Normverdeutlichung" ein Gespräch mit dem Jugendlichen führen könne (BT-Drucks. 11/5829, S. 24); erscheine dagegen dem Staatsanwalt jedoch die Erteilung einer Ermahnung als erzieherische Maßnahme erforderlich, so müsse er diese gem. § 45 Abs. 3 JGG gegenüber dem Jugendrichter anregen.

[517] So Dirnaichner, ZfJ 78 (1991), S. 15; auch van den Woldenberg, 1993, S. 155.

8.2.4 Eine vermittelnde Ansicht: Der Referentenentwurf vom Juli 1987

Eine vermittelnde Interpretation des § 45 Abs. 2 JGG will dem Staatsanwalt eine – in unterschiedlichem Maße – eingeschränkte „Anregungskompetenz" zubilligen.[518]

Im allgemeinen vertritt diese Auffassung die Möglichkeit eines Ermahnungsgesprächs des Staatsanwalts mit dem jugendlichen Beschuldigten, das Grundlage für eine Einstellung nach § 45 Abs. 2 JGG darstellen könnte.

Ausgehend von der zuvor dargestellten restriktiven Auslegung des § 45 Abs. 2 JGG geht diese Auffassung ebenso von der Prämisse aus, daß belastende Maßnahmen ohnehin dem Richter vorbehalten seien. Darunter fielen insbesondere die in § 45 Abs. 3 JGG angeführten Maßnahmen. Doch innerhalb dieses gesetzlichen Rahmens sei es dem Staatsanwalt selbstverständlich erlaubt, ein Vernehmungsgespräch erzieherisch zu gestalten und anschließend mit einer Ermahnung zu verbinden, die schließlich zu einer Einstellung nach § 45 Abs. 2 JGG führen könne.[519]

Der Referentenentwurf von 1987 (1.JGGÄndG vom Juli 1987)[520] kann als Ausgangspunkt dieser dritten Alternative und gleichzeitig als Grundlage dieser Auslegung des § 45 Abs. 2 JGG angesehen werden. Durch diesen Entwurf wurde zum ersten Mal seit Inkrafttreten des JGG 1953 in § 45 JGG ausdrücklich die Möglichkeit vorgesehen, wonach der Jugendstaatsanwalt eine erzieherische Maßnahme, hier namentlich eine Ermahnung, gegenüber dem jugendlichen Beschuldigten anordnen könne, kraft derer eine Einstellung des Verfahrens nach § 45 JGG i.d.F.d. Referentenentwurfes 1987 erfolgen konnte.

Ziel des Referentenentwurfs von 1987 war im wesentlichen die Änderung der Systematik von § 45 JGG a.F.: Wenn eine Einstellung gem. § 45 Abs. 1 JGG i.d.F.d.E. ohne jede Reaktion nicht in Betracht kam, konnte der Jugendstaatsanwalt dem Jugendlichen eine Ermahnung erteilen oder überprüfen, ob im sozialen Umfeld des Jugendlichen erzieherische Maßnahmen ergriffen worden waren, die ein zusätzliches Einschreiten des Staatsanwaltes entbehrlich machten.

Eine Umstellung des § 45 JGG hielt der Referentenentwurf nicht nur aus verfahrensökonomischen Gründen, sondern auch aus Gründen des Subsidiaritätsprinzips bzw. des Erziehungsgrundsatzes für erforderlich. Bis zum Referentenentwurf 1987 war in § 45 JGG keine Anordnungskompetenz für den Staatsanwalt vorgesehen. Diese sollte anhand einer speziellen Maßnahme, der Ermahnung, erst geschaffen werden. Hinsichtlich aller sonstigen Maßnahmen sollte es bei der bloßen Anregung beim Jugendrichter und dessen Anordnung bleiben.[521]

Diese durch den Referentenentwurf 1987 angeführte Möglichkeit einer Ermahnung durch den Jugendstaatsanwalt wurde von dem Regierungsentwurf des

[518] So Böttcher/Weber, NStZ 1990, S. 563.

[519] Nach Böhm, FS-Spendel, 1992, S. 791, könne der Jugendstaatsanwalt ein erzieherisches Gespräch mit dem Jugendlichen führen. Dieses Gespräch sei aber mit der Einleitung einer erzieherischen Maßnahme, insbesondere mit einer Ermahnung, nicht gleichzusetzen, welche zu einer Einstellung nach § 45 Abs. 2 JGG führen könnte.

[520] Ein Überblick über diesen Entwurf vermittelt Kalpers-Schwaderlapp, Diss. jur. 1989, S. 1 ff.

[521] Dirnaichner, 1990, S. 357.

1.JGGÄndG von 1989 innerhalb des § 45 Abs. 2 i.d.F.d.E. 1989 nicht aufgenommen, obwohl diese Diversionsalternative Kernstück zahlreicher Diversionsprojekte in der Bundesrepublik ist.[522] Eine gesetzgeberische Entscheidung im Sinne einer Erweiterung der staatsanwaltschaftlichen Anregungskompetenz nach § 45 Abs. 2 JGG blieb somit durch den Regierungsentwurf 1989 aus.

8.3 Fazit

Nach der im vorigen Abschnitt durchgeführten Analyse im Hinblick auf die staatsanwaltschaftlichen Diversionstätigkeit im Rahmen des § 45 JGG ist festzustellen, daß die Diskussion darüber, inwieweit der Jugendstaatsanwalt selbst die Voraussetzungen für ein Absehen von der Verfolgung nach § 45 Abs. 2 JGG schaffen kann, weiterhin offen bleibt.

Ausgangspunkt der bestehenden Kontroverse stellt die Klärung der Frage, ob die in § 45 Abs. 2 JGG erwähnten „erzieherischen Maßnahmen" einen schwerwiegenden Eingriff in die Rechtsstellung des Jugendlichen darstellen, so daß diesen ein strafrechtlicher Charakter beizumessen ist und deshalb nur durch einen unabhängigen Richter festgesetzt werden dürfen.

Ausgehend von den ergangenen Entscheidungen des Bundesverfassungsgerichts bezüglich der Interpretation des Rechtsprechungsbegriffs wird ersichtlich, daß nur die echte Kriminalstrafe zum eigentlichen Tätigkeitsfeld der Gerichte im Sinne des Art. 92 GG gehört. Daraus ist zu schließen, daß den erzieherischen Maßnahmen des Jugendstrafrechts dieser Strafcharakter fehlt.

Der Einwand, daß die Staatsanwaltschaft bei der Anordnung bzw. Anregung der in § 45 Abs. 2 JGG vorgesehenen „erzieherischen Maßnahmen" eine richterliche Tätigkeit im Sinne des Art. 92 GG ausübe, erscheint nach der oben dargelegten Auslegung auf den ersten Blick schwerwiegend. Vor allem wenn man bedenkt, daß die Person des Staatsanwaltes, deren Schaffung die Trennung der Ermittlungstätigkeit von der Urteilsfindung zugrunde lag, ein wichtiger Schritt zur Überwindung des Inquisitionsprozesses gewesen war. Folglich können die oben vorgebrachten verfassungsrechtlichen Einwände gegen eine staatsanwaltschaftliche Diversionstätigkeit im Rahmen des § 45 Abs. 2 JGG im Ergebnis nicht überzeugen. Demnach übt die Staatsanwaltschaft keine Rechtsprechung im Sinne des Art. 92 GG aus, wenn er eine erzieherische Maßnahme nach § 45 Abs. 2 JGG selbst veranlaßt.

Die meisten der in § 45 Abs. 2 und Abs. 3 JGG vorgesehenen Auflagen und Weisungen können nicht als Strafen oder sogar als strafähnliche Sanktionen angesehen werden, wenn sie in erster Linie zu dem Zweck eingeführt wurden, eine Bestrafung durch Diversion zu ersetzen. Diese Auflagen und Weisungen enthalten ferner kein

[522] Als Beispiele für solche Diversionsmodelle sind das schon erwähnte „Lübecker"-Modell oder das Modellprojekt in Braunschweig zu nennen. Siehe dazu Fn. 442. Zum Modellprojekt in Braunschweig siehe etwa van den Woldenberg, 1993, S. 56 f.

sozialethisches Unwerturteil. Darüber hinaus werden diese Auflagen und Weisungen im Gegensatz zu der Strafe nicht mit Hilfe von Zwangsmitteln (etwa durch einen Ungehorsamarrest i.S.d. §§ 11 Abs. 3, 15 Abs. 3 S. 2 JGG) durchgesetzt, d.h. ihre Erfüllung kann nicht erzwungen werden.

Nur die Erbringung von Arbeitsleistungen oder die Zahlung eines Geldbetrages zugunsten einer gemeinnützigen Einrichtung enthalten ihrer Rechtsnatur nach eine Belastung für den Jugendlichen, so daß im Falle einer staatsanwaltschaftlichen Anregung solcher Maßnahmen im Rahmen der Diversion eine Einschaltung des Jugendrichters erforderlich erscheint.

Problematisch scheint bezüglich der staatsanwaltschaftlichen Anregungskompetenz erzieherischer Maßnahmen der Umstand, daß diese Maßnahmen, die nach § 45 Abs. 2 JGG zur Anwendung kommen, auch durch den Jugendrichter angeordnet werden können, sei es im Rahmen der Einstellungsvariante nach § 45 Abs. 3 JGG, sei es im Urteil nach Durchführung eines förmlichen Verfahrens.

Schließlich bringen die zur Zeit geltenden gesetzlichen Formulierungen des § 45 Abs. 2 JGG keine Klarheit darüber, ob der Staatsanwalt Erziehungsmaßnahmen durchführen oder einleiten kann bzw. welche Reichweite die staatsanwaltschaftliche Anregungskompetenz erreichen soll. Aufgrund dieser festzustellenden Unklarheit des § 45 Abs. 2 JGG sollte im Hinblick auf die oben dargelegte Diskussion eine Änderung des § 45 Abs. 2 JGG erfolgen, um die Reichweite der staatsanwaltschaftlichen Anregungskompetenz gesetzlich eindeutig zu begrenzen.[523]

9. Zusammenfassung

In der Strafgerichtsbarkeit ist der Begriff „Diversion" als kriminalpolitische Alternative grundsätzlich im Sinne von „Ablenkung" oder „Umleitung" zu verstehen. Damit ist in erster Linie gemeint, daß der Staat bei Straftaten im unteren bzw. mittleren Kriminalitätsbereich auf ein förmliches Verfahren sowie auf die Verhängung von formellen Sanktionen verzichtet. Stattdessen wird der Täter auf einen alternativen Weg verschiedenartiger informeller Erledigungen bzw. alternativer Maßnahmen sozialpädagogischer Art umgeleitet.

In der Praxis der deutschen Strafrechtspflege findet Diversion vornehmlich im Jugendstrafrecht Anwendung. Dabei sind die in den §§ 45, 47 JGG geregelten Einstellungsmöglichkeiten in besonderem Maße zu berücksichtigen.

Das Hauptziel dieser kriminalpolitischen Alternative im Bereich der allgemeinen Strafrechtspflege ist in der Entkriminalisierung der sog. Bagatellkriminalität zu sehen. Dies soll in erster Linie zu einer Arbeitsentlastung der Justiz führen. Bezogen auf die Jugendgerichtsbarkeit ist das primäre Ziel der Diversion, die stigmatisierenden Wirkungen eines förmlichen Strafverfahrens bei dem jugendlichen Täter zu vermeiden. Insoweit steht im Jugendstrafrecht die Persönlichkeit des jugendlichen Täters im Vordergrund.

---

[523] In diesem Sinne auch Heinz, DVJJ-Schriftenr. Nr. 23 1996, S. 365.

Der Begriff „Diversion“ geht auf die nordamerikanische Kriminalpolitik der 60er-Jahre zurück. Aufgrund einer in jener Zeit ansteigenden Jugendkriminalität und einer im Zusammenhang damit stehenden Fallüberlastung der Justiz wurde von der amerikanischen Regierung nach Möglichkeiten gesucht, jugendliche Rechtsbrecher aus den formellen Instanzen herauszunehmen und sie durch eine pädagogische informelle Kontrolle, sprich Diversion, zu betreuen. Man unterschied zwischen einer schlichten Diversion („Diversion to nothing“) und einer intervenierenden Diversion („Diversion by intervention“). Bei der ersteren erfolgte ein Absehen von der Verfolgung, ohne daß gleichzeitig der Beschuldigte irgendwelchen Maßnahmen nachzukommen hatte. Bei der zweiten Alternative setzte die Einstellung des Verfahrens voraus, daß der jugendliche Täter irgendwelche Leistung erbringen mußte.

Anhand zahlreicher finanzieller Mittel von seiten der amerikanischen Bundesregierung wurden landesweit zahlreiche Programme für Prävention, Diversion und Entwicklung ambulanter alternativer Maßnahmen in Gang gesetzt.

Auch im internationalen Bereich ist in letzter Zeit ein Ausweitung der Diversion vor allem im Bereich des Jugendstrafrechts gefordert worden. Hierbei haben sich insbesondere die Vereinten Nationen und der Europarat durch einige Empfehlungen in dieser Materie als richtungsweisend erwiesen.

Diese kriminalpolitische Alternative namens „Diversion“ hat auch in der Jugendstrafrechtspraxis der Bundesrepublik Deutschland seit ihrer Aufnahme Ende der 70er-Jahre Anklang gefunden. Es ist aber darauf hinzuweisen, daß sich die Diversion in den USA und die in der BRD in vielerlei Hinsicht voneinander unterscheiden. Insofern spricht man von einer „deutschen Variante“ der Diversion. Der Grund dafür ist in der Tatsache zu sehen, daß die Anwendung von Diversionsmaßnahmen in der Bundesrepublik nur innerhalb des gesetzlichen Rahmens – vor allem unter Beachtung des strafprozessualen Legalitätsprinzips gem. §§ 152 Abs. 2, 160 StPO – erfolgen kann. Demnach kann der Beschluß einer Diversionsmaßnahme nur durch den Staatsanwalt und den Richter im Rahmen des sog. Opportunitätsprinzips gefaßt werden. Im Gegensatz dazu gehen die Zuständigkeiten der amerikanischen Justizbehörde weit über den gesetzlichen Rahmen hinaus. Insofern können Diversionsmaßnahmen auch von polizeilicher Seite ausgehen.

So wie in den USA sind auch in der BRD zahlreiche Programme und Projekte zur Verwirklichung der Diversion implementiert worden. Diese verlaufen grundsätzlich innerhalb der einzelnen Phasen des Jugendstrafverfahrens und haben vor allem das Ziel, die informelle Erledigung des Verfahrens zu ermöglichen und die Verhängung von ambulanten Maßnahmen zu praktizieren.

Wie oben angeführt, steht ein Einschreiten im Rahmen der Diversion nach deutschem Recht nur dem Staatsanwalt und dem Richter zu. Nach deutschem Strafprozeßrecht wird der Staatsanwaltschaft eine zentrale Position im Verfahren eingeräumt. Ausgehend von den Bestimmungen der StPO ist die Staatsanwaltschaft mit der Durchführung des Ermittlungsverfahrens mit eigener Hand beauftragt. Demgegenüber erfolgt die Hauptverhandlung unter der Leitung des Richters.

Im Rahmen des Opportunitätsprinzips sieht die deutsche StPO einige Vorschriften vor, die eine Einstellung des Verfahrens trotz zureichender tatsächlicher Anhaltspunkte bzw. trotz eines hinreichenden Tatverdachts erlauben. Besonders zu beachten sind u.a. §§ 153, 153a und 376 StPO, da diese in bestimmten Fällen mit den Vorschriften des Jugendstrafrechts konkurrieren können. Eine Einstellungsbefugnis steht entweder dem Jugendstaatsanwalt oder dem Richter zu, je nachdem in welchem Stadium sich das Strafverfahren befindet. Ferner enthalten andere Gesetze bestimmte Vorschriften, die eine Einstellung des Verfahrens nach dem Opportunitätsprinzip ermöglichen. Beispiel dafür sind die §§ 31a, 37 und 38 Abs. 2 BtMG. Diese Vorschriften können auch u.U. im Jugendstrafrecht Anwendung finden.

Im Jugendstrafrecht ist die Staatsanwaltschaft auch grundsätzlich verpflichtet, unter Beachtung des Legalitätsprinzips die Ermittlungen aufzunehmen, sobald sich tatsächliche Anhaltspunkte für die Begehung einer Straftat ergeben haben. Das Jugendgerichtsgesetz sieht aber Vorschriften vor, die eine Durchbrechung des Legalitätsprinzips ermöglichen, die in den §§ 45, 47 JGG ihren Niederschlag finden. Diese Vorschriften werden von der herrschenden Lehre als Diversionsmaßnahmen konzipiert.

Die Möglichkeit einer Verfahrenseinstellung bereits auf staatsanwaltschaftlicher Ebene war schon im ersten Jugendgerichtsgesetz aus dem Jahre 1923 gesetzlich geregelt. Mit dem JGG 1953 wurden in die §§ 45, 47 JGG die Einstellungsmöglichkeiten durch den Jugendstaatsanwalt bzw. den Jugendrichter aufgenommen. Zu berücksichtigen ist in diesem Zusammenhang die Tatsache, daß eine Einstellung des Jugendstrafverfahrens auf staatsanwaltschaftlicher Ebene nur mit Einschaltung des Jugendrichters an erster Stelle der Reihenfolge des § 45 JGG 1953 vorgesehen war und erst an zweiter Stelle eine staatsanwaltschaftliche Einstellung ohne Beteiligung des Jugendrichters zu erwägen war. Jedoch wurde von Literatur und Praxis – entgegen der gesetzlich vorgegebenen Reihenfolge – der folgenlosen Einstellung seitens des Staatsanwalts ohne Beteiligung des Jugendrichters der Vorrang eingeräumt. Nach zahlreichen Gesetzesentwürfen und angestoßen durch die sog. „Jugendstrafrechtsreform durch die Praxis“, deren Befürworter sich für die Erweiterung der Diversionsmöglichkeiten auf staatsanwaltschaftlicher Ebene und die Ausweitung von ambulanten Reaktionsformen setzten, wurde schließlich eine Änderung der Systematik von §§ 45, 47 JGG durch das 1.JGGÄndG vom 38.8.1990 vollzogen.

Mit dieser durch das 1.JGGÄndG eingeführten neuen Reihenfolge des §§ 45, 47 JGG bietet das zur Zeit in Deutschland geltende Jugendgerichtsgesetz die Möglichkeit einer Einstellung des Verfahrens im Rahmen der Diversion. Die im deutschen Jugendstrafrecht geregelten Einstellungsmöglichkeiten beruhen in erster Linie auf dem Opportunitätsprinzip, mit dem der Verfolgungszwang (Legalitätsprinzip) unter bestimmten im Gesetz geregelten Voraussetzungen durchbrochen wird.

In § 45 JGG haben die verschiedenen Diversionsalternativen seitens des Jugendstaatsanwalts im jugendstrafrechtlichen Ermittlungsverfahren ihren gesetzlichen Niederschlag gefunden. Es werden insoweit drei Diversionsmöglichkeiten je nach Eingriffsintensität unterschieden. Da der Jugendstaatsanwalt bei diesen Diversionsmöglichkeiten eine besondere Stellung im Verfahren einnimmt, wird von der herrschenden Lehre die Einstellung des Verfahrens nach § 45 JGG als „staatsanwaltschaftliche Diversion“ definiert. Nach § 45 Abs. 1 JGG kann der

Jugendstaatsanwalt zunächst ohne Beteiligung des Jugendrichters das Verfahren sanktionslos (sog. „Diversion to nothing") einstellen. § 45 Abs. 2 JGG regelt eine Einstellung des Verfahrens durch den Staatsanwalt weiterhin ohne richterliche Intervention aber mit Anknüpfung einer erzieherischen Maßnahme (sog. „Diversion by intervention"). Schließlich ermöglicht § 45 Abs. 3 JGG eine dritte staatsanwaltschaftliche Diversionsalternative, diesmal aber mit Beteiligung des Jugendrichters und mit der Anordnung einer der in § 45 Abs. 3 JGG erwähnten Maßnahmen.

Im Rahmen des § 47 JGG kann eine Einstellung des Verfahrens durch den Jugendrichter in der Hauptverhandlung erfolgen.

Diese im JGG geregelten Diversionsmöglichkeiten haben auf wissenschaftlicher Ebene eine lebhafte Diskussion ausgelöst. Insbesondere ist die sog. „staatsanwaltschaftliche Diversion" in der Literatur äußerst umstritten. Diesbezüglich wird von einem nicht unerheblichen Teil der Lehre geltend gemacht, diese im gewissen Sinne Alleinzuständigkeit der Staatsanwaltschaft zur Einstellung des Verfahrens im Jugendstrafrecht verstoße gegen verfassungsrechtliche Prinzipien, wie das Gewaltenteilungsprinzip (Art. 20 Abs. 2 S. 2 JGG), das Richtermonopol (Art. 92 GG) oder die Unschuldsvermutung (Art. 6 Abs. 2 EMRK).

Bezogen auf die im JGG geregelten Einstellungsmöglichkeiten ruft die zweite Diversionsvariante nach § 45 Abs. 2 JGG die größten Bedenken hervor. Problematisch erscheint in diesem Fall eine mögliche Anregungskompetenz seitens des Jugendstaatsanwalts von erzieherischen Maßnahmen ohne Einschaltung des Jugendrichters. Für einen Teil der Literatur bedeutet diese Diversionstätigkeit des Jugendstaatsanwalts ohnehin die Ausübung richterlicher Befugnisse, die gem. Art. 92 GG ausschließlich dem Richter zustehen. Desweiteren bestünde damit eine Verletzung des Gewaltenteilungsprinzips auf prozessualer Ebene im Zusammenhang. Dabei stützen sich die Vertreter dieser Auffassung auf die Annahme, daß die Anregung erzieherischer Maßnahmen durch den Jugendstaatsanwalt nach § 45 Abs. 2 JGG mit der Verhängung einer Strafe i.S.v. Art. 92 GG gleichstehe. Schließlich sehen sie einen Verstoß gegen das Prinzip der Unschuldsvermutung insofern, als daß eine „Diversion by intervention" nach § 45 Abs. 2 JGG erfolge, ohne daß die Schuld des Beschuldigten von einem unabhängigen Richter abschließend festgestellt worden ist. Diesen verfassungsrechtlichen Prinzipien folgend verneinen sie eine alleinige staatsanwaltschaftliche Diversionstätigkeit nach § 45 Abs. 2 JGG.

Diese rechtsstaatlichen Bedenken sind jedoch von der herrschenden Lehre unter Berufung auf die Rechtsprechung des Bundesverfassungsgerichts widerlegt worden. Dabei gehen sie davon aus, daß den erzieherischen Maßnahmen des § 45 JGG grundsätzlich kein strafähnlicher Charakter beizumessen sei. Diese sind vielmehr als Sanktionen nichtstrafrechtlicher Art zu konzipieren. Darüber hinaus verstoße eine Diversionstätigkeit nach § 45 Abs. 2 JGG nicht gegen die Unschuldsvermutung. Durch die Diversionsentscheidung erfolge keine Schuldfeststellung, sondern die Schuldfrage bleibt weiterhin offen. Ferner werde der Beschuldigte nicht dazu gezwungen, der angeordneten Maßnahme nachzukommen. Die Leistung werde vielmehr durch den Jugendlichen auf freiwilliger Basis übernommen. Infolgedessen könne der Jugendstaatsanwalt nach § 45 Abs. 2 JGG mit der Anregung, ja sogar mit der Einleitung von erzieherischen Maßnahmen, divertierend tätig sein.

Aufgrund der festzustellenden Unklarheit des § 45 Abs. 2 JGG bezüglich der Reichweite der staatsanwaltschaftlichen Anregungskompetenz erzieherischer Maßnahmen sind in der Literatur drei Auffassungen zu finden, die die staatsanwaltschaftliche Diversionstätigkeit festzulegen versuchen. Diese reichen von einer weit konzipierten staatsanwaltschaftlichen Anregungskompetenz bis hin zu Positionen, die eine Einstellungskompetenz des Jugendstaatsanwalts verneinen.

Angesichts dieser Meinungsverschiedenheit erscheint eine Gesetzesreform des § 45 Abs. 2 JGG notwendig, um Klarheit über die Reichweite der staatsanwaltschaftlichen Anregungskompetenz zu verschaffen.

3. Kapitel: Die staatsanwaltschaftliche Diversion im spanischen Jugendstrafrecht

1. Die Rezeption des Diversionsgedankens in die spanische Rechtsordnung

Die deutsche Variante von Diversion,[524] die – wie oben angeführt – seit Ende der 70er-Jahre in der Jugendgerichtsbarkeit eine konkrete Anwendung gefunden hat (§§ 45, 47 JGG), wird im Bereich des deutschen Jugendstrafrechts durch eine Reihe von Diversionsprogrammen unter Beachtung des gesetzlichen Rahmens des JGG praktiziert.[525]

Demgegenüber knüpft die spanische Rechtsordnung an einem wesentlich anderen Ausgangspunkt an.

Im spanischen Recht mangelte es bis vor kurzer Zeit nicht nur an einem sozusagen eigenständigen Jugendstrafrecht;[526] ferner wurde der Begriff „Diversion" sowohl vom Gesetzgeber als auch in der Lehre kaum behandelt.

Betrachtet man dagegen das Recht der spanischen autonomen Gebiete,[527] so findet man z.B. in der Gesetzgebung der autonomen Region Katalonien ab Anfang der

[524] Zu den theoretischen Grundlagen von Diversion wird auf die Ausführungen in den Abschn. 1.1, 1.2 u. 1.3 des 2. Kap. verwiesen.

[525] Eine ausführliche Darstellung zahlreicher in der BRD praktizierten Diversionsprogramme bietet die Bundesarbeitsgemeinschaft für ambulante Maßnahmen nach dem Jugendgerichtsgesetz. Siehe dazu: BAG (Hrsg.), Ambulante Maßnahmen und sozialpädagogische Jugendhilfeangebote für junge Straffällige, DVJJ-Schriftenr. Bd. 20, 1992, S. 22 ff.

[526] Ein neues und umfassendes Gesetz „zur Regelung der strafrechtlichen Verantwortlichkeit von Minderjährigen" wurde am 12. Januar 2000 verabschiedet und trat am 13. Januar 2001 in Kraft.

[527] Ausgehend von den Bestimmungen des spanischen Grundgesetzes aus dem Jahre 1978 (Art. 2, Art. 137 und Art. 142 CE) ist zu schließen, daß dieses weitgehend das Recht auf Autonomie der Nationalitäten und Regionen, aus denen sich die spanische Nation zusammensetzt, anerkennt und gewährleistet (vgl. Art. 2 CE). Der spanische Staat gliedert sich somit in 17 autonome Gemeinschaften (sog. „Comunidades Autónomas" in der Terminologie des spanischen Rechts). Diese autonomen Gebiete genießen politische Autonomie bei der Verfolgung ihrer jeweiligen Interessen. Gleichwohl sind bei der Verfolgung dieser Interessen ständig die Bestimmungen des Grundgesetzes sowie die Materien, welche zu der sog. „ausschließlichen Zuständigkeit" des spanischen Staates gehören, zu respektieren bzw. zu beachten. Nach

90er-Jahre ähnliche Diversionsprogramme im Bereich des Jugendstrafrechts wie in der Bundesrepublik Deutschland.[528]

Der Umstand, daß diese aus der amerikanischen Kriminalpolitik stammenden Diversionsgedanken sich nicht in der gleichen Weise wie in der Bundesrepublik Deutschland entwickeln konnten, was dazu führte, daß diese keinen Anklang in der spanischen Rechtsordnung fanden, ist grundsätzlich auf politische und historische Gesichtspunkte zurückzuführen.

Nach Ende der Franco-Diktatur Mitte der 70er-Jahre und der Wiederkehr der Demokratie in Spanien wurde vom spanischen Gesetzgeber als prioritäres Anliegen angesehen, die inzwischen veraltete und mitunter auch verfassungswidrig gewordene spanische Rechtsordnung mit den Forderungen eines demokratischen und sozialen Rechtsstaates in Einklang zu bringen.

Eines der Gesetze, welches mit den Bestimmungen des spanischen Grundgesetzes in Widerspruch stand, war das Jugendpflegegerichtsgesetz (LTTM) von 1948.[529]

Eine Änderung des alten LTTM von 1948 wurde erst nach einem Urteil des spanischen Verfassungsgerichtes im Jahre 1991 vorgenommen.[530]

Durch das LO 4/92 vom 5. Juni „zur Regelung der Zuständigkeit und des Verfahrens in den Jugendgerichten", wurde das alte Jugendpflegegerichtsgesetz von 1948 geändert. Zum ersten Mal in der spanischen Jugendgerichtsbarkeit wurde in art. 15 Abs. 1 Nr. 6 und art. 16 Abs. 3 LO 4/92 die Möglichkeit vorgesehen, in bestimmten Fällen und unter bestimmten Voraussetzungen ein Absehen von der Verfolgung bzw. eine Einstellung des Verfahrens vorzunehmen. Grund dafür war im wesentlichen die neue Stellung des Staatsanwaltes im Verfahren: Durch das neue Gesetz von 1992 wurde der Jugendstaatsanwalt – anders als im LTTM von 1948 – in den Vordergrund gestellt. Nach art. 15 Abs. 1 Nr. 2 LO 4/92 war die Jugendstaatsanwaltschaft mit der Durchführung des Ermittlungsverfahrens beauftragt und, soweit angebracht, mit der Erhebung der öffentlichen Klage.

Art. 149 Nr. 6 CE hat der Staat „ausschließliche Zuständigkeit (...) im Handels-, Straf- und Vollzugsgesetzgebung".

[528] Im Jahre 1981 übernahm Katalonien, den Vorschriften seines Autonomiestatutes aus dem Jahre 1979 entsprechend [vgl. Estatut d'Autonomía de Catalunya, LO 4/1979 vom 18. Dezember (BOE Nr. 306 vom 22.12.1979; DOGC Nr. 38 vom 31.12.1979)], die Zuständigkeit im Bereich des „Schutzes von bzw. der Vormundschaft über Minderjährige". Nach dieser Verteilung von Zuständigkeiten zwischen Staat und autonomem Gebiet wurde 1985 in Katalonien ein „Gesetz zum Schutz der Minderjährigen in Katalonien" (Gesetz 11/1985 vom 13. Juni; modifiziert durch das Gesetz 12/1988 vom 21. November) erlassen, aufgrund dessen das katalanische Justizministerium die Zuständigkeit zur Vollstreckung der von den Jugendrichtern angeordneten Maßnahmen übernahm. Nach der Übernahme dieser Zuständigkeiten hat die autonome Regierung Kataloniens eine Reihe von Programmen zur Vollstreckung ambulanter Maßnahmen sowie zur Einstellung des Verfahrens im Jugendstrafrecht entwickelt. Siehe beispielsweise dazu das TOA-Programm in Katalonien, in: Knuth, u.a., DVJJ-Journal 2 (1996), S. 166 ff. Zu dem gesetzlichen Rahmen in Katalonien und seine Vorreiterrolle innerhalb des spanischen Jugendstrafrechts siehe ausführlich Abschn. 2.2 des 4. Kap.

[529] Zu den zahlreichen Konfliktpunkten zwischen dem LTTM 1948 und dem spanischen Grundgesetz siehe Abschn. 2.3.1 des 1. Kap.

[530] STC 36/1991 vom 4. Februar.

Das neue spanische LO 5/2000 vom 12. Januar „zur Regelung der strafrechtlichen Verantwortlichkeit von Minderjährigen", führt die durch das alte LO 4/92 eingeführte Entkriminalisierungskonzeption im Jugendstrafrecht weiter. Dementsprechend haben Diversionsmöglichkeiten in zwei Vorschriften des neuen Jugendstrafgesetzes ihren Niederschlag gefunden: art. 18 und art. 19 LO 5/2000.

In der Begründung des LO 5/2000 wird in diesem Sinne auf die besondere Bedeutung hingewiesen, welche dem Täter-Opfer-Ausgleich sowie der Wiedergutmachung des Schadens im Jugendstrafrecht zukommt. Diese alternativen Maßnahmen werden grundsätzlich als Situationen angesehen, nach denen kraft des Opportunitätsprinzips sowie des Prinzips der „geringstmöglichen Intervention" („Principio de intervención mínima") die Nichteinleitung eines Ermittlungsverfahrens oder die Einstellung dessen von seiten des Staatsanwaltes erfolgen kann.

Auf eine ausführliche Analyse der Diversionsmöglichkeiten nach dem inzwischen schon außer Kraft gesetzten LO 4/92 sowie nach dem neuen LO 5/2000 wird im Abschnitt 4 dieses Kapitels eingegangen.

2. Die Stellung der Staatsanwaltschaft im spanischen Verfahrensrecht

2.1 Exkurs: Überblick über das spanische Strafprozeßrecht

Der aktuelle Strafprozeß beginnt in Spanien mit der Verabschiedung der spanischen Strafprozeßordnung [„Ley de Enjuiciamiento Criminal" (LECrim)] im Jahre 1882,[531] der in ihrer Grundstruktur der Code Napoleón von 1808 zugrunde liegt.

Andere im Bereich des spanischen Strafprozeßrechts zu beachtende Rechtsvorschriften sind einerseits das spanische Gerichtsverfassungsgesetz [„Ley Orgánica del Poder Judicial" (LOPJ)] von 1985.[532] Dieses Gesetz regelt im wesentlichen die Organisation der rechtsprechenden Gewalt, der zu ihr gehörenden Gerichte sowie das Statut der Richter. Andererseits ist auch das geltende spanische Strafgesetzbuch [„Código Penal" (CP)] von 1995[533] zu berücksichtigen, das Vorschriften strafprozessualen Charakters enthält, wie art. 13 CP i.V.m. art. 33 CP. Diese Vorschriften gliedern die im spanischen Strafgesetzbuch geregelten strafbaren Handlungen in schwere Verbrechen (sog. „delitos graves", d.h. Handlungen, die mit einer Freiheitsstrafe von mehr als drei Jahren oder mit anderen Strafen bezogen auf die Ausübung bestimmter Rechte bedroht sind), weniger schwere Verbrechen (sog. „delitos menos graves", d.h. Handlungen, die mit einer Freiheitsstrafe von mehr als sechs Monaten und bis zu drei Jahren, mit einer Geldstrafe von mindestens sechs Monaten[534] oder mit anderen weniger schweren Strafen bezogen auf die Ausübung bestimmter Rechte bedroht sind) und Vergehen (sog. „faltas", d.h. Übertretungen, die das Gesetz mit einer leichten Strafe oder einer Geldstrafe ahndet).

---

[531] Ley de Enjuiciamiento Criminal vom 14. September 1882.

[532] LO 6/1985 vom 1. Juli del Poder Judicial (Organgesetz der rechtsprechenden Gewalt) (BOE Nr. 157 vom 2. Juli).

[533] LO 10/1995 vom 23. November del Código Penal (BOE Nr. 281 vom 24. November).

[534] Eine der bedeutsamsten Neuerungen des spanischen Strafgesetzbuches von 1995 ist die Einführung des Tagessatzsystems bei der Geldstrafe (vgl. art. 50 ff. CP).

Im spanischen Strafprozeßrecht sind verschiedene Verfahrensarten zu finden, deren gesetzlichen Regelung meistens im geltenden LECrim erfolgt.[535]

Als vom Gesetz konzipierte allgemeine Verfahrensart und als sog. Prototyp für andere Verfahrensarten regelt das LECrim in den art. 259 bis art. 749 das sog. „ordentliche Verfahren wegen Verbrechen" („procedimiento ordinario"), welches für die Aburteilung von Straftaten zur Anwendung kommt, die mit einer Freiheitsstrafe von mehr als neun Jahren bedroht sind. Ferner ist bei bestimmten strafbaren Handlungen mit einem schweren Charakter noch eine andere Verfahrensart zu finden: Das Verfahren vor dem Geschworenengericht („procedimiento ante el Tribunal del Jurado").[536] Das Verfahren, dem heutzutage in der Praxis die größte Bedeutung zukommt, ist das sog. „abgekürzte Verfahren" („procedimiento abreviado"), geregelt in den art. 779 bis art. 799 LECrim.[537] Diese Verfahrensart kommt für die Aburteilung von Straftaten zur Anwendung, die mit einer Freiheitsstrafe von höchstens neun Jahren oder mit anderen Strafen verschiedener Rechtsnatur bedroht sind. Taten, die mit mehr als neun Jahren Freiheitsstrafe geahndet werden, sind also von der Anwendung des abgekürzten Verfahrens ausgenommen. Schließlich sieht das LECrim das sog. „Verfahren wegen Vergehen oder Übertretungen" vor (sog. „juicio de faltas"), geregelt in den art. 962 bis art. 977 LECrim. Bei diesem handelt es sich um ein einfaches, schnelles Verfahren ohne große Förmlichkeiten. Kennzeichnend für diese Verfahrensart ist, daß es weder ein Vorverfahren noch eine Zwischenphase gibt, sondern sich der gesamte Ablauf auf die mündliche Hauptverhandlung konzentriert. In diesem Verfahren sind untersuchendes und entscheidendes Organ personengleich.

Der spanische Strafprozeß besteht aus drei Verfahrensabschnitten: Dem Ermittlungsverfahren oder Vorverfahren (sog. „fase de instrucción" oder „sumario"), dem Zwischenverfahren (sog. „fase intermedia") und der Hauptverhandlung (sog. „juicio oral").

Das Ermittlungsverfahren, dessen Durchführung dem Untersuchungsrichter obliegt, weist in Spanien einige „inquisitorische" Merkmale auf. Nach Abschluß des Ermittlungsverfahrens geht das Verfahren in das Zwischenverfahren über. In diesem Verfahrensabschnitt wird die Anklage auf ihre Gesetzmäßigkeit überprüft. Ferner wird die Entscheidung darüber getroffen, ob die Eröffnung der Hauptverhandlung erfolgen soll. Die Durchführung des Zwischenverfahrens obliegt im ordentlichen Verfahren einem anderen als im Ermittlungsverfahren zuständigen Richter. Hingegen wird im abgekürzten Verfahren derselbe Richter mit der Durchführung dieses Verfahrensabschnitts beauftragt,

---

535 Eine Ausnahme davon bildet das sog. Verfahren vor dem Geschworenengericht, dessen gesetzliche Regelung im LO 5/1995 vom 22. Mai (BOE Nr. 122 vom 23. Mai) zu finden ist. Zu einem Überblick über das spanische Strafverfahren siehe Wessing, Diss. jur. 1998, S. 71 ff.

536 Wie oben angeführt, ist diese Verfahrensart in Spanien im Jahre 1995 wiedereingeführt worden. Einen Überblick über das Geschworenengericht in Spanien vermittelt Gómez Colomer, ZStW 110 (1998), S. 529 ff. Bei dieser Verfahrensart handelt es sich um ein besonderes Verfahren, weil die Kriterien für seine Anwendung sich nicht auf das Strafmaß für das begangene Unrecht beziehen, sondern eher auf den begangenen Straftatbestand.

537 Eingeführt in die spanische Strafprozeßordnung durch das LO 7/1988 vom 28. Dezember (BOE Nr. 313 vom 30. Dezember). In diesem Zusammenhang ist hervorzuheben, daß das ordentliche Verfahren oder „Verfahren wegen Verbrechen", einst Prototyp der gesetzlichen Regelung des LECrim, in der heutigen Verfahrenswirklichkeit nicht den Platz einnimmt, den die detaillierte Gesetzesregelung vermuten läßt. Die Mehrheit der Strafverfahren finden vielmehr gem. den Regelungen des LO 7/1988 als abgekürzte Verfahren statt.

der für das Ermittlungsverfahren zuständig war. Nach Abschluß des Zwischenverfahrens schließt sich die Phase der Hauptverhandlung an. Diese Phase des Verfahrens, deren Durchführung in allen geregelten Verfahrensarten einem anderen als im Ermittlungsverfahren zuständigen Justizorgan zukommt, wird vor allem durch das Akkusationsprinzip geprägt.[538]

Die spanische Strafprozeßordnung wird grundsätzlich von dem Legalitätsprinzip geprägt (Art 124 Abs. 1 CE, sowie art. 105 LECrim, art. 435 LOPJ und art. 3.4 Organstatut der Staatsanwaltschaft (EOMF).[539] Nach diesem Prinzip ist die Staatsanwaltschaft verpflichtet, bei jedem von Amts wegen zu verfolgenden Delikt die Strafverfolgung einzuleiten und nach Abschluß der Ermittlungen Anklage zu erheben.

Aufgrund dieser strengen Auslegung des Legalitätsprinzips in der spanischen Strafprozeßordnung ist jede Entscheidungsbefugnis von seiten der Justizorgane über die Angemessenheit bzw. Opportunität der Strafverfolgung im Rahmen des Opportunitätsprinzips im Prinzip ausgeschlossen.

Trotz dieser Ausführungen sieht das spanische Strafprozeßrecht, obwohl das Opportunitätsprinzip im Gesetz nicht ausdrücklich definiert wird – wie z.B. „a sensu contratio" aus dem Wortlaut des § 152 Abs. 2 StPO zu entnehmen ist –[540] sog. „Opportunitätsbestimmungen" vor. Darunter ist vor allem das Institut der sog. „conformidad" (Einverständnis) zu sehen. Dieses Rechtsinstitut wird in art. 655, art. 688 Abs. 2, art. 689 und art. 694 LECrim für das ordentliche Verfahren und in art. 791 Abs. 3 und art. 793 Abs. 3 LECrim für das abgekürzte Verfahren geregelt.[541]

Was die Prozeßsubjekte im spanischen Strafprozeßrecht anbelangt, ist zunächst festzustellen, daß ihre Rechtsstellung grundsätzlich der im deutschen Strafprozeßrecht entspricht. Gleichwohl weist die Rechtsstellung einiger der am Strafverfahren beteiligten Prozeßsubjekte im spanischen Strafprozeßrecht einige bemerkenswerte Besonderheiten gegenüber dem deutschen Strafprozeßrecht auf. In diesem Zusammenhang und von Bedeutung sind insbesondere die im spanischen Strafverfahren weit konzipierten Verfahrensrechte des Verletzten hervorzuheben.

Die Gerichte sind in Spanien nicht dem Justizministerium unterstellt sondern verwalten sich in organisatorischer und disziplinarischer Hinsicht selbst. Der sog. „Consejo General del Poder Judicial" (eine Art Richterwahlausschuß) ist oberstes Organ der rechtsprechenden Gewalt. Seine Aufgaben werden in dem Organgesetz der Rechtspflege (LOPJ) geregelt.[542]

---

538 Hierbei ist nochmals darauf hinzuweisen, daß im sog. Verfahren wegen Vergehen kein Vor- und Zwischenverfahren stattfindet.

539 Estatuto Orgánico del Ministerio Fiscal, Gesetz 50/1981 vom 30. Dezember, geändert durch Gesetz 10/95 vom 24. April. Ausführlich zum Legalitäts- und Opportunitätsprinzip im spanischen Strafprozeßrecht siehe Abschn. 2.3 des 3. Kap.

540 Nach § 152 Abs. 2 StPO ist die Staatsanwaltschaft verpflichtet, wegen aller verfolgbaren Straftaten einzuschreiten, „soweit nicht gesetzlich ein anderes bestimmt ist".

541 Siehe dazu ausführlich Abschn. 2.3.2 des 3. Kap.

542 Bohlander, DRiZ 1997, S. 37.

Das spanische Grundgesetz – wie auch das LOPJ, welches die verfassungsrechtlichen Vorschriften im Bereich des Strafprozeßrechts aufführt – bestimmt in Art. 117 ff. die Gesamtheit aller Verfassungsgarantien, die das Organstatut von Richtern und sog. „Magistrados" (Kollegialrichter)[543] gestalten sollen.[544]

Örtlich zuständig für die Durchführung eines Strafverfahrens ist meistens das Gericht, in dessen Zuständigkeitsbezirk die strafbare Handlung begangen worden ist. Die sachliche Zuständigkeit der Gerichte hängt in erster Linie von der Schwere des Delikts ab.[545]

Die untere Stufe in der spanischen Strafgerichtsbarkeit bilden die sog. Friedensgerichte („Juzgados de Paz"), die für die Aburteilung der Verfahren wegen Vergehen zuständig sind. Auf der nächsten Stufe sind die Untersuchungs- oder Ermittlungsgerichte („Juzgados de Instrucción")[546] zu finden. Diese sind zuständig einerseits für die Untersuchung der Strafsachen, die den Provinzial- und Strafgerichten zur Aburteilung zugewiesen worden sind. Andererseits entscheiden die Untersuchungs- oder Ermittlungsgerichte über die Rechtsmittel gegen Urteile der Friedensrichter (vgl. art. 87 LOPJ).[547] Die Strafgerichte („Juzgados de lo Penal")[548] sind zuständig für die Verhandlung von den Strafsachen wegen Verbrechen,[549] in denen die Durchführung des Ermittlungsverfahrens den oben genannten Untersuchungsgerichten im Rahmen des sog. „abgekürzten Verfahrens" oblag. Auf derselben Ebene wie die Strafgerichte regelt das Gesetz die Jugendgerichte („Juzgados de Menores", vgl. art. 26 LOPJ). Ihre Zuständigkeit erstreckt sich auf die mündliche Verhandlung und den Urteilsspruch in Verfahren gegen Minderjährige zwischen 14 und unter 18 Jahren, die dem persönlichen Anwendungsbereich des LO 5/2000 vom 12. Januar unterliegen. Die Provinzialgerichte („Audiencia Provincial")[550] sind erstinstanzlich für Rechtssachen wegen Verbrechen zuständig, die gem. dem LOPJ nicht den Strafgerichten bzw. anderen im LOPJ vorgesehenen Gerichtshöfen zugewiesen sind (vgl. art. 82 Abs. 1 Nr. 1 LOPJ). Als Berufungsgericht sind die Provinzialgerichte gem. art. 82 Abs. 1 Nr. 2 LOPJ zuständig, sofern eine Entscheidung des Ermittlungs- oder des Strafgerichts mit Einlegung eines Rechtsmittels angefochten wird. Die Oberen Justizgerichtshöfe („Tribunal Superior de Justicia")[551] haben ihren Sitz in der Hauptstadt der autonomen Regionen. Ihr Zuständigkeitsbereich umfaßt gem. art. 73 Abs. 3 LOPJ Strafsachen, die ihnen durch die jeweiligen Autonomiestatute zugewiesen worden sind, sowie die Strafverfahren in Strafsachen (Ermittlungsverfahren und Urteilsspruch) gegen Richter, Kollegialrichter und

---

543 Mit der lateinischen Bezeichnung „Magistrados" werden in Spanien Richter genannt, die an einem Kollegialgericht tätig sind.

544 Nach Art. 117 CE geht die Rechtsprechung vom Volke aus und wird im Namen des Königs von Richtern ausgeübt, „die die rechtsprechende Gewalt bilden; sie sind unabhängig, unabsetzbar, verantwortlich und allein dem Gesetz unterworfen".

545 Ausführlich zu der sachlichen und funktionellen Zuständigkeit der spanischen Gerichte siehe art. 26 ff. LOPJ; siehe auch Wessing, Diss. jur. 1998, S. 72 ff.; Bohlander, DRiZ 1997, S. 39; ferner: de la Oliva, u.a., 1997, S. 99 ff. Aus Platzgründen läßt sich eine ausführliche Darstellung der spanischen Strafgerichtsverfassung hier nicht durchführen. Insoweit wird auf die oben genannte Literatur verwiesen.

546 Diese sind vergleichbar mit dem deutschen Amtsgericht (Strafrichter).

547 In bestimmten Fällen führen diese Gerichte auch das Erkenntnisverfahren bei Vergehen, sofern diese nicht den Friedensrichtern zugewiesen sind.

548 Ebenfalls vergleichbar mit dem deutschen Amtsgericht (Strafrichter).

549 Für die das Strafgesetzbuch eine Freiheitsstrafe von nicht mehr als sechs Jahren vorsieht.

550 Vergleichbar mit dem deutschen Landgericht (Strafkammer).

551 Vergleichbar mit dem deutschen Oberlandesgericht (Strafsenat).

Angehörige der Staatsanwaltschaft wegen Verbrechen oder Vergehen, die sie in Ausübung ihrer Ämter in der jeweiligen autonomen Region begangen haben, sofern diese Befugnis nicht dem Obersten Gerichtshof zugewiesen ist. Das Nationale Obergericht („Audiencia Nacional"), zentral in ganz Spanien, ist als erstinstanzliches Gericht zuständig u.a. für politische und organisierte Kriminalität (Terrorismus, Geldfälschung und Betäubungsmittelkriminalität). An der Spitze der spanischen Gerichtsbarkeit ist schließlich der Oberste Gerichtshof („Tribunal Supremo")[552] zu finden. Dieser hat gem. art. 57 Abs. 1 Nr. 1 LOPJ im wesentlichen revisionsrechtliche Zuständigkeiten. Darüber hinaus besteht eine erstinstanzliche Zuständigkeit (Ermittlungsverfahren und Urteilsspruch) bei Verfahren in Rechtssachen gegen höchste Staatsorgane sowie gegen Kollegialrichter des Nationalen Obergerichts oder eines Oberen Gerichtshofes (vgl. art. 57 Abs. 1 Nr. 2 u. 3 LOPJ).

Der Richter ist in seinen Funktionen als Untersuchungsrichter in Spanien nur bedingt mit dem deutschen Ermittlungsrichter vergleichbar, da er das gesamte Ermittlungsverfahren durchführt und somit alle ihm erforderlichen Ermittlungshandlungen anstellt, und nicht nur für einzelne Entscheidungen wie Haftbefehl, Durchsuchung etc. tätig wird.

Die spanische Staatsanwaltschaft (sog. „Ministerio Fiscal") hat eine andere Rechtsstellung im Verfahren als die Richter, nicht zuletzt deshalb, weil das Grundgesetz ihr keine rechtsprechende Tätigkeit gewährt (vgl. Art. 117 CE). Darüber hinaus ist die Staatsanwaltschaft nicht in der rechtsprechenden Gewalt integriert, sondern die Behörde richtet sich nach einem eigenen Gesetz: Das ist das Organstatut der Staatsanwaltschaft (EOMF) aus dem Jahre 1981.

Die Staatsanwaltschaft wird in Spanien nicht der Judikative, sondern der Exekutive zugeordnet. Ihr Aufbau bestimmt sich nach Art. 124 CE, art. 435 LOPJ sowie im EOMF.[553]

Das spanische Grundgesetz bestimmt in Art. 124 Abs. 1 die wesentlichen Aufgaben der Staatsanwaltschaft sowie die Prinzipien, auf die sich ihre Tätigkeit gründet, folgendermaßen:

„Die Staatsanwaltschaft hat, unbeschadet der den anderen Organen übertragenen Funktionen, die Aufgabe, die Tätigkeit der Justiz zum Schutz der Gesetzlichkeit, der Rechte der Bürger und des vom Gesetz geschützten Allgemeinwohls von Amts wegen oder auf Antrag der betroffenen Personen zu unterstützen. Ihr obliegt auch die Überwachung der Unabhängigkeit der Gerichte und die Sorge um das Gemeinwohl vor den Gerichten".

Auf strafverfahrensrechtlicher Ebene ist die Staatsanwaltschaft mit der Ausübung der öffentlichen Strafklage beauftragt. Aber im Gegensatz zum deutschen Strafprozeßrecht besitzt die Staatsanwaltschaft in Spanien kein Anklagemonopol. Vielmehr bestimmt das spanische Strafprozeßrecht in art. 101 und art. 270 LECrim, daß jeder Bürger die Möglichkeit hat, private Anklage zu erheben, ganz gleich ob er durch das

---

[552] Vergleichbar mit dem Bundesgerichtshof (Strafsenat).

[553] Eine ausführliche Analyse über die Rechtsstellung der Staatsanwaltschaft im spanischen Strafprozeßrecht vermittelt Gómez Colomer, ZStW 112 (2000), S. 136 ff.

begangene Delikt verletzt wurde oder nicht. Auf diese Besonderheit des spanischen Strafverfahrens wird im folgenden ausführlich eingegangen.

Jede am Strafverfahren beschuldigte Person hat Anspruch auf Verteidigung durch einen Rechtsanwalt ihrer Wahl. Verfügt der Beschuldigte über ausreichende finanzielle Mittel, um einen Anwalt seiner Wahl zu bezahlen, so kann er jederzeit einen beliebigen Verteidiger (Wahlverteidiger) wählen. Andernfalls wird dem Beschuldigten ein Pflichtverteidiger bestellt. Der anwaltliche Beistand ist in allen Verfahren obligatorisch. Von dieser Pflicht ausgenommen ist das Verfahren wegen Vergehen. In dieser Verfahrensart ist der Beistand eines Anwalts fakultativ. Daher ist hier der Beschuldigte selbst vor Gericht postulationsfähig.

Die Prozeßvertretung der am Verfahren beteiligten Parteien für die formellen Prozeßhandlungen wird im spanischen Strafprozeßrechtssystem durch die sog. „Procuradores de los tribunales" (berufsmäßige Prozeßbevollmächtiger bzw. Prozeßvertreter) wahrgenommen (vgl. art. 438 LOPJ).

Wie schon oben angeführt, weist der spanische Strafprozeß hinsichtlich der Rechtsstellung des Verletzten am Verfahren einige Besonderheiten auf. Aufgrund der Tatsache, daß die Staatsanwaltschaft im spanischen Strafprozeßrecht kein Anklagemonopol besitzt, sieht das LECrim gem. art. 101 und art. 270 die Möglichkeit vor, wonach jeder Bürger, gleich ob er durch das begangene Delikt verletzt wurde oder nicht, Anklage erheben kann.

Dementsprechend kann der Verletzte im Strafverfahren als Prozeßpartei auftreten und neben der Staatsanwaltschaft die Strafklage ausüben. Insoweit hat der Verletzte als Prozeßpartei weitgehend die gleichen Rechte wie die des Staatsanwalts. Diese Rechtsstellung des Verletzten wird im spanischen Strafprozeßrecht Partikularklage („acusación particular") genannt. Dieser Partikularkläger hat gem. art. 272 Abs. 1 LECrim eine förmliche Anklage beim Untersuchungsrichter einzubringen.

Insgesamt gesehen besitzt der Partikularkläger in Spanien eine erheblich stärkere Position als der Nebenkläger nach deutschem Strafprozeßrecht.[554]

Eine Besonderheit des spanischen Strafprozeßrechts ist in Art 125 CE, art. 19 Abs. 1 LOPJ, art. 101 und art. 270 LECrim zu sehen. Nach diesen Vorschriften können alle spanischen Bürger von der Strafklage und gem. den geltenden Bestimmungen Gebrauch machen. Dieses Rechtsinstitut wird von dem spanischen Gesetzgeber als Popularklage („acción popular") genannt.

Jeder spanische Bürger kann also wegen einer Straftat Anklage erheben, unabhängig davon, ob er durch die Tat verletzt wurde.[555] Allerdings bestimmt art. 280 LECrim für den Popularkläger eine Kautionsverpflichtung, um für die Verfahrenskosten zu haften. Von dieser Kautionsverpflichtung ausgenommen ist der Verletzte und u.U. auch seine Verwandten bis zu einem bestimmten Verwandtschaftsgrad.

---

[554] Volkmann-Schluck, 1979, S. 49.

[555] Nach art. 270 Abs. 2 LECrim besitzen Ausländer dieses Recht nur, soweit sie durch die Tat verletzt wurden.

Das spanische System hält also am Institut der Popularklage fest, das auf der Erwägung beruht, daß jede Straftat eine Verletzung der sozialen Ordnung bedeutet und daß aus diesem Grunde jedes Mitglied der Gesellschaft in deren Namen die Wiederherstellung der verletzten Ordnung verlangen kann. Die Popularklage wird in Spanien insbesondere von verschiedenen Einrichtungen und Vereinigungen genutzt.[556]

Ein anderes Merkmal des spanischen Prozeßrechts stellt die Vorschrift des art. 100 LECrim dar. Nach dieser Vorschrift führt eine begangene Straftat nicht nur dazu, von der Strafklage gem. den oben aufgeführten Vorschriften Gebrauch zu machen. Darüber hinaus kann der Verletzte im Rahmen dieses Strafverfahrens eine Zivilklage betreiben, damit ihm auf finanziellem Wege die durch die Straftat angerichteten moralischen und materiellen Schäden ersetzt werden können.

Nach spanischem Prozeßrecht können also zivilrechtliche Forderungen, die aus der Verwirklichung eines Straftatbestandes herrühren, zusammen mit dem Strafanspruch geltend gemacht werden, sofern der Verletzte bzw. Kläger sie nicht ausdrücklich der Behandlung in einem Zivilprozeß vorbehält. Will also der Verletzte von den zivilrechtlichen Forderungen im Strafverfahren Gebrauch machen, so braucht er in diesem Fall die Zivilklage nicht selber zu erheben und zu vertreten, sondern der Staatsanwalt ist per Gesetz grundsätzlich verpflichtet, zusammen mit der Strafklage auch die Zivilklage zugunsten des Verletzten vor dem Strafgericht zu erheben.[557]

Beschränkt sich das Auftreten des Verletzten im Strafverfahren ausschließlich auf die zivilrechtlichen Forderungen, so nimmt der Verletzte die Rechtsstellung eines sog. Zivilklägers („actor civil") ein.[558]

Das Strafverfahren besteht in Spanien – wie oben angeführt – aus drei Verfahrensabschnitten: Dem Vorverfahren (sog. „fase de instrucción" oder „sumario"), dem Zwischenverfahren (sog. „fase intermedia") und der Hauptverhandlung (sog. „juicio oral").[559]

Die Durchführung des Vorverfahrens obliegt nach art. 14 Abs. 2 LECrim dem Untersuchungsrichter. Abweichend also von der Regelung in der deutschen StPO ist in Spanien nach geltendem Recht der Untersuchungsrichter zur Durchführung der Ermittlungen berufen. Eine Ausnahme davon stellt das abgekürzte Verfahren dar: Nach art. 785bis LECrim kann die Staatsanwaltschaft in dieser Verfahrensart unter bestimmten

[556] Gómez Colomer, ZStW 112 (2000), S. 152 f.

[557] Vgl. art. 108 LECrim. Grundlage dieser Gleichrangigkeit im spanischen Strafprozeß zwischen Straf- und Zivilverfahren ist in der Tatsache zu sehen, daß das Strafrecht in Spanien sich als wichtigste Aufgabe gesetzt hat, die in ihrer Gesamtheit durch eine begangene Straftat verletzte Ordnung wieder herzustellen, mithin auch für die entsprechende Entschädigung des Straftatopfers zu sorgen.

[558] In diesem Sinne ist darauf hinzuweisen, daß die Aufhebung der strafrechtlichen Verantwortlichkeit oder das Fällen eines Freispruchs in einem Strafverfahren nicht verhindern, zivilrechtliche Forderungen als Folge der Straftat vor der Zivilgerichtsbarkeit geltend zu machen. Gleichwohl handelt es sich dabei nicht mehr um eine zivilrechtliche Verantwortlichkeit „ex delicto".

[559] Diese Gliederung bezieht sich im wesentlichen auf das sog. Verfahren wegen Verbrechen (art. 259 bis art. 749 LECrim). Wie schon oben angeführt, wird dieses Verfahren vom spanischen Gesetzgeber als „Prototyp" im spanischen Strafprozeß konzipiert. Das Verfahren wegen Verbrechen kommt zur Anwendung für die Aburteilung von Straftaten, die mit einer Freiheitsstrafe von mehr als neun Jahren bedroht sind. Aufgrund seines konzipierten allgemeinen Charakters ist das Verfahren wegen Verbrechen Gegenstand der in diesem Abschnitt folgenden Darstellung. Das abgekürzte Verfahren sowie das Verfahren vor dem Geschworenengericht enthält auch drei Verfahrensabschnitte. Diese werden aber anders bezeichnet.

beschränkt formulierten Voraussetzungen das Verfahren betreiben: Das ist die sog. staatsanwaltschaftliche Voruntersuchung („instrucción preliminar“).[560]

Die Einleitung des Vorverfahrens kann entweder von Amts wegen oder auf Antrag einer Partei erfolgen. Im letzteren Fall kann diese Verfahrenseinleitung entweder durch Anzeige („denuncia“ gem. art. 259 LECrim) oder durch Anklage bzw. Strafantrag („querella“ gem. art. 270 LECrim) erfolgen. Mit der Abgabe eines Strafantrags von seiten des durch die Straftat Beleidigten, der zumeist auch der Verletzte ist, wird dieser zur Klägerpartei.

Der Untersuchungsrichter hat das Ermittlungsverfahren durchzuführen. Dabei hat er neben den belastenden auch die entlastenden Umstände des Sachverhalts zu ermitteln. Für die Ermittlungshandlungen zur Aufklärung des Sachverhalts erhält der Untersuchungsrichter meistens Ermittlungshilfe von seiten der gerichtlichen Polizei (oder Kriminalpolizei). Diese ist gem. Art. 126 CE als eine Verfolgungsbehörde konzipiert, die bei ihrer Aufgabe der Feststellung strafbarer Handlungen in einem direkten Abhängigkeitsverhältnis zu den rechtsprechenden Organen und der Staatsanwaltschaft steht.

Hinsichtlich der Anordnung von Zwangsmaßnahmen im Laufe des Ermittlungsverfahrens wie z.B. der Untersuchungshaft, bestimmt das LECrim die Zuständigkeit des Untersuchungsrichters für deren Erlaß. Dies geschieht aber nicht aus seiner eigenen Initiative, sondern es muß ein Antrag von seiten einer Anklagepartei bestehen. Die Tätigkeit des Untersuchungsrichters beschränkt sich somit nur darauf, über die Zulässigkeit einer von einer Anklagepartei beantragten Zwangsmaßnahme zu entscheiden.

Die Stellung der Staatsanwaltschaft im Ermittlungsverfahren nach dem LECrim weicht in besonderem Maße von den Zuständigkeiten der deutschen Staatsanwaltschaft ab, welche ihr das Gesetz (§§ 160 ff. StPO) einräumt.[561] Die Zuständigkeit, das Ermittlungsverfahren zu betreiben und anschließend die Entscheidung darüber zu treffen, ob die öffentliche Klage zu erheben ist (vgl. § 170 StPO), wird der Staatsanwaltschaft im spanischen Strafprozeßrecht nicht zuerkannt. Vielmehr hat ihre Rechtsstellung im Ermittlungsverfahren einen sekundären Charakter gegenüber den Aufgaben des Untersuchungsrichters und beschränkt sich darauf, bestimmte Beweise oder Untersuchungshandlungen zu fordern, eine bestimmte Zwangsmaßnahme gegen den Beschuldigten zu beantragen und in jenen Prozeßhandlungen zu erscheinen, in denen das Gesetz ihre Anwesenheit vorschreibt. Insofern weist die Rechtsstellung der Staatsanwaltschaft im Ermittlungsverfahren einen gewissen „Aufsichtscharakter“ gegenüber Ermittlungshandlungen des Untersuchungsrichters auf (vgl. art. 306 LECrim). In diesem Zusammenhang und gem. art. 234 LECrim muß der Untersuchungsrichter der Staatsanwaltschaft Berichte über den Stand der Ermittlungen erstatten.

---

[560] Diese begrenzte Ermittlungsfunktion der Staatsanwaltschaft im abgekürzten Verfahren endet mit der Einleitung eines gerichtlichen Verfahrens oder dann, wenn die Ermittlungen soweit abgeschlossen sind, daß beim Untersuchungsrichter die Einleitung des gerichtlichen Verfahrens beantragt werden kann. Siehe Fn. 577

[561] Für einen Überblick über die Funktionen der Staatsanwaltschaft im spanischen Strafprozeßrecht siehe Abschn. 2.2 des 3. Kap.

Ergeben sich gegen den Beschuldigten im Laufe des Vorverfahrens genügend Verdachtsindizien, so erläßt der Untersuchungsrichter den sog. „Beschluß über die förmliche Inverfolgungssetzung des Beschuldigten“ (sog. „auto de procesamiento“, geregelt in art. 384 LECrim). Dadurch wird der Beschuldigte in die Stellung eines Angeklagten versetzt.

Sind die Ermittlungen abgeschlossen, erklärt der Untersuchungsrichter das Vorverfahren im Beschlußwege für beendet und sendet den Vorgang an das für die Durchführung der Hauptverhandlung zuständige Provinzialgericht („Audiencia Provincial“). Damit geht das Vorverfahren in das Zwischenverfahren über.

Für das Zwischenverfahren ist jenes Gericht zuständig, welchem auch die Durchführung der Hauptverhandlung zukommt.[562]

In diesem Verfahrensabschnitt hat das Gericht grundsätzlich die Entscheidung darüber zu treffen, ob die Eröffnung der Hauptverhandlung erfolgen soll oder stattdessen das Verfahren aus irgendeinem der in art. 637 und art. 641 LECrim aufgeführten Gründe einzustellen ist. Das spanische LECrim regelt zwei Arten von Verfahrenseinstellungen: Zum einen die sog. endgültige Einstellung gem. art. 637 LECrim („sobreseimiento libre“). Zum anderen die sog. vorläufige Einstellung gem. art. 641 LECrim („sobreseimiento provisional“). Das Verfahren wird auf Anregung der Staatsanwaltschaft durch das zuständige Gericht nach der ersten Einstellungsvariante eingestellt, wenn keine genügenden Indizien für die Begehung einer Straftat vorliegen, wenn die verfolgte Straftat keinen Straftatbestand erfüllt oder wenn Strafausschließungsgründe für alle am Strafverfahren Angeklagten gegeben sind. Die endgültige Verfahrenseinstellung führt zu einem vorzeitigen Abschluß des Verfahrens sowie zu einer eintretenden materiellen Rechtskraft. Die zweite Einstellungsvariante, d.h. die vorläufige Einstellung, erfolgt, wenn die Begehung einer Straftat nicht ausreichend nachgewiesen werden kann oder wenn, trotz eines ausreichenden Nachweises der strafbaren Handlung, diese dem/den Beschuldigten nicht bewiesen werden kann, um ihn/sie in die Stellung eines Angeklagten zu versetzen. Die Entscheidung des Gerichts zu einer vorläufigen Einstellung verhindert nicht die Wiederaufnahme des Verfahrens, wenn neue Tatsachen oder Beweismittel vorliegen.

Wird das Verfahren nicht eingestellt, sind jedoch weitere Ermittlungen notwendig, so werden die Akten dem Untersuchungsrichter zu diesem Zweck wieder zugeleitet.

Erläßt das Gericht einen Eröffnungsbeschluß, so wird das Zwischenverfahren damit abgeschlossen, und es beginnt der dritte Abschnitt des Strafverfahrens: Die Hauptverhandlung, geregelt in art. 680 ff. LECrim.

Bevor es zur Eröffnung der Hauptverhandlung kommt, fertigen zunächst der Staatsanwalt – und, falls vorhanden, der Partikularkläger – eine vorläufige Anklageschrift („escrito de acusación“) an, die u.a. bereits einen Strafantrag sowie die Beweismittel enthält, derer sich die Anklageparteien in der mündlichen Verhandlung selbst bedienen wollen. Sofern ein Zivilkläger im Verfahren anwesend ist, fertigt auch er eine Anklageschrift an, hier aber begrenzt auf die zivilrechtliche Verantwortlichkeit.

[562] Eine Ausnahme davon stellt das abgekürzte Verfahren dar. In dieser Verfahrensart ist weiterhin der Untersuchungsrichter für die Durchführung des Zwischenverfahrens zuständig.

Anschließend erhält der Angeklagte die Akten und, ausgehend von der von seiten der Staatsanwaltschaft und des Partikularklägers verfaßten Anklageschrift, läßt er durch seinen Verteidiger eine Verteidigungsschrift („escrito de defensa") anfertigen.

Die mündliche Verhandlung beginnt mit der Bekanntmachung des Sachverhalts und der Verlesung der Schriftsätze. Ferner werden die zugelassenen Beweismittel genannt. Sodann wird die Beweisaufnahme eröffnet (688 ff. LECrim).

Nach Durchführung der Beweisaufnahme können die Parteien dem Ergebnis dieser Beweisaufnahme entsprechend ihre jeweils vor Beginn der Hauptverhandlung angefertigten Anklage- und Verteidigungsschriften nebst Anträgen abändern und dem Vorsitzenden übergeben, oder diesen Anträgen als endgültig zugrunde legen. Es folgen die Plädoyers des Staatsanwalts, des Rechtsanwalts des Partikularklägers – soweit vorhanden – sowie des Verteidigers des Beschuldigten. Schließlich erhält der Angeklagte das Recht zum letzten Wort.

Das Urteil wird schriftlich niedergelegt und den Parteien bzw. deren Prozeßvertretern zugestellt.[563]

Hinsichtlich der Rechtsbehelfe unterscheidet das spanische LECrim verschiedene Rechtsmittelwege, je nachdem welches Gericht für die Urteilsfindung zuständig war.

Die Entscheidungen des Untersuchungsrichters im Verfahren wegen Vergehen sowie die Urteile des Strafgerichts oder des Geschworenengerichts können mit dem Rechtsmittel der Berufung („recurso de apelación") angefochten werden. Zuständig als Berufungsinstanz ist das Provinzialgericht. Demgegenüber ist die Berufung gegen die im ordentlichen Verfahren durch das Provinzialgericht ergehenden Urteile nicht statthaft. Diese können ausschließlich durch die sog. Kassation („recurso de casación") angefochten werden.[564] In diesem Fall ist für das Kassationsverfahren der Zweite Senat (Senat in Strafsachen) des Obersten Gerichtshofes zuständig.

Gegen die neue Entscheidung eines Berufungsgerichts ist kein ordentliches Rechtsmittel mehr statthaft. Nur in bestimmten Fällen können die mit außerordentlichem Charakter konzipierten Wiederaufnahme- oder Nichtigkeitsverfahren (jeweils „recurso de revisión" und „recurso de anulación") eingelegt werden.

---

[563] Über die Abfassung eines Urteils im spanischen Strafprozeßrecht siehe art. 248 Abs. 3 LOPJ sowie art. 142 LECrim. Gem. art. 248 Abs. 3 LOPJ sind die Urteile folgendermaßen abzufassen: Nach dem Urteilskopf folgen, in getrennten und numerierten Absätzen, zuerst eine Schilderung des Sachverhalts, dann ggf. die erwiesenen Tatsachen. Es schließen sich die Urteilsgründe an. Zum Schluß kommt der Urteilsspruch. Die Urteilen sind durch den dazu zuständigen Richter bzw. Kollegialrichter zu unterschreiben.

[564] Die „casación" ist im spanischen Strafprozeßrecht als ein Rechtsmittel von außerordentlichem Charakter anzusehen. Dieses kann nur aus bestimmten, abschließend aufgezählten Gründen eingelegt werden. Aufgrund dieser beschränkten Anfechtungsgründe wird das Rechtsmittel der „casación" nicht als eine zweite Instanz bezeichnet. Das LECrim sieht zwei Arten von Einlegungsgründen für dieses Rechtsmittel vor: Zum einen die sog. Kassation aus materiellrechtlichen Gründen bzw. Kassation wegen Verletzung materiellen Rechts („casación por infracción de ley"). Bei dieser geht es darum, einen Irrtum bei der Anwendung des sachlichen Rechts zu korrigieren. Zum anderen die sog. Kassation aus formalrechtlichen Gründen bzw. Kassation wegen Verstoßes gegen verfahrensrechtliche Normen („casación por quebrantamiento de forma"). Diese will einen Irrtum bei der Anwendung der Verfahrensnormen beheben. Ausführlich über das Rechtsmittel der Kassation siehe: Buhlmann, Betinna: Das Rechtsmittel der „casación" im spanischen Strafprozeßrecht, Diss. jur. 1994, S. 55 ff.

2.2 Die Funktionen der Staatsanwaltschaft in der spanischen Gerichtsbarkeit

Aus der oben durchgeführten Analyse der Stellung der Staatsanwaltschaft im deutschen Strafprozeßrecht ist zu schließen,[565] daß die Staatsanwaltschaft nach den Vorschriften der Strafprozeßordnung (StPO) eine zentrale Position im Strafverfahren einnimmt.

Nach dem erfolgten Überblick über das spanische Strafprozeßrecht ist zu bemerken, wie die Rechtsstellung der Staatsanwaltschaft nach dem LECrim weitgehend von den Zuständigkeiten der deutschen Staatsanwaltschaft abweicht. Bezogen auf das Ermittlungsverfahren weist die Stellung der Staatsanwaltschaft einen sekundären Charakter gegenüber den Aufgaben des Untersuchungsrichters auf.

Um eine detaillierte Analyse der Rechtsstellung der Staatsanwaltschaft in der spanischen Strafgerichtsbarkeit vornehmen zu können, erscheint es angebracht, zuerst von den Bestimmungen des spanischen Grundgesetzes auszugehen.

Art. 124 Abs. 1 CE regelt die wesentlichen Aufgaben der Staatsanwaltschaft sowie die Prinzipien, auf die sich ihre Tätigkeit gründet: Nach dieser Vorschrift hat die Staatsanwaltschaft als Staatsorgan insbesondere die Aufgabe, „die Tätigkeit der Justiz zum Schutz der Gesetzlichkeit, der Rechte der Bürger und des vom Gesetz geschützten Allgemeinwohls von Amts wegen oder auf Antrag der betroffenen Personen" zu unterstützen. Darüber hinaus hat die Staatsanwaltschaft für die Unabhängigkeit der Gerichte Sorge zu tragen.

Weiterhin bestimmt Art. 124 Abs. 2 CE, daß diese staatsanwaltschaftlichen Aufgaben „durch eigene Organe gemäß den Grundsätzen der Einheitlichkeit der Handlungsweise und der hierarchischen Gliederung sowie in jedem Fall unter Achtung der Grundsätze der Legalität und Unparteilichkeit" ausgeübt werden.

Die Staatsanwaltschaft wird in Spanien nicht der Judikative, sondern der Exekutive zugeordnet.[566] Das Grundgesetz gewährt ihr keine rechtsprechende Tätigkeit (vgl. Art. 117 CE). Insofern ist die Staatsanwaltschaft nicht in der rechtsprechenden Gewalt integriert, sondern die Behörde richtet sich nach einem eigenen Gesetz: Das Organstatut der Staatsanwaltschaft (EOMF) aus dem Jahre 1981.

Begründet wird dies damit, daß der Staatsanwaltschaft die Merkmale der Unabhängigkeit und Unabsetzbarkeit fehlen, welche Art. 117 CE den Richtern und „Magistrados" zuweist.

---

[565] Siehe dazu Abschn. 2 des 2.Kap.

[566] So: Volkmann-Schluck, 1979, S. 40; ferner – auch wenn mit Vorbehalten – Moreno Catena, in: Gimeno Sendra, u.a., 1999, S. 243; auch Gómez Colomer, ZStW 112 (2000), S. 136. Demgegenüber sieht das Organstatut der Staatsanwaltschaft (EOMF) in art. 2.1 vor, daß die StA in der rechtsprechenden Gewalt mit einer sog. „Autonomie im Handeln" („autonomía funcional") integriert ist. Wie schon oben angeführt wurde, wird die Staatsanwaltschaft in Deutschland von dem überwiegenden Teil der Lehre weder der Exekutive noch der Judikative zugerechnet, sondern als ein „selbständiges Organ der Rechtspflege" konzipiert. So Hellmann, 1998, S. 26; Roxin, 1998, S. 52; Schlüchter, 1999, S. 37; a.M. Krey, 1988, S. 135; der die Staatsanwaltschaft der Exekutive zurechnet.

Der Aufbau der Staatsanwaltschaft bestimmt sich in Spanien nach Art. 124 CE, art. 435 LOPJ sowie nach dem Organstatut der Staatsanwaltschaft von 1981 (EOMF).

Organisatorisch gibt es in Spanien – so wie in Deutschland – nur eine einzige Staatsanwaltschaft, die nach den Grundprinzipien der Einheitlichkeit und Abhängigkeit aufgebaut ist (art. 2.1 EOMF).

Der Generalstaatsanwalt („Fiscal General del Estado") wird auf Vorschlag der Regierung nach Anhörung des Richterwahlausschusses („Consejo General del Poder Judicial") vom König ernannt. Insofern übt die Exekutive eine sog. „direkte Kontrolle" über den Generalstaatsanwalt aus, so daß dieser einer gewissen politischen Kontrolle unterliegt.

Der Generalstaatsanwalt kann die ihm unterstellten Staatsanwälte anweisen, in bestimmten Fällen Anklage zu erheben bzw. nicht zu erheben.[567]

Die Tätigkeit der Staatsanwaltschaft in Spanien richtet sich vorrangig nach dem Legalitätsprinzip und dem Prinzip der Unparteilichkeit. Nach dem ersteren muß das Handeln der Staatsanwaltschaft ständig unter Achtung des Grundgesetzes sowie der anderen Normen der geltenden Rechtsordnung erfolgen.[568] Nach dem Prinzip der Unparteilichkeit ist die Tätigkeit der Staatsanwaltschaft in jedem Fall mit absoluter Objektivität und Unabhängigkeit auszuüben, unter Wahrnehmung der ihr übertragenen Interessen (art. 7 EOMF). Daher ist die Staatsanwaltschaft in Spanien – wie auch in Deutschland – nicht Partei im materiellen Sinne.[569] Kraft diesem Grundsatz der Unparteilichkeit und gem. art. 2 LECrim hat die Staatsanwaltschaft im Strafverfahren sowohl diejenige Umstände zu berücksichtigen, die den Beschuldigten belasten, als auch diejenigen, die ihn entlasten. Aufgrund dieser objektiven Stellung der StA kann sie auch Rechtsmittel zugunsten des Verurteilten einlegen oder unterstützen.

Die wichtigste Funktion der Staatsanwaltschaft im Strafverfahren ist es, öffentliche Klage zu erheben. Nach den Vorschriften des art. 105 LECrim und art. 3.4 EOMF ist die Staatsanwaltschaft verpflichtet, die Strafklage in allen öffentlichen Delikten („delitos perseguibles de oficio") zu betreiben, unabhängig von der Beteiligung eines Partikularklägers am Verfahren. Bezüglich der sog. „semi-öffentlichen Delikte" („delitos semipúblicos") muß dem Einschreiten der Staatsanwaltschaft ein Antrag des Verletzten vorgehen.[570] Schließlich ist das Einschreiten der Staatsanwaltschaft im Falle der Privatklagedelikte („delitos privados") ausgeschlossen. Diese sind grundsätzlich anhand eines Strafantrags des Verletzen zu verfolgen.

Neben der Strafklage wird der Staatsanwalt gem. art. 108 LECrim dazu verpflichtet, die Zivilklage zu betreiben, auch unabhängig vom Auftreten eines Partikularklägers im Verfahren und sofern der Verletzte nicht auf Rückgabe der entwendeten Sache bzw. Wiedergutmachung oder auf Entschädigung verzichtet oder er

---

[567] Siehe dazu Gómez Colomer, ZStW 112 (2000), S. 137.

[568] Die Tätigkeit der StA unter Achtung des Legalitätsprinzips wird in art. 105 LECrim geregelt.

[569] Im Gegensatz also zu den Bestimmungen des angloamerikanischen Rechts. Siehe dazu Fn. 333.

[570] Nach dem neuen Strafgesetzbuch von 1995 stehen öffentlichen Delikten, die immer von Amts wegen zu verfolgen sind, die sog. „semi-öffentlichen Delikte", wie z.B. bestimmte Sexualstraftaten, gegenüber. Bei letzteren ist ein Strafantrag des Verletzten oder eines nahen Angehörigen, des Vormundes oder auch der StA Voraussetzung für die Verfolgung. Liegt ein Antrag vor, so ist die StA Anklagepartei und hat die Verpflichtung zur Anklageerhebung.

sich gem. art. 112 Abs. 1 LECrim ausdrücklich vorbehält, den Schadensersatzanspruch vor einem Zivilgericht geltend zu machen.[571]

Wie schon oben angeführt wurde, besitzt die Staatsanwaltschaft im spanischen Strafprozeßrecht kein Anklagemonopol. Insoweit und gem. Art. 125 CE und art. 101 LECrim können alle spanischen Bürger Strafklage erheben und dementsprechend als Prozeßpartei (sei es als Partikular-[572] oder Popularkläger) im Verfahren auftreten. Die Möglichkeit der Popularklage wird in art. 270 LECrim folgendermaßen konkretisiert: „Alle spanischen Bürger, gleich ob sie durch das Delikt verletzt wurden oder nicht, können Anklage erheben, indem sie die in art. 101 dieses Gesetzes vorgesehene Popularklage betreiben".[573]

Im spanischen Strafprozeßrechtssystem und im Gegensatz zur deutschen Strafgerichtsbarkeit steht dem Richter, namentlich dem Untersuchungsrichter, gem. art. 14 Abs. 2 LECrim i.V.m. art. 87 Abs. 1 a. LOPJ die Zuständigkeit für die Durchführung des Ermittlungsverfahrens zu. Folglich räumt die LECrim der Staatsanwaltschaft keine Ermittlungsfunktionen ein.[574]

Nach art. 306 LECrim kommt der spanischen Staatsanwaltschaft die Aufgabe der unmittelbaren Mitwirkung am Ermittlungsverfahren zu. Ihre Tätigkeit in diesem Verfahrensabschnitt beschränkt sich grundsätzlich auf die formelle Dienstaufsicht über den Untersuchungsrichter in seiner Ermittlungshandlungen sowie auf die Kontrolle der durchzuführenden Ermittlungstätigkeiten. Insoweit nimmt die Staatsanwaltschaft eine gewisse „Wächterrolle" bezüglich der Tätigkeit des Untersuchungsrichters ein.[575] In diesem Sinne fungiert die Staatsanwaltschaft gewissermaßen als Hilfsbeamte des Untersuchungsrichters. Dabei kann sie beim Untersuchungsrichter bestimmte Beweise oder Untersuchungshandlungen fordern oder eine bestimmte Zwangsmaßnahme gegen den Beschuldigten beantragen.[576] Ferner hat die Staatsanwaltschaft auf die vom Untersuchungsrichter erhobenen Verfahrensfragen zu plädieren und in jenen Prozeßhandlungen zu erscheinen, in denen das Gesetz ihre Anwesenheit vorsieht.

---

571 In diesem Zusammenhang ist es nochmals auf die Besonderheit hinzuweisen, nach der gem. art. 100 LECrim im spanischen Strafprozeßrecht auch zivilrechtliche Forderungen, die aus der Verwirklichung eines Straftatbestandes herrühren, zusammen mit dem Strafanspruch geltend gemacht werden können.

572 Dies beschränkt sich jedoch auf die Figur des Verletzten.

573 Volkmann-Schluck, 1979, S. 45, bezeichnet diese Kombination von Legalitätsprinzip und Popularklage bzw. privater Anklage aus rechtsvergleichender Sicht als einzigartig. In Westeuropa besteht in der Regel eine Korrelation zwischen Anklagemonopol und Legalitätsprinzip einerseits und zwischen Opportunitätsprinzip und privater Strafklage andererseits. Dementsprechend ist in den Ländern mit Legalitätsprinzip die private Anklagemöglichkeit weitgehend ausgeschlossen. In den Ländern mit Opportunitätsprinzip hingegen ist die private Anklage stark ausgebildet.

574 Diesbezüglich ist die Rechtslage im Bereich des spanischen Jugendstrafrechts anders zu beurteilen. In der Tat sieht die spanische Jugendgerichtsbarkeit die Durchführung des Ermittlungsverfahrens von seiten des Jugendstaatsanwalts vor. An dieser Möglichkeit, welche durch das LO 4/92 eingeführt wurde, hat das neue LO 5/2000 festgehalten. Auf die Rechtsstellung der Staatsanwaltschaft im spanischen Jugendstrafrecht wird in Abschn. 3 des laufenden Kap. ausführlich eingegangen.

575 Volkmann-Schluck, 1979, S. 40 f.

576 Wie schon oben angeführt wurde, ist der Untersuchungsrichter für den Erlaß von Zwangsmaßnahmen zuständig. Gleichwohl kann er nicht von sich aus tätig sein, sondern es muß in diesem Sinne ein Antrag von seiten einer Anklagepartei zur Anordnung von einer bestimmten Zwangsmaßnahme bestehen.

Trotz dieser bestehenden Rechtslage im Bereich des Ermittlungsverfahrens wurde der Kompetenzbereich der Staatsanwaltschaft durch das LO 7/1988 vom 28. Dezember auf bestimmte Bereiche ausgedehnt.

Dieses Gesetz brachte durch die Einführung des abgekürzten Verfahrens in die spanische Strafgerichtsbarkeit eine Änderung des LECrim. Im Bereich dieser Verfahrensart wurde der Staatsanwaltschaft eine begrenzte Ermittlungstätigkeit zugestanden. Es war die Möglichkeit vorgesehen, nach der der Staatsanwalt unter bestimmten Voraussetzungen das abgekürzte Verfahren betreiben konnte. In diesem Sinne räumte art. 785bis LECrim dem Staatsanwalt die Möglichkeit für die Durchführung einer sog. Voruntersuchung („instrucción preliminar") ein.[577]

Im Zwischenverfahren und in der Hauptverhandlung wird die Rechtsstellung der Staatsanwaltschaft verstärkt. Sie betreibt in diesen Verfahrensabschnitten die öffentliche Klage, obwohl sie, wie oben angeführt, über kein Anklagemonopol verfügt.[578]

2.3 Das Legalitäts- und Opportunitätsprinzip im spanischen Strafverfahrensrecht

2.3.1 Einleitung

Zu den Rechtsordnungen mit einer strengen Auslegung des Legalitätsprinzips gehört Spanien.

Während das Legalitätsprinzip ausdrücklich aus einigen Vorschriften der spanischen Rechtsordnung wie Art. 124 Abs. 1 CE, art. 435 LOPJ, art. 105 LECrim sowie art. 3.4 EOMF zu entnehmen ist, findet das Opportunitätsprinzip dagegen in keiner Vorschrift einen gesetzlichen Niederschlag. Das Opportunitätsprinzip ist somit – bezogen auf die spanische Strafprozeßordnung (LECrim) – weder ausdrücklich gesetzlich anerkannt, noch sind Alternativen zur Strafverfolgung vorgesehen, wie dies z.B. in Deutschland der Fall ist.

Gleichwohl liegt in der spanischen Lehre die Vermutung nahe, daß eine strikte Durchführung des Legalitätsprinzips in der Praxis durchaus nicht erfolge. Vielmehr wird angenommen, daß sich unter dem Mantel des mangelnden Tatverdachts oder der Straflosigkeit aufgrund der rechtlichen Würdigung Opportunitätgesichtspunkte verbergen.[579]

Im Prinzip ist jedoch festzuhalten, daß die Staatsanwaltschaft im spanischen Strafprozeß dazu verpflichtet ist, gem. art. 105 LECrim die Strafklage bei jedem von Amts wegen zu verfolgenden Delikt zu betreiben (vgl. auch art. 271 LECrim). Infolge dieser bestehenden Rechtslage in der spanischen Strafgerichtsbarkeit ist jeder Ermessensspielraum von seiten der Staatsanwaltschaft bezüglich der Angemessenheit

---

[577] Im Rahmen dieser Voruntersuchung kann die Staatsanwaltschaft selbst oder mit Hilfe der Gerichtspolizei jene Ermittlungen durchführen, die zum Tatnachweis sowie zur strafrechtlichen Verantwortlichkeit der an der Straftat Beteiligten führen können. Nach diesen Ermittlungshandlungen muß der Staatsanwalt beim Untersuchungsrichter die Einleitung des gerichtlichen Verfahrens (sog. „diligencias previas") beantragen. Siehe auch Fn. 560.

[578] Maciá Gómez, 1998, S. 102.

[579] Volkmann-Schluck, 1979, S. 44.

bzw. Opportunität einer Strafverfolgung in einem konkreten Fall zunächst ausgeschlossen.[580]

Eine Einstellung des Verfahrens i.S.d. § 170 Abs. 2 StPO wird in der spanischen Prozeßordnung ebenfalls vorgesehen. Wie schon oben angeführt wurde, kann die Staatsanwaltschaft im Zwischenverfahren und vor Eröffnung der Hauptverhandlung entweder nach art. 637 LECrim die endgültige Einstellung des Verfahrens oder gem. art. 641 LECrim die vorläufige Einstellung des Verfahrens beim zuständigen Gericht anregen.[581] Von Amts wegen kann das Gericht das Verfahren nur dann einstellen, wenn die angeklagte Tat seiner Meinung nach keinen Straftatbestand erfüllt (art. 645 LECrim). Weitere Einstellungsgründe sieht das Gesetz nicht vor.

Trotz des Fehlens einer Regelung „de lege lata“ des Opportunitätsprinzips in der spanischen Strafprozeßordnung spricht sich die Mehrheit der Strafprozeßrechtslehre für seine Einführung „de lege ferenda“ für diejenigen strafbaren Handlungen mit einem bagatellhaften Charakter aus, in den Fällen und unter den Voraussetzungen, die das Gesetz bestimmt.[582] Dabei werden zwei Aspekte zugrundegelegt:

Es wird zum einen auf die Wirkungen hingewiesen, die die Zunahme der Bagatellkriminalität auf das schon zu verzeichnende mangelnde Funktionieren der spanischen Strafjustiz hervorruft. Wenn diese Form der Kriminalität massiv in der Kriminalitätswirklichkeit auftritt, führt dies unumgänglich zu einer Überlastung der Strafgerichtsbarkeit, nicht zuletzt deshalb, weil die spanische Strafprozeßordnung ohne eine besondere Berücksichtigung der bagatellhaften strafbaren Handlungen konzipiert wurde.

Zum anderen und in Verbindung mit der vorherigen Annahme wird argumentiert, daß eine Einführung dieser rechtspolitischen Maßnahme, sprich des Opportunitätsprinzips, in die spanische Strafgerichtsbarkeit nicht zwangsläufig dazu führen müßte, daß die spanische Rechtsordnung an einer mangelnden Strafverfolgung leiden würde.[583]. In diesem Sinne ist die Tatsache nicht von der Hand zu weisen, daß die spanische Strafprozeßordnung der Staatsanwaltschaft kein Anklagemonopol zuerkennt. Vielmehr ist nach den geltenden Vorschriften des spanischen Grundgesetzes (Art. 125) und des spanischen LECrim (art. 101) jeder spanische Bürger befugt, im Rahmen der Popularklage wegen einer Straftat Anklage zu erheben und anschließend als Anklagepartei im Verfahren aufzutreten. Diese Popularklage stellt gewissermaßen eine Kontrolle der staatsanwaltschaftlichen Tätigkeit dar. Insofern wird ihrem Bestehen im Falle einer

---

[580] Nach der Regelung des Legalitätsprinzips im spanischen LECrim erweist sich als äußerst kompliziert, aus dem Wortlaut des art. 105 LECrim gleichzeitig Opportunitätsmöglichkeiten zu entnehmen, wie z.B. aus der Vorschrift des § 152 Abs. 2 StPO zu schließen ist. So läßt sich bereits dem Wortlaut dieser Vorschrift entnehmen, daß der Gesetzgeber gerade nicht von einer konsequenten Verwirklichung des Legalitätsprinzips ausgegangen ist. § 152 Abs. 2 StPO verpflichtet grundsätzlich die Staatsanwaltschaft, „soweit nicht gesetzlich ein anderes bestimmt ist“ wegen aller verfolgbaren Straftaten einzuschreiten, sofern zureichende tatsächliche Anhaltspunkte vorliegen. Konsequenterweise können aus dieser Regelung „a sensu contrario“ Opportunitätsformen entnommen werden. Siehe: Armenta Deu, 1991, S. 202, Fn. 628-629.

[581] Ausführlich zur Einstellung des Verfahrens („sobreseimiento“) im spanischen Strafprozeßrecht siehe Abschn. 2.1 des 3. Kap. Ferner: Gimeno Sendra, in: Gimeno Sendra, u.a., 1999, S. 563 ff.

[582] Einer der Autoren, der sich für die Einführung des Opportunitätsprinzips in die spanische Strafgerichtsbarkeit ausspricht, ist Gimeno Sendra. Dieser definiert das Opportunitätsprinzip als „die Befugnis, welche dem Träger der Strafklage zusteht, unter bestimmten Voraussetzungen von ihrer Ausübung Gebrauch zu machen, unabhängig davon, ob es ein Nachweis einer strafbaren Handlung gegen einen bestimmten Täter besteht“. Zitiert in: Armenta Deu, 1991, S. 193.

[583] Moreno Catena, in: Gimeno Sendra, u.a., 1999, S. 245.

möglichen Einführung des Opportunitätsprinzips in Spanien eine besondere Bedeutung beigemessen.

Die privaten Anklageparteien – Partikular- bzw. Popularkläger – stellen im spanischen Strafprozeßrecht einen wichtigen Faktor im Falle einer möglichen Einführung des Opportunitätsprinzips in das spanische Strafverfahren dar.

Die in Art. 125 CE geregelte Popularklage bietet zweifellos einen Vorteil gegenüber anderen Rechtsordnungen, besonders dann, wenn es um die Kontrolle des Gebrauchs des Opportunitätsprinzips geht. Diesbezüglich erscheint die Regelung des Opportunitätsprinzips in den §§ 153, 153a StPO von Bedeutung: Bei einer Einstellung des Verfahrens von seiten der Staatsanwaltschaft nach diesen Opportunitätsvorschriften ist dem Verletzten der Weg des Klageerzwingungsverfahrens ausgeschlossen. In der Tat bestimmt der Wortlaut des § 172 Abs. 2 S. 3 StPO, daß der Verletzte eine gerichtliche Kontrolle der staatsanwaltschaftlichen Entscheidung nicht herbeiführen kann, wenn diese Entscheidung im Rahmen des Opportunitätsprinzips gem. §§ 153, 153a StPO erfolgt ist.

Wie schon im letzten Abschnitt dargelegt wurde, ist nach geltendem Recht in Spanien der Untersuchungsrichter berufen, das Ermittlungsverfahren durchzuführen (art. 87 Abs. 1 a. LOPJ bzw. art. 14 Abs. 2 LECrim). Nur im abgekürzten Verfahren wird der Staatsanwaltschaft eine begrenzte Ermittlungstätigkeit eingeräumt (vgl. art. 785bis LECrim).

Die Frage, ob die Staatsanwaltschaft im spanischen Strafprozeßrecht die Zuständigkeit zur Durchführung des Ermittlungsverfahrens erhalten soll, wird in Spanien schon seit längerer Zeit heftig diskutiert. Die Verteidiger der gegenwärtigen Rechtslage berufen sich hauptsächlich auf das in Art. 117 CE verankerte Richtermonopol: Diese Verfassungsnorm weist die Funktion der Rechtsprechung ausdrücklich den Richtern zu; deshalb verstoße eine mögliche Verlagerung der richterlichen Ermittlungstätigkeit auf die Figur des Staatsanwalts gegen die Verfassung.[584] Die Befürworter einer Abschaffung der Ermittlungsfunktion des Untersuchungsrichters machen vor allem das mangelnde Funktionieren der spanischen Justiz geltend. Eine Zuweisung der Ermittlungen an den Staatsanwalt könnte dazu beitragen, die Arbeitsüberlastung der Strafgerichtsbarkeit zu reduzieren, was zwangsläufig zu einer Beschleunigung des Strafverfahrens führen würde.[585]

Im Übrigen stellt die Reichweite des Anklagemonopols von seiten des Staatsanwaltes einen der Kernpunkte für die Wirksamkeit des Opportunitätsprinzips dar, wie die Beispiele Deutschlands und der Vereinigten Staaten zeigen.[586]

---

[584] In diesem Sinne sprechen sich u.a. Gómez Orbaneja, Serra Domínguez oder de la Oliva Santos aus. Siehe dazu Barona Vilar, 1994, S. 227. Ferner siehe Moreno Catena, a.a.O., S. 243; bezogen auf das Jugendstrafverfahren siehe Landrove Díaz, 2001, S. 214.

[585] Für die Schaffung eines die Ermittlungen leitenden Staatsanwalts spricht sich Gimeno Sendra, ZStW 104 (1992), S. 233. Auch in diesem Sinne: Gómez Colomer, ZStW 112 (2000), S. 142. Dabei stützt er sich auf folgendes Argument: Nach der jetzigen Rechtslage leitet der Untersuchungsrichter zunächst die Ermittlungen; abschließend soll er die Gesetzmäßigkeit der von ihm vorgenommenen Ermittlungen beurteilen. Um diese „Doppelrolle" des Richters zu vermeiden, solle die Staatsanwaltschaft die Befugnis erhalten, Straftaten zu untersuchen und die Ermittlungen zu leiten; dem Richter solle nur die Aufgabe zukommen, die Rechtmäßigkeit der vom Staatsanwalt vorgenommenen Prozeßhandlungen zu kontrollieren.

[586] Armenta Deu, 1991, S. 238.

Obwohl es in der spanischen Strafgerichtsbarkeit – wie gezeigt – an einer ausdrücklichen Verankerung des Opportunitätsprinzips fehlt und trotz des oben dargestellten Meinungsstreits in der Literatur bezüglich seiner Einführung, sind im LECrim sog. „Ausprägungen des Opportunitätsprinzips" zu finden, wie das Institut der „conformidad" (Einverständnis) zeigt. Diese Rechtsfigur wird sowohl im ordentlichen Verfahren (art. 655, art. 688 Abs. 2, art. 689 und art. 694 LECrim) wie auch im abgekürzten Verfahren (art. 791 Abs. 3 und art. 793 Abs. 3 LECrim) vorgesehen.

2.3.2 Ausprägungen des Opportunitätsprinzips: Die sog. „conformidad" im spanischen Strafprozeßrecht

2.3.2.1 Einführung

Die meisten Strafprozeßordnungen besitzen bestimmte Prozeßfiguren, die die für den Angeklagten oftmals belastende Hauptverhandlung zu vermeiden versuchen. Ein Beispiel dafür stellt das im angloamerikanischen Strafprozeß vorgesehene „guilty plea" dar: Das Schuldgeständnis des Beschuldigten kann in bestimmten Fällen zum Ende des Verfahrens ohne Durchführung der Hauptverhandlung führen. Diesem Schuldgeständnis geht eine formlose Verhandlung zwischen dem Ankläger und dem Verteidiger des Beschuldigten voraus. Das ist das sog. „plea bargaining".[587]

In Spanien findet man in der Strafprozeßordnung eine Rechtsfigur, die Elemente des „guilty plea" aber auch des deutschen „Strafbefehls"[588] kombiniert: Das ist die sog. „conformidad" (Einverständnis) des Angeklagten mit der Anklage.[589]

---

[587] Der angloamerikanische Strafprozeß ist – entgegen dem auf dem europäischen Kontinent vorherrschenden Strafprozeß – als Parteiverfahren konzipiert. Das staatliche Strafverfolgungsinteresse wird vom Vertreter der Anklage – der Staatsanwaltschaft – wahrgenommen, die Belange des Beschuldigten werden vom Verteidiger vertreten. Die Parteien üben also sozusagen die Verfahrensherrschaft aus und können in diesem Sinne durch z.B. ein Schuldgeständnis des Angeklagten über den Prozeßgegenstand verfügen. Ausführlich zum Konzept des „plea bargaining" siehe Barona Vilar, 1994, S. 51 ff. Ferner siehe Fn. 333.

[588] Bei dem Strafbefehlsverfahren (§§ 407 ff. StPO) als besondere Verfahrensart des deutschen Strafprozesses handelt es sich im wesentlichen um ein summarisches Verfahren, dessen Bedeutung vor allem darin liegt, Fälle der sog. Bagatellkriminalität schnell und unkompliziert abzuhandeln. Diese Verfahrensform ist nur zulässig, wenn dem Beschuldigten ein Vergehen zur Last gelegt wird. Für den Angeklagten besitzt diese Verfahrensart den Vorteil, daß ihm die negativen Folgen einer öffentlichen Hauptverhandlung erspart bleiben. Siehe dazu Beulke, 2000, S. 257 ff.; Hellmann, 1998, S. 319 ff.

[589] Ausführlich zur „conformidad" siehe unter der deutschen Literatur: Volkmann-Schluck, 1979, S. 125 ff. Siehe ferner: Barona Vilar, 1994, S. 219 ff.; Gimeno Sendra, ZStW 104 (1992), S. 223 ff.; Weigend, 1990, S. 98 ff.; Wessing, Diss. jur. 1998, S. 180 ff. Die in der BRD geltende StPO enthält auch eine nicht unerhebliche Zahl von Vorschriften, die zu ihrer Anwendung eine Verständigung bzw. eine Absprache zwischen den Verfahrensbeteiligten voraussetzen. Hervorzuheben sind insbesondere das Strafbefehlsverfahren nach §§ 407 ff. StPO und vor allem die Einstellung des Verfahrens aus Opportunitätsgründen nach den §§ 153 ff. StPO. Da in formeller Hinsicht der Antrag auf Erlaß eines Strafbefehls gem. § 407 Abs. 1 S. 1 StPO und die Einstellung des Verfahrens nach §§ 153, 153a StPO nur im Ermessen der Staatsanwaltschaft liegt, hat der Verteidiger die Möglichkeit, in Absprachen mit der Staatsanwaltschaft eines der beiden Rechtsinstitute anzuregen, wenn er auf diese Weise das Verfahren gegen seinen Mandanten zu Ende bringen will. Obwohl das Gesetz die Möglichkeit von Absprachen im Verfahren nicht ausdrücklich erwähnt, geht die herrschende Meinung von der Zulässigkeit solcher Absprachen zwischen den Verfahrensbeteiligten im Rahmen des Opportunitätsprinzips aus. Siehe dazu Gerlach, Götz: Absprachen im Strafverfahren, Diss. jur. 1992, S. 44 ff.; Janke, Alexander: Verständigung und Absprachen

Das Rechtsinstitut der „conformidad" ist das einseitige und dispositive Einverständnis der Verteidigung in Anwendung eines sog. „reinen" Opportunitätsprinzips, durch Akzeptierung der von seiten der Anklage in der Anklageschrift beantragten Strafe die Beendigung des Verfahrens herbeizuführen.[590]

Diese „conformidad" ist Ausdruck eines „reinen" Opportunitätsprinzips insofern, als diese weder eine gerichtliche Erlaubnis oder Bestätigung erfordert, noch ist sie rechtlich von Erfüllung irgendwelcher Leistungen oder Bedingungen von seiten des Beschuldigten abhängig. Dieses Einverständnis ist lediglich von der tatsächlichen Verbüßung der von der Anklage beantragten Strafe abhängig.

Wichtig ist vor allem in diesem Zusammenhang, daß diese „conformidad" als Prozeßhandlung ausschließlich der Verteidigung zusteht. In der spanischen Strafprozeßordnung, die grundsätzlich vom Legalitätsprinzip bestimmt wird, ist die Staatsanwaltschaft nicht berechtigt, über das staatliche „ius puniendi" zu verhandeln.[591]

Wie schon oben angeführt, unterscheidet man im spanischen Strafverfahren grundsätzlich zwischen dem sog. Verfahren wegen Verbrechen und Verfahren wegen Vergehen. Hinzukommt eine weitere Verfahrensart, der in der Praxis eine große Bedeutung beigemessen wird: Das sog. abgekürzte Verfahren.[592] Sowohl im ordentlichen Verfahren als auch im abgekürzten Verfahren ist die Möglichkeit einer „conformidad" in zwei Stadien des Verfahrens vorgesehen:

Zum einen kann sie im Zwischenverfahren, zum Zeitpunkt nach der Formulierung der Anklage erfolgen. In diesem Verfahrensabschnitt kann die „conformidad" schriftlich in der Erwiderung der Anklage durch die Verteidigungsschrift zum Ausdruck gebracht werden.

Zum anderen kann die „conformidad" nach dem Eröffnungsbeschluß, bei Beginn der Sitzung der Hauptverhandlung vor Gericht mündlich erteilt werden.

Es sind zwei Arten der „conformidad" zu unterscheiden: Erstreckt sich die „conformidad" sowohl auf den Strafanspruch als auch auf den in der vorläufigen Anklageschrift beantragten Schadensersatz, d.h. auf die zivilrechtlichen Forderungen, wird das Verfahren sofort ohne Beweisaufnahme abgebrochen und es ergeht ein entsprechendes Urteil. Das ist die sog. „conformidad total". Gesteht der Beschuldigte hingegen seine strafrechtliche, nicht aber seine zivilrechtliche Verantwortlichkeit,

---

im Strafverfahren, 1997, S. 43 ff.; Tscherwinka, Ralf: Absprachen im Strafprozeß, Diss. jur. 1995, S. 51 ff. Dabei stützen sie sich in erster Linie auf das Opportunitätsprinzip. Es wird dabei angeführt, dieser Verfahrensgrundsatz eröffne aufgrund der der Staatsanwaltschaft zustehenden Ermessensspielräume ein weites Feld für Absprachen im Strafprozeß, solange diese Absprachen die im Gesetz formulierten Grenzen bezüglich der Entscheidungsspielräume der Staatsanwaltschaft nicht mißachten. Zu den Einstellungsvorschriften im Rahmen des Opportunitätsprinzips im allgemeinen deutschen Strafprozeßrecht siehe Abschn. 3.2 des 2. Kap.

590 Siehe Gimeno Sendra, ZStW 104 (1992), S. 224; auch Wessing, Diss. jur. 1998, S. 180.

591 Gimeno Sendra, a.a.O., S. 225; ders., La Ley 3 (1990), S. 978. Folglich kann man ausgehend von dieser Rechtslage im spanischen Strafprozeßrecht nicht von einem „prozessualen Rechtsgeschäft" im Sinne eines angloamerikanischen „plea bargaining" sprechen.

592 Es wird geschätzt, daß das abgekürzte Verfahren auf mehr als 90% aller Strafsachen Anwendung findet. Wessing, Diss. jur. 1998, S. 71.

beschränkt sich die Hauptverhandlung lediglich auf die Frage der zivilrechtlichen Haftung.[593] Das ist die sog. „conformidad parcial".

Die Rechtskraftwirkung eines „conformidad"-Urteils steht derjenigen eines nicht mehr anfechtbaren Urteils gleich.[594]

Durch das Rechtsinstitut der „conformidad" sollen grundsätzlich zwei Ziele erreicht werden: Zum einen kann die „conformidad" als Anreiz für eine schnelle Wiedergutmachung des Schadens beim Opfer und sogar zu der Resozialisierung des Angeklagten beitragen.[595] Zum anderen wird eine Entlastung der spanischen Strafgerichte bei der sog. Bagatellkriminalität ermöglicht, womit auch eine Vereinfachung und Verkürzung des Strafprozesses erreicht werden kann.[596]

2.3.2.2 Das Institut der „conformidad" im sog. ordentlichen Verfahren nach art. 655, art. 688 Abs. 2, art. 689 und art. 694 LECrim

Traditionell wird das Institut der „conformidad" im Rahmen des ordentlichen Strafverfahrens geregelt, d.h. im Verfahren wegen Verbrechen (art. 259 bis art. 749 LECrim).

Das Institut der „conformidad" ist in zwei Abschnitten dieser Verfahrensart möglich.

Zunächst hat der Beschuldigte gem. art. 655 LECrim bei Einreichung des Schriftsatzes, mit dem die Verteidigung auf die Anklageschrift erwidert, die Möglichkeit, durch Akzeptierung der höchsten der von den verschiedenen anklagenden Parteien beantragten Strafe[597] die Beendigung des Verfahrens durch Urteil herbeizuführen. Gleichwohl darf die von den anklagenden Parteien beantragte Freiheitsstrafe eine Dauer von sechs Jahren nicht überschreiten.

Der Verteidiger kann also in seiner Verteidigungsschrift erklären, daß er mit der in den Anklageschriften jeweils schwersten beantragten Strafe einverstanden ist und daraufhin eine Durchführung der Hauptverhandlung nicht für notwendig erachtet. Das für die Hauptverhandlung zuständige Gericht verkündet dann unmittelbar das Urteil gemäß der Anklageschrift, vorbehaltlich der Zustimmung des Angeklagten.

---

593 Wessing, Diss. jur. 1998, S. 182.

594 Gimeno Sendra, ZStW 104 (1992), S. 232.

595 So Gimeno Sendra, a.a.O., S. 226; eine Annahme, die fragwürdig erscheint, wenn der Angeklagte im Rahmen dieser „conformidad" mitunter eine Freiheitsstrafe von bis zu sechs Jahren absitzen muß.

596 So Weigend, 1990, S. 100; auch Gimeno Sendra, La Ley 3 (1990), S. 978. Nach diesem werden schätzungsweise zwischen 15 und 30% aller Strafverfahren in Spanien mit einem sog. „conformidad"-Urteil beendet.

597 In Spanien gibt es – wie schon angeführt – neben der Anklage der Staatsanwaltschaft auch die Partikular- und die Popularklage.

Die zweite Möglichkeit zur Erklärung der sog. „conformidad" bietet sich in der Hauptverhandlung, namentlich zu Beginn der Sitzung. Dort hat der Angeklagte gem. art. 688 Abs. 2, art. 689 und art. 694 LECrim weiterhin noch die Möglichkeit, durch seinen Verteidiger seine „conformidad" zu erklären. Die Prozedur verläuft in diesem Verfahrensabschnitt folgendermaßen:

Zu Beginn der Hauptverhandlung fragt der Vorsitzende den Angeklagten, ob er sich der angeklagten Straftat schuldig bekenne und somit die in der Anklage beantragte Strafe anerkenne. Stimmen daraufhin der Angeklagte und sein Verteidiger zu und überschreitet die von der Anklage beantragte Strafe nicht sechs Jahre Freiheitsstrafe, so verkündet der Vorsitzende unverzüglich das Urteil gem. der Anklage. Andernfalls, d.h. wenn der Angeklagte oder sein Verteidiger mit der Anklage nicht einverstanden sind, wird die Hauptverhandlung fortgesetzt.

2.3.2.3 Die „conformidad" im sog. abgekürzten Verfahren nach art. 791 Abs. 3 und art. 793 Abs. 3 LECrim

Nach Einführung des abgekürzten Verfahrens in die spanische Strafprozeßordnung durch das LO 7/1988 vom 28. Dezember kann man davon ausgehen, daß das Rechtsinstitut der „conformidad" im ordentlichen Verfahren seine Bedeutung weitgehend verloren hat. Gem. art. 779 LECrim ist für Delikte, die mit einer Freiheitsstrafe von bis zu neun Jahren bedroht sind, das abgekürzte Verfahren zum Regelfall gemacht worden, d.h. der überwiegende Teil aller Strafsachen – mitunter spricht man von 90% aller Strafsachen – werden durch diese Verfahrensart erledigt.[598] Da sich der Anwendungsbereich der „conformidad" im ordentlichen Verfahren nunmehr auf Strafsachen beschränkt, die mit einer Freiheitsstrafe von mehr als neun Jahren bedroht sind, hat diese neue Rechtslage nach Einführung des abgekürzten Verfahrens in der Mehrheit der Fälle zu einer Nichtanwendung der oben dargelegten „conformidad"-Normen des ordentlichen Verfahrens geführt.[599]

Im Zusammenhang mit der Einführung des abgekürzten Verfahrens im Jahre 1988 sind die Ausführungen zu erläutern, welche der spanische Generalstaatsanwalt in einem Rundschreiben von 1989 in bezug auf das LO 7/1988 machte.[600] Es wird dabei angeführt, im Strafprozeß gebe es sog. „zonas de consenso" (Konsenszonen), insbesondere auf dem Gebiet der Bagatellkriminalität. Dort könne durch eine einvernehmliche Erledigung des Verfahrens die überflüssige Stigmatisierung des Täters vermieden werden. Daraufhin wird den Staatsanwaltschaften empfohlen, bei der Abfassung der Anklageschrift nicht nur das „ius puniendi" zu berücksichtigen, sondern sich auch andere Prozeßziele wie etwa die Wiedergutmachung des Schadens oder die Resozialisierung des Angeklagten vor Augen zu halten. Um dieses Ziel entsprechend zu erfüllen, sei ein Konsens zwischen Anklage und Verteidigung anzustreben.[601]

---

598 Wessing, Diss. jur. 1998, S. 71.
599 Gimeno Sendra, La Ley 3 (1990), S. 977.
600 Fiscalía General del Estado, Rundschreiben 1/1989. Boletín de Información IX, Nr. 79 (April 1989).
601 Gimeno Sendra, ZStW 104 (1992), S. 226 f.

Im Rahmen des abgekürzten Verfahrens, geregelt in den art. 779 bis art. 799 LECrim, ist die Rechtsfigur der „conformidad" in drei Stadien vorgesehen: Im Zwischenverfahren kann die „conformidad" einerseits neben der Anklageschrift (art. 791 Abs. 3 S. 1 LECrim) oder andererseits bei Einreichung der Verteidigungsschrift (art. 791 Abs. 3 S. 2 LECrim) erfolgen. Bei Beginn der Hauptverhandlung, namentlich vor der Beweisaufnahme (art. 793 Abs. 3 LECrim) kann die „conformidad" von seiten des Angeklagten zum Ausdruck gebracht werden.[602]

Gem. art. 791 Abs. 3 LECrim besteht für den Beschuldigten im abgekürzten Verfahren die Möglichkeit, die „conformidad" schriftlich durch seinen Verteidiger bereits in der Verteidigungsschrift zu bekunden. Eine Besonderheit dieser Verfahrensart besteht darin, daß der Beschuldigte und sein Verteidiger gem. art. 791 Abs. 3 S. 1 LECrim schon durch einen Vermerk auf der Anklageschrift seitens der Staatsanwaltschaft ihre „conformidad" erklären können, was zumindest eine vorherige Kontaktaufnahme zwischen den Parteien voraussetzt.

Der Gesetzgeber hat hinsichtlich der „conformidad" im abgekürzten Verfahren und im Gegensatz zu der Regelung des art. 655 LECrim keine Strafgrenze festgesetzt, innerhalb derer eine „conformidad" von seiten des Angeklagten erfolgen kann. Insofern können zwei Interpretationen von dieser Rechtslage vorgenommen werden: Zum einen könnte man davon ausgehen, infolge dieser Gesetzeslücke im abgekürzten Verfahren sei die Anwendung des art. 655 LECrim als die subsidiäre Vorschrift zu verstehen. Zum anderen könnte man annehmen, eine „conformidad" nach art. 791 Abs. 3 LECrim sei in allen Strafsachen anzuwenden, die nach den Bestimmungen des abgekürzten Verfahrens abzuurteilen seien, d.h. Straftaten, die mit einer Freiheitsstrafe von höchstens neun Jahren bedroht sind (vgl. art. 779 LECrim).[603]

Gem. art. 793 Abs. 3 LECrim kann der Beschuldigte durch seinen Verteidiger zu Beginn der Hauptverhandlung seine „conformidad" mit der Anklageschrift erklären, welche die höchste beantragte Strafe enthält. Darüber hinaus kann der Beschuldigte seine „conformidad" zu einer Anklageschrift bekunden, die gegenüber der ursprünglich im Zwischenverfahren eingereichten abgeändert ist. In diesem Fall öffnet diese Vorschrift das Tor zu Verhandlungen zwischen Ankläger und Beschuldigtem mit dem Ziel, einen eventuell milderen Strafantrag als den ursprünglich beantragten zu vereinbaren.[604] Im Gegensatz zu der vorherigen Vorschrift sieht art. 793 Abs. 3 S. 2 LECrim ausdrücklich vor, daß die von der Anklage beantragte Strafe nicht sechs Jahre Freiheitsstrafe überschreiten darf.[605]

---

602 Armenta Deu, 1991, S. 227.

603 So Muerza, in: de la Oliva, u.a., 1997, S. 677. Dabei stützt er sich auf die Tatsache, daß der Gesetzgeber ausdrücklich in der Regelung des art. 791 Abs. 3 LECrim keine bestimmte Strafgrenze vorgesehen hat.

604 Siehe Weigend, 1990, S. 101. Dieser vertritt die Meinung, daß das Legalitätsprinzip im abgekürzten Verfahren seinen rechtlichen Wert verliere. Wie im amerikanischen „plea bargaining" werde die Aufgabe der Strafzumessung vom Richter zum Staatsanwalt verschoben.

605 Gleichwohl wird nach der Änderung des art. 793 Abs. 3 LECrim durch das LO 7/1988 von einem kleinen Teil des Schrifttums sowie von der Generalstaatsanwaltschaft in ihrem Rundschreiben 3/1989 verlangt, den Anwendungsbereich der „conformidad" im abgekürzten Verfahren für Straftaten auszudehnen, die mit einer Freiheitsstrafe von bis zu neun Jahren bedroht sind. Siehe dazu: Gimeno Sendra, La Ley 3 (1990), S. 980 f.

2.3.2.4 Fazit: Einstellung des Verfahrens aus Opportunitätsgründen?

Das oben analysierte Institut der „conformidad" kann als Ausdruck eines im weitesten Sinne verstandenen Opportunitätsprinzips angesehen werden. Diese Rechtsfigur ermöglicht die Beendigung eines schon eingeleiteten Strafverfahrens, ohne daß die ansonsten und gemäß des Legalitätsprinzips erforderlichen Verfahrensabschnitte durchgeführt worden sind. Aus diesem Grunde kann festgehalten werden, daß die „conformidad" grundsätzlich die Ausprägung eines „reinen" Opportunitätsprinzips darstellt.[606]

Gleichwohl ist dieses Institut der „conformidad" bezüglich des Opportunitätsprinzips anders als die Regelung dessen in der deutschen Strafprozeßordnung zu verstehen.

Ausgehend von den Bestimmungen des § 153 StPO wird ersichtlich, daß ein Absehen von der Verfolgung dort erfolgen kann, wenn dem Beschuldigten lediglich ein Vergehen vorgeworfen wird, seine Schuld als gering einzustufen „wäre" und kein öffentliches Interesse an der Strafverfolgung besteht. Im Falle des § 153a StPO kann eine Einstellung des Verfahrens erfolgen, wenn ein im Prinzip bestehendes öffentliches Interesse an der Strafverfolgung – ausgehend vom Bestehen eines Vergehens sowie von einer geringen Schuld des Beschuldigten – durch die Erfüllung von seiten des Beschuldigten von einer Auflage oder Weisung beseitigt werden kann.

Zusammenfassend kann also festgehalten werden, daß das Opportunitätsprinzip im deutschen Strafprozeßrecht notwendigerweise mit dem Befugnis von seiten des Staatsanwalts verbunden ist, die Strafklage unter bestimmten im Gesetz verankerten Voraussetzungen nicht zu betreiben.

Ein Blick auf die Regelung der „conformidad" im spanischen Strafprozeßrecht ergibt ein anderes Bild. Mit dem Einverständnis des Beschuldigten mit der höchsten der von seiten der verschiedenen anklagenden Parteien beantragten Strafe wird das Betreiben der Strafklage nicht von Anfang an, d.h. im Ermittlungsverfahren, beseitigt. Die Absprachen zwischen Anklagepartei und Verteidigung auf der Grundlage der Anklageschrift erfolgen erst im Zwischenverfahren. Die „conformidad" führt somit entweder zur Einstellung des Verfahrens ohne Eröffnungsbeschluß oder zur Einstellung des Verfahrens in der Hauptverhandlung ohne jegliche Beweisaufnahme. Der Richter verkündet somit ein Urteil, welches die höchste der von den anklagenden Parteien beantragten Strafe nicht überschreiten darf. Nach der im spanischen LECrim geregelten „conformidad" wird also die Strafklage betrieben. Hingegen wird im deutschen Strafprozeßrecht in bestimmten Fällen von der Verfolgung schon im Ermittlungsverfahren abgesehen.

Aus den oben dargelegten Ausführungen ist zu schließen, daß die Regelung der „conformidad" im spanischen Strafprozeßrecht ausschließlich Aspekten der sog. „Prozeßökonomie" entspricht.[607] Der spanische Gesetzgeber zielt mit dieser Rechtsfigur

---

[606] Gimeno Sendra, ZStW 104 (1992), S. 224. Zum Konzept des „reinen" Opportunitätsprinzips siehe Abschn. 2.3.2.1 des 3. Kap.

[607] Zustimmend Gimeno Sendra, a.a.O., S. 226.

in erster Linie darauf ab, durch Beseitigung eines Teils des Verfahrens eine Verfahrensbeschleunigung herbeizuführen und somit die Gerichtsbehörden zu entlasten. Aus diesem Grunde scheint die Regelung der „conformidad“ in erster Linie nicht darauf ausgerichtet zu sein, kriminalpolitische Ziele zu formulieren, die vor allem eine Abschaffung von strafrechtlichen Sanktionen anstreben.[608]

3. Die Stellung der Staatsanwaltschaft im spanischen Jugendstrafrecht

3.1 Einführung

Mit Verabschiedung des LO 4/92 vom 5 Juni „zur Regelung der Zuständigkeit und des Verfahrens in den Jugendgerichten“ wurde ein Novum von außerordentlicher Bedeutung in das spanische Strafprozeßrechtssystem eingeführt: Mit diesem neuen Gesetz wurde der Jugendstaatsanwalt zum ersten Mal mit der Durchführung des Ermittlungsverfahrens im Jugendstrafrecht beauftragt.

Die Zuweisung dieser Ermittlungskompetenzen auf die Figur des Staatsanwaltes bedeutete eine Neuerung nicht nur im Bereich des Jugendstrafrechts, sondern vor allem auch in bezug auf die damals und heute noch geltende gesetzliche Regelung im allgemeinen Strafprozeßrecht. Wie schon oben angeführt, obliegt nach den Bestimmungen des LECrim allein dem Richter (Untersuchungsrichter) die Durchführung des Ermittlungsverfahrens. Demgegenüber weist die Rechtsstellung der Staatsanwaltschaft im Ermittlungsverfahren einen sekundären Charakter auf. Dabei nimmt sie im gewissen Sinne lediglich eine sog. „Wächterrolle“ gegenüber den Ermittlungshandlungen des Untersuchungsrichters ein.[609]

Schon in der Begründung des LO 4/92 war zu lesen, daß die Durchführung der Ermittlungen sowie die Prozeßinitiative nach Inkrafttreten dieses neuen Gesetzes der Staatsanwaltschaft zustanden, „um die Unparteilichkeit des Richters zu bewahren“, der nach Durchführung des Verfahrens eine bestimmte erzieherische Maßnahme anzuordnen hatte.

Dieser Auftrag wurde in art. 15. Abs. 1 Nr. 2 LO 4/92 konkretisiert. Danach war die Staatsanwaltschaft mit dem Monopol in der Ausübung der Strafklage beauftragt. Das Auftreten anderer Anklageparteien war somit ausgeschlossen.[610]

Die Durchführung des Ermittlungsverfahrens oblag also der Staatsanwaltschaft. Diese konnte sich im Rahmen ihrer Ermittlungstätigkeit der gerichtlichen Polizei

---

[608] Armenta Deu, 1991, S. 233 f.

[609] Nach Sánchez Martínez, 1999, S. 173 f. sei das ausschlaggebendste Motiv für die Übertragung der Kompetenz des Ermittlungsverfahrens auf die Figur des Staatsanwaltes im Jugendstrafrecht, neue Modelle mit Blick auf das allgemeine Strafprozeßrecht zu erproben mit dem Ziel, in der Zukunft einen neuen Prozeß im LECrim zu schaffen, in dem die Rechtsstellung der Staatsanwaltschaft im Ermittlungsverfahren eine wichtigere Rolle einnimmt, als im geltenden LECrim. Insofern erweise sich das spanische Jugendstrafrecht als Experimentierfeld für die Erprobung dieser neuen Rechtsstellung der Staatsanwaltschaft im Verfahren.

[610] Somit war nach LO 4/92 die Mitwirkung des Verletzten am Verfahren als privater Ankläger, sowie die Popularklage und der Zivilkläger in der Jugendgerichtsbarkeit ausgeschlossen.

bedienen[611] und sie dementsprechend beauftragen, bestimmte Ermittlungshandlungen, einerseits zur Aufklärung des Sachverhalts und andererseits zur Feststellung der Beteiligung des Minderjährigen an einer strafbaren Handlung, durchzuführen. Für Ermittlungshandlungen mit einem einschneidenden Charakter in die Grundrechten des Minderjährigen (vgl. Art. 17 bis Art. 19 CE) war eine obligatorische Einschaltung des Jugendrichters auf Antrag des Staatsanwalts vorgesehen (art. 15 Abs. 1 Nr. 5 LO 4/92).[612]

Weiterhin bestimmte art. 15 Abs. 1 Nr. 2 LO 4/92, daß die Staatsanwaltschaft „den Schutz der Rechte des Minderjährigen, die Einhaltung seiner Verfahrensgarantien und die Sorgfalt für seine körperliche und moralische Unversehrtheit" im gesamten Verfahren wahrzunehmen hatte. Aus diesem Grunde sollte sich die Ermittlungstätigkeit der Staatsanwaltschaft nicht nur auf die Aufklärung des Sachverhalts beschränken. Darüber hinaus sollte sie gewissermaßen auch die Rolle eines Verteidigers bzw. Pflegers der Interessen des Minderjährigen übernehmen.

Das neue LO 5/2000 vom 12. Januar „zur Regelung der strafrechtlichen Verantwortlichkeit von Minderjährigen" führt mit dem durch das LO 4/92 eingeführten Leitgedanken bezüglich der Rechtsstellung der Staatsanwaltschaft fort. Dementsprechend bestimmt das neue Gesetz auch die Zuständigkeit der Staatsanwaltschaft für die Durchführung des Ermittlungsverfahrens.

In der Begründung des LO 5/2000 wird angeführt, daß die Rechtsstellung der Staatsanwaltschaft im Jugendstrafrecht in zweifacher Hinsicht von Bedeutung ist: Einerseits ist sie verfassungsrechtlich mit der Aufgabe beauftragt, die Tätigkeit der Justiz zum Schutz der Gesetzlichkeit zu unterstützen (Art. 124 Abs. 1 CE) und andererseits hat sie im gesamten Jugendstrafverfahren die Rechte der Minderjährigen zu beachten und deren Interessen in den Vordergrund zu stellen.[613]

---

611 In einigen spanischen Städten wie Madrid, Barcelona und Valencia ist innerhalb der Polizei eine sog. „Abteilung für Minderjährige" [„Grupo de Menores" (GRUME)] zu finden. Diese wird als Ermittlungshilfe von seiten des Jugendstaatsanwalts für bestimmte Ermittlungshandlungen herangezogen.

612 In diesem Sinne und wenn der Staatsanwalt es für nötig hielt, mußte er beim Jugendrichter die vorläufige Unterbringung des Minderjährigen beantragen oder auch die Durchführung einer Hausdurchsuchung, sowie andere Ermittlungshandlungen, die einen Eingriff in die Grundrechte des Minderjährigen, geregelt in den Art. 17 bis Art. 19 CE, bedeuteten. In diesem Zusammenhang gibt es in der spanischen Rechtslehre Autoren, die sich auf der Grundlage dieser notwendigen Intervention des Jugendrichters für die Anordnung solcher grundrechtseinschränkenden Zwangsmaßnahmen gegen eine Ermittlungsfunktion von seiten des Staatsanwalts im Jugendstrafrecht aussprechen. Dabei stützen sie sich auf folgende Annahme: Müßte die Einschaltung des Jugendrichters im Ermittlungsverfahren für den Erlaß bestimmter Zwangsmaßnahmen erfolgen, so sei dabei unvermeidlich, daß der Jugendrichter, der später die Hauptverhandlung durchführt, Kenntnis über den Stand der Ermittlungen erhalte. Dies führe zwangsläufig zu seiner „Kontaminierung". Es war eben die Vermeidung einer solchen Situation, die zu einer Kompentenzzuweisung auf die Person des Staatsanwalts von Ermittlungsfunktionen geführt hatte. Ausgehend von dieser Argumentation plädiert Raposo Fernández für eine Abschaffung der Ermittlungstätigkeit des Staatsanwalts. Richtig sei es vielmehr im Jugendstrafrecht, dem im allgemeinen Strafprozeßrecht geregelten Modell zu folgen und neben einem Jugendgericht für die Hauptverhandlung und Urteilsspruch ein anderes Gericht zu schaffen, ein sog. Untersuchungsgericht, welches mit der Durchführung des Ermittlungsverfahrens beauftragt sei. Siehe Raposo Fernández, La Ley 6 (1997), S. 1604; auch in diesem Sinne Landrove Díaz, 2001, S. 214, dieser in bezug auf das neue LO 5/2000; Martín Ostos, in: CGPJ (Hrsg.), 1996, S. 163; a.M. Dolz Lago, Actualidad Penal 1996-2, S. 961. Dieser spricht sich für die Ausdehnung des Monopols der Staatsanwaltschaft in der Ermittlungstätigkeit im Jugendstrafverfahren auf alle allgemeinen Strafverfahren wegen sog. öffentlichen Delikte aus. Davon ausgenommen seien solche öffentliche Delikte zu berücksichtigen, in denen die geschützten Rechtsgüter das Leben, die körperliche Unversehrtheit oder andere persönliche Werte sind. Bei diesen Delikte bestünde für den Verletzten die Möglichkeit einer Partikularklage.

613 Infolge der neuen Rechtsstellung der Staatsanwaltschaft im Jugendstrafverfahren nach dem LO 5/2000 wurde eine Änderung des Gesetzes 50/1981 vom 30. Dezember „zur Regelung des Organstatuts der

In art. 6 LO 5/2000 werden die Leitsätze der staatsanwaltschaftlichen Tätigkeit im Jugendstrafverfahren angeführt. Die Zuständigkeiten der Staatsanwaltschaft im Verfahren werden in den art. 16 und art. 23 LO 5/2000 konkretisiert.

Danach werden die Ermittlungen wegen einer strafbaren Handlung persönlich durch den Staatsanwalt durchgeführt. Dabei kann er die gerichtliche Polizei (ggf. die GRUME) beauftragen, die erforderlichen polizeilichen Handlungen für die Aufklärung des Sachverhalts sowie für den Grad der Teilnahme des Minderjährigen an der Tatausführung zu unternehmen. Daneben hat der Staatsanwalt sich im Laufe des Ermittlungsverfahrens die Rechte des Minderjährigen sowie seine prozessualen Garantien ständig vor Augen zu halten.[614] Nach art. 23 Abs. 1 LO 5/2000 hat der Jugendstaatsanwalt die konkreten Maßnahmen erzieherischen bzw. ahndenden Charakters beim Jugendrichter vorzuschlagen, mit besonderer Berücksichtigung des Interesses des Minderjährigen. Ebenso wie die Regelung des art. 15 Abs. 1 Nr. 5 LO 4/92, hat die Staatsanwaltschaft beim Jugendrichter solche Ermittlungshandlungen zu beantragen, die eine Einschränkung der Grundrechte des Minderjährigen mit sich bringen (vgl. art. 28 LO 5/2000).

3.2 Das Opportunitätsprinzip im spanischen Jugendstrafrecht

Wie schon oben bezüglich des allgemeinen Strafverfahrens angeführt wurde, zeichnet sich das spanische Strafprozeßrecht durch die Regelung eines strengen Legalitätsprinzips aus.[615] Das Opportunitätsprinzip ist somit im spanischen LECrim – auch wenn die Mehrheit der spanischen Strafprozeßrechtslehre sich für seine Einführung durch das Rechtsinstitut der „conformidad" ausspricht – gesetzlich nicht anerkannt. Nach den Vorschriften der art. 105 und art. 271 LECrim ist die Staatsanwaltschaft im spanischen Strafprozeß dazu verpflichtet, die Strafklage bei jedem von Amts wegen zu verfolgenden Delikt zu betreiben.

Staatsanwaltschaft" (EOMF) vorgenommen. Diese Reform erfolgte durch das Gesetz 12/2000 vom 28. Dezember, dem diese „Doppelrolle" zugrunde lag, die das neue LO 5/2000 der Staatsanwaltschaft im Verfahren einräumt: „(...) einerseits, als Behörde, die verfassungsrechtlich mit der Aufgabe beauftragt (wird, Anm.), die Tätigkeit der Justiz zum Schutz der Gesetzlichkeit, der Rechte der Bürger und des vom Gesetz geschützten Allgemeinwohls zu unterstützen; andererseits als Behörde, welcher die Prozeßinitiative (durch das LO 5/2000, Anm.) übertragen wird. In diesem Zusammenhang stehen ihr erweiterte Befugnisse zur Einstellung des Verfahrens zu". Durch diese Reform wurde art. 5 des Gesetzes 50/1981 (EOMF) geändert. Nunmehr wird in dieser Vorschrift das Opportunitätsprinzip betont, ohne daß das Gesetz es ausdrücklich definiert: „Der Staatsanwaltschaft kann Anzeigen entgegennehmen. Diese können durch die Staatsanwaltschaft entweder der zuständigen Justizbehörde zugestellt werden oder die Staatsanwaltschaft kann die Einstellung des Verfahrens verfügen, wenn sie keine genügenden Beweise für das Betreiben einer Strafklage findet. Im letzteren Fall wird die Staatsanwaltschaft ihre Entscheidung dem Anzeigeerstatter zustellen". Darüber hinaus hat die spanische Generalstaatsanwaltschaft (FGE) ein Rundschreiben erlassen, die Klarheit in bezug auf die Auslegungsfragen des LO 5/2000 bezüglich der Rechtsstellung der StA zu schaffen versucht (Rundschreiben des FGE 1/2000, bezüglich der Anwendungskriterien des LO 5/2000, abgedruckt in: Landrove Díaz, 2001, S. 423 ff.).

614 Der Staatsanwalt wird dabei in eine sog. ambivalente Position versetzt: Zum einen werden ihm im Verfahren Schutzfunktionen des Minderjährigen zugewiesen, zum anderen ist er mit der Ausübung der Strafklage gegen diesen Minderjährigen beauftragt. Siehe dazu Landrove Díaz, 2001, S. 213.

615 Siehe dazu Art. 124 Abs. 1 CE, art. 435 LOPJ, art. 105 LECrim und art. 3.4 EOMF.

Trotz dieser im allgemeinen Strafverfahren geltenden Rechtslage ist das Opportunitätsprinzip im Jugendstrafrecht seit Inkrafttreten des LO 4/92 als einer der Grundsätze anzusehen, auf die sich die spanische Jugendgerichtsbarkeit stützt. Dabei erscheint das Opportunitätsprinzip im Jugendstrafverfahren als eine Rechtsgrundlage, durch die die Entkriminalisierungs- bzw. Diversionsstrategien in die Praxis der Jugendgerichtsbarkeit umgesetzt werden können mit dem vorrangigen Ziel, ein förmliches Strafverfahren zu vermeiden.

Es können verschiedene Gründe angeführt werden, um die Einführung des Opportunitätsprinzips in die spanische Jugendgerichtsbarkeit zu begründen. Diese sind aber im wesentlichen auf die beiden folgenden Argumente zusammenzufassen:

Zum einen wird im Jugendstrafrecht die Rechtsstellung des Verletzten im Verfahren, im Gegensatz zum allgemeinen Strafverfahren nach dem LECrim, eingeschränkt.[616] Insofern ist in der spanischen Jugendgerichtsbarkeit weder die Partikularklage des Geschädigten noch die in Art. 125 CE vorgesehene Popularklage erlaubt.

Zum anderen entspricht die Einführung des Opportunitätsprinzips kriminalpolitischen Ansätzen im Bereich des Jugendstrafrechts. In diesem Sinne wird die theoretische Grundlage dieses Prinzips und letztendlich die der Informalisierungsssstrategien („deinstitutionalisation") aus der Überzeugung eines Stigmatisierungseffekts abgeleitet, welcher durch die Durchführung eines Strafverfahrens in der Person des Minderjährigen hervorgerufen werden könnte.[617] Insofern wird der Blick auf die Informalisierung als Alternative zu einem förmlichen Verfahren gerichtet, mit dem Ziel der Wiedereingliederung des Minderjährigen in die Gesellschaft und unter Berücksichtigung seines höchsten Interesses.

Das LO 4/92 hatte schon Informalisierungsmechanismen im Rahmen des Opportunitätsprinzips eingeführt. Insbesondere sah art. 15 Abs. 1 Nr. 6 LO 4/92 die Möglichkeit vor, wonach die Staatsanwaltschaft unter Berücksichtigung der Natur des Falles und der Persönlichkeit des Minderjährigen, sowie in bestimmten Fällen nach einem erfolgten außergerichtlichen Ausgleich die Einstellung des Ermittlungsverfahrens beim Jugendrichter anregen konnte. Auch in diesem Sinne bestimmte art. 16 Abs. 3 LO 4/92 die Möglichkeit des Jugendrichters, von Amts wegen oder auf Anregung des Staatsanwaltes oder des Verteidigers die Aussetzung der angeordneten Maßnahme anzuordnen, wenn ein Täter-Opfer-Ausgleich erfolgt war.

Diese Einstellungsmöglichkeiten im Rahmen des Opportunitätsprinzips im spanischen Jugendstrafrecht werden im nächsten Abschnitt ausführlich analysiert.

An diesen Ausprägungen des Opportunitätsprinzips im LO 4/92 ist zu erkennen, daß die Möglichkeit der Verbindung einer informellen Erledigung des Verfahrens mit der Erfüllung bestimmter Maßnahmen von seiten des Minderjährigen mit diesem Verfahrensgrundsatz zu vereinbaren ist. Diese Maßnahmen sind aber aus

---

[616] So war es in art. 15 Abs. 1 Nr. 2 LO 4/92 geregelt. Im neuen LO 5/2000 wird dieser Grundsatz in art. 25 Abs. 1 vorgesehen: „In diesem Verfahren (Jugendstrafverfahren, Anm.) ist in keinem Fall die Ausübung der Strafklage von Privatpersonen gestattet, vorbehaltlich der Ausführungen in art. 61 Abs. 1 dieses Gesetzes über die Ausübung der Zivilklage".

[617] Aparicio Blanco, in: CGPJ (Hrsg.), Cuadernos de Derecho Judicial 1999, S. 196.

materiellrechtlicher Sicht nicht mit Strafsanktionen zu vergleichen, sondern in erster Linie als Formen privater Konfliktlösung zu betrachten, deren vorrangiges Ziel darin besteht, gerade die Anordnung von echten strafrechtlichen Sanktionen zu vermeiden.[618]

Ferner sah das LO 4/92 eine andere Ausprägung des Opportunitätsprinzips in art. 15 Abs. 1 Nr. 16 vor, namentlich die Möglichkeit eines Einverständnisses („conformidad") des Minderjährigen mit der Anklageschrift der Staatsanwaltschaft.

Durch das neue LO 5/2000 vom 12. Januar „zur Regelung der strafrechtlichen Verantwortlichkeit von Minderjährigen" findet das sog. „gesetzlich bestimmte" Opportunitätsprinzip Eingang in bestimmte Vorschriften des Gesetzes.[619]

Eine erste Ausprägung dieses Prinzips stellen die art. 18 und art. 19 LO 5/2000 dar. Die erste Vorschrift regelt das Absehen von der Einleitung eines Verfahrens „aufgrund einer erfolgten Besserung (des Minderjährigen, Anm.) im erzieherischen und familiären Bereich". Die zweite Vorschrift räumt ihrerseits die Möglichkeit der Einstellung des Verfahrens „nach Ausgleich oder Wiedergutmachung des Schadens zwischen dem Minderjährigen und dem Opfer" ein. Beide Diversionsvorschriften gewähren der Staatsanwaltschaft einen weiten Ermessensspielraum. Dabei kann er entweder selbst ein Absehen von der Strafverfolgung verfügen oder eine Einstellung des Verfahrens beim Jugendrichter anregen.

Eine zweite Ausprägung des Opportunitätsprinzips ist im Rechtsinstitut der „conformidad" zu sehen, welche in art. 32 und art. 36 LO 5/2000 ihren gesetzlichen Niederschlag gefunden hat.

Die neue Regelung des Opportunitätsprinzips im LO 5/2000 hat – wie oben angeführt – eine Kompetenzerweiterung des Jugendstaatsanwalts im Rahmen der Diversion mit sich gebracht. Das hat aber dazu geführt, daß das Gesetz dem Jugendrichter weitgehend keine Initiative einräumt, von Amts wegen oder auf Anregung des Minderjährigen in den Fällen einzuschreiten, in denen die Staatsanwaltschaft von den Diversionsvorschriften Gebrauch macht.

Aus diesem Grunde werden von einem Teil des spanischen Schrifttums erhebliche Bedenken gegen diesen in den art. 18 und art. 19 LO 5/2000 weit konzipierten Ermessensspielraum der Staatsanwaltschaft im Rahmen des Opportunitätsprinzips vorgebracht.[620]

---

618 García Pérez, Actualidad Penal 32 (2000), S. 695.

619 Die Lehre unterscheidet zwischen dem „freien" Opportunitätsprinzip und dem „gesetzlich bestimmten" Opportunitätsprinzip. Nach dem ersteren verfügt der Staatsanwalt grundsätzlich über eine absolute Freiheit für die Strafverfolgung. Demnach kann der Staatsanwalt, nachdem er von einer Straftat erfahren hat, Anklage erheben, wenn er es für angebracht hält. Darüber hinaus kann er das Verfahren mit oder ohne Auflagen einstellen, den Beschuldigten einem Diversionsprogramm zuweisen oder mit dem Angeklagten im Rahmen einer formlosen Absprache über das Ausmaß der Strafklage verhandeln. Hingegen wird diese „Freiheit" des Staatsanwalts nach der zweiten Alternative in dem Maße eingeschränkt, als daß das Gesetz selbst abschließend die Voraussetzungen aufstellt, unter denen der Staatsanwalt auf die Strafverfolgung verzichten kann. Dieses gesetzlich bestimmte Opportunitätsprinzip befreit also die Strafverfolgungsorgane nur in gesetzlich genannten Fällen und unter den dort bezeichneten Voraussetzungen von der strikten Durchführung des Legalitätsprinzips. Die erste Variante des Opportunitätsprinzips kennzeichnet den angloamerikanischen Strafprozeß. Die zweite Variante ist von der Mehrheit der kontinentaleuropäischen Strafprozeßsysteme übernommen worden. Siehe Martínez Dalmau, 1999, S. 192 ff.

620 So Aparicio Blanco, in: CGPJ (Hrsg.), Cuadernos de Derecho Judicial 1999, S. 198, der die Meinung vertritt, das Opportunitätsprinzip solle nicht so weit ausgelegt werden, daß dieses dem Staatsanwalt einen weiten Ermessensspielraum als Ermittlungsorgan ohne richterliche Kontrolle zubillige.

Auf diese Bedenken wird im nächsten Abschnitt und nach einer ausführlichen Analyse der Diversionsmöglichkeiten der art. 18 und art. 19 LO 5/2000 eingegangen.

3.3 Die „conformidad" nach art. 32 und art. 36 LO 5/2000 vom 12. Januar zur Regelung der strafrechtlichen Verantwortlichkeit von Minderjährigen

Die Möglichkeit einer „conformidad", d.h. eines Einverständnisses des Angeklagten mit der in der Anklageschrift beantragten Strafe wird auch im spanischen Jugendstrafverfahren nach LO 5/2000 vorgesehen. Wie im ordentlichen Verfahren stellt diese Prozeßfigur die Ausprägung eines sog. „reinen" Opportunitätsprinzips dar.[621] Gleichwohl weicht die „conformidad" des LO 5/2000 auf beträchtliche Weise von der im LECrim geregelten ab. Grund dafür ist die Tatsache, daß die im allgemeinen Strafverfahren für die Anwendung der „conformidad" angeführten Gründe der Prozeßökonomie im Jugendstrafverfahren Fehl am Platze sind. Vielmehr stehen in der Jugendgerichtsbarkeit im besonderen Maße Aspekte der Spezialprävention und die Beachtung des sog. „höchsten Interesses des Minderjährigen"[622] im Vordergrund.[623]

Das LO 4/92 hatte schon in art. 15 Abs. 1 Nr. 16 die Möglichkeit einer „conformidad" des Minderjährigen mit der Anklageschrift des Staatsanwaltes vorgesehen. Im Gegensatz aber zum ordentlichen Verfahren nach den Vorschriften des LECrim war die Erklärung einer „conformidad" in der Jugendgerichtsbarkeit nicht in zwei Verfahrensstadien möglich, d.h. entweder im Zwischenverfahren oder bei Beginn der Hauptverhandlung (vgl. art. 655, art. 688 Abs. 2 und art. 689 LECrim). Nach den Bestimmungen des art. 15 Abs. 1 Nr. 16 LO 4/92 konnte diese „conformidad" ausschließlich zu Beginn der Hauptverhandlung (sog. „audiencia") erfolgen.[624]

Das neue LO 5/2000 hat die Möglichkeit der Erklärung einer „conformidad" seitens des Minderjährigen im Jugendstrafverfahren erheblich erweitert. Dieses Einverständnis des Minderjährigen mit der staatsanwaltschaftlichen Anklageschrift kann in zwei verschiedenen Verfahrensstadien erfolgen:

---

[621] So Gimeno Sendra, ZStW 104 (1992), S. 224; zustimmend Aparicio Blanco, in: CGPJ (Hrsg.), Cuadernos de Derecho Judicial 1999, S. 191; a.M. Ornosa Fernández, 2001, S. 321. Diese verneint grundsätzlich den Charakter der „conformidad" im neuen LO 5/2000 als Ausprägung des Opportunitätsprinzips. Vielmehr sei dieses Prinzip in den art. 18 und art. 19 LO 5/2000 gesetzlich geregelt. Zum Konzept des „reinen" Opportunitätsprinzips siehe Abschn. 2.3.2.1 des 3. Kap.

[622] Dies im Sinne der Begründung des Gesetzes („Exposición de Motivos") des LO 5/2000.

[623] Aparicio Blanco, in: CGPJ (Hrsg.), Cuadernos de Derecho Judicial 1999, S. 191.

[624] Entscheidender Grund für diese Abweichung gegenüber den allgemeinen Verfahrensvorschriften ist, daß es im Verfahren gegen Minderjährige – im Gegensatz zum allgemeinen Strafverfahren – kein Zwischenverfahren gibt.

1. Zum einen vor Anberaumung der Hauptverhandlung, gemäß den Bestimmungen des art. 32 LO 5/2000.[625]
2. Zum anderen zu Beginn der Hauptverhandlung, gemäß art. 36 LO 5/2000.[626]

Nach der ersten Alternative können der Minderjährige und sein Verteidiger ihre „conformidad" mit der Anklageschrift des Staatsanwalts erklären, wenn die Staatsanwaltschaft in dieser Anklageschrift die Anordnung von einer bzw. einiger der in den lit. e) bis m) des art. 7 Abs. 1 LO 5/2000 vorgesehenen Maßnahmen beantragt.[627] Dieses Einverständnis ist bei einem Verhandlungstermin vor dem Jugendrichter gem. art. 36 LO 5/2000 zu erklären. Nach erfolgter Erklärung dieser „conformidad" seitens des Minderjährigen und seines Verteidigers verkündet der Jugendrichter unverzüglich das Urteil gemäß der vom Staatsanwalt beantragten Maßnahme.[628]

In bezug auf die zweite im Gesetz geregelte Alternative kann die „conformidad" nach art. 36 LO 5/2000 durch den Minderjährigen und nach Anhörung seines Verteidigers zu Beginn der Hauptverhandlung vor dem Jugendrichter erklärt werden. Dabei fragt der Jugendrichter den Minderjährigen, ob er sich der angeklagten Straftat schuldig bekenne und die von der Staatsanwaltschaft in der Anklageschrift beantragte Maßnahme akzeptiere. In diesem Zusammenhang geht die Literatur davon aus, daß eine „conformidad" i.S.d. art. 36 LO 5/2000 unabhängig von der Art und der Schwere der von der Staatsanwaltschaft beantragten Maßnahme erklärt werden kann. Insofern kann die „conformidad" auch im Falle einer Unterbringungsmaßnahme erfolgen.[629]

Wie schon oben angeführt wurde, ist der Zeitpunkt für die Erklärung der „conformidad" der Beginn der Hauptverhandlung (vgl. art. 36 LO 5/2000). Ferner wird von der Mehrheit der Lehre die Meinung vertreten, daß dieses Einverständnis des Minderjährigen schon mit Zustellung der Anklageschrift seitens des Staatsanwaltes nach Beendigung des Ermittlungsverfahrens erfolgen könne. Es wird dabei angeführt, eine „conformidad" vor Eröffnung der Hauptverhandlung würde das Strafverfahren beschleunigen und bestimmte, sich nachteilig für den Minderjährigen auswirkende Prozeßhandlungen, wie die Ladung von Zeugen, vermeiden.[630]

Die Möglichkeit einer solchen „conformidad" zum Zeitpunkt der Beendigung des Ermittlungsverfahrens wird jedoch schwerlich realisierbar, wenn man sich das gesamte Jugendstrafverfahren vor Augen hält. Wie schon oben angeführt, sieht das LO 5/2000

---

625 Diese „conformidad" ist grundsätzlich mit der „conformidad" gleichzusetzen, die in art. 791 Abs. 3 LECrim im Rahmen des abgekürzten Verfahrens geregelt ist.

626 Diese „conformidad" ist mit der in art. 15 Abs. 1 Nr. 16 LO 4/92, oder in art. 793 Abs. 3 LECrim bezüglich des abgekürzten Verfahrens geregelten zu vergleichen.

627 Zu den in art. 7 LO 5/2000 aufgezählten Maßnahmen siehe Abschn. 2.3.3 des 1.Kap.

628 Aus den Ausführungen des art. 32 LO 5/2000 ist zu entnehmen, daß die in den lit. a) bis d) des art. 7 LO 5/2000 vorgesehenen Unterbringungsmaßnahmen, gleich welcher Art, von dem Anwendungsbereich der „conformidad" ausgeschlossen sind. Ferner ist darauf hinzuweisen, daß sich das Einverständnis des Minderjährigen im Jugendstrafverfahren – im Gegensatz also zum ordentlichen Verfahren – nicht auf eine für die konkrete Straftat bestimmte Strafe bezieht, sondern vielmehr auf eine bestimmte Maßnahme des art. 7 LO 5/2000, welche der Staatsanwalt im Rahmen seines Ermessensspielraums unter Berücksichtigung der Individualisierungskriterien des Jugendstrafrechts ausgewählt hat. Siehe dazu Aparicio Blanco, in: CGPJ (Hrsg.), Cuadernos de Derecho Judicial 1999, S. 192.

629 So Ornosa Fernández, 2001, S. 336; auch in diesem Sinne Richard González, La Ley 4 (2000), S. 1683.

630 Für die Erklärung eines Einverständnisses unmittelbar nach Abschluß des Ermittlungsverfahrens spricht sich Sánchez Martínez, 1999, S. 205, aus.

kein Zwischenverfahren als Verfahrensabschnitt im Jugendstrafrecht vor. Nach Abschluß des Ermittlungsverfahrens übergibt der Staatsanwalt gem. art. 30 LO 5/2000 den Vorgang an den Jugendrichter. Gleichzeitig fertigt der Staatsanwalt eine Anklageschrift an, die bereits eine der in art. 7 LO 5/2000 angeführten erzieherischen Maßnahmen enthält. Hat der Jugendrichter die Akten samt Anklageschrift erhalten, so erklärt er gleich die Hauptverhandlung für eröffnet. Anschließend übersendet er dem Verteidiger des Minderjährigen die von der Staatsanwaltschaft angefertigte Anklageschrift. Der Verteidiger hat dann innerhalb von fünf Tagen eine Verteidigungsschrift zu verfassen. Gleichwohl könnte zu diesem Verfahrenszeitpunkt unter Berücksichtigung der Schlußbestimmung Nr. 1 des LO 5/2000, welche die subsidiäre Anwendung des LECrim im Jugendstrafverfahren vorsieht, die Vorschrift des art. 655 LECrim Anwendung finden. Demnach kann der Minderjährige durch seinen Verteidiger in der Verteidigungsschrift sein Einverständnis mit der von der Staatsanwaltschaft beantragten Maßnahme erklären.

4. Diversion im spanischen Jugendstrafrecht

4.1 Einführung

Wie schon am Anfang dieses Kapitels angeführt wurde, waren in der spanischen Jugendgerichtsbarkeit, namentlich im LTTM 1948, keine Einstellungsmöglichkeiten vorgesehen. Erst mit der Verabschiedung des LO 4/92 vom 5. Juni wurde die Möglichkeit einer Einstellung des Verfahrens aus Opportunitätsgründen gesetzlich in zwei Vorschriften verankert (vgl. art. 15 Abs. 1 Nr. 6 und art. 16 Abs. 3 LO 4/92). In diesem Zusammenhang ist die Tatsache zu erwähnen, daß die spanische Strafrechtswissenschaft, anders als es in der BRD der Fall gewesen war, und abgesehen von seltenen Ausnahmen,[631] sich nicht eingehend mit dieser sog. „dritten Spur" beschäftigt hatte.[632]

Aus diesen Gründen ist es angesichts der spürbar ungleichen Entwicklung der Figur der Diversion in beiden Ländern schwer, die deutsche Rechtsordnung mit der spanischen zu vergleichen. Das liegt zum einen an der offenbar verschiedenen theoretischen Entwicklung im Bereich des Jugendstrafrechts in beiden Ländern. Dabei sind vor allem die Verfahrensgrundsätze zu beachten, auf die sich die Strafprozeßgesetze beider Länder stützen (StPO versus LECrim), insbesondere die verschiedene gesetzliche Entwicklung in der deutschen und spanischen Strafgerichtsbarkeit von zwei Verfahrensgrundsätzen wie dem Legalitäts- und Opportunitätsprinzip.[633] Zum anderen ist nicht zu übersehen, daß die Figur der Diversion, welche in der Bundesrepublik Deutschland seit ca. 20 Jahren in Form von unterschiedlichen Modellen in die Praxis umgesetzt wird, in der spanischen Rechtsordnung zunächst nicht einmal eine feste gesetzliche Grundlage hatte – welche erst in dem neuen LO 5/2000 verankert worden

---

631 Insbesondere sind folgende Abhandlungen zu erwähnen: Giménez-Salinas: Justicia de menores y ejecución penal, in: Poder y Control. Revista hispano-americana de disciplinas sobre el control social Nr. 0 (1986), S. 215 ff.; Funes: Mediació i Justícia Juvenil, 1994, insb. S. 27 ff. oder González Zorrilla: La justícia de menors, present i futur, in: Jornades de formació sobre inadaptació infantil, 1986, S. 21 ff.

632 Zum Begriff der „dritten Spur" siehe Fn. 281.

633 Zum Legalitäts- und Opportunitätsprinzip in der BRD siehe Abschn. 1.4.2 des 2. Kap. Zu den beiden Prinzipien in Spanien siehe Abschn. 2.3 des 3. Kap.

ist –, so daß sie vor allem eine gewisse Zeitspanne praktischer Anwendung braucht, um anschließend aus kriminologischer Sicht stichhaltige Schlußfolgerungen ziehen zu können.

Es scheint also im Prinzip eine ziemlich komplizierte Aufgabe zu sein, Parallelen zwischen dem deutschen und spanischen Jugendstrafrecht in bezug auf die Rezeption dieser kriminalpolitischen Alternative namens Diversion zu ziehen. Zum einen ist die unterschiedliche Haltung des Gesetzgebers beider Rechtssysteme bezüglich der Aufnahme neuer Wege zur Lösung von Konflikten von Bedeutung. Zum anderen ist auch die unterschiedliche Stellung der Lehre in beiden Ländern gegenüber diesen neuen genannten Wegen in Betracht zu ziehen.

4.2 Geschichte

Anders als in der Bundesrepublik Deutschland, wo bereits im Jahre 1923 Einstellungsmöglichkeiten für die Staatsanwaltschaft und das Gericht durch § 32 JGG geregelt wurden, was zu einer Auflockerung des bis dahin ausnahmslos geltenden Legalitätsprinzips führte, waren im spanischen Jugendpflegegerichtsgesetz (LTTM) aus dem Jahre 1948 keine Diversionsmöglichkeiten vorgesehen.

Wie schon oben angeführt wurde, war das LTTM 1948 durch einen sog. „vaterschaftlichen" und „moralischen" Charakter gekennzeichnet, was im übrigen charakteristisch für die Zeit war, in der das Gesetz erlassen worden war.[634] Der Richter hatte nur das Wohl des Minderjährigen vor Augen und fungierte ihm gegenüber somit als moralische Autorität. In diesem Zusammenhang ist die Regelung des art. 15 LTTM von Bedeutung: Nach dieser Vorschrift war das Gericht „nicht den geltenden förmlichen Bestimmungen der Strafprozeßordnung (...)" unterworfen, sondern es hatte absolute Freiheit „hierbei all jene Mittel zu gebrauchen, die es zur Erfüllung der ihm anvertrauten pflegerisch-bessernden Funktion am geeignetsten" erachtete.[635]

In einer solchen Jugendgerichtsbarkeit, in welcher nicht nur die Figur der Staatsanwaltschaft als Prozeßorgan nicht vorgesehen war, sondern auch die Mindestgrundsätze des Strafverfahrensrechts außer Kraft gesetzt worden waren, konnte sich die Figur der Diversion nicht wirklich entwickeln.

Das Jugendpflegegerichtsgesetz von 1948 blieb mehr als 40 Jahre unverändert, obwohl zahlreiche der dort enthaltenen Vorschriften nach der Verabschiedung des spanischen Grundgesetzes im Jahre 1978 verfassungswidrig geworden waren.[636] Erst durch das LO 4/1992 vom 5. Juni wurde schließlich jenes inzwischen sehr veraltete Jugendpflegegerichtsgesetz von 1948 geändert.

---

[634] Cea d'Ancona, Diss. jur. 1991, S. 16. Ausführlich zum LTTM 1948 siehe Abschn. 2.3.1 des 1. Kap.

[635] Nach art. 15 LTTM 1948 schied die sonst im allgemeinen Strafprozeßrecht übliche doppelte Phase des Strafverfahrens aus. Vielmehr war es der Jugendrichter, der die Ermittlungen durchführte, den Minderjährigen aburteilte und die Vollstreckung der Maßnahme sicherte.

[636] Wie z.B. art. 15 LTTM, welcher durch die Entscheidung des spanischen Verfassungsgerichts (STC) vom 4. Februar 1991 für verfassungswidrig erklärt wurde.

4.3 Analyse des LO 4/1992 vom 5. Juni zur Regelung der Zuständigkeit und des Verfahrens in den Jugendgerichten

4.3.1 Einleitung

Durch das Organgesetz 4/92 vom 5. Juni „zur Regelung der Zuständigkeit und des Verfahrens in den Jugendgerichten" wurde erstmalig in die spanische Jugendgerichtsbarkeit der neue Begriff der „Alternativen" innerhalb der in art. 17 LO 4/92 vorgesehenen Sanktionen eingeführt. Die Palette von Sanktionen im Bereich des spanischen Jugendstrafrechts reichte somit von der Jugendstrafe bis hin zu anderen weniger stigmatisierenden Maßnahmen wie der Freiheit unter Aufsicht oder gemeinnützigen Arbeiten.

Ferner wurde in dem neuen Gesetz von 1992 die Möglichkeit vorgesehen, in bestimmten Fällen ein Absehen von der Verfolgung bzw. eine Einstellung des Verfahrens vorzunehmen. Das Gesetz sah somit im Verlauf des Verfahrens zwei Diversionsmöglichkeiten vor.

4.3.2 Die Einstellung gem. art. 15 Abs. 1 Nr. 6 LO 4/92

In art. 15 Abs. 1 Nr. 6 LO 4/92 war die Möglichkeit eines außergerichtlichen Ausgleichs als Alternative eines förmlichen Strafverfahrens geregelt. Nach dieser Vorschrift war die Möglichkeit einer informellen Erledigung wie folgt vorgesehen: „Aufgrund des Bagatellcharakters der Straftat, der Persönlichkeit des Jugendlichen, der Nichtanwendung von Gewalt oder Einschüchterung, oder wenn der Jugendliche den angerichteten Schaden wiedergutgemacht hat oder sich verpflichtet hat, diesen Schaden wiedergutzumachen, kann der Jugendrichter auf Antrag des Staatsanwaltes das Verfahren einstellen".

Die Anwendung dieser Diversionsmöglichkeit führte zu einer Einstellung des Ermittlungsverfahrens. Die Wahrnehmung der Möglichkeit einer solchen informellen Erledigung konnte von dem Jugendstaatsanwalt im Sinne eines Opportunitätsprinzips bei dem zuständigen Jugendrichter angeregt werden. Obwohl diese Anregung selbst in den Händen des Jugendstaatsanwalts lag, war der Jugendrichter die eigentlich entscheidende Instanz.

Für diese Diversionsmöglichkeit galt eine Voraussetzung, wonach sich der Minderjährige dazu verpflichten sollte, den Schaden wiedergutzumachen. In diesem Sinne konnten als Schadenswiedergutmachungsleistungen der Ausgleich mit dem Verletzten, die direkte Wiedergutmachung zum Nutzen des Opfers oder die gemeinnützige Arbeit angesehen werden.[637]

Nach dem Wortlaut des art. 15 Abs. 1 Nr. 6 LO 4/92 konnte neben dem außergerichtlichen Ausgleich auch die Möglichkeit einer sog. „Diversion to nothing", d.h.

---

[637] Ríos Enrich, IURIS 5 (1995), S. 187 f.

ohne Durchführung irgendwelcher Wiedergutmachungsleistungen, zur Anwendung kommen.

Dieser außergerichtliche Ausgleich oder diese Schadenswiedergutmachung stellten eine effiziente Alternative zum sonst erforderlichen förmlichen Strafprozeß dar. Mit diesen Alternativen konnte eine Entkriminalisierung des begangenen Unrechts eines Jugendlichen zur Anwendung kommen, so daß dieser sich gleichzeitig keinem Gerichtsverfahren unterziehen mußte. Ferner konnte dadurch eine Stigmatisierung dieses Jugendlichen vermieden werden.

4.3.3 Die Einstellung gem. art. 16 Abs. 3 LO 4/92

In art. 16 Abs. 3 LO 4/92 war die Möglichkeit einer Aussetzung der vom Jugendrichter angeordneten Maßnahme vorgesehen, wenn der Minderjährige und die Geschädigten den Vorschlag eines Täter-Opfer-Ausgleichs akzeptierten:

„Unter Berücksichtigung der Natur des Falles kann der Jugendrichter von Amts wegen oder auf Anregung des Staatsanwaltes oder des Verteidigers die Aussetzung der angeordneten Maßnahmen für bestimmte Zeit und höchstens zwei Jahre anordnen, wenn der Minderjährige, gesetzesgemäß betreut, und die Geschädigten im gegenseitigen Einvernehmen einen Vorschlag zur Erledigung durch einen Täter-Opfer-Ausgleich akzeptieren. Darüber hinaus kann eine Aussetzung der angeordneten Maßnahme erfolgen, wenn die Geschädigten, in ordnungsgemäßer Weise vorgeladen, ihren Widerspruch zur Durchführung eines Täter-Opfer-Ausgleichs nicht äußern oder jener als unbegründet anzusehen ist".

Durch diesen Täter-Opfer-Ausgleich konnte eine Aussetzung der angeordneten Maßnahme durch den Jugendrichter und nach Prozeßdurchführung erfolgen. Insoweit stellte der TOA eine Alternative zu der ansonsten formellen Erledigung dar. Im Gegensatz zu der Einstellungsmöglichkeit nach art. 15 Abs. 1 Nr. 6 LO 4/92 verlief in diesem Fall das Verfahren bis zur Fällung des Urteils.

Diese Diversionsmöglichkeit stand ausschließlich im Ermessen des Jugendrichters. Der konnte entweder von Amts wegen oder auf Anregung des Staatsanwalts oder des Verteidigers die Aussetzung der angeordneten Maßnahme anordnen.

Folglich war der Täter-Opfer-Ausgleich vom Gesetzgeber als ein gewisser „Ersatz" für die gerichtlich angeordnete Maßnahme konzipiert worden, welche in der Regel eine schwerere Sanktion darstellte. Dieser „Ersatz" war möglich, wenn der Minderjährige den dem Opfer angerichteten Schaden wiedergutgemacht hatte oder sich verpflichtet hatte, ihn wiedergutzumachen.[638]

Diese zweite Diversionsmöglichkeit nach art. 16 Abs. 3 LO 4/92 ist von den Jugendrichtern nur selten angewandt worden.

---

[638] Rios Enrich, a.a.O. S. 189.

4.4 Analyse des LO 5/2000 vom 12. Januar zur Regelung der strafrechtlichen Verantwortlichkeit von Minderjährigen

4.4.1 Einführung: Das spanische Jugendstrafgesetz des 21. Jahrhunderts. Ein Überblick

Es kann durchaus davon ausgegangen werden, daß der Erlaß des LO 5/2000 vom 12. Januar „zur Regelung der strafrechtlichen Verantwortlichkeit von Minderjährigen" nicht nur eine Antwort auf die in art. 19 CP 1995 gestellten „Anforderungen" darstellte,[639] sondern auch als ein in gewissem Sinne „gesetzlicher Bedarf" anzusehen war, welcher durch einen am 10. Mai 1994 vom spanischen Parlament beschlossenen Antrag bezüglich der Maßnahmen zur Verbesserung des rechtlichen Geltungsbereichs des Schutzes von Minderjährigen gestellt wurde.[640]

Das neue spanische LO 5/2000 ist seit dem 13. Januar 2001 in Kraft.

Den Ausführungen der „Exposición de Motivos" des LO 5/2000 zufolge hat das Gesetz formalrechtlich einen strafrechtlichen Charakter,[641] gleichwohl aber einen ahndenden-erzieherischen Charakter aus materiellrechtlicher Sicht. Diese Rechtsnatur spiegelt sich nicht nur in den zur Anwendung kommenden Maßnahmen[642] wider, sondern auch in den Vorschriften über das Jugendstrafverfahren und den Jugendstrafvollzug.

Art. 1 LO 5/2000 entspricht in vollem Umfang den in art. 19 des neuen Strafgesetzbuches von 1995 gestellten Anforderungen in bezug auf das Strafmündigkeitsalter. Demzufolge erstreckt sich der Anwendungsbereich des Jugendstrafgesetzes auf Personen zwischen 14 und 17 Jahren.

Das Gesetz unterscheidet zwei Altersgruppen, welche für das materielle sowie für das formelle Jugendstrafrecht von Bedeutung sind.[643] Ferner bestimmt das Gesetz einen weiten Ermessensspielraum des Jugendrichters für die Auswahl und die Vollstreckung einer bestimmten Maßnahme. Dabei sind die Umstände des Einzelfalles in besonderem Maße zu berücksichtigen.

---

[639] Wie schon angeführt, sind Minderjährige unter 18 Jahren nach art. 19 des in Spanien geltenden Strafgesetzbuches aus dem Jahre 1995 nach allgemeinem Strafrecht nicht verantwortlich, wohl aber nach den Vorschriften, welche die strafrechtliche Verantwortlichkeit des Minderjährigen regeln. Damit wird vom spanischen Gesetzgeber auf ein Gesetz hingewiesen, welches die Strafmündigkeit für die Anwendung des allgemeinen Strafrechts, abweichend von den Regelungen des LO 4/92, auf 18 Jahre bestimmt.

[640] Durch diesen Antrag wurde vom spanischen Parlament die Heraufsetzung des Strafmündigkeitsalters auf 18 Jahre sowie die Verabschiedung eines „Strafgesetzes für Minderjährige und Jugendliche", welches die strafrechtliche Verantwortlichkeit der Minderjährigen regeln sollte, die die Strafmündigkeit nicht erreicht hatten, gefordert. Dieses Gesetz sollte sich grundsätzlich auf das Prinzip der „Umerziehung" dieser straffällig gewordenen Altersgruppe beziehen.

[641] Wie aus seiner Bezeichnung zu entnehmen ist, regelt das LO 5/2000 die strafrechtliche Verantwortlichkeit von Minderjährigen.

[642] Wie schon oben angeführt wurde, bezeichnet der Wortlaut des LO 5/2000 die Sanktionen des Jugendstrafrechts als „Maßnahmen" im wörtlichen Sinne, wobei eine dieser Maßnahmen aus einer Unterbringung in einer geschlossenen Anstalt für die Dauer von bis zu zehn Jahren bestehen kann.

[643] Ausführlich zu diesen im neuen LO 5/2000 vorgesehenen Altersgruppen bei der Bestimmung der Rechtsfolgen siehe Abschn. 2.3.3. des 1. Kap.

Aus den dargestellten Ausführungen ist zu schließen, daß das neue LO 5/2000 – so wie das alte LO 4/92 – von einem sog. „rechtsförmlich-strafrechtlichen Modell“ oder „Justizmodell“ ausgeht, in dem die Begriffe „Erziehung“ und „Justiz“ miteinander verbunden werden. Nach diesem Modell ist der Minderjährige grundsätzlich für seine Straftat zur Verantwortung zu ziehen, gleichwohl sollen die zur Anwendung kommenden Maßnahmen einen vornehmlich erzieherischen Charakter aufweisen.[644]

„(...) Insoweit ist im Jugendstrafrecht das höchste Interesse des Minderjährigen als verbindliches Element zur Bestimmung des Verfahrens und der Maßnahmen in den Vordergrund zu stellen. Dieses Element ist unter technischen Kriterien und ohne Formalismus von spezialisierten Fachgruppen aus dem nicht rechtswissenschaftlichen Bereich zu bewerten, unbeschadet der Anpassung in der Anwendung der Maßnahmen an verfassungsrechtliche Grundsätze mit einem unbestrittenen Charakter wie dem Akkusationsprinzip, dem Recht auf Verteidigung oder der Vermutung der Unschuld“.[645]

Die Grundprinzipien, auf die sich das neue LO 5/2000 stützt, können wie folgt zusammengefaßt werden:

- Das Gesetz hat formalrechtlich einen strafrechtlichen Charakter, materiellrechtlich weist es aber einen ahndenden-erzieherischen Charakter auf. Dieser Grundgedanke bestimmt sowohl die Maßnahmen, die im Jugendstrafrecht zur Anwendung kommen, als auch die Vorschriften, die für das Jugendstrafverfahren vorgesehen werden.
- Der Gedanke des „höchsten Interesses des Minderjährigen“ steht in gesamtem Gesetz im Vordergrund. Dieses Interesse ist von spezialisierten Fachgruppen aus dem nicht rechtswissenschaftlichen Bereich mit technischen Kriterien und ohne Formalismus zu bewerten.
- Es wird zwischen zwei Altersgruppen differenziert, welche die materiellen sowie die formellen Vorschriften des Jugendstrafrechts zu beachten haben.
- Das Gesetz sieht die Möglichkeit vor, die Vorschriften des Jugendstrafrechts auf die Altersgruppe der 18- bis unter 21-Jährigen anzuwenden.[646]
- Das Gesetz räumt dem Jugendrichter einen flexiblen Ermessensspielraum für die Auswahl einer bestimmen Maßnahme sowie für deren Vollstreckung ein. Dabei hat sich der Jugendrichter in erster Linie von den Umständen des Einzelfalles leiten zu lassen. In diesem Zusammenhang bestimmt das Gesetz eine breite Palette von Maßnahmen. Diese haben an sich keinen repressiven Charakter, sondern eher einen spezialpräventiven. Mit ihrer Anwendung wird vor allem das Ziel verfolgt, die Wiedereingliederung des Minderjährigen in die Gesellschaft zu ermöglichen. Dabei ist aber sein „höchstes Interesse“ stets zu berücksichtigen.

---

644 Näheres zu den verschiedenen Modellen zur Behandlung der Jugendkriminalität siehe Fn. 117.

645 Vgl. „Exposición de Motivos“ vom LO 5/2000, Suplemento del Boletín Nr. 1860-61, S. 11.

646 Trotz der gesetzlichen Verankerung der Anwendung des LO 5/2000 auf diese Altersgruppe wurde durch die spanische Regierung im Dezember 2000 – also noch vor Inkrafttreten des Jugendstrafgesetzes – eine zweijährige Aussetzung der Anwendung des art. 4 LO 5/2000 bezüglich der Anwendungsmöglichkeit des Gesetzes auf Jugendliche zwischen 18 und unter 21 Jahren beschlossen. Näheres zu dieser Aussetzung siehe Fn. 263.

- Es wird vom Gesetz eine Erweiterung der Zuständigkeiten des Staatsanwalts geregelt. Dieser hat – wie im LO 4/92 geregelt war – das Ermittlungsverfahren gegen Minderjährige unter 18 Jahren durchzuführen. Darüber hinaus obliegt ihm im gesamten Verfahren der Schutz des Minderjährigen.
- Von Bedeutung im neuen Gesetz ist die Einführung der sog. „solidarischen Haftung" des Minderjährigen, dem eine Straftat zur Last gelegt wird, mit seinen Eltern oder seinen sonstigen gesetzlichen Vertretern.
- Die Vollstreckung der vom Jugendrichter angeordneten Maßnahmen liegt in den Händen der sog. „öffentlichen Anstalten zum Schutz und Besserung der Minderjährigen" der autonomen Gebiete, unter der ständigen juristischen Kontrolle des Jugendrichters.
- Das Gesetz sieht – im Gegensatz zu dem LO 4/92 – die Möglichkeit vor, nach der der Staatsanwalt vor den Jugendgerichten auch zivilrechtliche Forderungen durch ein eigenständiges, wenig formelles und schnelles Verfahren geltend machen kann. Ziel dieses Verfahrens ist im wesentlichen die Wiedergutmachung der von dem Minderjährigen angerichteten Schäden.
- Es werden im Gesetz die Möglichkeit eines Ausgleichs des minderjährigen Täters mit dem Opfer oder eine Schadenswiedergutmachung als Situationen hervorgehoben, welche dem Opportunitätsprinzip und dem Prinzip der sog. „geringstmöglichen Intervention" („Principio de intervención mínima") halber zu einem Absehen von der Verfolgung, einer Einstellung des Verfahrens bzw. einer Aussetzung der Vollziehung der angeordneten Maßnahmen führen können. Es überwiegen demnach die erzieherischen und resozialisierenden Kriterien gegenüber generalpräventiven Aspekten oder Aspekten der „Défense Sociale".

Im Zusammenhang mit dem letztgenannten Grundprinzip ist darauf hinzuweisen, daß mit dem neuen LO 5/2000 erweiterte Diversionsmöglichkeiten in zwei Vorschriften ihren Niederschlag gefunden haben: art. 18 und art. 19 LO 5/2000. Auf diese beiden Diversionsvorschriften wird im folgenden ausführlich eingegangen.

4.4.2 Diversionsmöglichkeiten im neuen LO 5/2000

4.4.2.1 Einleitung

Das neue spanische LO 5/2000 sieht – wie es auch im LO 4/92 der Fall war – sog. „mecanismos de desjudicialización" (sog. „Informalisierungsmechanismen") auf der Grundlage des sog. „gesetzlich bestimmten" Opportunitätsprinzips vor.[647] Dieses Prinzip gestattet dem Jugendstaatsanwalt, im Gegensatz zum allgemeinen Strafprozeß nach dem LECrim, unter bestimmten im Gesetz aufgestellten Voraussetzungen von diesem Prinzip Gebrauch zu machen. Demnach kann der Jugendstaatsanwalt von der Strafverfolgung im Jugendstrafrecht absehen.

[647] Für einen Überblick über das „freie" Opportunitätsprinzip einerseits und das sog. „gesetzlich bestimmte" Opportunitätsprinzip andererseits siehe Martínez Dalmau, 1999, S. 192 ff. Ferner Fn. 619.

Dieses sog. „gesetzlich bestimmte“ Opportunitätsprinzip wurde durch das LO 4/92 in den art. 15 Abs. 1 Nr. 6 bzw. art. 16 Abs. 3 zum ersten Mal in der spanischen Jugendgerichtsbarkeit gesetzlich verankert.

Gesetzlichen Niederschlag des oben genannten Opportunitätsprinzips im neuen spanischen Jugendstrafgesetz stellen die art. 18 und art. 19 LO 5/2000 dar.

Beide Vorschriften gewähren dem Staatsanwalt einen weitreichenden Ermessensspielraum für ein Absehen von der Verfolgung (art. 18 LO 5/2000) oder für die Einstellung eines eingeleiteten Verfahrens (art. 19 LO 5/2000) und sind insofern als eine Ausnahme des ansonsten auch im Jugendstrafrecht geltenden Legalitätsprinzips anzusehen (vgl. art. 16 LO 5/2000).

In diesem Zusammenhang unterscheidet das LO 5/2000 zwischen dem sog. „Verzicht auf die Einleitung des Verfahrens“, geregelt in art. 18 LO 5/2000 und der „Einstellung des (schon eingeleiteten, Anm.) Verfahrens“, welche in art. 19 LO 5/2000 Anwendung findet.

In art. 18 LO 5/2000 wird eine Diversionsmöglichkeit eingeführt, nach der der Staatsanwalt unter bestimmten Voraussetzungen auf jegliche formelle Intervention verzichten kann. Insoweit kann der Jugendstaatsanwalt das Absehen von der Verfolgung selbst beschließen.

Art. 19 LO 5/2000 ermöglicht dem Jugendstaatsanwalt die Einstellung des Verfahrens mit Zustimmung des Jugendrichters zu verfügen, wenn ein Täter-Opfer-Ausgleich erfolgt ist oder der jugendliche Täter seine Bereitschaft erklärt hat, die angerichteten Schäden wiedergutzumachen oder den vom „technischen Team“ vorgeschlagenen erzieherischen bzw. sozialen Aktivitäten nachzukommen.

4.4.2.2 Einstellung gem. art. 18 LO 5/2000

Nach art. 18 LO 5/2000 kann die Staatsanwaltschaft von der Einleitung eines Verfahrens absehen, „wenn die angezeigten strafbaren Handlungen als weniger schwere Verbrechen ohne Gewalt oder Einschüchterung oder als Vergehen eingestuft werden können, welche als tatbestandsmäßig vom Strafgesetzbuch oder strafrechtlichen Nebengesetzen bestimmt worden sind. In diesem Fall wird die Staatsanwaltschaft die Akten an die öffentliche Stelle zum Schutz der Minderjährigen überstellen, um den Bestimmungen des art. 3 dieses Gesetzes (LO 5/2000, Anm.) Folge zu leisten (...).[648] Wenn aber ersichtlich wird, daß der Minderjährige schon früher Straftaten ähnlicher Rechtsnatur begangen hat, muß die Staatsanwaltschaft die Einleitung des Strafverfahrens vornehmen (...)“.

[648] Nach art. 3 LO 5/2000 wird der straffällig gewordene Minderjährige strafrechtlich nicht verantwortlich, wenn dieser zur Zeit der Tat das 14. Lebensjahr nicht vollendet hat. In diesem Fall kommen die im spanischen „Código Civil“ (Zivilgesetzbuch) und den anderen Gesetzen geregelten Vorschriften zum Schutz von Minderjährigen zur Anwendung.

In art. 18 LO 5/2000 werden also drei Voraussetzungen aufgestellt, aufgrund derer die Staatsanwaltschaft den sog. „Verzicht auf die Einleitung des Verfahrens" verfügen kann:

1. Die strafbare Handlung muß tatbestandsmäßig als ein Vergehen oder Verbrechen mittelschweren Charakters eingestuft werden.[649]
2. Bei der Begehung der strafbaren Handlung von seiten des Minderjährigen muß es an jeglicher schwerwiegender Gewalt oder Einschüchterung fehlen.
3. Der Minderjährige darf keine früheren Straftaten ähnlicher Rechtsnatur begangen haben.

Ist bei der Tatbegehung die Anwendung von Gewalt oder Einschüchterung ersichtlich, so ist es für den Staatsanwalt zwingend, die Einleitung eines Ermittlungsverfahrens vorzunehmen. Der Verzicht auf die Strafverfolgung bleibt somit aus.[650]

Sind die oben genannten Voraussetzungen gegeben und verfügt die Staatsanwaltschaft dementsprechend das Absehen von der Strafverfolgung, so muß sie der zuständigen öffentlichen Anstalt zum Schutz von Minderjährigen die Akten zustellen. Diese hat anschließend eine Maßnahme zum Schutz des Minderjährigen gem. den Bestimmungen des LO 1/1996 vom 15 Januar „zum rechtlichen Schutz des Minderjährigen"[651] oder eine der im Zivilgesetzbuch vorgesehenen Schutzmaßnahmen für Minderjährige anzuordnen (vgl. dazu art. 3 LO 5/2000 i.V.m. art. 18 LO 5/2000).

Nach der erfolgten Analyse des art. 18 LO 5/2000 erscheinen zwei Aspekte von Bedeutung:

Zum einen ist zu beobachten, wie der spanische Gesetzgeber die Fälle, in denen die Staatsanwaltschaft kraft des Opportunitätsprinzips die Nichteinleitung eines

---

649 Nach art. 13.2 des spanischen „Código Penal" 1995 sind sog. „delitos menos graves" (mittelschwere Delikte) diejenigen strafbaren Handlungen, welche das Gesetz mit einer sog. „pena menos grave" (mittelschwere Strafe) ahndet. Diese Strafen sind in art. 33.3 CP geregelt. Nach dieser Vorschrift darf die Gefängnisstrafe in entsprechenden Fällen die Dauer von drei Jahren nicht überschreiten.

650 Gleichwohl und trotz der Einleitung eines Ermittlungsverfahrens von seiten des Jugendstaatsanwalts, sieht art. 27 Abs. 4 LO 5/2000 die Möglichkeit vor, wonach das „technische Team" im Laufe des Ermittlungsverfahrens dessen Einstellung in seinem Bericht anregen kann. Als Grund für diese Einstellung im Laufe des Ermittlungsverfahrens kann das technische Team anführen, daß durch die schon durchgeführten Prozeßhandlungen dem Minderjährigen seine Straftat in genügendem Maße vorgeworfen worden ist. Ferner kann das technische Team in Anbetracht des vergangenen Zeitraums seit der Begehung der Straftat irgendwelche Eingriffe gegen das Interesse des Minderjährigen als unzweckmäßig beurteilen (vgl. art. 27 Abs. 4 LO 5/2000). Als Bedingung für die Annahme dieser Anregung des technischen Teams von seiten des Staatsanwalts bestimmt art. 27 Abs. 4 LO 5/2000, daß die in art. 19 LO 5/2000 genannten Voraussetzungen gegeben sein müssen. Nach Richard González, La Ley 4 (2000), S. 1683, dürfe der Verweis auf die Voraussetzungen des art. 19 LO 5/2000 sich lediglich auf die Rechtsnatur der Straftaten beschränken und nicht auf das Bestehen eines Ausgleichs oder einer Wiedergutmachungsleistung. Dabei wird angeführt, das technische Team habe dem Minderjährigen durch seinen Bericht die Straftat genügend vorgeworfen. Aus diesen Gründen solle eine Einstellung des Ermittlungsverfahrens ohne weiteres erfolgen. Die hier behandelte Möglichkeit der Einstellung des Verfahrens wird in art. 18 Abs. 2 LO 5/2000 beiläufig vorgesehen.

651 BOE Nr. 15 vom 17. Januar 1996.

Ermittlungsverfahrens verfügt, an zahlreiche Voraussetzungen anknüpft. Aus dem Wortlaut des art. 18 LO 5/2000 läßt sich keine diversionsfördernde Intention des spanischen Gesetzgebers entnehmen. Aufgrund der vielen aufgestellten Anforderungen kann diese Diversionsvorschrift eigentlich nur bei bestimmten Fallkonstellationen zur Anwendung kommen. Die Voraussetzung, wonach der Minderjährige früher keine Straftaten „ähnlicher Rechtsnatur" begangen haben soll, stellt im Prinzip einen unbestimmten Rechtsbegriff dar, nach dem eine Anwendung des art. 18 LO 5/2000 in vielen Fällen nur auf Ersttäter beschränkt bleiben kann. Ferner wird das Absehen von der Verfolgung mit der Einleitung einer Maßnahme schützenden Charakters verbunden,[652] obwohl die begangene Straftat des Minderjährigen in bestimmten Fällen einen schlichten bagatellhaften Charakter aufweisen kann. In diesem Zusammenhang wird von einem Teil der Lehre angeführt, daß nicht alle strafbaren Handlungen von seiten eines Minderjährigen, insbesondere wenn diese einen episodenhaften Charakter aufweisen, eine sog. „Risikosituation" darstellen, welche zum Eingreifen der im spanischen „Código Civil" oder im LO 1/1996 vorgesehenen Maßnahmen führen müßte.[653]

Zum anderen ist folgendes zu bemerken: Die Überschrift des art. 18 LO 5/2000 spricht von einem „Verzicht auf die Einleitung eines Verfahrens aufgrund einer erfolgten Besserung im erzieherischen und familiären Bereich". Es wird also in erster Linie auf eine erzieherische Einwirkung von seiten der Familie des Minderjährigen oder der Schule hingewiesen. Trotz dieser in der Überschrift vorgesehenen Ausführungen bestimmt der Wortlaut des art. 18 LO 5/2000 nicht, daß der Minderjährige in den oben genannten Bereichen der informellen sozialen Kontrolle eine „Besserung" finden kann. Lediglich sieht diese Vorschrift – wie oben angeführt – die Zustellung der Akten an die zuständige öffentliche Anstalt zum Schutz des Minderjährigen – nicht also an die Familie bzw. die Schule – vor, damit diese die angemessenen Schutzmaßnahmen treffen kann.[654]

4.4.2.3 Einstellung gem. art. 19 LO 5/2000

Mit der Regelung des art. 19 LO 5/2000 wird die schon in art. 15 Abs. 1 Nr. 6 LO 4/92 vorgesehene Alternative fortgeführt, dem Ausgleich zwischen dem Minderjährigen und dem Opfer sowie der Schadenswiedergutmachung eine wichtige Rolle zur Vermeidung eines förmlichen Strafverfahrens einzuräumen. Mit diesen Alternativen wird in erster Linie das Ziel verfolgt, die Wiedereingliederung des jugendlichen Täters zu fördern und gleichzeitig die Stigmatisierung dessen durch ein förmliches Strafverfahren zu vermeiden.

Wie schon oben angeführt wurde, sah das LO 4/92 die Möglichkeit einer informellen Erledigung des Verfahrens mittels eines Ausgleichs bzw. einer Schadenswiedergutmachung in zwei Vorschriften vor: art. 15 Abs. 1 Nr. 6 LO 4/92

[652] Im Gegenteil also zu § 45 Abs. 1 JGG, wo unter bestimmten Voraussetzungen eine sog. „Diversion to nothing" erfolgt. Siehe dazu Abschn. 5 des 2. Kap.

[653] Landrove Díaz, 2001, S. 287; auch Ornosa Fernández, 2001, S. 246.

[654] Landrove Díaz, a.a.O., S. 287, meint zu Recht, daß diese Einschaltung der öffentlichen Anstalten zum Schutz des Minderjährigen nur erforderlich erscheine, wenn eine erhebliche Risikosituation oder eine Situation der Verwahrlosung in der Person des Minderjährigen registriert wird, welche das Ergreifen von den in der Zivilgerichtsbarkeit vorgesehenen Schutzmaßnahmen rechtfertigt.

regelte die im Laufe des Ermittlungsverfahrens vereinbarte außergerichtliche Wiedergutmachung als Alternative zu einem förmlichen Verfahren. Die Vorschrift des art. 16 Abs. 3 LO 4/92 sah ihrerseits die Möglichkeit vor, nach der der Jugendrichter die Aussetzung der angeordneten Maßnahme verfügen konnte, wenn der Minderjährige im Einvernehmen mit dem Geschädigten den Vorschlag eines außergerichtlichen Ausgleichs („Mediation") akzeptiert hatte.[655]

Nach art. 19 LO 5/2000 kann die Staatsanwaltschaft nach erfolgtem Ausgleich oder nach einer Wiedergutmachungsleistung zwischen dem Minderjährigen und dem Geschädigten das Verfahren einstellen. Dabei werden in besonderem Maße „(...) die Schwere und Umstände der begangenen Straftat, sowie die Person des straffälligen Minderjährigen, insbesondere das Fehlen von Gewalt oder schwerwiegender Einschüchterung in der Tatbegehung berücksichtigt. Darüber hinaus wird die Tatsache hervorgehoben, daß der Minderjährige einen Ausgleich mit dem Geschädigten vereinbart hat oder sich verpflichtet hat, den dem Opfer oder Geschädigten angerichteten Schaden wiedergutzumachen oder der von dem technischen Team[656] vorgeschlagenen erzieherischen Tätigkeit nachzukommen. Das Absehen von der Fortsetzung des schon eingeleiteten Verfahrens ist nur vorgesehen, wenn die dem Minderjährigen vorgeworfene strafbare Handlung als ein weniger schweres Verbrechen oder als Vergehen eingestuft werden kann (...)".

Art. 19 LO 5/2000 sieht in seiner Überschrift die Möglichkeit einer „Einstellung des Verfahrens nach erfolgtem Ausgleich oder nach einer Wiedergutmachung zwischen dem Minderjährigen und dem Opfer" vor. Diese Vorschrift stellt also den Ausdruck einer Lösung des Konflikts durch die Mechanismen des Ausgleichs oder der Wiedergutmachung dar.

In art. 19 LO 5/2000 werden folgende Voraussetzungen für eine Einstellung des Verfahrens im Rahmen der sog. „Mediation" aufgestellt:

1. Die Einstellung des Verfahrens kann nur erfolgen, wenn die beschuldigte Straftat als ein Vergehen oder Verbrechen mittelschweren Charakters eingestuft werden kann.[657]
2. Bei der Begehung der strafbaren Handlung von seiten des Minderjährigen muß es an irgendwelcher schwerwiegender Gewalt oder Einschüchterung fehlen.
3. Der Minderjährige muß vor der Staatsanwaltschaft seine Täterschaft bei den ihm zur Last gelegten strafbaren Handlungen anerkennen. Desweiteren muß er seine Bereitschaft zu einem Ausgleich oder zu einer Wiedergutmachungsleistung äußern.
4. Das zuständige technische Team hat einen Vorschlag zu einem außergerichtlichen Ausgleich zu unterbreiten, welcher von dem Minderjährigen und dem Verletzten akzeptiert werden soll.

---

655 Siehe dazu ausführlich Abschn. 4.3.2 bzw. 4.3.3 des 3. Kap.

656 Dieses technische Team besteht aus einem Psychologen, einem Sozialarbeiter und einem Erzieher und könnte als die „spanische Version" der deutschen Jugendgerichtshilfe angesehen werden. Seine Tätigkeit ist in art. 27 LO 5/2000 geregelt.

657 Vgl. art. 13.2 CP i.V.m. art. 33.3 CP. Siehe dazu Fn. 649.

Hervorzuheben ist vor allem die Tatsache, daß art. 19 LO 5/2000 eigentlich kein Geständnis von seiten des Minderjährigen i.S.d. § 45 Abs. 3 JGG verlangt. Die Vorschrift spricht lediglich in ihrem Abs. 2 von einer sog. „Anerkennung" des angerichteten Schadens seitens des Minderjährigen. Infolgedessen erfolgt nach dieser Diversionsmöglichkeit kein Schuldspruch im materiellrechtlichen Sinn. Vielmehr bleibt die Schuldfrage offen. Die von dem technischen Team vorgeschlagene Schlichtungsmaßnahme, Wiedergutmachungsleistung bzw. erzieherische Tätigkeit wird von dem Minderjährigen freiwillig übernommen.

Dieses Argument ist überzeugend angesichts der Tatsache, daß die gemäß dieser Diversionsmöglichkeit vorgesehenen Maßnahmen nicht unter den Maßnahmen des art. 7 LO 5/2000 angeführt werden, die nach Durchführung eines formellen Verfahrens gegen den Minderjährigen zur Anwendung kommen.[658]

Der außergerichtliche Ausgleich („Mediation") kann entweder in einem schlichten Ausgleich zwischen Minderjährigem und Opfer oder in einer Wiedergutmachungsleistung von seiten dieses Minderjährigen bestehen. Nach art. 19 Abs. 2 LO 5/2000 wird unter dem Konzept „conciliación" (Ausgleich) die Anerkennung des dem Opfer oder Geschädigten angerichteten Schadens durch den Minderjährigen, sowie seine Entschuldigung bei diesem verstanden. Es handelt sich hierbei also um eine rein psychologische Leistung, welche das Opfer von dem Minderjährigen erhält.[659] Die sog. „reparación" (Wiedergutmachung) ist die von dem Minderjährigen im Einvernehmen mit dem Opfer oder Geschädigten übernommene Verpflichtung, bestimmte Aktivitäten zum Nutzen derjenigen oder der Allgemeinheit durchzuführen, sowie ihre tatsächliche Durchführung.[660] Ferner sieht art. 19 LO 5/2000 die Möglichkeit einer Verpflichtung des Minderjährigen vor, einer von dem technischen Team in seinem Bericht vorgeschlagenen erzieherischen Tätigkeit nachzukommen. Solche Tätigkeiten werden im Bereich der Sozialfürsorge durchgeführt, auf ähnliche Weise wie die gemeinnützigen Arbeiten.[661]

Die Regelung des art. 19 Abs. 3 LO 5/2000 weist dem technischen Team die Zuständigkeit für die Vermittlung zwischen dem Minderjährigen und dem Opfer im Rahmen der „Mediation" zu, sowie die Kontrolle der tatsächlichen Durchführung der von dem Minderjährigen übernommenen Verpflichtungen. Ist der Minderjährige seinen Verpflichtungen nachgekommen oder ist deren Durchführung aus bestimmten dem Minderjährigen nicht zuzuschreibenden Gründen nicht möglich, so muß der Jugendstaatsanwalt gem. art. 19 Abs. 4 LO 5/2000 das Ermittlungsverfahren für beendet erklären und bei dem zuständigen Jugendrichter die Einstellung des Verfahrens anregen.[662]

---

[658] Ausführlich zu diesen Maßnahmen siehe Abschn. 2.3.3 des 1. Kap.

[659] Landrove Díaz, 2001, S. 289.

[660] In diesem Fall und im Gegensatz zu dem schlichten „conciliación" wird der Rechtsfrieden nicht durch eine einfache psychologische Leistung erbracht. Vielmehr muß der Minderjährige den von ihm übernommenen Verpflichtungen tatsächlich nachkommen.

[661] Ornosa Fernández, 2001, S. 253.

[662] Nach Richard González, La Ley 4 (2000), S. 1682, könne der Jugendstaatsanwalt nach erfolgtem „conciliación" (Ausgleich) bei dem zuständigen Jugendrichter die Einstellung des Verfahrens anregen. Anders sei aber der Fall, wenn es sich um eine Schadenswiedergutmachungsleistung von seiten des Minderjährigen handelt. In diesem Fall sei der Jugendstaatsanwalt zur Anregung einer endgültigen Einstellung des Verfahrens beim Jugendrichter bis zur tatsächlichen Erfüllung der vom Minderjährigen übernommenen Verpflichtungen nicht befugt. In diesem Sinne und in Anlehnung an die von einem Teil der deutschen Lehre bezüglich der Einstellungsmöglichkeit nach § 45 Abs. 3 JGG vertretene „Aussetzung der

Gem. art. 19 Abs. 4 LO 5/2000 wird die Einstellung des Verfahrens abweichend von art. 18 LO 5/2000 nicht einseitig durch den Jugendstaatsanwalt beschlossen. Die Entscheidungsinstanz ist nach dieser Diversionsvariante vielmehr der Jugendrichter, wobei die Kompetenz zur Einstellung allerdings weiterhin allein dem Jugendstaatsanwalt zusteht. In diesem Sinne könnte man zunächst Parallelen mit der Einstellungsvariante nach § 45 Abs. 3 JGG feststellen. In beiden Fällen erfolgt eine Einstellung des Verfahrens mit Einschaltung des zuständigen Richters. Gleichwohl wird nach dem Wortlaut beider Vorschriften ein Unterschied offenkundig: Während gem. § 45 Abs. 3 JGG der Staatsanwalt eine der dort angeführten Maßnahmen vor ihrer eigentlichen Durchführung bei dem Jugendrichter anregt, wird gem. art. 19 LO 5/2000 der Jugendrichter erst nach einer durchgeführten Schlichtungsmaßnahme, Wiedergutmachungsleistung bzw. erzieherischen Tätigkeit eingeschaltet, damit er die endgültige Einstellung des Verfahrens verfügt. Während der Jugendrichter im Falle des § 45 Abs. 3 JGG an die Anregung des Staatsanwalts eigentlich nicht gebunden ist, erscheint es aus dem Wortlaut des art. 19 Abs. 4 LO 5/2000 schwer begreiflich, daß der Jugendrichter eine Einstellung des Verfahrens nach Durchführung der oben genannten Maßnahmen ablehnen könnte. Im Interesse des beschuldigten Minderjährigen und einer raschen Verfahrenserledigung empfiehlt es sich daher, daß sich Staatsanwalt und Richter in geeigneter Weise vorher miteinander verständigen. Das wäre z.B. möglich durch Übersendung der Akten seitens des Staatsanwaltes an den Jugendrichter mit der entsprechenden Absichtserklärung, das Verfahren nach art. 19 LO 5/2000 einzustellen.

Im Falle einer Nichterfüllung der Wiedergutmachungsleistung oder der erzieherischen Tätigkeit von seiten des Minderjährigen schreibt art. 19 Abs. 5 LO 5/2000 die Fortsetzung des Ermittlungsverfahrens durch den Staatsanwalt vor.

Ein wichtiger Aspekt, welchem in der Analyse der Diversionsmöglichkeit gem. art. 19 LO 5/2000 eine besondere Beachtung zukommt, ist, daß die Maßnahmen, welche zum Zweck einer möglichen Einstellung des Verfahrens im Rahmen der informellen Erledigung zur Anwendung kommen, keine der in art. 7 LO 5/2000 vorgesehenen erzieherischen Maßnahmen darstellen, die nach Durchführung eines formellen Verfahrens verhängt werden. Insofern ist hierbei ein erheblicher Unterschied zwischen art. 19 LO 5/2000 und der Diversionsmöglichkeit des § 45 Abs. 3 JGG festzustellen.[663]

Nach dieser Regelung des art. 19 LO 5/2000 bleiben im Prinzip die rechtsstaatlichen Bedenken, insbesondere das Prinzip der Unschuldsvermutung aus, welches beeinträchtigt werden könnte, wenn dem Minderjährigen irgendwelche Sanktionen ohne Durchführung eines förmlichen Verfahrens und ohne Schuldfeststellung auferlegt werden könnten, wie dies schon oben in bezug auf die rechtsstaatlichen Bedenken gegenüber § 45 Abs. 2 JGG analysiert wurde.[664] In der Tat sind die Maßnahmen, die nach art. 19 LO 5/2000 zu einer Einstellung des Verfahrens führen, entweder ein Ausgleich, eine Schadenswiedergutmachung oder eine erzieherische

Entscheidung zur Bewährung", solle im Falle des art. 19 LO 5/2000 eine derartige „vorläufige Einstellung des Verfahrens" erfolgen.

663 Siehe dazu Abschn. 7.3 des 2. Kap. Nach § 45 Abs. 3 JGG sind die Maßnahmen, die dem Jugendrichter auf Anregung des Jugendstaatsanwaltes zur Verfügung stehen, praktisch dieselben wie die in art. 9 ff. JGG vorgesehenen Sanktionen.

664 Siehe dazu Abschn. 8.1.3 des 2. Kap.

Tätigkeit von seiten des Minderjährigen. Diese Maßnahmen sind in den Katalog des art. 7 LO 5/2000 nicht aufgenommen worden.[665]

Wie schon bei der ersten Diversionsvariante nach art. 18 LO 5/2000 angeführt wurde, stellen die zahlreichen in art. 19 LO 5/2000 vom Gesetzgeber aufgestellten Voraussetzungen eher ein Hindernis für eine Anwendung dieser Diversionsvorschrift dar. Insoweit gelten auch hier die oben dargestellten Bedenken gegenüber einer diversionsfreundlichen Intention des spanischen Gesetzgebers in vollem Umfang.

4.4.3 Fazit

Die gesetzliche Regulierung der verschiedenen Diversionsmöglichkeiten im neuen spanischen Jugendgstrafgesetz weicht in wesentlichen Aspekten von der alten Regulierung, die das LO 4/92 diesbezüglich vorsah, ab. Diese Abweichungen betreffen in erster Linie die Kompetenzen der Staatsanwaltschaft im Rahmen der Einstellung des Verfahrens aus Opportunitätsgründen.

In diesem Sinne, wie schon oben angeführt wurde, bestimmte art. 15 Abs. 1 Nr. 6 LO 4/92, daß der Antrag des Staatsanwaltes auf Einstellung des Ermittlungsverfahrens von der Zustimmung des Jugendrichters abhängig war. Nach art. 16 Abs. 3 LO 4/92 war die Zuständigkeit für die Einstellung des Verfahrens, namentlich für die Aussetzung der angeordneten Maßnahmen, auf die Person des Jugendrichters beschränkt. Dieser könnte entweder von Amts wegen oder auf Anregung des Staatsanwaltes oder des Verteidigers tätig werden und somit die Aussetzung der angeordneten Maßnahmen anordnen.

Nach der neuen Regelung der Diversionsmöglichkeiten in art. 18 und art. 19 LO 5/2000 sind die Zuständigkeiten des Staatsanwaltes erheblich erweitert worden. Nach der ersten in art. 18 LO 5/2000 geregelten Einstellungsvariante steht das Absehen von der Strafverfolgung im eigenen Ermessen des Staatsanwalts, ohne daß er dabei die Zustimmung des Jugendrichters benötigt. Nach der zweiten in art. 19 LO 5/2000 vorgesehenen Alternative steht weiterhin die Kompetenz zur Verfahrenseinstellung der Staatsanwaltschaft zu. Gleichwohl muß er in diesem Fall nach art. 19 Abs. 4 LO 5/2000 die Einstellung des Verfahrens beim Jugendrichter beantragen.[666]

---

665 Siehe García Pérez, Actualidad Penal 32 (2000), S. 696. Dieser Autor geht von der Annahme aus, daß die in art. 19 LO 5/2000 aufgeführte „conciliación“ und die „reparación“ nicht als eigentliche strafrechtliche Sanktionen angesehen werden können. Vielmehr seien diese als „Figuren zur privaten Lösung eines Konflikts“ zu konzipieren, welche gerade strafrechtliche Reaktionen zu vermeiden versuchen. Im Falle des art. 19 LO 5/2000 werde das Grundprinzip der Unschuldsvermutung nicht verletzt, da es dabei um die Vermeidung eines formellen Strafverfahrens und die an sich anschließende Verhängung von Sanktionen strafrechtlichen Charakters gehe.

666 Auf ähnliche Weise wie in art. 16 Abs. 3 LO 4/92 bestimmt worden war, sieht art. 40 LO 5/2000 die Möglichkeit vor, wonach der Jugendrichter, von Amts wegen oder auf Antrag des Staatsanwaltes oder des Verteidigers des Minderjährigen, die Aussetzung der Vollstreckung des Urteilsspruchs verfügen kann, wenn die angeordnete Maßnahme die Dauer von zwei Jahren nicht überschreitet. Diese Aussetzung kann für unbestimmte Zeit erfolgen, gleichwohl für eine Höchstdauer von zwei Jahren. Die Voraussetzungen für diese Aussetzung der Vollstreckung des Urteilsspruchs sind in art. 40 Abs. 2 LO 5/2000 aufgelistet.

Der Grund für diese Kompetenzerweiterung auf die Figur des Staatsanwalts ist in den Vorschriften der art. 6, art. 16 und art. 23 LO 5/2000 zu finden, welche die Ermittlungshandlungen der Staatsanwaltschaft im Jugendstrafverfahren regeln.

Ausgehend von den oben dargestellten Ausführungen im Bereich der staatsanwaltschaftlichen Diversion im spanischen Jugendstrafrecht sind nun am Ende Schlußfolgerungen zu ziehen, in dem Sinne, ob aus diesen neu geregelten Diversionsmöglichkeiten eine Kompetenzverlagerung auf das Justizorgan Staatsanwaltschaft im Bereich des Absehens von der Verfolgung oder der Einstellung des Verfahrens nach den art. 18 und art. 19 LO 5/2000 auf Kosten der strafverfahrensrechtlichen Zuständigkeiten des Jugendrichters zu entnehmen wäre, was schließlich zu einem Verstoß gegen strafprozessuale bzw. verfassungsrechtliche Prinzipien der spanischen Rechtsordnung führen könnte.

5. Kompetenzverlagerung auf den Staatsanwalt im spanischen Jugendstrafrecht?

Wie aus den im Laufe dieses Kapitels dargestellten Ausführungen zu entnehmen ist, weist die Rechtsstellung der Staatsanwaltschaft im Jugendstrafrecht erhebliche Besonderheiten gegenüber den Regelungen des allgemeinen Strafprozeßrechts des LECrim auf.

Das Akkusationsprinzip wird in der Jugendgerichtsbarkeit allein von der Staatsanwaltschaft wahrgenommen. Insoweit ist sie mit der Durchführung des Ermittlungsverfahrens und mit dem Verbrauch der Strafklage beauftragt (vgl. die art. 6, art. 16 Abs. 1 und art. 23 LO 5/2000). Darüber hinaus werden die zur Anwendung kommenden Maßnahmen erzieherischen bzw. ahndenden Charakters von der Staatsanwaltschaft vorgeschlagen. In diesem Sinne erscheint ihre rechtliche Stellung im Verfahren äußerst ambivalent: Einerseits muß die Staatsanwaltschaft ein Ermittlungsverfahren gegen den Minderjährigen aufgrund des Legalitätsprinzips durchführen. Andererseits hat sie im gesamten Verfahren die Rechte dieses Minderjährigen zu beachten und seine Interessen stets in den Vordergrund zu stellen. Infolgedessen erscheint es äußerst schwer, ein Gleichgewicht zwischen diesen beiden Tätigkeitsfeldern der Staatsanwaltschaft einzuhalten.[667]
Trotz dieser im neuen LO 5/2000 weit konzipierten Zuständigkeiten des Jugendstaatsanwalts im Jugendstrafverfahren ist ihm weiterhin gesetzlich untersagt, eigenständig Ermittlungshandlungen vorzunehmen, die zu einer Beeinträchtigung der Grundrechte des beschuldigten Minderjährigen führen könnten (z.B. Untersuchungshaft oder Freiheit unter Aufsicht). In diesem Fall hat der Jugendstaatsanwalt den Jugendrichter zur Durchführung dieser Handlungen einzuschalten (vgl. art. 28 i.V.m. art. 23 Abs. 3 LO 5/2000).

Mit der Verabschiedung des neuen LO 5/2000 sind die Einstellungsmöglichkeiten im Rahmen des Opportunitätsprinzips im Jugendstrafrecht neu geregelt worden. Dies hat weitgehend zu einer Erweiterung der Diversionsmöglichkeiten für die Staatsanwaltschaft

[667] Zu dieser sog. „Doppelrolle" der Staatsanwaltschaft im Jugendstrafverfahren siehe Abschn. 2.3.4 des 1. Kap.

gegenüber der alten Regelung des LO 4/92 geführt. Nunmehr stellen die Vorschriften der art. 18 und art. 19 LO 5/2000 die gesetzliche Verankerung dieser Einstellungsmöglichkeiten dar.

Ein Blick auf die neue Regelung der Entkriminalisierungsmöglichkeiten im LO 5/2000 vermittelt die Ansicht, daß das Schwergewicht der Diversionsentscheidung auf die Figur der Staatsanwaltschaft entfällt. Dem Jugendrichter mangelt es dementsprechend an der Zuständigkeit, von Amts wegen in eine Diversionsentscheidung nach Jugendstrafrecht einzuschreiten.[668]

Bedenken hinsichtlich einer möglichen Kompetenzverlagerung auf die Staatsanwaltschaft bzw. einer Anmaßung richterlicher Aufgaben i.S.d. Art. 117 CE seitens der Staatsanwaltschaft erheben sich insbesondere aus der Vorschrift des art. 18 LO 5/2000.[669] Wie schon oben angeführt wurde, ermöglicht diese Diversionsalternative dem Jugendstaatsanwalt, in bestimmten Fällen den Verzicht auf die Einleitung eines Ermittlungsverfahrens zu veranlassen. Diese Diversionsmöglichkeit steht im eigenen Ermessen des Staatsanwalts, ohne daß dem Jugendrichter durch das Gesetz eine Mitwirkung zugeteilt wird.

Infolge dieser gesetzlichen Regelung im LO 5/2000 mangelt es in letzter Zeit nicht an Stimmen innerhalb der spanischen Rechtslehre, die diese extensive Konzeption des Opportunitätsprinzips bzw. der staatsanwaltschaftlichen Diversion im LO 5/2000 einzuschränken versuchen.[670]

---

[668] Im Gegensatz also zu der Regelung des art. 15 Abs. 1 Nr. 6 bzw. art. 16 Abs. 3 LO 4/92. In diesen Vorschriften war der Figur des Jugendrichters bei den Einstellungsmöglichkeiten eine größere Bedeutung beigemessen. So sah art. 15 Abs. 1 Nr. 6 LO 4/92 die obligatorische Einschaltung des Jugendrichters auf Antrag des Jugendstaatsanwalts für die Einstellung des Verfahrens vor. Ebenso bestimmte art. 16 Abs. 3 LO 4/92 die Möglichkeit einer Aussetzung der Vollstreckung der angeordneten Maßnahme von seiten des Jugendrichters, der entweder von Amts wegen oder auf Anregung des Staatsanwalts oder des Verteidigers des Minderjährigen tätig sein könnte. Siehe dazu Abschn. 4.3 des 3. Kap.

[669] In diesem Sinne erscheint die zweite Diversionsalternative nach art. 19 LO 5/2000 wenig problematisch. Nach dieser Vorschrift steht weiterhin im Ermessen des Staatsanwaltes, ob eine Einstellung des Verfahrens oder eine Fortführung dessen erfolgt. Gleichwohl wird die endgültige Einstellung des Verfahrens nach erfolgtem Ausgleich zwischen dem Minderjährigen und dem Geschädigten oder nach einer Wiedergutmachungsleistung seitens des Minderjährigen von dem Jugendrichter getroffen. Eine Einstellung des Verfahrens nach art. 19 LO 5/2000 steht somit mit den verfassungsrechtlichen Prinzipien in Einklang. Zu beachten ist jedoch, daß die Einschaltung des Jugendrichters nach art. 19 LO 5/2000 – abweichend von § 45 Abs. 3 JGG – erst nach Durchführung der dort angeführten Maßnahmen erfolgt. Insoweit erscheint es zweifelhaft, daß der Jugendrichter eine endgültige Einstellung des Verfahrens ablehnen könnte.

[670] Vgl. García Pérez, Actualidad Penal Nr. 32 (2000), S. 696. Es besteht inzwischen in der spanischen Lehre eine weit verbreitete Zurückhaltung bezüglich der durch das neue Jugendstrafgesetz dem Staatsanwalt im Jugendstrafverfahren eingeräumten Zuständigkeiten. Dabei bemängeln sie insbesondere eine richterliche Kontrolle der Anwendung des Opportunitätsprinzips von seiten des Staatsanwalts. Desweiteren üben sie Kritik an der Tatsache, daß der Jugendrichter in das Diversionsverfahren nach LO 5/2000 von Amts wegen oder auf Antrag des Minderjährigen nicht intervenieren kann. Nach Aparicio Blanco, in: CGPJ (Hrsg.), Cuadernos de Derecho Judicial 1999, S. 198, sollte eine weit konzipierte Auslegung des Opportunitätsprinzips in der Jugendgerichtsbarkeit ausbleiben. Vielmehr sei dieser Ermessensspielraum der Staatsanwaltschaft als Ermittlungsbehörde einer richterlichen Kontrolle zu unterziehen. Landrove Díaz, in: La Ley, Nr. 5084 vom 27. Juni 2000, S. 1673, kritisiert ebenfalls diesen weiten Ermessensspielraum des Staatsanwalts im Jugendstrafrecht. Dabei stützt er sich auf die von qualifizierten Berufsorganisationen vorgebrachte Annahme, seit Inkrafttreten des LO 4/92 – durch das zum ersten Mal in das spanische Prozeßrecht die Figur eines Staatsanwalts als Ermittlungsbehörde sowie das Opportunitätsprinzip eingeführt wurde – sei die Anzahl der vor den Jugendgerichten durchgeführten Verfahren alarmierend gesunken, was in erster Linie auf eine unkontrollierte Anwendung des Opportunitätsprinzips zurückzuführen sei. Dies führte

Im Prinzip könnte sich aus dem Wortlaut des art. 18 LO 5/2000 eine Anmaßung richterlicher Sanktionsbefugnisse auf die Figur der Staatsanwaltschaft herleiten, wenn sie unter Zugrundelegung irgendwelcher erzieherischer bzw. schützender Maßnahmen eigenmächtig ohne Mitwirkung des Jugendrichters das Absehen von der Verfolgung verfügt. Gleichwohl ist die Veranlassung seitens der Staatsanwaltschaft von erzieherischen bzw. schützenden Maßnahmen nicht mit der Verhängung einer Maßnahme des art. 7 LO 5/2000 gleichzusetzen. Die in art. 18 LO 5/2000 zur Anwendung kommenden Maßnahmen werden nicht unter den in art. 7 LO 5/2000 vorgesehenen Maßnahmen angeführt, welche nach Durchführung eines förmlichen Verfahrens durch den Jugendrichter im Urteil angeordnet werden. Insofern weisen die Maßnahmen des art. 18 LO 5/2000 keinen strafrechtlichen Charakter auf, d.h. sie sind nicht als eine Kriminalstrafe sondern als Maßnahmen nichtstrafrechtlicher Art zu konzipieren.

Nach dieser Interpretation ist eine Tätigkeit der Staatsanwaltschaft nach art. 18 LO 5/2000 nicht als Rechtsprechung im Sinne des Art. 117 CE anzusehen.

Rechtsstaatliche bzw. verfassungsrechtliche Bedenken könnten sich weiterhin aus dem Umstand ergeben, daß gem. art. 18 und art. 19 LO 5/2000 eine erzieherische Maßnahme durchgeführt wird, ohne daß die Schuld des Täters in einem sonst rechtsstaatlichen Verfahren von einem unabhängigen Richter festgestellt wird. Dies könnte einen Verstoß gegen die in Art. 24 Abs. 2 des spanischen Grundgesetzes (CE) verankerte Unschuldsvermutung bedeuten. In diesem Sinne gelten hier die oben bezüglich der staatsanwaltschaftlichen Diversionstätigkeit nach deutschem Jugendstrafrecht dargestellten Ausführungen in vollem Umfang: Bei den innerhalb des art. 18 bzw. art. 19 LO 5/2000 zur Anwendung kommenden erzieherischen Maßnahmen handelt es sich in keiner Weise um Kriminalstrafen. Vielmehr sind sie als Maßnahmen nichtstrafrechlicher Art zu konzipieren. Wie schon oben angeführt, werden diese erzieherischen Maßnahmen nicht nach einem durchgeführten formellen Verfahren angeordnet. Darüber hinaus erfolgt nach den Diversionsvorschriften der art. 18 und art. 19 LO 5/2000 keine Schuldfeststellung. Die Schuldfrage bleibt weiter offen. Ferner werden die dort angeführten Leistungen von dem Minderjährigen freiwillig übernommen.

In Anbetracht dieses staatsanwaltschaftlichen Ermessensspielraums im Hinblick auf die Entkriminalisierungsmechanismen des art. 18 LO 5/2000 ist aber auf den Umstand hinzuweisen, daß sich Diskrepanzen bei der Anwendung dieser Vorschrift zwischen den Staatsanwaltschaften innerhalb des spanischen Gebiets, ja sogar innerhalb einer Provinz, verbreiten könnten.

Um diese rechtsstaatlichen Defizite zu vermeiden – vor allem ist hier der verfassungsrechtliche Gleichheitsgrundsatz gem. Art. 14 CE zu betonen – wäre es angebracht, einen Straftatenkatalog von seiten der Staatsanwaltschaften zu erarbeiten, auf Grundlage dessen eine Anwendung der in den art. 18 und art. 19 LO 5/2000 vorgesehenen Reaktionsmöglichkeiten erfolgen könnte. Darüber hinaus könnten regelmäßige wissenschaftliche Tagungen zum Thema Jugendstrafrecht[671] dazu dienen, die

schließlich zu einem Verstoß gegen das Rechtssicherheitsprinzip (Art. 9.3 CE) sowie gegen das Rechtsschutzgarantie (Art. 24.1 CE).

[671] In derselben Weise wie die in der BRD alle drei Jahre organisierten Jugendgerichtstage von seiten der DVJJ.

Anwendung dieser Diversionsmöglichkeiten soweit wie möglich zu vereinheitlichen, d.h. eventuelle ungerechtfertigte Ungleichbehandlungen zu vermeiden.

Dennoch erscheint es angesichts des neuerlichen Inkrafttretens des LO 5/2000 angebracht, einen angemessenen Spielraum für die Anwendung dessen zuzulassen, um anschließend schlüssige Folgerungen bezüglich der Anwendungspraxis bzw. -häufigkeit der art. 18 und art. 19 LO 5/2000 von seiten des Staatsanwalts sowie bezüglich einer möglichen Kompetenzverlagerung auf dieses Justizorgan ziehen zu können.

6. Zusammenfassung

Die aus der amerikanischen Kriminalpolitik stammenden Diversionsgedanken haben auch in der spanischen Jugendstrafrechtspraxis Anwendung gefunden. Doch anders als in der Bundesrepublik Deutschland, wo die Diversion seit Ende der 70er-Jahre im Jugendstrafrecht mit gesetzlicher Rückendeckung eine konkrete Anwendung im Rahmen zahlreicher Diversionsprogramme gefunden hat, konnte sich der Diversionsgedanke im spanischen Recht bis vor kurzer Zeit aus historischen und rechtlichen Gründen nicht in derselben theoretischen und praktischen Weise etablieren.

Ausgehend von den Bestimmungen der spanischen Rechtsordnung findet die Diversion in der Praxis der spanischen Strafrechtspflege ausschließlich im Jugendstrafrecht Anwendung. In der allgemeinen spanischen Strafgerichtsbarkeit sind keine Einstellungsmöglichkeiten im Rahmen des Opportunitätsprinzips vorgesehen, wie es im deutschen Strafprozeß der Fall ist (vgl. §§ 153, 153a StPO). Lediglich haben Diversionsmöglichkeiten durch das neue spanische LO 5/2000 vom 12. Januar „zur Regelung der strafrechtlichen Verantwortlichkeit von Minderjährigen" in den art. 18 und art. 19 ihren gesetzlichen Niederschlag gefunden.

Auch wie in der Bundesrepublik Deutschland kann die Anwendung von Diversionsmaßnahmen in der spanischen vom Legalitätsprinzip geprägten Gerichtsbarkeit nur innerhalb des gesetzlichen Rahmens erfolgen. Insofern sind nur die Staatsanwaltschaft und der Jugendrichter zur Durchführung der Diversion im Rahmen des Opportunitätsprinzips befugt.

Nach den Grundsätzen des spanischen Strafprozeßrechts, deren gesetzlichen Niederschlag die spanische Strafprozeßordnung (LECrim) darstellt, weicht die Rechtsstellung der Staatsanwaltschaft im Strafverfahren weitgehend von den Zuständigkeiten der deutschen Staatsanwaltschaft ab. Anders als in der Bundesrepublik steht in Spanien dem sog. Untersuchungsrichter die Durchführung des Ermittlungsverfahrens zu. Folglich werden der Staatsanwaltschaft durch das spanische LECrim keine Ermittlungsfunktionen eingeräumt. Lediglich ist sie mit der Ausübung der öffentlichen Strafklage beauftragt, wobei dies nicht im Rahmen eines konzipierten Anklagemonopols geschieht. In diesem Sinne sind im spanischen Strafprozeß andere Anklageparteien (Partikular- und Popularkläger) im Verfahren vorgesehen. Insbesondere stellt die Popularklage eine gewisse Kontrolle der Tätigkeit der Justizbehörden im Verfahren dar.

Das spanische Strafprozeßrecht ist – wie oben angeführt – vom Legalitätsprinzip geprägt, wie zahlreiche Rechtsvorschriften der spanischen Rechtsordnung zeigen. Das Opportunitätsprinzip dagegen findet weder in einer Vorschrift des spanischen LECrim seinen gesetzlichen Niederschlag, noch kann es sich aus dem Wortlaut einer bestimmten Vorschrift „a sensu contrario“ ableiten (wie z.B. bei § 152 Abs. 2 StPO ersichtlich ist). Aufgrund dieser strengen Auslegung des Legalitätsprinzips ist jede Entscheidungsbefugnis von seiten der Justizorgane über die „Opportunität“ der Strafverfolgung im Rahmen des Opportunitätsprinzips im Prinzip ausgeschlossen.

Aus dieser Gesetzeslage erscheint die Einführung von Diversionsmöglichkeiten in die spanische Gerichtsbarkeit zunächst schwerwiegend. Trotz dieses gesetzlichen Rahmens geht die spanische Lehre von der Annahme aus, daß es eine strikte Befolgung des Legalitätsprinzips in der strafgerichtlichen Praxis durchaus nicht gebe. Ein Beispiel für eine mögliche Abweichung einer strikten Durchführung des Legalitätsprinzips stellt ein Rechtsinstitut, die sog. „conformidad“ (= das in bestimmten Fällen vom Gesetz eingeräumte Einverständnis der Verteidigung mit der von seiten der Anklage im Zwischenverfahren beantragten Strafe), dar. Damit wird der Anklagepartei – mit der obligatorischen Einschaltung des Richters – ein gewisser Ermessensspielraum eingeräumt, indem sie mit dem Angeklagten und seinem Verteidiger über eine eventuelle vorzeitige Beendigung des Verfahrens verhandelt. Vorrangiges Ziel dieser „conformidad“ ist, die meistens für den Angeklagten belastende Hauptverhandlung zu vermeiden.

Anders als im allgemeinen Strafverfahren ist die Rechtsstellung der Staatsanwaltschaft im Jugendstrafverfahren zu betrachten. Mit Verabschiedung des LO 4/92 vom 5 Juni „zur Regelung der Zuständigkeit und des Verfahrens in den Jugendgerichten“ wurde zum ersten Mal in der spanischen Gerichtsbarkeit die Staatsanwaltschaft mit der Durchführung des Ermittlungsverfahrens beauftragt. Das neue LO 5/2000 setzt mit dieser besonderen Rechtsstellung des Staatsanwalts im Jugendstrafverfahren fort. Nach den Bestimmungen des geltenden Gesetzes hat der Jugendstaatsanwalt die notwendigen Ermittlungen zur Aufklärung einer strafbaren Handlung seitens eines Minderjährigen durchzuführen. Gleichzeitig hat er im gesamten Jugendstrafverfahren die Rechte des Minderjährigen in den Vordergrund zu stellen. Dieser doppelte Zuständigkeitsbereich kann zu einer ambivalenten Position der Staatsanwaltschaft im Verfahren führen.

Aufgrund der bestehenden Rechtslage in der spanischen Jugendgerichtsbarkeit bezüglich der staatsanwaltschaftlichen Zuständigkeit im Ermittlungsverfahren wird in letzter Zeit in Spanien heftig darüber diskutiert, ob die Staatsanwaltschaft auch im allgemeinen Strafprozeß für die Durchführung des Ermittlungsverfahrens zuständig sein sollte. Die Vertreter der gegenwärtigen Rechtslage berufen sich hauptsächlich auf das in Art. 117 CE verankerte Richtermonopol. Demzufolge könne eine Kompetenzverlagerung auf die Figur der Staatsanwaltschaft gegen die verfassungsrechtlichen Prinzipien verstoßen. Die Befürworter einer Ausdehnung der staatsanwaltschaftlichen Ermittlungstätigkeit auf das allgemeine Strafverfahren machen in erster Linie auf das mangelnde Funktionieren der spanischen Strafjustiz aufmerksam. Hierbei wird angeführt, daß eine Kompetenzzuweisung des Ermittlungsverfahrens auf die Figur des Staatsanwalts zwangsläufig zu einer Reduzierung der Arbeitsbelastung der Strafgerichtsbarkeit führen würde.

Diversionsmöglichkeiten im spanischen Jugendstrafrecht wurden erst mit dem LO 4/92 in zwei Vorschriften geregelt. Durch das neue LO 5/2000 sind diese jugendstrafrechtlichen Informalisierungsmechanismen im Rahmen des Opportunitätsprinzips erweitert worden. Hervorzuheben ist in diesem Zusammenhang zunächst die durch das neue LO 5/2000 erfolgte Erweiterung der Zuständigkeiten des Jugendstaatsanwalts nicht nur im Jugendstrafverfahren, sondern auch und in besonderem Maße im Rahmen der Einstellungsmöglichkeiten gegenüber der alten Regelung des LO 4/92.

Nach der ersteren in art. 18 LO 5/2000 geregelten Einstellungsvariante steht das Absehen von der Strafverfolgung nur im Ermessen des Staatsanwalts ohne Beteiligung des Jugendrichters. Demnach kann er von der Einleitung eines Verfahrens absehen, wenn die strafbare Handlung des Minderjährigen als ein Vergehen oder ein Verbrechen mittelschweren Charakters einzustufen ist, für deren Begehung der Minderjährige keine Gewalt oder Einschüchterung angewandt hat. Sind diese Voraussetzungen gegeben, so kann der Staatsanwalt von der Einleitung eines Verfahrens absehen und die zuständigen Anstalten zum Schutz von Minderjährigen in Kenntnis setzen, damit sie eine entsprechende Maßnahme schützenden Charakters für diesen Minderjährigen verfügen können. Insoweit bleibt es bei dieser Diversionsmöglichkeit gem. art. 18 LO 5/2000 nicht bei einer schlichten „Diversion to nothing".

Die Vorschrift des art. 19 LO 5/2000 ermöglicht bei Straftaten derselben Rechtsnatur wie in art. 18 LO 5/2000 eine Einstellung des schon eingeleiteten Verfahrens aufgrund eines Täter-Opfer-Ausgleichs zwischen dem Minderjährigen und dem Opfer oder einer Wiedergutmachungsleistung seitens des Minderjährigen. Abweichend von der ersten Diversionsalternative wird in diesem Fall die Einstellungsentscheidung nicht einseitig durch den Jugendstaatsanwalt beschlossen. Entscheidungsinstanz ist nach erfolgtem Ausgleich oder nach Erfüllung einer Wiedergutmachungsleistung vielmehr der Jugendrichter. Trotz alledem steht die Kompetenz für eine mögliche Erledigung des Verfahrens im Rahmen des art. 19 LO 5/2000 weiterhin der Staatsanwaltschaft zu.

Wie in Deutschland bezüglich der staatsanwaltschaftlichen Diversion nach § 45 Abs. 2 JGG angeführt wurde, mangelt es auch innerhalb der spanischen Literatur nicht an Stimmen, die sich gegen diese im Gesetz weit konzipierten Zuständigkeiten des Jugendstaatsanwalts im Bereich der Diversionsmöglichkeiten des spanischen Jugendstrafrechts aussprechen. Hierbei werden auch rechtsstaatliche Bedenken vorgebracht. Insbesondere wird eine richterliche Kontrolle bei der Anwendung des Opportunitätsprinzips seitens der Staatsanwaltschaft gem. art. 18 LO 5/2000 bemängelt. Darüber hinaus wird befürchtet, daß dieser weit konzipierte Ermessensspielraum des Jugendstaatsanwalts zu Diskrepanzen zwischen den verschiedenen Staatsanwaltschaften bei der Anwendung des art. 18 LO 5/2000 führen könne, was schließlich gegen den in Art. 14 CE verankerten Gleichheitsgrundsatz verstoßen könnte.

Angesichts des neuerlichen Inkrafttretens des LO 5/2000 erscheint dennoch sinnvoll, dem Gesetz einen angemessenen Spielraum für seine praktische Anwendung einzuräumen, um anschließend bezüglich der von einem Teil der Literatur vorgebrachten Bedenken gegen eine staatsanwaltschaftliche Diversionstätigkeit Stellung zu nehmen. Nichtsdestotrotz erscheint auf staatsanwaltschaftlicher bzw. richterlicher Ebene eine Konkretisierung der Anwendungsfälle der art. 18 und art. 19 LO 5/2000, sowie eine gründliche Auseinandersetzung zum Thema Diversion im Jugendstrafrecht auf wissenschaftlicher Ebene erforderlich, um damit schlüssige Richtlinien für die Anwendung der Diversion in der Jugendgerichtsbarkeit festlegen zu können.

4. Kapitel: Anwendungshäufigkeit der staatsanwaltschaftlichen Diversion im deutschen und spanischen Jugendstrafrecht

1. Einstellungspraxis in Deutschland

1.1 Einleitung: Die Einstellungspraxis von Staatsanwaltschaft und Gericht gem. §§ 45, 47 JGG

Im Kriminaljustizsystem der Bundesrepublik Deutschland ist in den letzten Jahren eine zunehmende Verlagerung von formellen zu informellen strafrechtlichen Reaktionen zu verzeichnen. Diese Tendenz findet vornehmlich in der Praxis der Jugendstrafrechtspflege statt. Als Indikator für diese Tendenz ist zum einen die Verlagerung innerhalb der formellen, d.h. durch Urteil verhängten Sanktionen von stationären Sanktionen zugunsten ambulanter Maßnahmen,[672] zum anderen der zunehmende Gebrauch der Einstellungsmöglichkeiten der §§ 45, 47 JGG im Jugendstrafverfahren zu nennen.

Von den in §§ 45, 47 JGG verankerten Diversionsmöglichkeiten hat die Praxis der Jugendstrafrechtspflege schon seit langem Gebrauch gemacht. Doch in den letzten Jahren ist ein immer stärkerer Gebrauch dieser Einstellungsmöglichkeiten zu beobachten. Wurden 1981 von sämtlichen informellen und formellen Reaktionen nach Jugendstrafrecht in 44% der Fälle das Verfahren nach den oben genannten Vorschriften eingestellt, so stieg die Diversionsrate[673] im Jahre 1998 auf 69%.[674] In diesem Zusammenhang ist zu schließen, daß der Anteil der Verurteilten an allen (informell oder

---

672 Sanktionspraxis im Jugendstrafrecht im Jahre 1997: Erziehungsmaßregeln: 19,47%; Zuchtmittel: 69,53% (davon 28,13% Verwarnung, 53,80% Erteilung von Auflagen, 18,07% Verhängung von Jugendarrest); Jugendstrafe: 11,00%. Eisenberg, 2000, § 5 Rdnr. 10.

673 Der Begriff „Diversionsrate" bezieht sich hierbei auf den Anteil der Personen, bei denen das Verfahren nach §§ 45, 47 JGG eingestellt worden ist, an allen nach Jugendstrafrecht informell oder formell sanktionierten Personen.

674 Siehe Tabelle 3 im Anhang. Vgl. dazu: Heinz, DVJJ-Journal 3 (1998), S. 250; die neuesten Daten beruhen auf einer von Heinz veröffentlichen Studie über die Entwicklung der Sanktionspraxis in der BRD. Siehe dazu: Heinz, Wolfgang: Das strafrechtliche Sanktionssystem und die Sanktionspraxis in Deutschland 1882-1998 (Stand: Berichtsjahr 1998). Konstanzer Inventar für Sanktionsforschung, Internet-Publikation: www.uni-konstanz.de/rtf/kis/sanks98.htm. (Version 1/2000), insb. Schaubild 25: Diversionsraten (StA und Gerichte) im Jugendstrafrecht, 1981-1998. Zum Vergleich werden in Österreich ungefähr ¾ aller Jugendstraftaten mit den Diversionsmaßnahmen des österreichischen Jugendstrafrechts (§§ 6 ff. ÖJGG) informell erledigt. So wurden im Jahre 1998 nur 13% der Anzahl der im selben Jahr angezeigten Jugendlichen rechtskräftig verurteilt. Dieser Umstand ist vor allem darauf zurückzuführen, daß die im ÖJGG gesetzlich verankerten alternativen Erledigungsformen in der Praxis zunehmend zum Tragen kommen. Siehe dazu Beclin/Grafl, ÖJZ 55 (2000), S. 822; Kienapfel/Höpfel, 2001, S. 282.

formell) Sanktionierten zwischen 1981 und 1998 um 25 Prozentpunkte zurückgegangen ist (namentlich von 56% auf 31%).[675]

Nach den im Anhang dargelegten statistischen Erhebungen kann festgehalten werden, daß die Diversionsrate im Zeitraum zwischen 1995-1998 auf einem relativ hohen Niveau stabil geblieben ist.[676]

Zu diesem Anstieg in der Anwendung der Diversionsmöglichkeiten nach §§ 45, 47 JGG haben entscheidend die Jugendstaatsanwälte beigetragen. Der Grund dafür ist in der Tatsache zu sehen, daß vor allem das Absehen von der Verfolgung nach § 45 JGG zugenommen hat, insbesondere die Einstellung ohne Einschaltung des Richters gem. § 45 Abs. 1 bzw. Abs. 2 JGG.[677]

In erster Linie beruht dieser Anstieg auf einem vermehrten Gebrauch von § 45 JGG zu Lasten der Anwendung von § 47 JGG. Der Anteil der nach der ersteren Vorschrift eingestellten Verfahren – bezogen auf alle Einstellungen gem. §§ 45, 47 JGG – lag im Jahre 1981 bei 23%, der nach § 47 JGG bei 21%. Demgegenüber ist im Jahre 1997 eine eindeutige Wende zu verzeichnen: Einstellungen gem. § 45 JGG lagen bei 51%; die nach § 47 JGG lediglich bei 15%.[678]

Innerhalb der Einstellungsalternativen des § 45 JGG ist zwischen 1981 und 1998 ein Anstieg des Gebrauchs von § 45 Abs. 2 JGG a.F. (d.h. § 45 Abs. 1 und Abs. 2 JGG n.F.) und ein Rückgang des Gebrauchs von § 45 Abs. 1 JGG a.F. (§ 45 Abs. 3 JGG n.F.) zu verzeichnen.[679] 1981 wurde in 13,1% der Fälle das Verfahren nach § 45 Abs. 2 JGG a.F. eingestellt (nach § 45 Abs. 1 JGG a.F.: 10,9%; nach § 47 JGG a.F.: 20%). Demgegenüber stieg 1998 die Prozentzahl der Einstellungen nach § 45 Abs. 1 und Abs. 2 JGG auf 50,3% (nach § 45 Abs. 3 JGG: 5,7%; nach § 47 JGG: 13%).[680]

Dieser Anstieg der sog. staatsanwaltschaftlichen Diversion nach § 45 Abs. 1 und Abs. 2 JGG hat zum einen zu einem Rückgang der Anklagen im Jugendstrafrecht geführt, zum anderen zu einer Verringerung der Beteiligung des Jugendrichters nach §§ 45 Abs. 3 bzw. 47 JGG.[681]

---

675 Siehe Tabelle 3 im Anhang.

676 Obwohl in der BRD im Jugendstrafrecht zwar insgesamt häufiger als im Erwachsenenstrafrecht das Verfahren eingestellt wird, bleibt Diversion aber nicht nur auf das Jugendstrafrecht beschränkt. Im allgemeinen Strafrecht wird das Verfahren auch aus Opportunitätsgründen nach §§ 153 ff. StPO eingestellt. So betrug die Diversionsrate 1998 im allgemeinen Strafrecht 48%. Siehe dazu: Heinz, Internet-Publikation, a.a.O. Teil 3. Entwicklung der Sanktionierungspraxis in Deutschland (1882-1998). Abschn. 2.1: Informelle Sanktionen; ferner ders. DVJJ-Journal 3 (1998), S. 249.

677 Auch im allg. Strafrecht erweist sich die Staatsanwaltschaft als Träger der Opportunitätsentscheidung. Von allen Einstellungsentscheidungen nach §§ 153 ff. StPO wurden im Jahre 1998 lediglich 15% durch das Gericht getroffen. Siehe dazu: Heinz, a.a.O. Schaubild Nr. 5.

678 Albrecht, 2000, S. 122.

679 Siehe Tabelle 4 im Anhang.

680 Vgl. dazu Tabelle 3 im Anhang. Ferner siehe Tabelle bei Ostendorf, 2000, Grdl. zu §§ 45, 47 Rdnr. 7; Albrecht, 2000, S. 122; Heinz, Internet-Publikation, a.a.O., Schaubild Nr. 25.

681 Heinz, DVJJ-Journal 3 (1998), S. 250.

1.2 Staatsanwaltschaftliche Diversion in zwei deutschen Bundesländern: LG Münster (Nordrhein-Westfalen) und LG Neuruppin (Brandenburg). Eine empirisch-kriminologische Forschung anhand einer Aktenanalyse bzw. der Staatsanwaltschaftsstatistik

1.2.1 Einleitung: Darstellung der Untersuchung

Ausgehend von den empirischen Daten bezüglich der Einstellungspraxis im Jugendstrafrecht der Bundesrepublik Deutschland, welche weitgehend auf einen starken Gebrauch der Einstellungsvorschriften der §§ 45, 47 JGG hinweisen, wird im Rahmen dieser Arbeit eine empirische Untersuchung durchgeführt, die im wesentlichen zum Ziel hat, die Häufigkeit der Anwendung der Diversionsalternativen des § 45 JGG seitens der Staatsanwaltschaft in zwei Landgerichtsbezirken zu analysieren. Ferner zielt die vorliegende Untersuchung darauf ab, anhand der ausgewerteten Daten bezüglich der staatsanwaltschaftlichen Diversionspraxis im Jugendstrafrecht auf die Frage einzugehen, ob eine gleichmäßige Handhabung in der Anwendung des § 45 JGG im gesamten Bundesgebiet zu verzeichnen ist, oder ob stattdessen beträchtliche Unterschiede zwischen den einzelnen Bundesländern in der Anwendung des § 45 JGG bestehen.[682]

Untersuchungsziel: Vorrangiges Ziel der folgenden Untersuchung ist, die Praxis der staatsanwaltschaftlichen Einstellung des Verfahrens nach § 45 JGG in zwei Landgerichtsbezirken darzustellen [LG Münster (Nordrhein-Westfalen) und LG Neuruppin (Brandenburg)]. Dabei werden die staatsanwaltschaftlichen Entscheidungen nach § 45 JGG im Kontext der Gesamtheit staatsanwaltschaftlicher Erledigungen nach den Vorschriften des Jugendstrafrechts untersucht.

Untersuchungsgegenstand: Die vorliegende Untersuchung unternimmt einen empirischen Vergleich der Verfahrenseinstellung gem. § 45 JGG in zwei Landgerichtsbezirken der Bundesrepublik Deutschland. Zusammenfassend läßt sich der Untersuchungsgegenstand wie folgt darstellen:

- Verfahren nach § 45 JGG.
- Gegen Jugendliche bzw. Heranwachsende i.S.d. JGG.
- Betreffend die Landgerichtsbezirke Münster (Nordrhein-Westfalen) und Neuruppin (Brandenburg).
- Datenerhebung für die Jahre 1994 bis 1999.

Methodik: Zur Durchführung der vorliegenden Studie wurden zunächst Hypothesen aufgestellt. Die Bildung von Hypothesen ist als Mittel der empirischen Forschung allgemein anerkannt. Diese Hypothesen lassen sich folgendermaßen aufzählen:

[682] Eine erheblich regional unterschiedliche Anwendung des § 45 JGG zeichnet sich deutlich in einer von Heinz durchgeführten Studie ab. Siehe dazu: Heinz, Internet-Publikation, a.a.O., Schaubild Nr. 28; ferner Ostendorf, 2000, Grdl. zu §§ 45, 47 Rdnr. 7.

1. Im LG Neuruppin ist eine insgesamt niedrigere Diversionsrate[683] als im LG Münster zu beobachten, d.h. es besteht zwischen den einzelnen Bundesländern ein Unterschied bei der Anwendung der Diversionsmöglichkeiten des Jugendstrafrechts.
2. Eine folgenlose Einstellung des Verfahrens nach § 45 Abs. 1 JGG ist im LG Münster häufiger zu verzeichnen als im LG Neuruppin.
3. Insgesamt ist zu schließen, daß die Staatsanwälte im LG Neuruppin sparsam mit der Anwendung des § 45 JGG im Gegensatz zu den Staatsanwälten im LG Münster umgehen. Im Umkehrschluß liegt die Anklagequote im Jugendstrafrecht im LG Neuruppin höher als im LG Münster.

Die aufgestellten Hypothesen waren anhand empirisch erhobener Daten zu überprüfen. Für die vorliegende Untersuchung wurde die Dokumentenanalyse als empirische Erhebungsmethode gewählt. Dabei stützt sich die in dieser Arbeit durchgeführte Untersuchung im wesentlichen auf zwei Datenquellen: Auf amtliche Statistiken, namentlich auf Daten der Staatsanwaltschaftsstatistik, und vor allem auf die Erhebung von Justizakten. Insofern war die Durchführung dieser empirisch-kriminologischen Forschung von der Genehmigung des jeweiligen Leitenden Oberstaatsanwalts beider Landgerichte abhängig. Diese wurde für die nachfolgend dargestellte Untersuchung erteilt.

1.2.2 Ergebnisse

Bevor es zu einem abschließenden Vergleich bezüglich der jugendstrafrechtlichen Einstellungspraxis zwischen dem LG Münster und LG Neuruppin kommt, scheint es angebracht, zunächst eine Analyse dieser Einstellungspraxis in beiden einzelnen Landgerichten vorzunehmen, um anschließend die ausgewerteten Daten zu vergleichen.

Hält man sich die Angaben des LG Münster vor Augen, so zeichnet sich in den letzten Jahren ein zunehmender Gebrauch der Einstellungsvorschriften des Jugendstrafrechts ab. Diese Tatsache wirkt sich notwendigerweise auf die Anzahl der Anklagen aus.[684] Betrug die Diversionsrate im Jahre 1994 in diesem Landgericht annähernd 42,5%, bezogen auf alle anklagefähigen Verfahren nach dem JGG, so stieg diese Zahl im Jahre 1999 um fast zehn Prozentpunkte auf 52,3%. Allerdings ist im letzten Berichtsjahr (1999) ein Rückgang der Diversionsrate gegenüber den beiden vorausgehenden Jahren zu verzeichnen. Dabei erreichte in diesem Landgericht die Diversionsrate im Jahre 1997 mit 57,3% ihren höchsten Wert.[685]

Bezogen auf die Diversionsmöglichkeiten nach § 45 JGG ist aus den vorliegenden statistischen Angaben des LG Münster eine äußerst überproportionale Bedeutung der staatsanwaltschaftlichen Einstellung ohne Einschaltung des Jugendrichters nach

[683] Zum Begriff der „Diversionsrate" siehe Fn. 673.

[684] Siehe Tabelle 7 im Anhang. Allerdings beziehen sich die Einstellungen nach Jugendstrafrecht in dieser Untersuchung ausschließlich auf die des § 45 JGG. Verfahrenseinstellungen durch den Jugendrichter nach § 47 JGG werden dabei nicht berücksichtigt.

[685] Siehe Schaubild I im Anhang.

§ 45 Abs. 1 und Abs. 2 JGG zu schließen. Die Einstellung des Verfahrens mit Einschaltung des Jugendrichters nach § 45 Abs. 3 JGG nimmt somit im Laufe des gesamten Zeitraums der durchgeführten Untersuchung einen vollkommen residualen Charakter innerhalb der Einstellungspraxis ein. Wurden im Jahre 1994 im LG Münster insgesamt 2.011 Verfahren nach der Vorschrift des § 45 JGG eingestellt, so erfolgte eine Entscheidung nach § 45 Abs. 1 und 2 JGG insgesamt in 2.010 Fällen. Stattdessen wurde das Verfahren nach § 45 Abs. 3 JGG lediglich in einem einzigen Fall eingestellt. Ähnliche Zahlen spiegeln sich in der Auswertung der Zahlen für das Jahr 1999 wider: Bezogen auf eine Gesamtzahl von 3.089 Einstellungen nach § 45 JGG, erfolgte eine Einstellung nach § 45 Abs. 1 und Abs. 2 JGG insgesamt in 3.080 Fällen. Demgegenüber wurde ein Verfahren nach § 45 Abs. 3 JGG lediglich in neun Fällen eingestellt.

Aus den dargestellten Angaben ist zu schließen, daß eine Beteiligung des Jugendrichters an der Verfahrenseinstellung nach § 45 JGG aus Opportunitätsgründen im LG Münster in der Mehrheit der Fälle ausbleibt.

Blickt man auf die statistischen Angaben für das gesamte Bundesgebiet hinsichtlich der Anwendung der Diversionsmöglichkeiten im Jugendstrafrecht, so bestätigt sich der nachrangige Charakter der Diversionsalternative mit Einschaltung des Jugendrichters nach § 45 Abs. 3 JGG. Diese erreichte beispielsweise im Jahre 1997 lediglich 4%, bezogen auf alle Einstellungen nach den §§ 45, 47 JGG.[686]

Hinsichtlich der Häufigkeit einer sanktionslosen Verfahrenseinstellung nach § 45 Abs. 1 JGG im LG Münster, bezogen auf alle Einstellungsvarianten des § 45 JGG, ist zunächst folgendes zu beachten: Für den Zeitraum zwischen 1994 und 1996 war eine Differenzierung der Verfahrenseinstellungen nach § 45 Abs. 1 und Abs. 2 JGG im LG Münster mangels gesonderter statistischer Erhebung seitens der Staatsanwaltschaft Münster nicht möglich. Erst ab dem Jahre 1997 erfolgt in den statistischen Angaben eine solche Differenzierung zwischen § 45 Abs. 1 und Abs. 2 JGG.

Für den Zeitraum zwischen 1997 und 1999 ist bezüglich der Diversionsvariante des § 45 Abs. 1 JGG eine beachtenswerte Entwicklung zu verzeichnen: Wurden im Jahre 1997 insgesamt 3.478 Verfahren nach § 45 Abs. 1 JGG eingestellt (das macht eine Prozentzahl von rund 99,1% aus, bezogen auf alle Einstellungen nach § 45 JGG), so ging im Jahre 1998 die Zahl der Verfahrenseinstellungen nach dieser Diversionsvariante auf 500 zurück (diese Zahl entspricht ca. 15,3% aller Einstellungen nach § 45 JGG). Diese Tatsache wirkt sich notwendigerweise in der Anwendung des § 45 Abs. 2 JGG durch den Jugendstaatsanwalt aus: Wurden im Jahre 1997 lediglich 27 Verfahren nach § 45 Abs. 2 JGG eingestellt (ca. 0,7% aller nach § 45 JGG eingestellten Verfahren), so stieg die Zahl im Jahre 1998 außerordentlich auf 2.757 (annähernd 84,4% der Entscheidungen nach § 45 JGG). Diese Trendwende bestätigt sich nach Auswertung der Daten aus dem Jahre 1999.[687]

Wendet man nun den Blick auf die statistischen Angaben des LG Neuruppin, ist Folgendes festzustellen:

---

686 Siehe Tabelle 4 im Anhang.

687 Siehe Tabelle 7 im Anhang. In diesem Zusammenhang ist – wie oben angeführt – darauf hinzuweisen, daß eine Einstellung des Verfahrens mit Einschaltung des Jugendrichters nach § 45 Abs. 3 JGG im LG Münster kaum Bedeutung hat. Beispielsweise wurde das Verfahren im Jahre 1997 lediglich in vier Fällen nach dieser Diversionsmöglichkeit erledigt. Im Jahre 1999 waren es neun Fälle.

Hinsichtlich des Gebrauchs der jugendstrafrechtlichen Einstellungsvorschriften ist den Daten der Staatsanwaltschaft Neuruppin zufolge eine einförmige Entwicklung im Laufe des untersuchten Zeitraums (1994-1999) zu verzeichnen. Betrug die Diversionsrate nach Jugendstrafrecht im Jahre 1994 im LG Neuruppin annähernd 44%, bezogen auf alle in demselben Jahr angklagefähigen Verfahren, so erreichte diese im letzten Berichtsjahr (1999) rund 46,2%, d.h. es zeichnet sich im Laufe des Zeitraums zwischen 1994 und 1999 eine Zunahme von knapp zwei Prozentpunkten ab.[688] Insoweit läßt ein Blick auf die Entwicklung der Diversionsrate im LG Neuruppin den Schluß zu, daß diese sich unter der 50%-Grenze bewegt, wobei im Jahre 1997 die höchste Diversionsrate mit fast 49% erreicht wurde. Folglich kann von einem zunehmenden Gebrauch der Einstellungsvorschriften des JGG im LG Neuruppin nicht die Rede sein.

Bezogen auf die Verfahrenseinstellungen nach § 45 JGG ist in den statistischen Angaben des LG Neuruppin auch ein äußerst überproportionaler Anteil der staatsanwaltschaftlichen Einstellung ohne Einschaltung des Jugendrichters nach § 45 Abs. 1 und Abs. 2 JGG zu verzeichnen. Die Diversionsmöglichkeit mit Einschaltung des Jugendrichters nach § 45 Abs. 3 JGG verliert im Laufe des untersuchten Zeitraumes zunehmend an Bedeutung. Wurden im Jahre 1994 im LG Neuruppin insgesamt 1.036 Verfahren nach der Vorschrift des § 45 JGG eingestellt, so erfolgte eine Entscheidung nach § 45 Abs. 1 und Abs. 2 JGG insgesamt in 850 Fällen. Das macht annähernd 82% aller Einstellungen nach § 45 JGG aus. Stattdessen wurde das Verfahren nach § 45 Abs. 3 JGG lediglich in 186 Fällen eingestellt, was nur ca. 18% aller Verfahrenseinstellungen nach § 45 JGG ausmacht.[689] Nach Auswertung der Zahlen für das Jahr 1999 wird diese Kluft in der Anwendung der verschiedenen Einstellungsvarianten des § 45 JGG noch tiefer: Bezogen auf eine Gesamtzahl von 1.909 Einstellungen nach § 45 JGG erfolgte eine Einstellung nach § 45 Abs. 1 und 2 JGG insgesamt in 1.903 Fällen. Demgegenüber wurde ein Verfahren nach § 45 Abs. 3 JGG lediglich in sechs Fällen eingestellt. In diesem Sinne sprechen die Prozentsätze beider Einstellungsvarianten eine eindeutige Sprache: Einstellungen nach § 45 Abs. 1 und 2 JGG: 99,6% aller Einstellungen nach § 45 JGG. Einstellungen nach § 45 Abs. 3 JGG: 0.3 % aller Einstellungen nach § 45 JGG.

Es kann also nach Auswertung der oben genannten Zahlen der Schluß gezogen werden, daß der Jugendrichter in den Verfahrenseinstellungen nach § 45 JGG im LG Neuruppin als sog. steinerner Gast zu konzipieren ist.

Was die Häufigkeit einer sanktionslosen Verfahrenseinstellung nach § 45 Abs. 1 JGG im LG Neuruppin anbelangt, bezogen auf alle Einstellungsvarianten des § 45 JGG, ist zunächst – wie es auch im LG Münster der Fall war – auf eine Besonderheit aufmerksam zu machen: Für den Zeitraum zwischen 1994 und 1997 ist eine Differenzierung der Verfahrenseinstellungen nach § 45 Abs. 1 und § 45 Abs. 2 JGG mangels gesonderter statistischer Erhebung seitens der Staatsanwaltschaft Neuruppin ebenfalls nicht möglich. Erst ab 1998 wird die Anzahl der Einstellungen gesondert nach den drei Diversionsalternativen des § 45 JGG erstellt.

Für den Zeitraum also zwischen 1998 und 1999, in dem – wie oben angeführt – eine Erfassung aller Einstellungsvarianten des § 45 JGG gesondert vorgenommen wird, zeichnet sich folgendes Bild ab: Im Jahre 1998 wurden insgesamt 1.858 Verfahren nach

688 Siehe Schaubild I im Anhang.
689 Siehe Tabelle 8 im Anhang.

§ 45 JGG eingestellt. Dabei erfolgte eine Einstellung nach § 45 Abs. 1 JGG in 1.443 Fällen (ca. 77,6%, bezogen auf alle Einstellungen nach § 45 JGG). Demgegenüber wurde das Verfahren nach § 45 Abs. 2 JGG lediglich in 400 Fällen eingestellt (das macht ca. 21,5% aller Einstellungen nach § 45 JGG aus).[690] Ein Blick auf die statistischen Angaben des Jahres 1999 ergibt ein ähnliches Bild: Von insgesamt 1.909 Einstellungen wurden 1.257 Fälle (65,8%) nach der Diversionsvariante des § 45 Abs. 1 JGG erledigt. Eine Einstellung nach § 45 Abs. 2 JGG erfolgte insgesamt in 646 Fällen (33,8%).[691] Es dominiert also weiterhin in besonderem Maße die sanktionslose Einstellung nach § 45 Abs. 1 JGG, wobei die zweite Einstellungsvariante nach § 45 Abs. 2 JGG etwas an Bedeutung gewinnt.

Nach der oben durchgeführten empirischen Forschung hinsichtlich der staatsanwaltschaftlichen Diversionspraxis nach § 45 JGG sowohl im LG Münster als auch im LG Neuruppin ist nun anhand der zur Verfügung stehenden statistischen Angaben auf den Problemkomplex einzugehen, ob die oben aufgestellten Hypothesen zu bestätigen oder vielmehr zu widerlegen sind.

Die erste Hypothese, die eine insgesamt niedrigere Diversionsrate im LG Neuruppin als im LG Münster prophezeite, ist weitgehend zu bestätigen. Im LG Münster ist im Laufe des untersuchten Zeitraums (1994-1999) ein zunehmender Gebrauch der Diversionsmöglichkeiten nach § 45 JGG – trotz des in den letzten zwei Berichtsjahren festzustellenden Rückgangs – zu beobachten. Ab 1996 übersteigt die Diversionsrate im LG Münster die 50%-Grenze. Im Jahre 1997 erreicht diese Diversionsrate ihre höchste Prozentzahl: 57,3%.[692] Demgegenüber kann man im LG Neuruppin nicht von einer stetigen Zunahme im Gebrauch der jugendstrafrechtlichen Diversionsmöglichkeiten sprechen. Betrug im Jahre 1994 die Diversionsrate im LG Neuruppin annähernd 44%, so ist im Jahre 1999 eine Zunahme von nur zwei Prozentpunkte festzustellen (46,2%). Innerhalb des untersuchten Zeitraums übersteigt die Diversionsrate im LG Neuruppin nicht die 50%-Grenze. Die höchste Diversionsrate erreicht dieses LG im Jahre 1998 mit 48,9%.[693]

Ob von dieser festzustellenden unterschiedlichen Diversionsrate in beiden Landgerichtsbezirken auf einen regionalen Unterschied – auf Länderebene – in der Anwendung der Diversionsmöglichkeiten nach Jugendstrafrecht zu schließen ist, kann man aus dem Vergleich zwischen lediglich je einem Landgericht der beiden Bundesländer nicht abschließend folgern.

In diesem Zusammenhang ist auf folgenden Aspekt hinzuweisen: Nach der Untersuchung von Heinz betrug die Diversionsrate[694] im Jahre 1998 in Nordrhein-

[690] Siehe Tabelle 8 im Anhang.

[691] Wie schon oben angeführt wurde, ist der Einstellungsvariante mit Einschaltung des Jugendrichters (§ 45 Abs. 3 JGG) im LG Neuruppin, den statistischen Angaben zufolge, lediglich Symbolcharakter beizumessen. Im Jahre 1998 erfolgte eine Einstellung mit Einschaltung des Richters insgesamt in 15 Fällen. Im Jahre 1999 waren es nur sechs Fälle.

[692] Siehe Schaubild I im Anhang.

[693] Siehe Schaubild I im Anhang.

[694] Die Diversionsrate ist in diesem Fall bezogen auf die Einstellungen nach den §§ 45, 47 JGG.

Westfalen 68%. Im Land Brandenburg erreichte sie hingegen 84%.[695] Nach Hamburg (91%) und Bremen (86%) erweist sich somit Brandenburg als das „diversionsfreundlichste“ Bundesland im gesamten Bundesgebiet. Diese Ergebnisse von Heinz stehen also im krassen Widerspruch zu den im Laufe dieser Untersuchung erlangten Ergebnissen.

Inzwischen ist von Wissenschaft und Praxis bestätigt worden, daß die Diskrepanzen in der Anwendung der §§ 45, 47 JGG nicht nur zwischen den Ländern, sondern auch innerhalb eines Bundeslandes zwischen den Landgerichtsbezirken bestehen können.[696] Aus diesem Grunde erscheint es in jeder Hinsicht erforderlich, eine Datenerhebung über mehrere Landgerichtsbezirke beider Bundesländer vorzunehmen, um anschließend verläßlichere Schlußfolgerungen auf Länderebene bezüglich der Diversionsrate nach § 45 JGG ziehen zu können.

Die zweite aufgestellte Hypothese ging von der Annahme aus, eine sanktionslose Einstellung des Verfahrens nach § 45 Abs. 1 JGG sei im LG Münster häufiger als im LG Neuruppin zu verzeichnen. Legt man die statistischen Angaben beider Landgerichtsbezirke für die Jahre 1998-1999 zugrunde, so ist diese zweite Hypothese grundsätzlich zu widerlegen. Im Jahre 1998 machte die sog. „Diversion to nothing“ gem. § 45 Abs. 1 JGG im LG Münster rund 15,3% aller Diversionsalternativen des § 45 JGG aus. Demgegenüber entfielen im LG Neuruppin ca. 77,6% aller Diversionsentscheidungen nach § 45 JGG auf die sanktionslose Einstellung nach § 45 Abs. 1 JGG. Diese eindeutige Diskrepanz bestätigt sich nach Auswertung der Zahlen für das Jahr 1999: Eine sanktionslose Einstellung des Verfahrens erfolgte im LG Münster in ca. 13,5% der Fälle. Hingegen machte die Diversionsalternative nach § 45 Abs. 1 JGG im LG Neuruppin rund 65,8% aller Einstellungen gem. § 45 JGG aus.

In diesem Zusammenhang ist aber auf die im LG Münster beachtliche Trendwende in der Einstellungspraxis gem. § 45 JGG aufmerksam zu machen: Erfolgte im Jahre 1997 eine Einstellung des Verfahrens nach § 45 JGG in ca. 99% der Fälle nach der ersten Diversionsalternative des § 45 Abs. 1 JGG, so sank diese Prozentzahl ein Jahr später auf lediglich 15%. Ob diese extreme Diskrepanz in der Anwendung des § 45 Abs. 1 JGG im LG Münster auf einem Wandel in der Kriminalitätsstruktur, auf der Belastung der Staatsanwaltschaften oder vielmehr auf einem Präferenzwechsel seitens der Staatsanwaltschaft in der Anwendung der Diversionsmöglichkeiten nach § 45 JGG beruht, läßt sich aus einer schlichten objektiven Auswertung der statistischen Angaben nicht schließen. Daher wäre eine ausführliche Aktenanalyse beider Berichtsjahre im LG Münster erforderlich, um etwas Licht auf diese beträchtliche Änderung in der Einstellungspraxis der Staatsanwaltschaft Münster zu bringen.

Zuletzt ist auf die dritte Hypothese einzugehen. Danach war aus den zwei zuvor aufgestellten Hypothesen zusammengenommen zu schließen, daß die Jugendstaatsanwälte im LG Neuruppin sparsamer mit der Anwendung des § 45 JGG als die Jugendstaatsanwälte des LG Münster umgingen. Wie schon oben dargelegt, liegt die Diversionsrate im LG Münster insgesamt höher als im LG Neuruppin, wobei der Unterschied in den Prozentzahlen beider Landgerichtsbezirke niedriger ausfällt (und ein

---

695 Siehe Tabelle 5 im Anhang.

696 Siehe dazu Fn. 700.

anderes Vorzeichen aufweist), als er sich aus dem Vergleich der Diversionsrate auf Länderebene herausstellt (Diversionsrate in Nordrhein-Westfalen im Jahre 1998: 68%; Diversionsrate in Brandenburg: 84%). Legt man die Prozentzahlen der letzten drei untersuchten Jahre zugrunde, so beträgt die Diversionsrate im LG Münster durchschnittlich 55,4%, im LG Neuruppin dagegen 46,9%, d.h. die Diversionsrate liegt im LG Neuruppin insgesamt 8,5 Prozentpunkte niedriger als im LG Münster.[697] Dementsprechend liegt die Anklagequote im LG Neuruppin höher als im LG Münster. Aus den oben dargelegten Zahlen ist also die oben aufgestellte Hypothese grundsätzlich zu bestätigen. Gleichwohl erscheint hier eine Anmerkung erforderlich: Obwohl eine Anwendung des § 45 JGG im LG Neuruppin nicht so oft vorkommt wie im LG Münster, kann man aus den statistischen Daten nicht von einer schlichtweg „sparsamen" Anwendung der Diversionsvorschriften des Jugendstrafrechts bzw. von einer nachweisbaren Strenge der neuruppiner Jugendstaatsanwälte sprechen.

Wenn eine Erledigung des Verfahrens im Rahmen des § 45 JGG erfolgt, erweisen sich die Jugendstaatsanwälte im LG Neuruppin diversionsfreundlicher als ihre Kollegen aus LG Münster: Eine sanktionslose Einstellung des Verfahrens nach § 45 Abs. 1 JGG erfolgte im Jahre 1999 im LG Neuruppin in ca. 65% aller nach § 45 JGG eingestellten Verfahren. Demgegenüber betrug die Prozentzahl der nach § 45 Abs. 1 JGG eingestellten Verfahren im LG Münster lediglich 13,5%, bezogen auf alle Diversionsvarianten des § 45 JGG.

1.3 Regionale Unterschiede in der Anwendung der §§ 45, 47 JGG?

Anhand der oben dargestellten statistischen Angaben konnte bestätigt werden, daß die Praxis der Jugendstrafrechtspflege in der Bundesrepublik Deutschland von den in §§ 45, 47 JGG geregelten Diversionsmöglichkeiten in zunehmendem Maße Gebrauch macht.[698]

Gleichwohl zählt zu den immer wieder betonten rechtsstaatlichen Defiziten der Einstellungsmöglichkeiten der §§ 45, 47 JGG der Umstand, daß bei der Häufigkeit der Anwendung dieser Einstellungsvorschriften beträchtliche Unterschiede zwischen den einzelnen Bundesländern bestehen. So betrug im Jahre 1998 die Diversionsrate in Bayern 57,2%, in Hamburg dagegen 91,1%.[699] Aus diesen Zahlen ist zu schießen, daß das Anklage- und Verurteilungsrisiko im Ländervergleich sehr unterschiedlich ist, was zu einer ungerechtfertigten Ungleichbehandlung unter den Minderjährigen im Jugendstrafverfahren führen könnte.

---

697 Siehe Schaubild I im Anhang.

698 Siehe dazu Tabelle 3 im Anhang. Die statistischen Angaben des LG Münster bestätigen weitgehend diese Diversionsentwicklung in der BRD. Demgegenüber lassen die Daten vom LG Neuruppin nicht auf einen zunehmenden Gebrauch der Diversionsmöglichkeiten nach Jugendstrafrecht schließen.

699 Siehe Tabelle 5 im Anhang. Ausführlich zu dieser Problematik siehe Heinz, DVJJ-Journal 3 (1998), S. 253. Dort wird ein vom Verfasser in Baden-Württemberg durchgeführtes Begleitforschungsprojekt zur Implementation der Diversions-Richtlinien Baden-Württembergs ausführlich dargestellt. Siehe auch ders., Internet-Publikation, a.a.O., Schaubild 28: Diversionsraten im Jugendstrafrecht, nach Ländern, 1998.

Diese ungleichmäßige Handhabung in der Anwendung der Diversionsmöglichkeiten des Jugendstrafrechts ist durch die oben durchgeführte empirische Forschung bezüglich der staatsanwaltschaftlichen Diversion nach § 45 JGG auf Länderebene bestätigt worden.

Wie schon oben angeführt, bestehen diese Diskrepanzen in der Anwendung der §§ 45, 47 JGG nicht nur zwischen den Ländern, sondern auch innerhalb eines Landes zwischen den einzelnen Landgerichtsbezirken.[700]

Auch diese Annahme konnte anhand der Datenerhebungen über das LG Münster und das LG Neuruppin bestätigt werden. Während im Jahre 1998 die Diversionsrate im Land Brandenburg im Durchschnitt 84% betrug, machte diese im LG Neuruppin lediglich 48,98% aller anklagefähigen Verfahren aus. Auch im LG Münster fiel die Diversionsrate im Jahre 1998 niedriger als die im gesamten Land Nordrhein-Westfalen zu verzeichnende aus.

In diesem Zusammenhang wird von der Literatur die Meinung vertreten, daß diese Diskrepanzen grundsätzlich nicht auf einer unterschiedlichen Kriminalitätsstruktur oder auf Abweichungen in den Merkmalen der Täter in den einzelnen Ländern beruhen, denn beim Vergleich homogener Tat- und Tätergruppen gehen diese Unterschiede nicht zurück. Vielmehr seien diese Diskrepanzen Ausdruck unterschiedlicher regionaler Strafpräferenzen.[701] Desweiteren spielen andere Faktoren eine entscheidende Rolle, wie z.B. die Besonderheiten des Einzelfalles, die Kriminalitätsrate eines Bundeslandes und die im Zusammenhang damit bestehende Belastung der Staatsanwaltschaften in den einzelnen Bundesländern.

Diese regionalen Unterschiede bestehen nicht nur hinsichtlich des Ausmaßes, in dem von den §§ 45, 47 JGG Gebrauch gemacht wird. Höchst regional unterschiedlich ist vor allem das Maß, in dem von entweder richterlicher Diversion (§ 47 JGG) bzw. von der Einschaltung des Jugendrichters (§ 45 Abs. 3 JGG) Gebrauch gemacht wird oder von der sog. staatsanwaltschaftlichen Diversion nach § 45 Abs. 1 und Abs. 2 JGG.[702]

Legt man in der oben durchgeführten Untersuchung die empirischen Angaben der Jahre 1998-1999 beider Landgerichtsbezirke zugrunde, so ergibt sich auch ein beträchtlicher Unterschied zwischen beiden Staatsanwaltschaften in der Anwendung der in § 45 JGG verankerten Diversionsmöglichkeiten.

---

[700] Siehe ausführlich dazu die Studie von Matheis, Diss. jur. 1991, S. 50 ff.; ferner Ludwig-Mayerhofer, in: Albrecht (Hrsg.), 1990, S. 65 ff.; auch Herbort, Ursula: Wer kommt vor das Gericht? Die Entscheidung der Staatsanwaltschaft über Anklage und Einstellung im Jugendstrafverfahren, 1992, S. 97 ff. Albrecht (Hrsg.), 1990, S. 15 hat anhand einer dreijährigen Forschung (1986-1988) der nordrhein-westfälischen Staatsanwaltschaften eine Ungleichheit der Rechtsanwendung der in § 45 JGG verankerten Diversionsmöglichkeiten bestätigt. So verbargen sich hinter der durchschnittlichen landesweiten Informalisierungsquote von knapp 75% ganz erhebliche Unterschiede in der Erledigungsstruktur der verschiedenen Staatsanwaltschaften bei bestimmten Deliktsarten. Auf der einen Seite waren Behörden zu finden, die Bagatelldiebstähle in weniger als 10% der Fälle zur Anklage brachten, so daß man von einer Informalisierungsquote von 90% sprechen konnte. Auf der anderen Seite gab es einige Staatsanwaltschaften, welche solche Delikte in etwa der Hälfte bzw. sogar über 60% der Fälle anklagten.

[701] Heinz, DVJJ-Journal 3 (1998), S. 254.

[702] Beispielsweise kamen im Jahre 1987 in Baden-Württemberg auf 100 nach Jugendstrafrecht Verurteilte 47 Verfahrenseinstellungen nach § 45 Abs. 1 und Abs. 2 JGG a.F. Demgegenüber waren in demselben Jahr in Hamburg 338 Einstellungen nach § 45 Abs. 1 und Abs. 2 JGG zu verzeichnen. Siehe dazu Heinz, in: BMJ (Hrsg.), 1989, S. 32.

Aus diesen Ausführungen ergibt sich eine ungleiche Belastung des jugendlichen Beschuldigten. Je nachdem, wo eine bestimmte Straftat begangen worden ist, kann der Jugendliche mit einer Einstellung nach § 45 Abs. 1 JGG oder hingegen mit einer Einstellung nach § 45 Abs. 3 JGG mit Einschaltung des Jugendrichters rechnen.

Wie schon oben dargelegt wurde,[703] haben alle Bundesländer – Bayern ausgenommen – sog. Diversionsrichtlinien erlassen mit dem Ziel, nicht nur zu einem stärkeren Gebrauch der §§ 45, 47 JGG beizutragen, sondern vor allem eine Vereinheitlichung der Anwendungspraxis dieser Vorschriften zu ermöglichen.[704]

2. Einstellungspraxis in Spanien

2.1 Einleitung: Die Einstellungspraxis gem. art. 15 Abs. 1 Nr. 6 bzw. art. 16 Abs. 3 LO 4/92

In Anbetracht der Tatsache, daß das Inkrafttreten des neuen spanischen Jugendstrafgesetzes (LO 5/2000) erst am 13. Januar 2001 erfolgte, ist es noch nicht möglich, über amtliche Justizstatistiken zu verfügen, die zahlenmäßig die Praxis der Staatsanwaltschaft in der Anwendung der in art. 18 (Absehen von der Verfolgung) und art. 19 (Einstellung des Verfahrens) LO 5/2000 verankerten Diversionsmöglichkeiten reflektieren.

Angesichts dessen muß sich die Analyse der Einstellungspraxis im spanischen Jugendstrafrecht auf die Vorschriften des inzwischen schon außer Kraft gesetzten LO 4/92 beschränken, namentlich der art. 15 Abs. 1 Nr. 6 bzw. art. 16 Abs. 3 LO 4/92.

Für einen Überblick über die bestehenden amtlichen Angaben im Bereich des Jugendstrafverfahrens sind in erster Linie die statistischen Daten der spanischen Generalstaatsanwaltschaft („Fiscalía General del Estado“) heranzuziehen, die im Rahmen ihres alljährlich veröffentlichten Berichts [sog. „Memoria de la Fiscalía General del Estado“ (MFGE)] erhoben werden. Diese „Memoria“ enthält die jährliche Entwicklung der sog. „kriminellen Streitigkeit“[705] in den gesamten Provinzen Spaniens. Insofern beziehen sich die dort erfaßten Daten nicht auf die in Spanien begangenen Straftaten – welche in erster Linie in den polizeilichen Statistiken erscheinen – sondern auf die in einem Gerichtsjahr eingeleiteten Ermittlungsverfahren wegen Verbrechen und Vergehen.

Bevor es zu einer Analyse dieser amtlichen Daten im Hinblick auf die Diversionspraxis im Jugendstrafverfahren kommt, soll jedoch Folgendes festgehalten werden: Die Statistiken der spanischen Generalstaatsanwaltschaft enthalten bezüglich der Einstellungspraxis im Strafverfahren gegen Minderjährige keine konkreten Angaben darüber, in welchem Umfang der Staatsanwalt von der Einstellungsmöglichkeit des art. 15

[703] Siehe dazu Abschn. 4.5 des 2. Kap.

[704] In diesem Zusammenhang hat das BVerfG in einer Cannabis-Entscheidung die Länder für verpflichtet erklärt, „für eine im wesentlichen einheitliche Einstellungspraxis der Staatsanwaltschaften zu sorgen“ [siehe BVerfGE 90, 145 (190)].

[705] Siehe zu diesem Begriff: FGE (Hrsg.): Memoria 1999, S. 29.

Abs. 1 Nr. 6 LO 4/92 Gebrauch macht bzw. inwieweit der Jugendrichter gem. art. 16 Abs. 3 LO 4/92 die Aussetzung der angeordneten Maßnahme nach erfolgtem Täter-Opfer-Ausgleich beschließt. Stattdessen beziehen sich die statistischen Angaben hinsichtlich der Einstellungsvorschriften lediglich auf diejenigen Verfahren, die entweder bei der Staatsanwaltschaft oder beim Gericht vor Beginn der Hauptverhandlung eingestellt worden sind, bezogen auf alle in demselben Jahr eingeleiteten Ermittlungsverfahren.

Dementsprechend wird in den amtlichen Angaben nicht aufgeführt, ob die Einstellung des Verfahrens entweder nach den Diversionsvorschriften des LO 4/92 erfolgt ist oder vielmehr das Bestehen eine der in den art. 637 bzw. art. 641 LECrim vorgesehenen Einstellungsgründe zur Einstellung des Verfahrens geführt hat.[706]

Unter Zugrundelegung der vorstehenden Ausführungen ist also zunächst festzuhalten, daß die im folgenden dargestellten Daten nicht abschließend Auskunft darüber geben können, inwieweit die Staatsanwaltschaft bzw. der Richter von den Einstellungsmöglichkeiten im spanischen Jugendstrafrecht nach LO 4/92 Gebrauch macht, sondern daß sie lediglich die Einstellungspraxis im Jugendstrafrecht insgesamt widerspiegeln. Ob und inwieweit die Einstellung des Verfahrens auf die Anwendung der art. 15 Abs. 1 Nr. 6 bzw. art. 16 Abs. 3 LO 4/92 zurückzuführen ist, lassen die Daten der amtlichen Statistik der Generalstaatsanwaltschaft nicht erkennen.

Im Jahre 1999 wurden in der Jugendgerichtsbarkeit insgesamt 24.869 Verfahren gegen Minderjährige zwischen 12 und unter 16 Jahren eingeleitet.[707] Dies bedeutete im Vergleich zum Jahr 1998 einen Zuwachs von 17% (1998 waren 21.304 Verfahren gegen Minderjährige eingeleitet worden). Sieht man die Entwicklung in den letzten Jahren im Bereich der Jugendgerichtsbarkeit, so ist eine stetige Zunahme der Zahl der eingeleiteten Verfahren gegen Minderjährige zu verzeichnen.[708]

Im Berichtsjahr 1999 wurde ein vor der Jugendgerichtsbarkeit eingeleitetes Verfahren insgesamt in 13.460 Fällen eingestellt. Dies macht eine Einstellungsrate von rund 54% aller dort eingeleiteten Verfahren aus. Vergleicht man diese Zahlen mit den Daten aus dem Jahre 1998, so ist eine zahlenmäßige Zunahme von annähernd 21% zu beobachten (in diesem Jahr waren 11.097 Verfahren im Bereich des Jugendstrafrechts eingestellt worden).

Bezogen auf die Einstellungen im Jahre 1999 wurden 6.271 Verfahren bei der Staatsanwaltschaft eingestellt. Eine Einstellung des Verfahrens beim Gericht erfolgte in 7.189 Fällen.

Betrachtet man nun die Entwicklung der Einstellungspraxis im Jugendstrafrecht seit 1996, so ist festzustellen, daß die Einstellungsrate, sei es bei der Staatsanwaltschaft,

[706] Nach der Zusatzbestimmung („Disposición adicional") Nr. 2 des LO 4/92 konnten die Vorschriften des spanischen Strafgesetzbuches (CP) und der spanischen Strafprozeßordnung (LECrim) zur Anwendung kommen, soweit das LO 4/92 keine Sondervorschriften enthielt. Zu den Einstellungsvorschriften der art. 637 u. art. 641 LECrim siehe Abschn. 2.1 des 3. Kap.

[707] Das war der persönliche Anwendungsbereich des Jugendstrafrechts gem. art. 9 LO 4/92.

[708] Siehe Tabelle 6 im Anhang.

sei es beim Gericht, sich zwischen 52 und 54% bewegt, wobei im Jahre 1999 ein bemerkenswerter Anstieg der Anzahl der Einstellungen zu verzeichnen ist.[709]

Hervorzuheben ist in diesem Zusammenhang die Tatsache, daß in den Jahren 1998 und 1999 eine Trendwende im Hinblick auf die im Rahmen des Jugendstrafverfahrens tätige Einstellungsinstanz zu verzeichnen ist. Hält man sich die Daten der Jahre 1996 und 1997 vor Augen, so ist festzuhalten, daß die Einstellungen bei der Staatsanwaltschaft gegenüber denen beim Gericht die Mehrzahl ausmachten. Demgegenüber hat die Zahl der Verfahrenseinstellungen beim Gericht in den letzten zwei erfaßten Jahren (1998 und 1999) die der bei der Staatsanwaltschaft erfolgten Einstellungen übertroffen.[710]

Ob die dargestellte Entwicklung bezüglich der Einstellungspraxis im Jugendstrafrecht in erster Linie darauf zurückgeführt werden kann, daß die im spanischen Jugendstrafrecht – zur Zeit der Anwendung des LO 4/92 – gesetzlich verankerten alternativen Erledigungsformen der art. 15 Abs. 1 Nr. 6 und art. 16 Abs. 3 LO 4/92 in der Praxis zunehmend zum Tragen kamen, läßt sich aus den zur Verfügung stehenden Daten nicht eindeutig feststellen.

2.2 Der gesetzliche Rahmen in Katalonien und seine Vorreiterrolle in der Behandlung Jugendlicher

Wie schon oben angeführt wurde, gliedert sich der spanische Staat in insgesamt 17 autonome Gemeinschaften.[711] Diese autonomen Gebiete genießen politische Autonomie bei der Verfolgung ihrer jeweiligen Interessen, wobei die Bestimmungen des spanischen Grundgesetzes, insbesondere die zur sog. „ausschließlichen Zuständigkeit" gehörenden Materien, stets zu beachten sind.

Das autonome Gebiet Katalonien hat nach art. 9 Nr. 28 seines Autonomiestatutes aus dem Jahre 1979[712] ausschließliche Zuständigkeit im Bereich von öffentlichen Anstalten zum Schutz von Minderjährigen, unter ständiger Berücksichtigung der zentralstaatlichen Zivil-, Straf- und Strafvollzugsgesetzgebung.[713]

Zur gesetzlichen Verwirklichung dieser vom Zentralstaat eingeräumten Zuständigkeiten wurde 1985 durch das katalanische Parlament das „Gesetz zum Schutz

[709] Siehe dazu Tabelle 6 im Anhang.

[710] Siehe dazu Tabelle 6 im Anhang.

[711] „Comunidades Autónomas" in der Terminologie des spanischen Rechts. Zu den rechtlichen Grundlagen dieser Gliederung des spanischen Staates siehe Fn. 527 u. 528.

[712] Estatut d'Autonomía de Catalunya, LO 4/1979 vom 18. Dezember (BOE Nr. 306 vom 22. Dezember; DOGC Nr. 38 vom 31.12.1979).

[713] Diese Zuständigkeit im Bereich des Schutzes von Minderjährigen wird nur ausdrücklich im Autonomiestatut des Baskenlandes, Andalusiens und, mit anderen Worten, auch Valencias vorgesehen. Die Autonomiestatuten der anderen autonomen Gebiete Spaniens regeln diese Zuständigkeit allgemein unter der Bezeichnung der sozialen Wohlfahrt, Sozialfürsorge und Entwicklung des Gemeinwohls. Siehe dazu Giménez-Salinas, in: Gencat. Dep. de Justicia (Hrsg.), La mediació penal. Justicia i Societat Nr. 19 (1999), S. 81.

der Minderjährigen" erlassen.[714] Unter Anwendung dieses Gesetzes fallen alle Jugendlichen unter 18 Jahren, die sich im Gebiet Kataloniens aufhalten.

Diesem Gesetz entsprechend übernahm das katalanische Justizministerium durch eine neu geschaffene Behörde, namentlich die „Abteilung des katalanischen Justizministeriums für die Jugendgerichtsbarkeit", die Aufgabe der Vollstreckung der von den Jugendrichtern angeordneten Maßnahmen im Rahmen des damals noch geltenden LTTM 1948.

Im Jahre 1996 wurde innerhalb des katalanischen Justizministeriums eine weitere Behörde ins Leben gerufen: Die „Abteilung für alternative strafrechtliche Maßnahmen und für die Jugendgerichtsbarkeit". Ihr wurden Zuständigkeiten im Bereich der sog. technischen Beratung für Jugendrichter und Gerichte, der Opferbetreuung und der Vollstreckung der im neuen Strafgesetzbuch 1995 sowie im Jugendstrafgesetz (LO 4/92) vorgesehenen ambulanten Maßnahmen übertragen.

Bezogen auf die Jugendgerichtsbarkeit wurden von dieser neu geschaffenen Behörde nach Inkrafttreten des LO 4/92 insbesondere Zuständigkeiten in drei Bereichen wahrgenommen: 1. Vermittlung im Rahmen eines TOA; 2. Psychosoziale Beratung der Gerichtsbehörde; 3. Vollstreckung der vom Richter angeordneten Maßnahmen.[715]

Nach Überweisung der oben genannten Kompetenzbereiche waren die Aufgaben des Jugendrichters nach den Bestimmungen des Art. 117 CE einerseits und die der autonomen Regierung Kataloniens andererseits, deutlich abgegrenzt:

- Dem Jugendrichter stand weiterhin im Rahmen seiner rechtsprechenden Tätigkeit zu, über die dem Anwendungsbereich des LO 4/92 unterworfenen Minderjährigen unter 16 Jahren Recht zu sprechen. Der Jugendrichter war also damit beauftragt, eine bestimmte Maßnahme sowie ihre Dauer zu bestimmen.
- Die autonome Regierung Kataloniens, namentlich die „Abteilung des katalanischen Ministeriums für die Jugendgerichtsbarkeit" und die ihr untergeordneten Behörden, waren für die Vollstreckung der von den Jugendrichtern angeordneten freiheitsentziehenden bzw. ambulanten Maßnahmen zuständig, wobei der Grundsatz des Schutzes sowie der Erziehung des Minderjährigen speziell zu berücksichtigen war.[716]

Nach dieser erfolgten Kompetenzzuweisung im Rahmen des Jugendstrafrechts entwickelte die autonome Regierung Kataloniens schon Anfang der 90er-Jahre eine Reihe von Programmen bzw. Projekten zur Vollstreckung der im LO 4/92 vorgesehenen ambulanten Maßnahmen sowie zur Einstellung des Verfahrens aus Opportunitätsgründen nach Art. 15 Abs. 1 Nr. 6 LO 4/92. In diesem Sinne waren u.a. Schlichtungs- bzw. Ausgleichsprogramme sowie Projekte für die Vollstreckung gemeinnütziger Arbeite oder Sozialdienste als alternative Maßnahmen geplant.[717]

---

[714] Gesetz 11/1985 vom 13. Juni (DOGC Nr. 556 vom 28.6.1985), modifiziert durch das Gesetz 12/1988 vom 21. November (DOGC Nr. 1072, anexo, vom 23.12.1988).

[715] Vgl. El modelo de Justicia Juvenil a Catalunya, Gencat. Dep. de Justícia (Hrsg.), Nr. 21 (2000), S. 19.

[716] Generalitat de Catalunya, Dep. de Justicia, 1991, S. 34 f.

[717] Funes: Mediació i Justicia Juvenil. Colecció Justicia i Societat, Nr. 12 (1994), S. 41 ff.

In diesem Zusammenhang ist die Tatsache hervorzuheben, daß das autonome Gebiet Katalonien, in Abkehr von dem Anachronismus, welcher die spanische Jugendgerichtsbarkeit Anfang der 90er-Jahre mit dem immer noch geltenden veralteten LTTM 1948 kennzeichnete, sich von Anfang an und innerhalb seines oben dargestellten Kompetenzbereiches dafür entschied, eine aktive Stellung bezüglich einer ständigen Entwicklung des Jugendstrafrechts zu übernehmen.

Als Beispiel für diese aktive Rolle Kataloniens und bezogen auf die in diesem autonomen Gebiet entwickelten ambulanten Maßnahmen innerhalb des Jugendstrafrechts ist vor allem das Täter-Opfer-Ausgleich-Programm zu erwähnen, das als alternative justizielle Maßnahme gegenüber den klassischen jugendstrafrechtlichen Maßnahmen konzipiert wurde.

Dieses TOA-Programm, das seit 1990 in Katalonien besteht, hat für die spanische Jugendgerichtsbarkeit gewissermaßen eine Vorreiterrolle gespielt.[718] Dies wird besonders deutlich, wenn man den Umstand berücksichtigt, daß dieses TOA-Programm zur Zeit seiner Implementierung in Katalonien in den damals in Spanien geltenden Gesetzestexten – darunter auch das damals noch geltende LTTM 1948 – nicht vorgesehen war. Die Mitwirkung bzw. Unterstützung der Jugendrichter für die Erprobung dieser neu konzipierten ambulanten Maßnahme war infolge dieser bestehenden Gesetzeslage in Spanien von entscheidender Bedeutung.

Erst mit der Verabschiedung des LO 4/92 fand in der Jugendgerichtsbarkeit dieses in Katalonien eingeführte Rechtsinstitut des TOA auch seinen gesetzlichen Niederschlag. Demgemäß wurde das TOA-Programm als Ausdruck des Opportunitätsprinzips verstanden, welches in art. 15 Abs. 1 Nr. 6 bzw. art. 16 Abs. 3 LO 4/92 gesetzlichen Niederschlag fand. Nach diesen Vorschriften konnte die Anregung eines TOA entweder seitens der Staatsanwaltschaft im Ermittlungsverfahren erfolgen (art. 15 Abs. 1 Nr. 6 LO 4/92), oder der Vorschlag für die Durchführung eines TOA konnte von seiten des Jugendrichters nach Urteilsfindung ausgehen (art. 16 Abs. 3 LO 4/92).

Mit der Durchführung eines im LO 4/92 geregelten Täter-Opfer-Ausgleichs wurde dem Minderjährigen die Möglichkeit eröffnet, mit der Wiedergutmachung des dem Opfer angerichteten Schadens im Rahmen dieses TOA ein förmliches Strafverfahren oder die Anordnung einer bestimmten in art. 17 LO 4/92 vorgesehen Maßnahme abzuwenden.[719]

Gegenwärtig ist in Katalonien die „Abteilung für alternative strafrechtliche Maßnahmen und für die Jugendgerichtsbarkeit" für die Durchführung des oben dargestellten TOA-Programms zuständig. Zur Auswertung der Anwendungspraxis dieses TOA als Diversionsmöglichkeit im Rahmen des LO 4/92 ist vornehmlich das in

[718] Für den Entwurf dieses TOA-Programms wurden die Empfehlungen des Ministerkomitees des Europarates [Entscheidung R(87) Nr. 20], über „die gesellschaftliche Reaktion auf Jugendkriminalität", die Beijing-Grundsätze von 1985 sowie die Kinderrechtskonvention der Vereinten Nationen aus dem Jahre 1989 berücksichtigt. Für einen Überblick über dieses TOA-Programm siehe ausführlich: Knuth, u.a., DVJJ-Journal 2 (1996), S. 166 ff.; ferner, Generalitat de Catalunya, Direcció General de Messures Penals Alternatives i de Justicia Juvenil: La mediación penal Juvenil en Catalunya, 1997 S. 28 ff.; Generalitat de Catalunya (Hrsg.): El modelo de Justicia Juvenil a Catalunya, Nr. 21 (2000), S. 25 ff.

[719] Vizcarro Masla, Justiforum, Papers d'Estudis i formació Nr. 5 (1996), S. 91.

Katalonien durchgeführte TOA-Programm in Betracht zu ziehen,[720] da es innerhalb dieses autonomen Gebietes am weitesten entwickelt ist. Aus diesem Grunde werden im folgenden nur statistische Angaben bezüglich des innerhalb dieses autonomen Gebietes durchgeführten TOA-Programms vorgestellt.

Den Daten der „Abteilung für alternative strafrechtliche Maßnahmen und für die Jugendgerichtsbarkeit" zufolge wurden im Jahre 1999 von der spanischen Staatsanwaltschaft in Anwendung des LO 4/92 insgesamt 4.080 Verfahren gegen Minderjährige unter 16 Jahren in Katalonien eingeleitet.[721] In demselben Jahr wurde in 1.055 Fällen ein TOA-Programm erfolgreich durchgeführt (im Jahre 1993 waren es lediglich 641 Fälle gewesen; 1996 insgesamt 639).[722]

Wird die Anwendungspraxis des TOA-Programms der Jahre 1993 bis 1999 berücksichtigt, so kann man aus den statistischen Angaben entnehmen, daß es in diesem Zeitraum in 42% der Fälle zur Anwendung kam, bezogen auf alle vom Jugendrichter angeordneten Maßnahmen des LO 4/92 innerhalb des autonomen Gebiets Katalonien.[723] Blickt man auf denselben Zeitraum zwischen 1993 und 1999, so stellte die Anzahl von Minderjährigen, die an diesem TOA-Programm teilgenommen hatten, annähernd 24% sämtlicher von den Jugendrichtern getroffenen Entscheidungen im Jugendstrafrecht dar.[724]

Die Deliktsfiguren, die vornehmlich zur Durchführung eines TOA-Programms führen, sind Eigentumsdelikte und Sachbeschädigung. Diese beiden Straftaten machen rund 65% aller strafbaren Handlungen aus, aufgrund deren die Anwendung eines TOA-Programms erfolgt. Blickt man nun auf das Alter der Minderjährigen, stellten die 12- und 13-jährigen Täter annähernd 21% aller dem TOA-Programm unterworfenen Minderjährigen dar. Demgegenüber macht die Altersgruppe der 14- bis unter 16-jährigen Täter ca. 79% aller Minderjährigen aus.[725]

Die Erfolgsquote des in Katalonien durchgeführten TOA-Programms liegt bei ca. 83%.[726]

All diese Daten lassen den Schluß zu, daß die Akzeptanz des TOA-Programms auf allen Ebenen der an der Jugendgerichtsbarkeit Beteiligten in Katalonien recht gut ist.

Mit der Verabschiedung des neuen LO 5/2000 vom 12. Januar „zur Regelung der strafrechtlichen Verantwortlichkeit von Minderjährigen" ist dem katalanischen Justizministerium eine – im Gegensatz zur früheren Gesetzeslage – erweiterte gesetzliche Grundlage zur Verfügung gestellt worden, um Schlichtungs- bzw. Ausgleichsprogramme nicht nur zur Vollstreckung einiger der in art. 7 LO 5/2000 vorgesehenen ambulanten

---

720 Nach Inkrafttreten des LO 4/92 wurde auch von einigen autonomen Gebieten Spaniens die Möglichkeit eines TOA als alternative Maßnahme in ihren Autonomiestatuten vorgesehen.

721 Gencat (Hrsg.): El modelo de Justícia Juvenil a Catalunya, Nr. 21 (2000), S. 85.

722 Gencat (Hrsg.), a.a.O., S. 89.

723 Gencat (Hrsg.), a.a.O., S. 90.

724 Siehe auch Gimeno/Soler, Justiforum, Papers d'Estudi i formació Nr. 8 (1997), S. 29 ff.

725 Hierbei ist erneut darauf hinzuweisen, daß der persönliche Anwendungsbereich des LO 4/92 sich auf Minderjährige zwischen 12 und unter 16 Jahren erstreckte (vgl. art. 9 LO 4/92).

726 Gimeno/Soler, Justiforum, Papers d'Estudis i formació Nr. 8 (1997), S. 42. Die hier dargelegten Angaben beziehen sich auf den Zeitraum zwischen 1993 und 1997.

Maßnahmen, sondern auch als Diversionsalternative gem. art. 18 und art. 19 LO 5/2000 durchzuführen.

Nach den Bestimmungen des art. 18 i.V.m. art. 3 LO 5/2000 kann die Durchführung eines TOA-Programms zu einem Absehen von der Verfolgung von seiten der Staatsanwaltschaft führen. Dieses TOA-Programm wird in Katalonien durch die seitens des katalanischen Justizministeriums eingeschalteten Behörden durchgeführt,[727] weil dieses autonome Gebiet – wie oben angeführt – seit 1981 die Zuständigkeiten im Bereich des Schutzes und der Vormundschaft über Minderjährige übernommen hat.

Die Regelung des art. 19 LO 5/2000, nach dem ein erfolgter Täter-Opfer-Ausgleich oder die Bereitschaft des Minderjährigen, die angerichteten Schäden wiedergutzumachen, zur Vermeidung eines förmlichen Verfahrens und somit zur Einstellung dieses Verfahrens führen kann, erweitert in jeder Hinsicht die Schlichtungs- und Ausgleichsprogramme, insbesondere das TOA-Programm, die in Katalonien seit Anfang der 90er-Jahre erfolgreich durchgeführt werden.

2.3 Regionale Unterschiede in der Anwendung des LO 4/92?

Aus den von den verschiedenen Staatsanwaltschaften der jeweiligen spanischen Provinzen erhobenen Daten ihrer Tätigkeit im Bereich der Jugendgerichtsbarkeit, die anschließend von der Generalstaatsanwaltschaft in ihrem jährlichen Bericht („Memoria") zusammengestellt werden, ist zu entnehmen, daß die Anzahl der durch die Staatsanwaltschaft eingeleiteten Verfahren nach dem LO 4/92 enorm zwischen den verschiedenen Provinzen des spanischen Staates variiert. Auch bei der Einstellung von Verfahren durch die Staatsanwaltschaften und die Gerichte sind diese Unterschiede festzustellen.[728]

Insofern könnte man auf den ersten Blick von einem beträchtlichen Unterschied zwischen den verschiedenen Staatsanwaltschaften in Spanien in der Anwendung der Einstellungsmöglichkeiten im Jugendstrafrecht ausgehen.

Hinsichtlich dieses vermeintlichen regionalen Unterschiedes in der Anwendung des LO 4/92 ist aber zunächst Folgendes festzuhalten: Ein abschließender, ja sogar ein zumindest zufriedenstellender Vergleich zwischen den verschiedenen spanischen Provinzen bezüglich der jugendstrafrechtlichen Praxis in der Anwendung der art. 15 Abs. 1 Nr. 6 bzw. art. 16 Abs. 3 LO 4/92 erweist sich in jeder Hinsicht als äußerst problematisch. Als Erklärung dieser ungünstigen Ausgangssituation bezüglich der oben genannten Anwendungspraxis im Jugendstrafrecht können folgende Gründe angegeben werden:

Zum einen betreffen die von der Generalstaatsanwaltschaft in ihrem Jahresbericht erfaßten Angaben ausschließlich die während eines sog. Kalenderjahres (d.h. vom 1. Januar bis zum 31. Dezember) eingeleiteten Jugendstrafverfahren. Demgegenüber

---

727 In diesem Fall also die „Abteilung für alternative strafrechtliche Maßnahmen und für die Jugendgerichtsbarkeit".

728 Siehe dazu FGE (Hrsg.): Memoria 1999, Anhang: Verfahren in der Jugendgerichtsbarkeit.

beziehen sich die statistischen Angaben bezüglich der eingestellten Verfahren nicht nur auf die in diesem Jahr eingeleiteten Jugendstrafverfahren, sondern können auch mit Jugendstrafverfahren in Verbindung stehen, die ein Jahr zuvor eingeleitet wurden. Dieser Umstand kann dazu führen, daß die Zahl der Einstellungen in einigen Provinzen die der eingeleiteten Verfahren übertrifft.[729]

Zum anderen könnten diese zwischen den verschiedenen Provinzen zu verzeichnenden Diskrepanzen in der Häufigkeit der Anwendung der Einstellungsvorschriften in erster Linie auf einer unterschiedlichen Kriminalitätsstruktur beruhen. Diese mögliche Erklärung kann jedoch aus der Auswertung der amtlichen Statistiken nicht bestätigt werden. So läßt sich zunächst die Anzahl der eingeleiteten Verfahren zwischen den meisten Provinzen nicht vergleichen. Beispielsweise wurden im Jahre 1999 auf den Balearen insgesamt 1.288 Verfahren gegen Minderjährige eingeleitet. In der Provinz Barcelona betrug die Anzahl der eingeleiteten Jugendstrafverfahren in demselben Jahr insgesamt 1.752.[730] Berücksichtigt man nun die Einwohnerzahl beider Provinzen, so lassen die oben genannten Zahlen keine verläßlichen Rückschlüsse aus der Jugendkriminalitätsrate dieser Provinzen ziehen: Die Provinz Barcelona hatte am 1.1.1999 insgesamt 4.706.325 Einwohner. Auf den Balearen waren zum selben Zeitpunkt 821.820 Personen amtlich angemeldet.[731]

Desweiteren ist auch die Belastung der Staatsanwaltschaften in den verschiedenen Provinzen in Betracht zu ziehen. Eine Arbeitsüberlastung der Staatsanwaltschaften könnte sich auf die Einstellungspraxis im Jugendstrafrecht auswirken.

Schließlich ist in diesem Fall der unterschiedlichen Kompetenzentwicklung in den spanischen autonomen Gebieten im Bereich des Schutzes von Minderjährigen sowie im Rahmen der Einführung von Schlichtungs- bzw. Ausgleichsprogrammen eine große Bedeutung beizumessen. Wie schon oben angeführt, haben nur Katalonien, das Baskenland, Andalusien und teilweise auch Valencia ausdrücklich in ihren Autonomiestatuten die ausschließliche Zuständigkeit im Bereich des Schutzes von Minderjährigen übernommen. Diese in Spanien zu verzeichnenden regionalen Unterschiede spiegeln sich notwendigerweise in der Auswertung der Einstellungen von Jugendstrafverfahren seitens der verschiedenen Staatsanwaltschaften wider. Dies kann zu beachtlichen Schwankungen in der Anzahl von Verfahrenseinstellungen in den verschiedenen spanischen Provinzen führen, je nachdem, ob die oben genannten Schlichtungs- oder Ausgleichsprogramme in einer bestimmten Provinz durchgeführt werden oder nicht.

---

729 Beispielsweise wurden im Jahre 1999 in der Provinz Sevilla 680 Verfahren gegen Minderjährige eröffnet. Eine Einstellung des Verfahrens erfolgte in demselben Jahr in dieser Provinz in insgesamt 730 Fällen. Siehe FGE (Hrsg.), Memoria 1999, Anhang: Verfahren in der Jugendgerichtsbarkeit.

730 Siehe dazu: FGE (Hrsg.): Memoria 1999, Anhang: Verfahren in der Jugendgerichtsbarkeit.

731 INE: Estadísticas de población 1999, Internet-Publikation: www.ine.es/inebase .

3. Fazit

In der Praxis der deutschen Jugendgerichtsbarkeit zeichnet sich in den letzten Jahren nach Auswertung der veröffentlichten Statistiken ein zunehmender Gebrauch der Einstellungsmöglichkeiten der §§ 45, 47 JGG ab. Dabei kommen innerhalb der im JGG vorgesehenen Diversionsvorschriften insbesondere die staatsanwaltschaftlichen Verfahrenseinstellungen nach § 45 Abs. 1 und Abs. 2 JGG zur Anwendung.

Einem der grundsätzlichen Ziele des 1.JGGÄndG von 1990, die Verbesserung der informellen Reaktionsmöglichkeiten von Jugendstaatsanwalt und Jugendrichter auf theoretischer und praktischer Ebene voranzutreiben, wird somit mit dieser zunehmenden Einstellungspraxis weitgehend entsprochen.

Wie schon oben dargelegt, stellt der bestehende beträchtliche Unterschied zwischen den einzelnen Bundesländern in der Anwendung der jugendstrafrechtlichen Diversionsmöglichkeiten der §§ 45, 47 JGG jedoch ein bemerkenswertes rechtsstaatliches Defizit der jugendstrafrechtlichen Praxis in Deutschland dar. Dieses Manko ist anhand der im Rahmen dieser Arbeit durchgeführten empirischen Untersuchung über zwei Landgerichtsbezirke verschiedener Bundesländer bestätigt worden.

Angesichts dieses festzustellenden regionalen Unterschieds in der Anwendung der Diversionsmöglichkeiten, welcher auch durch die bestehenden Unterschiede zwischen den Diversionsrichtlinien der einzelnen Länder begünstigt wird, erscheint es erforderlich, eine gleichmäßigere Handhabung und eine Vereinheitlichung der Kriterien für eine Anwendung der verschiedenen Diversionsalternativen des § 45 JGG im Sinne des Art. 3 GG zu schaffen. Da sich der Jugendstaatsanwalt in der Mehrheit der Fälle als sog. „Entscheidungsinstanz" im Rahmen des Diversionsverfahrens erweist, wäre es erforderlich, mittels einer gesetzlichen Grundlage auf staatsanwaltschaftlicher Ebene Hinweise und Anregungen für die Anwendung des § 45 JGG zu geben, um die angestrebte regionale Vereinheitlichung in der Anwendung der jugendstrafrechtlichen Diversionsvorschriften zu verwirklichen.

Was die Diversionspraxis in der spanischen Jugendgerichtsbarkeit anbelangt, ist Folgendes festzuhalten: Sowohl die neu verabschiedete gesetzliche Grundlage der Diversion auf gesamtstaatlicher Ebene (art. 18 und art. 19 LO 5/2000) als auch die Konkretisierung dieser auf praktischer Ebene im Bereich der autonomen Gemeinschaften, dies bezogen auf die Implementierung von Programmen – hier jedoch auf das autonome Gebiet Katalonien beschränkt – lassen aus rein theoretischer Sicht einen bescheidenen Optimismus hinsichtlich einer Zunahme der Einstellungspraxis in der Jugendstrafrechtspflege aufkommen. Es bleibt in diesem Sinne zu hoffen, daß diese Mutmaßungen sich in den zukünftigen amtlichen Statistiken widerspiegeln werden.

Aufgrund des erst jüngst erfolgten Inkrafttretens des LO 5/2000 ist es noch nicht möglich, über amtliche Justizstatistiken zu verfügen, die zahlenmäßig die Praxis der Staatsanwaltschaften in der Anwendung der art. 18 und art. 19 LO 5/2000 erfassen. Insoweit erscheint ein angemessener Zeitraum in der Anwendung des LO 5/2000 erforderlich, um nachträglich schlüssige Folgerungen bezüglich der praktischen

Anwendung der Diversionsvorschriften des Jugendstrafrechts ziehen zu können. Was den vermeintlichen regionalen Unterschied zwischen den verschiedenen Staatsanwaltschaften in der Anwendung der Diversionsvorschriften des Jugendstrafrechts angeht, ist es dringend zu empfehlen, daß sowohl die Staatsanwaltschaftsstatistik („Memoria“) als auch die Justizstatistik künftig eine besondere Datenerhebung der Einstellungen nach art. 18 bzw. art. 19 LO 5/2000 machen, um das Ausmaß der Diversionspraxis auf regionaler Ebene – auf ähnliche Weise wie dies in der Bundesrepublik erfolgt – feststellen zu können.

Die ersten Auswirkungen des neuen Jugendstrafgesetzes auf die spanische Jugendgerichtsbarkeit werden somit erst nach Erscheinen der amtlichen Statistiken für das Jahr 2001 seitens der Generalstaatsanwaltschaft im vollen Umfang sichtbar sein.

5. Kapitel: Abschließender Vergleich zwischen dem deutschen und spanischen Jugendstrafrecht bezüglich der staatsanwaltschaftlichen Diversionstätigkeit

1. Einleitung

Den Schwerpunkt dieser Arbeit stellt die staatsanwaltschaftliche Diversionstätigkeit im deutschen und spanischen Jugendstrafrecht dar.

Wie schon oben ausführlich dargestellt worden ist, haben beide Jugendstrafrechtssysteme in ihren jeweiligen Gesetzen – JGG bzw. LO 5/2000 – die Möglichkeit eines Tätigwerdens seitens des Staatsanwalts im Rahmen der Diversion in entsprechenden Vorschriften geregelt.

Die gesetzliche Grundlage der staatsanwaltschaftlichen Diversionstätigkeit weist jedoch im Vergleich beider Rechtssysteme erhebliche Unterschiede auf. Grund dafür ist zunächst in der Tatsache zu sehen, daß die Rechtsordnungen beider Länder hinsichtlich einiger Verfahrensgrundsätze voneinander abweichen. Dabei ist insbesondere auf die unterschiedliche Ausprägung des Legalitäts- bzw. Opportunitätsprinzips in beiden Rechtsordnungen aufmerksam zu machen. Ferner ist die unterschiedliche Rechtsstellung der Staatsanwaltschaft im deutschen bzw. im spanischen Verfahren zu berücksichtigen.

Nach der oben durchgeführten theoretischen und praktischen Darstellung der staatsanwaltschaftlichen Diversion im deutschen und spanischen Jugendstrafrecht sei im folgenden die Frage zu beantworten, ob, ausgehend von den jeweiligen Jugendstrafrechtssystemen, insbesondere unter Berücksichtigung der Rechtsstellung der Staatsanwaltschaft im Verfahren, das deutsche Diversionsmodell gem. § 45 JGG, einschließlich aller oder zumindest einiger der in dieser Vorschrift geregelten Diversionsalternativen, in die spanische Jugendgerichtsbarkeit eingeführt werden könnte. Bevor aber auf diesen prozessualen Aspekt eingegangen werden kann, erscheint es zunächst zur Klarstellung der Problematik erforderlich, der Frage nachzugehen, ob die im deutschen Strafprozeßrecht konzipierte Auslegung des Opportunitätsprinzips, mithin die im Strafverfahren vorgesehenen staatsanwaltschaftlichen Kompetenzen, in die spanische Rechtsordnung übertragen werden könnten.

Diese jugendstrafrechtlich strafprozessuale Diskussion erweist sich als ausschlaggebend, nicht zuletzt aufgrund des jüngsten Inkrafttretens eines neuen Gesetzes (LO 5/2000) in Spanien, welches die Zuständigkeit des Jugendstaatsanwalts im Jugendstrafverfahren auf erhebliche Weise erweitert hat.

2. Möglichkeit einer Übernahme des „deutschen Modells" in die spanische Jugendgerichtsbarkeit

2.1 Exkurs: Einführung eines Opportunitätsprinzips „de lege lata" in das spanische Strafprozeßrecht?

Ausgangspunkt der Überlegungen bezüglich der Möglichkeit einer Übertragung des deutschen Diversionsmodells auf die Diversionsvorschriften im spanischen Jugendstrafrecht (LO 5/2000) muß aber die Feststellung sein, daß das Legalitäts- und das Opportunitätsprinzip als Verfahrensgrundsätze im deutschen (StPO) und im spanischen Strafprozeßrecht (LECrim) einer recht unterschiedlichen Regelung unterliegen.[732] Dieser Umstand wirkt sich notwendigerweise auf die verfahrensrechtliche Stellung der Staatsanwaltschaft in beiden Rechtssystemen aus.

Eine unterschiedliche Ausprägung des Legalitäts- bzw. Opportunitätsprinzips spiegelt sich innerhalb der spanischen Rechtsordnung wider, je nachdem, ob die Rede vom allgemeinen Strafverfahren oder vom Jugendstrafverfahren ist.[733] Daraus folgt, daß die Rechtsstellung der Staatsanwaltschaft im spanischen Jugendstrafrecht in erheblicher Weise von der Regelung im allgemeinen Strafprozeßrecht abweicht. Nach einem Blick auf das durch das neue LO 5/2000 eingeführte Jugendstrafverfahren wird deutlich, daß das spanische Jugendstrafrecht, abweichend von den Vorschriften des allgemeinen Strafverfahrensrechts, ein sog. „gesetzlich bestimmtes" Opportunitätsprinzip eingeführt hat.[734] So wie im deutschen Jugendstrafrecht erfolgt, gestattet dieser Grundsatz der Staatsanwaltschaft, unter bestimmten zuvor im Gesetz aufgestellten Voraussetzungen, die Einstellung des Verfahrens, mit oder ohne Einschaltung des Jugendrichters, zu verfügen.

Somit besteht in Deutschland und in Spanien weitgehend ein Konsens darüber, daß der Jugendstaatsanwalt unter bestimmten Voraussetzungen von der Verfolgung der Straftat eines Jugendlichen absehen kann.

Aus den vorausgehenden Darstellungen kann eine Analyse hinsichtlich der Möglichkeit einer Übernahme des „deutschen Modells" in die spanische

---

[732] Vgl. dazu Abschn. 1.4.2 des 2. Kap (insb. Fn. 324) mit Abschn. 2.3 des 3. Kap.

[733] Vgl. dazu Abschn. 2.3 mit Abschn. 3.2 des 3. Kap.

[734] Für einen Überblick über das sog. „freie" bzw. das sog. „gesetzlich bestimmte" Opportunitätsprinzip im Strafverfahrensrecht siehe Fn. 619.

Jugendgerichtsbarkeit nicht erfolgen, ohne gleichzeitig die geltende gesetzliche Verankerung des Legalitäts- bzw. Opportunitätsprinzips im spanischen allgemeinen Strafprozeßrecht mit zu berücksichtigen. Bevor auf die eigentliche Problematik dieses Kapitels eingegangen wird, erscheint es zu einem besseren Verständnis erforderlich, unter Zugrundelegung des deutschen Strafprozeßrechtssystems ein weiteres Mal einen kurzen Überblick über die Regelung beider Verfahrensgrundsätze im spanischen Strafprozeßrecht zu vermitteln. Darüber hinaus ist der unterschiedlichen Rechtsstellung der Staatsanwaltschaft im deutschen und im spanischen Strafverfahren hinsichtlich einer staatsanwaltschaftlichen Diversionstätigkeit eine besondere Bedeutung beizumessen.

Obwohl die Strafprozeßordnung der Bundesrepublik Deutschland durch das Legalitätsprinzip gekennzeichnet ist (§§ 152 Abs. 2, 160, 163 bzw. 170 Abs. 1 StPO), ist das Opportunitätsprinzip, ausgehend von den Bestimmungen des § 152 Abs. 2 StPO, als die „Kehrseite der Medaille" konzipiert.[735] Dieser Verfahrensgrundsatz befreit die Strafverfolgungsorgane (Staatsanwaltschaft und Gericht), nach eigenem Ermessen aber nur in gesetzlich normierten Fällen und unter bestimmten aufgestellten Voraussetzungen, von der strikten Durchführung des Legalitätsprinzips. Insofern herrscht im deutschen Strafprozeßrecht ein sog. „gesetzlich bestimmtes" Opportunitätsprinzip, welches im Strafverfahren der Bundesrepublik Deutschland bekanntlich in den §§ 153 ff., 376 StPO seinen gesetzlichen Niederschlag gefunden hat. Für den Bereich des Jugendstrafrechts gelten §§ 45, 47 JGG.

Anders ist die gesetzliche Situation hinsichtlich dieser beiden Verfahrensgrundsätze in Spanien zu beurteilen. Während das Legalitätsprinzip ausdrücklich aus einigen Vorschriften der spanischen Rechtsordnung wie Art. 124 CE, art. 435 LOPJ, art. 100 bzw. art. 105 LECrim oder art. 3.4 EOMF zu entnehmen ist, findet das Opportunitätsprinzip dagegen in keiner Vorschrift eine gesetzliche Regelung. Nach art. 105 und art. 271 LECrim ist die Staatsanwaltschaft verpflichtet, bei jedem von Amts wegen zu verfolgenden Delikt die Strafverfolgung einzuleiten und nach Abschluß der Ermittlungen Anklage bei dem zuständigen Gericht zu erheben. Insoweit ist nach der geltenden Rechtslage jeder Ermessensspielraum von seiten der Justizorgane über die Opportunität der Strafverfolgung im Prinzip ausgeschlossen.

Bezüglich der Rechtsstellung der Staatsanwaltschaft im Verfahren weicht das spanische Strafprozeßrecht im mehrfacher Hinsicht von den Bestimmungen des deutschen Strafprozeßrechts ab. Während die StPO die Staatsanwaltschaft mit der Durchführung des Ermittlungsverfahrens beauftragt (vgl. § 160 ff. StPO), ist nach den Bestimmungen des LECrim im spanischen Strafverfahren der Untersuchungsrichter für die Durchführung des Ermittlungsverfahrens zuständig (vgl. art. 14 Abs. 2 LECrim). Entgegen den in der StPO der Staatsanwaltschaft eingeräumten Kompetenzen im Ermittlungsverfahren wird vom LECrim der Staatsanwaltschaft die Zuständigkeit nicht zuerkannt, das Ermittlungsverfahren zu betreiben und anschließend die Entscheidung darüber zu treffen, ob die öffentliche Klage zu erheben ist. Insoweit weist ihre

[735] Siehe Fn. 324.

Rechtsstellung im Ermittlungsverfahren einen sekundären Charakter gegenüber den Aufgaben des Untersuchungsrichters auf.[736]

Trotz des Fehlens eines Opportunitätsprinzips „de lege lata" im spanischen LECrim, mehren sich in letzter Zeit die Stimmen, die für die Einführung eines Opportunitätsprinzips in das spanische Strafprozeßrecht plädieren.[737]

Als Hauptargument für die Einführung eines Opportunitätsprinzips wird angeführt, daß das spanische Kriminaljustizsystem dadurch entlastet werden könne, indem die Justizbehörden von der Verfolgung der sog. Bagatellkriminalität befreit werden. Darüber hinaus machen die Autoren, die sich für die Einführung des Opportunitätsprinzips aussprechen, andere Faktoren für seine gesetzliche Regelung geltend, welche sich nicht ausschließlich auf sog. verfahrensökonomische Aspekte beschränken, wie z.B. das in bestimmten Fällen mangelnde Strafverfolgungsinteresse einer strafbaren Handlung, die rasche Wiedergutmachung des Schadens zugunsten des Opfers, die Beschleunigung des Verfahrens oder – unter Berücksichtigung der Stigmatisierungsthese – den Beschuldigten von der negativen Wirkung eines formellen Strafverfahrens im Falle kurzzeitiger Freiheitsstrafen zu bewahren.

Ganz im Sinne des in der deutschen StPO oder im spanischen LO 5/2000 geregelten Opportunitätsprinzips könnte in das im LECrim geregelte Strafverfahren ein sog. „gesetzlich bestimmtes" Opportunitätsprinzip eingeführt werden, kraft dem das Gesetz abschließend die Voraussetzungen formulieren würde, unter denen der Staatsanwalt bzw. das Gericht nach eigenem Ermessen auf die Strafverfolgung einer strafbaren Handlung trotz Bestehen eines hinreichenden Tatverdachts verzichten könnte.

Die Einführung dieses Verfahrensgrundsatzes in das spanische Strafprozeßrecht sollte nicht zwangsläufig zu einer grundlegenden Änderung des spanischen Strafprozeßrechtssystems führen, zumal das hier verstandene Opportunitätsprinzip als die „Kehrseite" bzw. Ausnahme des sonst im spanischen Strafverfahren geltenden Legalitätsprinzips (vgl. art. 100 und art. 105 LECrim) zu konzipieren wäre.

Legt man das deutsche Modell hinsichtlich der Einführung des Opportunitätsprinzips in das spanische Strafprozeßrecht zugrunde, so erweist sich die Tatsache, daß die spanische Staatsanwaltschaft entgegen den Bestimmungen der StPO das Monopol für die Ausübung der Strafklage nicht innehat, als wesentliches Problem. Wie schon oben angeführt, besitzt diese Behörde in Spanien kein Anklagemonopol. Vielmehr sieht das spanische Strafprozeßrecht andere Prozeßparteien vor, die neben der Staatsanwaltschaft die Strafklage ausüben können: Dies sind der Partikular-, Popular- und der Privatkläger.[738] Im Prinzip könnte die Regelung eines Opportunitätsprinzips dazu führen, allen anklagenden Prozeßparteien einen erweiterten Ermessensspielraum im Verfahren einzuräumen. Gleichwohl ist diese Möglichkeit mit den Grundgedanken des Opportunitätsprinzips nicht gleichzusetzen. Die Einführung dessen in das allgemeine spanische Strafprozeßrecht zielt in erster Linie darauf ab, nicht nur den

[736] Nach art. 306 LECrim kommt der spanischen Staatsanwaltschaft lediglich die Aufgabe der unmittelbaren Mitwirkung am Ermittlungsverfahren zu. In diesem Sinne fungiert die Staatsanwaltschaft gewissermaßen als Hilfsbeamte des Untersuchungsrichters.

[737] u.a. Gimeno Sendra, Moreno Catena oder Ruiz Vadillo.

[738] Ausführlich zu diesen Prozeßparteien siehe Abschn. 2.1 des 3. Kap.

Verfolgungszwang im Strafverfahren aufzulockern, sondern als Nebenfolge die Rechtsstellung der Staatsanwaltschaft im Verfahren zu stärken.

Als Konsequenz einer gesetzlichen Regelung des Opportunitätsprinzips im spanischen Strafprozeßrecht würde sich ein erweiterter Zuständigkeitsbereich der Staatsanwaltschaft im Strafverfahren ergeben. Somit könnte sie nach eigenem Ermessen über die Ausübung der Strafklage in einem bestimmten Straffall entscheiden, trotz Bestehens zureichender tatsächlicher Anhaltspunkte für ein strafbares Verhalten, ja sogar trotz eines hinreichenden Tatverdachts. Dies würde notwendigerweise bedeuten, daß die Rechtsstellung der anderen im spanischen Strafverfahren anklagenden Parteien erheblich geschwächt würde. In diesem Punkt ist jedoch Folgendes festzuhalten: Da das Recht des Verletzten sowie aller spanischen Bürger, im Strafverfahren als Prozeßpartei aufzutreten, mit Verfassungsrang versehen worden ist (Art. 24 Abs. 1 und Art. 125 CE), ist eine vollständige Abschaffung dieses Rechts abzulehnen. Vorstellbar wäre lediglich eine Ausübung der Strafklage von anderen anklagenden Parteien als der Staatsanwaltschaft, nur für bestimmte schwerwiegende Delikte, in denen die geschützten Rechtsgüter beispielsweise das Leben, die körperliche Unversehrtheit oder andere persönliche Werte darstellen, während die Entscheidung über die Strafverfolgung im Bagatell- bzw. mittleren Kriminalitätsbereich dagegen im Ermessen der Staatsanwaltschaft liegen würde.

Die Einführung eines „gesetzlich bestimmten" Opportunitätsprinzips in das spanische Strafverfahren könnte ferner dazu beitragen, die Befugnisse der Staatsanwaltschaft im Strafverfahren in bezug auf eine eventuelle vorzeitige Beendigung des Verfahrens ohne Urteil in besonderem Maße zu stärken. Dies könnte schließlich zu einer Einstellung des Verfahrens schon im Ermittlungsverfahren führen,[739] welche zum einen in einer „schlichten" Verfahrenseinstellung ohne Verhängung einer Sanktion im Sinne des § 153 StPO bestehen könnte, oder zum anderen mit der Erfüllung bestimmter Auflagen oder Weisungen von seiten des Beschuldigten versehen werden könnte, wie die Regelung des § 153a StPO vorsieht.

Schließlich könnte eine gesetzliche Verankerung des Opportunitätsprinzips im spanischen Strafverfahren Tür und Tor dafür öffnen, der Staatsanwaltschaft eine zentrale Position im allgemeinen Strafverfahren zuzugestehen, ganz im Sinne des deutschen Strafverfahrensrechts oder gemäß den Bestimmungen des geltenden Jugendstrafrechts im LO 5/2000.

Die Frage, ob die Staatsanwaltschaft die Zuständigkeit für die Durchführung des Ermittlungsverfahrens im spanischen Strafprozeßrecht erhalten soll, wird in Spanien schon seit längerem heftig diskutiert. Wie schon oben angeführt wurde, berufen sich die Verteidiger der gegenwärtigen Rechtslage hauptsächlich auf Art. 117 CE. Diese Verfassungsnorm weist die Funktion der Rechtsprechung ausdrücklich und ausschließlich den Richtern zu. Darunter sei auch die Durchführung des Ermittlungsverfahrens durch den Untersuchungsrichter zu verstehen. Deshalb verstoße eine mögliche Verlagerung der Ermittlungsfunktionen auf die Staatsanwaltschaft gegen die Verfassung.[740] Demgegenüber

---

[739] Abweichend von dem Rechtsinstitut der „conformidad", welches im übrigen eine Ausprägung des Opportunitätsprinzips im spanischen Strafprozeßrecht darstellt. Im Rahmen der „conformidad" erfolgt eine Einstellung des Verfahrens nicht im Ermittlungsverfahren, sondern erst im Zwischenverfahren oder sogar in der Hauptverhandlung aufgrund einer Absprache zwischen Anklagepartei und Verteidigung.

[740] So Ortells Ramos, in: CGPJ (Hrsg.), 1992, S. 236 f., zitiert nach Gómez Colomer, ZStW 112 (2000), S. 141, Fn. 22.

sprechen sich vor allem diejenigen für eine Abschaffung der Ermittlungsfunktion des Untersuchungsrichters aus, die in erster Linie das zur Zeit feststellbare mangelnde Funktionieren der spanischen Justiz anprangern. Durch die Zuweisung der Ermittlungen an den Staatsanwalt könnte die Arbeitsüberlastung der Rechtsprechungsorgane auf erhebliche Weise reduziert werden. Außerdem wird argumentiert, mit der Übertragung der Ermittlungstätigkeit im Strafverfahren vom Untersuchungsrichter auf die Staatsanwaltschaft könnte die sog. „Doppelrolle" des Richters im Ermittlungsverfahren vermieden werden. Nach geltender Rechtslage soll der Untersuchungsrichter ermitteln und gleichzeitig die Wahrung der Rechte des Beschuldigten garantieren. Um diese widersprüchliche Situation im Strafverfahren zu vermeiden, sollte die Staatsanwaltschaft die Befugnis erhalten, Straftaten zu untersuchen und die Ermittlungen zu leiten.[741] Dies sei durch die Schaffung einer bestimmten Regelung im LECrim – auf ähnlicher Weise wie die StPO in § 152 Abs. 2 i.V.m. § 160 Abs. 1 vorsieht – möglich.[742] Beim Vorliegen einer strafbaren Handlung wäre somit die Staatsanwaltschaft grundsätzlich verpflichtet, ein Ermittlungsverfahren einzuleiten und den Sachverhalt zu erforschen. Dadurch würde dem in art. 100 und art. 105 LECrim geregelten Legalitätsprinzip entsprechend Rechnung getragen. Der (Untersuchungs-)Richter wäre nur von der Staatsanwaltschaft für diejenigen Ermittlungshandlungen einzuschalten, die in die Rechte des Beschuldigten besonders massiv eingreifen, wie z.B. der Haftbefehl oder die Durchsuchung. Darüber hinaus bestünde die Tätigkeit dieses (Untersuchungs-)Richters lediglich darin, die Rechtmäßigkeit der vom Staatsanwalt im Laufe des Ermittlungsverfahrens vorgenommenen Prozeßhandlungen zu kontrollieren.

Durch die oben vorgeschlagenen Änderungen könnte in Spanien ein Strafverfahren gestaltet werden, welches von dem zur Zeit geltenden in mehrfacher Hinsicht abweichen würde. Hervorzuheben ist dabei der entscheidende Umstand, daß der Inhaber des staatlichen „ius puniendi" von den Rechtsprechungsorganen hin zur Staatsanwaltschaft verschoben würde. Damit würde der Staatsanwalt die entscheidende Rolle im Verfahren auf Kosten der Aufgaben des Richters einnehmen.

Auch wenn diese Umwandlung in der Konzeption des spanischen Strafverfahrens sowie in der Rechtsstellung der Staatsanwaltschaft dazu beitragen würde, das spanische Strafprozeßrecht dem Strafprozeßsystem der meisten kontinentaleuropäischen Länder näher zu bringen, erscheint in diesem Punkt ein prozessualer Aspekt von Bedeutung. Wie die Mehrheit der spanischen Lehre vertritt, ist die Staatsanwaltschaft in Spanien der Exekutive zuzuordnen.[743] Insofern ist diese Behörde nicht in der rechtsprechenden Gewalt integriert, oder – wie die h.M. für die deutsche Staatsanwaltschaft vertritt – als selbständiges Organ der Rechtspflege zugerechnet.[744] Dieser Umstand könnte zu einem Verstoß gegen Art. 117 Abs. 3 CE i.V.m. Art. 25 CE führen, wonach die Ausübung der rechtsprechenden Gewalt in allen Arten von Verfahren ausschließlich den durch die

[741] So Gómez Colomer, ZStW 112 (2000), S. 142. Ferner siehe Fn. 585.

[742] Wie schon oben angeführt, wurde durch das LO 7/1988 vom 28. Dezember das abgekürzte Verfahren in die spanische Strafgerichtsbarkeit eingeführt. In dieser Verfahrensart wurde der Kompetenzbereich der Staatsanwaltschaft auf begrenzter Weise erweitert. Danach kann nach dem neu eingeführten art. 785bis LECrim die Staatsanwaltschaft im Bereich des abgekürzten Verfahrens eine begrenzte Ermittlungstätigkeit durchführen.

[743] Siehe Fn. 566. Nach art. 29 Abs. 1 EOMF wird der Generalstaatsanwalt in Spanien auf Vorschlag der Regierung vom König ernannt. Die Exekutive übt also eine direkte Kontrolle über den Generalstaatsanwalt aus, der seinerseits auch die ihm unterstellten Staatsanwälte kontrolliert.

[744] Siehe Fn. 332.

Gesetze vorgesehenen Gerichten obliegt. Um diese direkte Kontrolle der Regierung über die Staatsanwaltschaft, deren höchste Vorgesetzter der Generalstaatsanwalt darstellt, zu vermeiden, sollte die Zuordnung der Staatsanwaltschaft zur Exekutive aufgehoben werden. Vielmehr sei diese Behörde als ein Organ der Rechtspflege mit einer sog. „Autonomie im Handeln" – so wie art. 2.1 EOMF vorsieht – anzusehen.

Wie aus den oben dargelegten Ausführungen zu schließen ist, würde die Einführung des Opportunitätsprinzips in Spanien konsequenterweise eine Zerlegung des im LECrim geltenden Strafprozeßrechts zur Folge haben.

2.2 Die Übernahme der deutschen jugendstrafrechtlichen Diversionsvorschriften in die spanische Jugendgerichtsbarkeit

Die gesetzliche Lage bezüglich des Opportunitätsprinzips im spanischen Jugendstrafrecht ist seit Verabschiedung des inzwischen schon aufgehobenen LO 4/92 anders als im allgemeinen Strafverfahren zu beurteilen.

Wie schon oben dargestellt worden ist, hat sich in Spanien das Jugendstrafrecht als Vorreiter wie auch als Experimentierfeld für die Erprobung neuer Alternativen zum klassischen materiellen wie formellen Strafrechtssystem erwiesen. Gegenüber dem Legalitätsprinzip, welches die absolute Vorherrschaft als Verfahrensgrundsatz im LECrim genießt (art. 100 und art. 105), hat das LO 5/2000 durch die Einführung eines sog. „gesetzlich bestimmten" Opportunitätsprinzips eine Neuerung des Jugendstrafverfahrens gegenüber dem klassischen allgemeinen Strafverfahren hervorgebracht. Damit wird die Möglichkeit für die Staatsanwaltschaft[745] vorgesehen, in bestimmten Fällen von der Einleitung eines Verfahrens abzusehen oder ein schon eingeleitetes Verfahren nach erfolgtem Ausgleich oder nach einer Wiedergutmachungsleistung seitens des Beschuldigten einzustellen (vgl. art. 18 und art. 19 LO 5/2000, die die Diversionsvorschriften im spanischen Jugendstrafrecht darstellen). Daraus folgt, daß das Jugendstrafverfahren in Spanien, so wie auch in den meisten europäischen Gesetzgebungen, als ein empirischer „Vorschuß" gegenüber anderen Prozeßordnungen anzusehen ist. Damit ist gemeint, daß dieses Jugendstrafverfahren den Weg für eine zukünftige grundlegende Reform des LECrim hinsichtlich der Einführung des Opportunitätsprinzips, sowie die Rechtsstellung der Staatsanwaltschaft im Verfahren ebnen kann.

Nach der oben ausführlich durchgeführten Analyse der Diversionsmöglichkeiten, die das deutsche wie das spanische Jugendstrafrecht in ihren jeweiligen Gesetzen (JGG 1953 bzw. LO 5/2000) regeln und auf der Grundlage des Opportunitätsprinzips sowohl im Rahmen des deutschen als auch des spanischen Jugendstrafverfahrens, welches der Staatsanwaltschaft einen erweiterten Ermessensspielraum einräumt, geht es in diesem Abschnitt darum, die Möglichkeit in Erwägung zu ziehen, das deutsche Diversionsmodell, welches seit Inkrafttreten des JGG 1953 in den §§ 45, 47 seinen gesetzlichen Niederschlag gefunden hat, in die spanische Jugendgerichtsbarkeit zu übernehmen.

---

745 Nach art. 6, art. 16 u. art. 23 LO 5/2000 ist der Jugendstaatsanwalt mit der Durchführung des Ermittlungsverfahrens im Jugendstrafrecht beauftragt. Siehe dazu Abschn. 3.1 des 3. Kap.

Von den beiden im JGG geregelten Diversionsvorschriften erscheint für die folgende Analyse insbesondere die Regelung des § 45 JGG von Bedeutung, da diese eine der wesentlichen Grundlagen der Diversion im Jugendstrafverfahren darstellt. Dabei ist einerseits die Tatsache zu berücksichtigen, daß die Regelung des § 45 JGG seit 1953 Anwendung gefunden hat, wobei die bisher durchgeführten empirischen Forschungen bezüglich ihrer Normanwendungspraxis wichtige Informationen über ihre Effektivität vermitteln können. Andererseits gestattet § 45 JGG der Staatsanwaltschaft eine erweiterte Diversionstätigkeit als es in den art. 18 und art. 19 LO 5/2000 der Fall ist. Daraus läßt sich zweifelsohne eine mögliche Ergänzung der spanischen Diversionsvorschriften ableiten.

§ 45 JGG regelt die verschiedenen Alternativen der staatsanwaltschaftlichen Diversion im deutschen Jugendstrafrecht. Im jugendstrafrechtlichen Ermittlungsverfahren spielt § 45 JGG eine wichtige Rolle, wie die empirischen Daten bezüglich seiner praktischen Anwendung zeigen.[746]

Wie schon oben dargelegt wurde, sind die Diversionsvorschriften des neuen spanischen LO 5/2000 seit dem 13. Januar 2001 in Kraft. Eine empirische Analyse bezüglich ihrer praktischen Anwendung von seiten der Strafverfolgungsbehörde kann aus zeitlichen Gründen noch nicht erfolgen. Aus theoretischer Sicht kann aber nach dem Wortlaut der art. 18 und art. 19 LO 5/2000 festgehalten werden, daß diese Diversionsvorschriften im Prinzip eine zufriedenstellende staatsanwaltschaftliche Diversionstätigkeit im Jugendstrafverfahren ermöglichen. Beide Vorschriften stellen eine gesetzliche, speziell für das Verfahren gegen Jugendliche geschaffene Ausprägung des Opportunitätsprinzips im spanischen Jugendstrafrecht dar.

Vergleicht man aber die Diversionsvorschriften des spanischen Jugendstrafrechts (art. 18 und art. 19 LO 5/2000) mit der Vorschrift des § 45 JGG, so sind in letzterer einige Aspekte zu finden, die im spanischen Jugendstrafrecht eine sinnvolle Anwendung finden würden.

Was die gesetzlichen Rahmenbedingungen für die Anwendung von Diversionsmöglichkeiten im Jugendstrafrecht anbelangt, ist zunächst festzuhalten, daß sich die Rechtssysteme von Deutschland und Spanien grundsätzlich auf dieselben Verfahrensgrundsätze stützen:

Dem Legalitätsprinzip zufolge sind die Diversionsvoraussetzungen gesetzlich geregelt. Im deutschen Jugendstrafrecht sind – wie gezeigt – die §§ 45 und 47 JGG zu beachten. Im spanischen Jugendstrafrecht stellen die art. 18 und art. 19 LO 5/2000 die Diversionsvorschriften dar. Diese erlauben trotz Bestehen allgemeiner Prozeßvoraussetzungen, strafrechtlicher Verantwortlichkeit sowie hinreichenden Tatverdachts des Beschuldigten den Abbruch eines formellen Strafverfahrens.

Die Durchführung einer Diversionsmaßnahme kann ausschließlich durch den Jugendstaatsanwalt oder den Jugendrichter getroffen werden. Man unterscheidet also zwischen der Diversion auf Staatsanwaltschafts- und der auf Gerichtsebene. Gleichwohl gewähren sowohl das deutsche JGG als auch das spanische LO 5/2000 dem Staatsanwalt einen weitreichenden Ermessensspielraum für das Absehen von der Verfolgung oder für

746 Siehe Tabelle 3 im Anhang.

die Einstellung eines eingeleiteten Verfahrens. Hingegen spielt die Figur des Jugendrichters in beiden Jugendstrafrechtssystemen eine äußerst untergeordnete Rolle.

Hinsichtlich der oben aufgeworfenen Übertragungsmöglichkeit der deutschen Diversionsvorschriften in die spanische Jugendgerichtsbarkeit erscheint zunächst ein Vergleich des § 45 JGG mit art. 18 LO 5/2000 erforderlich.

Wie schon oben angeführt, regelt § 45 Abs. 1 JGG die sog. „Diversion to nothing".[747] Danach kann der Staatsanwalt ohne Zustimmung des Jugendrichters von der Verfolgung bei geringfügigen Straftaten absehen, ohne gleichzeitig gegen den Beschuldigten eine Sanktion bzw. eine erzieherische Maßnahme anzuordnen. Gerade im Jugendstrafverfahren kommt diese Diversionsvariante in Betracht, wenn es sich um Bagatellstraftaten des Jugendlichen handelt, die im wesentlichen keiner strafrechtlichen Reaktion bedürfen. Somit wird den Vorstellungen des Gesetzgebers des 1.JGGÄndG von 1990 für die Vorrangstellung des § 45 Abs. 1 JGG innerhalb der in § 45 JGG geregelten Einstellungsvorschriften entsprochen. Nach Ansicht des Gesetzgebers erscheint eine Anwendung des § 45 Abs. 1 JGG sachgerecht, wenn es sich um eine jugendtypische Verfehlung mit geringem Schuldgehalt und geringen Auswirkungen der Straftat handelt, die über die bereits von der Tatentdeckung und dem Ermittlungsverfahren ausgehenden Wirkungen hinaus keine weiteren erzieherischen Maßnahmen erfordert.[748]

Die Vorschrift des art. 18 LO 5/2000 regelt den sog. „Verzicht auf die Einleitung des Verfahrens".[749] Danach kann der Jugendstaatsanwalt das Absehen von der Verfolgung selbst, d.h. ohne Zustimmung des Jugendrichters beschließen und auf jegliche formelle Intervention verzichten. In einem solchen Fall wird die Staatsanwaltschaft die Akten an die dazu zuständige öffentliche Stelle zum Schutz der Minderjährigen überstellen. Diese hat anschießend eine sog. Maßnahme zum Schutz des Minderjährigen anzuordnen.

Wie aus dieser Diversionsvorschrift zu entnehmen ist, wird das Absehen von der Verfolgung in jedem Fall mit der Einleitung einer Maßnahme schützenden Charakters verbunden. Eine sog. „Diversion to nothing" i.S.d. § 45 Abs. 1 JGG, d.h. ohne Anordnung jeglicher Maßnahmen, wird nicht vorgesehen, obwohl die begangene Straftat des Minderjährigen in bestimmten Fällen einen durchaus bagatellhaften Charakter aufweisen kann.

Aus der Regelung des art. 18 LO 5/2000 wird der Eindruck erweckt, daß der spanische Gesetzgeber die Fälle, in denen die Staatsanwaltschaft aufgrund des Opportunitätsprinzips die Entscheidung trifft, gegen einen Minderjährigen ein Ermittlungsverfahren trotz der Begehung einer Straftat nicht einzuleiten, ohnehin mit einer (erzieherischen) Intervention verknüpft.[750]

Ausgehend von dem in den meisten Fällen nachweisbaren bagatellhaften sowie episodenhaften Charakter der Jugendkriminalität einerseits und unter Berücksichtigung der möglichen Stigmatisierungseffekte andererseits, welche die Anordnung von

---

[747] Siehe dazu Abschn. 5 des 2. Kap.
[748] RegE 1.JGGÄndG (BT-Drucks. 11/5829), S. 23.
[749] Siehe dazu Abschn. 4.4.2.2 des 3. Kap.
[750] Landrove Díaz, 2001, S. 287, Ornosa Fernández, 2001, S. 246.

bestimmten Maßnahmen von seiten der Justiz- oder Verwaltungsbehörde in der Person des Minderjährigen hervorrufen kann, sei die Möglichkeit der Übernahme einer sog. „Diversion to nothing" i.S.d. § 45 Abs. 1 JGG in die Diversionsvorschrift des art. 18 LO 5/2000 in Betracht zu ziehen. Danach sollte die Anordnung einer erzieherischen Maßnahme ganz unterbleiben, wenn allein die Straftat des Minderjährigen einen bagatellhaften Charakter aufweist.

Um Klarheit über die Anwendung einer solchen Diversionsvariante seitens des Staatsanwaltes zu verschaffen, wäre es sinnvoll, die Möglichkeit dieser „Diversion to nothing" im Gesetz auf die Deliktskategorie zu beschränken, die das spanische „Código Penal" von 1995 in art. 13.3 als Vergehen („faltas") einstuft.

In erster Linie sollte eine solche Diversionsmöglichkeit bei Ersttätern erfolgen, wobei auch im Wiederholungsfall von einer schlichten Verfolgung abgesehen werden könnte, insbesondere wenn der Minderjährige über lange Zeit nicht auffällig geworden ist oder wenn die frühere Straftat im Hinblick auf das geschützte Rechtsgut oder die Art der Tatbegehung mit der Straftat, die Gegenstand der Ermittlungen ist, nicht vergleichbar ist.

Erst wenn die vom Minderjährigen begangene Straftat als ein mittelschweres Delikt i.S.d. art. 13.2 CP 1995 einzustufen ist oder wenn sich aus der Begehung einer strafbaren Handlung eine sog. „Risikosituation" des Minderjährigen ergibt, die eine Anordnung von einer Maßnahme schützenden Charakters ohnehin erforderlich macht, ist die Anwendung des geltenden art. 18 LO 5/2000 in Betracht zu ziehen.

Vergleicht man nun art. 19 LO 5/2000 mit § 45 Abs. 2 und Abs. 3 JGG, so wird ein Aspekt ersichtlich, der in der Vorschrift des spanischen LO 5/2000 Anwendung finden könnte, um ihre praktische Anwendung erheblich zu erweitern.

Nach § 45 Abs. 2 JGG kann der Staatsanwalt die Einstellung des Verfahrens weiterhin ohne Beteiligung des Richters verfügen, wenn eine erzieherische Maßnahme durchgeführt oder eingeleitet worden ist. Somit handelt es sich hierbei nicht mehr um eine sog. „Diversion to nothing", sondern vielmehr um eine sog. „Diversion by intervention".[751] Schließlich bestimmt § 45 Abs. 3 JGG die Möglichkeit einer staatsanwaltschaftlichen Diversion im Jugendstrafrecht, diesmal aber mit Einschaltung des Jugendrichters und unter Anregung einer der in Abs. 3 abschließend erwähnten Sanktionen seitens des Staatsanwaltes.[752]

Nach herrschender Meinung können diese beiden Diversionsalternativen, abweichend von § 45 Abs. 1 JGG, bei jedem Delikt, d.h. auch bei Verbrechen, in Betracht kommen.[753] Es wird dabei argumentiert, diese Diversionsvorschriften, insbesondere die des Abs. 3, verleihen mitunter die Befugnis, bestimmte belastende Reaktionen gegen den Jugendlichen ohne Durchführung einer gerichtlichen Verhandlung und ein anschließend rechtskräftiges Urteil anzuordnen. Aus diesem Grunde erscheine die Ausdehnung ihrer Anwendbarkeit auch auf Verbrechen erforderlich.

---

[751] Siehe Abschn. 6 des 2. Kap.

[752] Siehe Abschn. 7 des 2. Kap.

[753] Brunner/Dölling, 1996, § 45 Rdnr. 18; Diemer, in: DSS, 1999, § 45 Rdnr. 13 bzw. Rdnr. 18; Eisenberg, 2000, § 45 Rdnr. 19; Ostendorf, 2000, § 45 Rdnr. 11; Rzepka, in: Nix, 1994, § 45 Rdnr. 20 bzw. Rdnr. 39.

Wirft man nun einen Blick auf art. 19 LO 5/2000, so ist Folgendes festzuhalten: Nach dieser Diversionsvorschrift kann die Staatsanwaltschaft das Verfahren einstellen, wenn der Minderjährige einen Ausgleich mit dem Geschädigten vereinbart hat, wenn er sich verpflichtet hat, den durch die begangene Straftat angerichteten Schaden wiedergutzumachen oder der von dem technischen Team vorgeschlagenen erzieherischen Tätigkeit nachzukommen.[754] Wie art. 19 Abs. 1 S. 2 LO 5/2000 vorsieht, kann eine Einstellung des Verfahrens nach dieser Diversionsvorschrift nur erfolgen, „wenn die dem Minderjährigen vorgeworfene strafbare Handlung als ein weniger schweres Verbrechen oder als ein Vergehen eingestuft werden kann". Dementsprechend erstreckt sich die Anwendung des art. 19 LO 5/2000 auf dieselben Fallkonstellationen wie die des art. 18 LO 5/2000, obwohl die Maßnahmen, die gem. art. 19 LO 5/2000 im Rahmen der Diversion zur Anwendung kommen, einen eindeutig eingriffsintensiveren Charakter als die Schutzmaßnahmen des art. 18 LO 5/2000 aufweisen. Mit beiden Vorschriften wird also der gesamte Bereich der leichten und mittleren Jugendkriminalität abgedeckt.

Um der praktischen Anwendung des art. 19 LO 5/2000 willen, würde es als sinnvoll erscheinen, seine Anwendbarkeit aufgrund der Intensität mancher der nach dieser Diversionsvorschrift zur Anwendung kommenden Maßnahmen, auch auf Verbrechen im Sinne des § 45 Abs. 2 und Abs. 3 JGG auszuweiten. Um rechtsstaatliche Bedenken hinsichtlich einer möglichen Kompetenzverlagerung auf die Figur des Staatsanwalts auszuräumen, ist Folgendes zu beachten: Obwohl die Kompetenz zur Einstellung gem. art. 19 LO 5/2000 weiterhin allein dem Jugendstaatsanwalt zusteht, ist der Jugendrichter gem. art. 19 Abs. 4 LO 5/2000 nach einem durchgeführten Ausgleich, einer Wiedergutmachungsleistung bzw. einer erzieherischen Tätigkeit des Minderjährigen einzuschalten, damit er die endgültige Einstellung des Verfahrens verfügt. Diesbezüglich kann man im Prinzip Parallelen zwischen art. 19 LO 5/2000 und der Einstellungsvariante des § 45 Abs. 3 JGG ziehen.[755]

Zum Schluß ist in diesem Abschnitt auf die Problematik des Geständnisses als formelle Voraussetzung für das Einschreiten bestimmter Diversionsalternativen einzugehen. Die Lösung dieser Problematik im deutschen Jugendstrafrecht bezüglich der Einstellungsmöglichkeit nach § 45 Abs. 3 JGG bleibt noch offen, während der spanische Gesetzgeber eine solche Voraussetzung in den neuen Diversionsvorschriften des LO 5/2000 nicht aufgestellt hat.

In der Tat wird in den Diversionsvorschriften der art. 18 und art. 19 LO 5/2000 kein Geständnis von seiten des Minderjährigen gefordert. Lediglich spricht art. 19 Abs. 2 LO 5/2000 von einer sog. „Anerkennung" des angerichteten Schadens seitens des Minderjährigen. Infolgedessen erfolgt nach dieser Diversionsmöglichkeit kein Schuldspruch. Vielmehr bleibt die Schuldfrage offen, was dazu führt, daß das Prinzip der Unschuldsvermutung (vgl. Art. 24 Abs. 2 CE) unberührt bleibt.

Stattdessen sieht § 45 Abs. 3 JGG ein Geständnis des Beschuldigten als formelle Voraussetzung für eine Einstellung des Verfahrens vor. Nach dem Willen des

---

[754] Siehe Abschn. 4.4.2.3 des 3. Kap.

[755] Gleichwohl wird nach dem Wortlaut beider Vorschriften ein Unterschied offenkundig: Während gem. § 45 Abs. 3 JGG der Staatsanwalt eine der dort angeführten Maßnahmen vor ihrer eigentlichen Durchführung bei dem Jugendrichter anzuregen hat, wird gem. art. 19 LO 5/2000 der Jugendrichter erst nach Durchführung einer der in dieser Vorschrift angeführten Maßnahmen eingeschaltet, damit er die endgültige Einstellung des Verfahrens bestimmt.

Gesetzgebers kommt diesem Geständniserfordernis eine verfahrenssichernde Aufgabe zu. Gleichwohl ist diese Geständnisvoraussetzung in den letzten Jahren von dem überwiegenden Teil der Literatur scharf kritisiert worden.[756] Dabei wird argumentiert, die Geständnisbereitschaft Jugendlicher sei besonders hoch, wobei falsche Geständnisse nicht auszuschließen sind. Darüber hinaus sei ein Geständnis des Jugendlichen verfassungswidrig, weil es gegen die Unschuldsvermutung (vgl. Art. 6 Abs. 2 EMRK) verstoße. Ferner ist die Tatsache zu beachten, daß das Geständnis niemals den Tatnachweis ersetzen kann. Aus den angeführten Bedenken werden immer wieder Stimmen im deutschen Schrifttum laut, die eine vollständige Streichung dieser Geständnisvoraussetzung nach § 45 Abs. 3 JGG fordern.

Unter Hinweis auf art. 19 LO 5/2000 könnte das in § 45 Abs. 3 JGG verlangte Geständnis durch eine schlichte „Anerkennung" seitens des Jugendlichen entweder der begangenen Tat oder der angerichteten Schäden ersetzt werden. Diese „Anerkennung" würde keine Schuldfeststellung nach sich ziehen. Damit würden die oben angeführten rechtsstaatlichen Bedenken ausbleiben.

6. Kapitel: Schlußfolgerungen

Das wesentliche Ziel dieser Arbeit war es, Möglichkeiten der Diversion im deutschen und im spanischen Jugendstrafrecht aufzuzeigen. Als Ausgangspunkt der voranstehenden Studie ist ein Überblick über die Konzeption und Entwicklung der Jugendkriminalität und des Jugendstrafrechts in Deutschland und in Spanien vermittelt worden. Im Anschluß daran ist eine ausführliche Analyse der staatsanwaltschaftlichen Diversion im deutschen und spanischen Jugendstrafrecht auf theoretischer und praktischer Ebene durchgeführt worden. Schließlich ist der Frage nachgegangen worden, ob die deutschen Diversionsvorschriften, entweder in ihrer Gesamtheit oder beschränkt auf einzelne Elemente, in das spanische Jugendstrafrecht übertragen werden können.

Wie im Laufe dieser Studie gezeigt worden ist, wird heutzutage die Jugendkriminalität sowohl in Deutschland als auch in Spanien entsprechend dem internationalen Trend als ein wachsendes soziales Problem angesehen. Gegenwärtig läßt sich aus den polizeilichen Statistiken in den meisten europäischen Ländern ein Anstieg der Jugendkriminalität entnehmen.

Hält man sich die Daten der PKS vor Augen, ist im Jahre 2000 in Deutschland ein Rückgang der Kriminalität bei den Kindern unter 14 Jahren und bei den Jugendlichen zwischen 14 und 17 Jahren zu verzeichnen. Demgegenüber zeichnet sich ein weiterer Anstieg der Kriminalität bei der Gruppe der 18- bis 20-jährigen Heranwachsenden ab. Bezogen auf die Jugendkriminalität in Spanien, ist auch dort im Jahre 2000 ein Rückgang der Kriminalität der Kinder unter 14 Jahren festzustellen. Hingegen ist die Kriminalität

[756] Siehe Fn. 468.

der Jugendlichen zwischen 14 und unter 16 Jahren, und insbesondere die der Gruppe der 16- bis 17-jährigen weiter gestiegen.

Anlaß zur Sorge bereitet vor allem die zu verzeichnende Gewaltbereitschaft mancher Jugendlicher, die sich insbesondere in einigen von den Massenmedien dargestellten isolierten, spektakulären Fällen widerspiegelt, was zwangsläufig zu einer Wahrnehmung von seiten der Bevölkerung hinsichtlich eines bedrohlichen Anstiegs der Jugendkriminalität führt. Gleichwohl ist aus den Daten der polizeilichen Statistiken zu entnehmen, daß es sich bei den von Jugendlichen begangenen Straftaten meist um kleinere, wenig spektakuläre Ereignisse handelt. Die Jugendkriminalität wird international zahlenmäßig mehrheitlich von den Eigentumsdelikten bestimmt. Bezüglich der Gewaltkriminalität ist nachgewiesen worden, daß diese bei Kindern und Jugendlichen einen geringen Anteil an der gesamten Kriminalität ausmacht. Daraus kann der Schluß gezogen werden, daß die Gewaltdelikte vornehmlich eine Domäne der Erwachsenenkriminalität darstellen.

Angesichts der in den letzten Jahren insgesamt nachweisbaren Zunahme der Jugendkriminalität sowie angesichts der beachtlichen Schwere mancher ihrer Erscheinungsformen, wird in der Bundesrepublik Deutschland und in Spanien eine Verschärfung des Jugendstrafrechts gefordert. Damit soll nach Möglichkeit eine bessere strafrechtliche Bekämpfung der Jugendkriminalität erfolgen. Desweiteren soll ein besserer Schutz der Gesellschaft vor diesen „kriminellen Jugendlichen" gewährleistet werden.

Nach der hier vertretenen Auffassung sind die oben dargestellten Forderungen nach einer Verschärfung des Jugendstrafrechts abzulehnen. Unter Berücksichtigung der Merkmale, die den überwiegenden Teil der Jugendkriminalität kennzeichnen, insbesondere ihrer entwicklungsbedingten Erscheinung und ihrer in den meisten Fällen auftretenden anschließenden Spontanremission, ist zu schließen, daß grundsätzlich kein Anlaß für eine Dramatisierung der Jugendkriminalität besteht. Jugendkriminalität bedeutet in aller Regel nicht den ersten Schritt in eine kriminelle Karriere.

Bei der Jugendkriminalität handelt es sich überwiegend um ein soziales Phänomen, das in erster Linie sozial gelöst und nicht ausschließlich mit strafrechtlichen Mitteln bekämpft werden sollte. Dabei sind zuerst die nötigen Voraussetzungen zu schaffen, um angemessen auf Symptome und Ursachen der Jugendkriminalität reagieren zu können. Dazu gehören u.a. die Beschaffung von Arbeit, Freizeitmöglichkeiten sowie umfassendere Ausbildungsmöglichkeiten für Jugendliche, um den durch die städtische Umgebung hervorgerufenen Risikogelegenheiten möglichst entgegenzutreten.

Aus der Analyse des deutschen und des spanischen Jugendstrafrechts geht hervor, daß der Erziehungsgedanke als Leitprinzip der Jugendgerichtsbarkeit zu konzipieren ist. Diese Erziehungskonzeption spiegelt sich sowohl im Rechtsfolgensystem als auch in der Ausgestaltung des Jugendstrafverfahrens wider. Abweichend von den Strafzwecken des allgemeinen Strafrechts beider Länder, steht im Jugendstrafrecht als Ziel sämtlicher zur Anwendung kommender Sanktionen die Spezialprävention im Sinne der Unterbindung weiterer krimineller Handlungen vom Jugendlichen (Legalbewährung) im Vordergrund.

Angesichts der Tatsache, daß das JGG sowie das LO 5/2000 in ihren jeweiligen Bestimmungen weitgehend auf die Festsetzung eines ausdrücklichen Zieles für die

Anwendung des Jugendstrafrechts verzichten, wäre es empfehlenswert, den Wortlaut des § 5 Nr. 1 des österreichischen Jugendgerichtsgesetzes zugrunde zu legen und dementsprechend eine Vorschrift in ihre jeweiligen Gesetze einzuführen, aus der ausdrücklich und unmißverständlich das Ziel des Jugendstrafrechts entnommen werden kann.

Aufgrund des in letzter Zeit festzustellenden Anstiegs der Jugendkriminalität sowie der Gewaltbereitschaft mancher Jugendlicher werden immer wieder Stimmen in der Politik und in der Lehre Deutschlands und Spaniens laut, die für eine Ersetzung des Erziehungsgedankens zugunsten einer Wiederherstellung der Dominanz des Strafgedankens im Jugendstrafrecht plädieren, um in erster Linie den Schutz der Gesellschaft vor den jugendlichen Kriminellen zu gewährleisten. Ein eindeutiges Beispiel für dieses geforderte „Strengwerden" stellen die schon oben angeführten Änderungen des spanischen LO 5/2000 dar, die durch das LO 7/2000 vom 22. Dezember im Rahmen der Terrorismusdelikte verabschiedet worden sind.

Entgegen dieser oben angeführten Forderungen ist der Erziehungsgedanke als „Eckpfeiler des Jugendstrafrechts" beizubehalten, um die Weiterentwicklung spezialpräventiver Maßnahmen und die Subsidiarität von Strafe und Strafverfahren zu legitimieren. Die in Deutschland in den letzten Jahren durchgeführten Untersuchungen zur spezialpräventiven Effizienz jugendstrafrechtlicher Sanktionen belegen, daß eine Sanktionierung nach dem Motto der „harten Hand" meistens einen negativen Effekt auf die Legalbewährung bzw. Rückfallvermeidung des Jugendlichen nach sich zieht. Gewiß sind im Bereich der Jugendkriminalität Fälle zu finden, in denen aus Gründen der Schwere der Straftat sowie der Sicherung der Gesellschaft eine eingriffsschwere Sanktion, mitunter eine Freiheitsentziehung, unumgänglich ist. Aber auch in solchen Fällen ist der Erziehungsgedanke durch eine rechtsstaatliche und humane Behandlung des jugendlichen Täters sowie durch einen auf Resozialisierungsangeboten basierenden Vollzug in den Vordergrund zu stellen.

Trotz der in dieser Arbeit vertretenen Erziehungskonzeption des Jugendstrafrechts erscheint angesichts des gegenwärtigen Forschungsstandes über Jugendkriminalität und über die Wirksamkeit jugendstrafrechtlicher Sanktionen im Sinne einer Legalbewährung des Jugendlichen eine Reformulierung des Erziehungsgedankens erforderlich, nicht zuletzt um eventuell negative Auswirkungen dessen in der Person des Jugendlichen künftig zu verhindern. In diesem Sinne ist auf die mögliche Schlechterstellung Jugendlicher gegenüber Erwachsenen hinzuweisen, die unter dem Deckmantel erzieherischer Interventionen erfolgen könnte. Ferner ist auf die vom historischen Gesetzgeber überzogenen Erwartungen an die spezialpräventive Wirksamkeit der jugendstrafrechtlichen Sanktionen aufmerksam zu machen.

Eine Weiterentwicklung des Jugendstrafrechts scheint indes notwendig, um eine angemessene bzw. zeitgemäße Antwort auf die tatsächliche Entwicklung der Jugendkriminalität zu ermöglichen. In diesem Sinne sind Forderungen nach Entkriminalisierung, Diversion und Deinstitutionalisierung im Bagatell- und mittleren Bereich der Jugendkriminalität, gleichzeitig aber auch Forderungen nach einem fairen und rechtsstaatlichen Verfahren sowie die Berücksichtigung der Erziehungskonzeption im Jugendstrafvollzug zu beachten.

Die „Diversion“, als kriminalpolitische Alternative zur Vermeidung eines förmlichen Strafverfahrens bzw. einer formellen Sanktion verstanden, wird innerhalb der deutschen Jugendstrafrechtspflege grundsätzlich als eine offizielle Reaktion staatlicher Organe auf Jugendkriminalität angesehen. Im Gegensatz zum amerikanischen System können Diversionsmöglichkeiten in der Bundesrepublik Deutschland nur innerhalb des geltenden gesetzlichen Rahmens und unter Beachtung verfahrensrechtlicher Prinzipien zur Anwendung kommen.

Im deutschen Strafprozeßrecht gilt als Grundsatz das Legalitätsprinzip. Dieser Verfahrensgrundsatz wird aber durch eine Reihe von Vorschriften im Rahmen des Opportunitätsprinzips durchbrochen. Diese ermöglichen den Justizorganen, in bestimmten vom Gesetz zuvor aufgestellten Fällen von der Verfolgung einer Straftat abzusehen. Im allgemeinen Strafverfahren eröffnet die StPO in §§ 153 ff. 376 zahlreiche Möglichkeiten zur Verfahrenseinstellung aus Opportunitätsgründen. Im Jugendstrafrecht stellen die §§ 45, 47 JGG den gesetzlichen Rahmen bereit, innerhalb dessen ein Absehen von der Verfolgung bzw. eine Einstellung des Verfahrens im Rahmen der „Diversion“ zum Ausdruck kommt. Beide Vorschriften schaffen die Möglichkeit, den Erziehungsgedanken im Jugendstrafrecht verfahrensrechtlich auch zur Geltung zu bringen.

Die bisherigen Ausführungen haben sich vorwiegend mit den in § 45 JGG geregelten Diversionsalternativen auf staatsanwaltschaftlicher Ebene befaßt.

Insbesondere ist im Rahmen der staatsanwaltschaftlichen Diversion nach § 45 Abs. 2 JGG die Frage umstritten, ob der Staatsanwalt selbst befugt ist, erzieherische Maßnahmen anzuregen oder durchzuführen, aufgrund derer er dann von der Verfolgung absehen kann. Nach dem eindeutigen Wortlaut des § 45 Abs. 2 JGG ist die Anordnung einer erzieherischen Maßnahme durch den Jugendstaatsanwalt ausgeschlossen, nicht aber ihre Anregung. Bezüglich der Reichweite dieser staatsanwaltschaftlichen Anregungskompetenz ist zunächst unbestritten, daß die Maßnahmen nicht eingriffsintensiver sein dürfen als die in § 45 Abs. 3 JGG genannten. In diesem Zusammenhang sind von Teilen der Literatur Bedenken bezüglich der Reichweite der staatsanwaltschaftlichen Diversionstätigkeit sowie ihrer Vereinbarkeit mit verfassungs- bzw. verfahrensrechtlichen Grundsätzen, namentlich dem Gewaltenteilungsprinzip (Art. 20 Abs. 2 S. 2 GG), dem Richtermonopol (Art. 92 GG) und der Unschuldsvermutung (Art. 6 Abs. 2 EMRK), vorgebracht worden. Als Beispiel dazu sei der Verstoß gegen Art. 92 GG zu nennen, wenn die Staatsanwaltschaft ohne Einschaltung des Jugendrichters eine schwerwiegende Maßnahme im Rahmen des § 45 Abs. 2 JGG selbst veranlaßt. Es ist dabei unbestritten, daß die Vorteile, die eine staatsanwaltschaftliche Diversion mit sich bringt, nicht zum Anlaß genommen werden sollten, verfassungs- bzw. verfahrensrechtliche Garantien auszuschalten.

Die oben angeführten rechtsstaatlichen Bedenken gegenüber der staatsanwaltschaftlichen Diversion gem. § 45 Abs. 2 JGG haben verdeutlicht, daß ein Überarbeiten dieser Vorschrift dringend erforderlich ist.

Aus diesen Gründen sollte eine Novellierung des § 45 JGG durch ein zweites JGG-Änderungsgesetz erfolgen, mit dem vorrangigen Ziel, die staatsanwaltschaftlichen Diversionskompetenzen im Rahmen dieser Vorschrift unmißverständlich festzulegen, um rechtsstaatliche Bedenken, wie die oben angeführten, endgültig zu überwinden. Demnach sollte sich die Befugnis des Staatsanwalts gem. § 45 Abs. 2 JGG darauf beschränken, das Verfahren lediglich aufgrund einer von ihm erteilten Ermahnung oder eines gegenüber dem Jugendlichen angeregten Täter-Opfer-Ausgleichs zu beenden. Ferner seien außerjustiziell eingeleitete oder durchgeführte erzieherische Maßnahmen zu berücksichtigen, wobei in solchen Fällen eventuell eingeleitete elterliche Maßnahmen im Rahmen des Art. 6 Abs. 2 GG in den Vordergrund zu stellen seien. Für diesen Bereich sollte eine Verbesserung des staatsanwaltschaftlichen Informationsstands über Reaktionen des sozialen Umfeldes des Jugendlichen sichergestellt werden. Dabei käme der Jugendgerichtshilfe eine entscheidende Bedeutung zu.

Eine Neufassung des § 45 Abs. 2 JGG könnte daher folgendermaßen lauten:

„Kommt eine Einstellung gem. Abs. 1 nicht in Betracht, so kann der Jugendstaatsanwalt weiterhin ohne Zustimmung des Richters von der Verfolgung absehen, indem er dem Jugendlichen eine Ermahnung erteilt oder die Durchführung eines Täter-Opfer-Ausgleichs beim Jugendlichen anregt. Darüber hinaus hat der Jugendstaatsanwalt stets zu überprüfen, ob im sozialen Umfeld des Jugendlichen erzieherische Maßnahmen bereits durchgeführt oder eingeleitet worden sind, die ein zusätzliches Einschreiten des Jugendstaatsanwalts oder eine Beteiligung des Richters nach Abs. 3 entbehrlich machen. Dabei ist der Rat der Jugendgerichtshilfe zu berücksichtigen".

Das entscheidende Argument für eine solche Begrenzung staatsanwaltschaftlicher Anregungskompetenz gegenüber § 45 Abs. 3 JGG bezieht sich auf den Umstand, daß dem Staatsanwalt keine eigenständige Sanktionsgewalt im Sinne der Erteilung einer Weisung bzw. einer Auflage zukommt. Dabei ist darauf aufmerksam zu machen, daß die Staatsanwaltschaft nicht zur rechtsprechenden Gewalt gehört, wenngleich ihre Tätigkeit im Strafverfahren auch der Rechtspflege dient. Nach der hier vertretenen Auffassung bewirkt die Erbringung von Arbeitsleistungen oder die Zahlung eines Geldbetrages an eine gemeinnützige Einrichtung ihrer Rechtsnatur nach eine Belastung für den Jugendlichen, obwohl diesen Maßnahmen das persönliche Stigma einer Strafe fehlt. Aus diesem Grunde sollte der Staatsanwalt im Falle einer Anregung solcher eingriffsintensiven Maßnahmen nur bei gleichzeitiger Einschaltung des Jugendrichters befugt sein. Anders ist die verfahrensrechtliche Lage im Falle eines vom Staatsanwalt angeregten TOA zu beurteilen. Dieser TOA wird nicht auferlegt, sondern lediglich angeregt, d.h. er erfolgt freiwillig. Darüber hinaus kann seine Durchführung nicht wie bei einer durch Urteil auferlegten Maßnahme durch Jugendarrest erzwungen werden.

Weiterhin ist bezüglich des § 45 JGG auf folgende Kritikpunkte aufmerksam zu machen:

Die nach § 45 Abs. 3 JGG gesetzlich normierte Geständnisvoraussetzung sollte angesichts der im Laufe dieser Arbeit geschilderten Bedenken aufgegeben werden. Es ist dabei der Grundsatz der Unschuldsvermutung strikt zu beachten. Ferner haben kriminologische Studien auf den zweifelhaften Wahrheitsgehalt eines von einem Jugendlichen abgelegten Geständnisses hingewiesen.

Ein weiterer Kritikpunkt betrifft die Eintragung von Einstellungsentscheidungen in das Erziehungsregister. Wie schon oben angeführt, ist nicht auszuschließen, daß eine Eintragung bei einer erneuten Auffälligkeit des Jugendlichen gewissermaßen als eine „Vorstrafe" von seiten der Justiz gewertet werden könnte. Zur Wahrung der Unschuldsvermutung sowie aus spezialpräventiven Gründen, namentlich unter dem Aspekt einer möglichen Schlechterstellung Jugendlicher gegenüber Erwachsenen, sollte eine formelle Registrierung Divertierter gem. § 60 Abs. 1 Nr. 7 bzw. Abs. 2 BZRG unterbleiben.

Anders als in der Bundesrepublik Deutschland, wo im Jahre 1923 Einstellungsmöglichkeiten für die Staatsanwaltschaft und das Gericht durch § 32 JGG geregelt worden waren, waren im spanischen Jugendstrafrecht bis zur Verabschiedung des LO 4/92 keine Diversionsmöglichkeiten vorgesehen. Angesichts dieser spürbar ungleichen Entwicklung der Diversion in beiden Ländern ist es im Prinzip schwer, die deutschen Diversionsmöglichkeiten auf jugendstrafrechtlicher Ebene mit den spanischen zu vergleichen. Wie die vorausgehenden Darstellungen gezeigt haben, läßt sich die unterschiedliche Entwicklung der Diversion in Deutschland und in Spanien teilweise durch die unterschiedliche Ausprägung bestimmter Verfahrensgrundsätze sowie durch die Rechtsstellung der Staatsanwaltschaft in beiden Rechtsordnungen erklären.

Obwohl das geltende spanische Strafprozeßrecht weiterhin von einer strengen Auslegung des Legalitätsprinzips ausgeht, ist der herrschenden Lehre dahingehend zuzustimmen, daß es eine strikte Befolgung des Legalitätsprinzips in der spanischen strafgerichtlichen Praxis nicht gibt. Ein Beispiel dafür stellt das im Laufe dieser Arbeit ausführlich dargestellte Rechtsinstitut der „conformidad" dar, welches als eine eindeutige Ausprägung des Opportunitätsprinzips anzusehen ist.

Trotz des Fehlens einer Regulierung „de lege lata" des Opportunitätsprinzips im spanischen Strafprozeßrecht, sind den in letzter Zeit in Spanien vorgebrachten Argumenten zuzustimmen, die von den Befürwortern einer Einführung des Opportunitätsprinzips angebracht werden. Dabei sind die Bedenken angesichts der bestehenden Rechtslage bezüglich der Belastung der spanischen Justiz ernst zu nehmen. Unter Zugrundelegung der StPO oder des LO 5/2000 könnte im LECrim ein „gesetzlich bestimmtes" Opportunitätsprinzip für die Fälle der sog. Bagatellkriminalität geregelt werden, welches u.a. zu einer Entlastung des Kriminaljustizsystems führen könnte.

Hinsichtlich einer möglichen Einführung des Opportunitätsprinzips in das allgemeine Strafverfahren sei die Popularklage sowie die Rechtsstellung des Partikularklägers im Verfahren in besonderem Maße zu beachten.

Trotz dieser im allgemeinen Strafverfahren geltenden Rechtslage wird das Opportunitätsprinzip im spanischen Jugendstrafrecht seit Inkrafttreten des LO 4/92 als einer der Grundsätze angesehen, auf den sich die spanische Jugendgerichtsbarkeit stützt. Durch seine gesetzliche Verankerung ist der Weg frei gemacht worden, Entkriminalisierungs- bzw. Diversionsstrategien zur Vermeidung eines förmlichen Strafverfahrens in die Praxis des spanischen Jugendstrafrechts umzusetzen. In diesem Zusammenhang erscheint die Rechtsstellung der Staatsanwaltschaft als eindeutige „Herrin des jugendstrafrechtlichen Ermittlungsverfahrens" von erheblicher Bedeutung.

Am 13. Januar 2001 ist in Spanien ein neues Gesetz „zur Regelung der strafrechtlichen Verantwortlichkeit von Minderjährigen" (LO 5/2000 vom 12. Januar) in Kraft getreten, welches ein sog. „neues Jugendstrafrecht des 21. Jahrhunderts" im Lichte der in den letzten Jahren in Spanien erfolgten strafrechtlichen Neuerungen eingeführt hat. Dieses Gesetz enthält sowohl die materiellen als auch die formellen Vorschriften, die das gesamte spanische Jugendstrafrecht regeln.

Mit Verabschiedung des neuen LO 5/2000 sind die jugendstrafrechtlichen Diversionsmöglichkeiten auf der Grundlage eines „gesetzlich bestimmten" Opportunitätsprinzips in den art. 18 und art. 19 LO 5/2000 neu geregelt worden. Dies hat weitgehend zu einer Erweiterung der Diversionsmöglichkeiten für die Staatsanwaltschaft sowie deren Ermessensspielraums gegenüber der alten Regelung des LO 4/92 geführt. Vorrangiges Ziel dieser Diversionsvorschriften ist, eine „echte" Alternative für das formelle Jugendstrafverfahren sowie die stationären Sanktionen des Jugendstrafrechts anzubieten.

Die Vorschrift des art. 18 LO 5/2000 regelt das Absehen von der Einleitung eines Verfahrens seitens des Staatsanwalts ohne Einschaltung des Jugendrichters „aufgrund einer erfolgten Besserung im erzieherischen und familiären Bereich". Die Regelung des art. 19 LO 5/2000 räumt ihrerseits die Möglichkeit der Einstellung eines eingeleiteten Verfahrens von seiten des Staatsanwalts ein, diesmal aber mit Einschaltung des Jugendrichters „nach erfolgtem Ausgleich oder Wiedergutmachung des Schadens zwischen dem Minderjährigen und dem Opfer".

Nach der oben erfolgten Analyse des art. 18 und art. 19 LO 5/2000 sind folgende Kritikpunkte zu erwähnen:

Zuerst läßt sich aus dem Wortlaut beider Diversionsvorschriften keine diversionsfördernde Intention des spanischen Gesetzgebers ableiten. Dies zeigt sich vor allem in den zahlreichen Voraussetzungen, die für ein Absehen von der Verfolgung bzw. eine Einstellung des Verfahrens im Rahmen der Diversion aufgestellt werden. Auf den ersten Blick mögen diese aufgestellten Voraussetzungen für eine Diversionsentscheidung bedenklich erscheinen. Dieser Umstand beschränkt in erheblichem Maße die Anwendung dieser Diversionsvorschriften auf bestimmte Fallkonstellationen.

Bezogen auf art. 18 LO 5/2000, stellt die in Abs. 2 aufgestellte Voraussetzung, wonach der Minderjährige früher keine Straftaten „ähnlicher Rechtsnatur" begangen haben soll, einen unbestimmten Rechtsbegriff dar, dessen Regelung zu einer Beschränkung der Diversionsentscheidung nach art. 18 LO 5/2000 nur auf Ersttäter führt. Bei bestimmten Fallkonstellationen sollte eine Einstellung des Verfahrens auch im Wiederholungsfall erfolgen, insbesondere dann, wenn der Minderjährige längere Zeit nicht auffällig geworden ist oder die frühere Straftat im Hinblick auf das geschützte Rechtsgut oder die Art der Tatbegehung mit der Straftat, die Gegenstand des Verfahrens ist, nicht vergleichbar ist.

Zu bemängeln ist ferner die Tatsache, daß art. 18 LO 5/2000 keine sog. „Diversion to nothing" im Sinne des § 45 Abs. 1 JGG vorsieht. Nach art. 18 LO 5/2000 wird ein Absehen von der Verfolgung in jedem Fall mit der Einleitung einer Maßnahme schützenden Charakters verbunden, obwohl die begangene Straftat des Minderjährigen mitunter einen schlichten bagatellhaften Charakter aufweisen kann. Auch wenn die in art. 18 LO 5/2000 zur Anwendung kommenden Maßnahmen einen schlichten schützenden Charakter haben, können diese von dem Minderjährigen als eine gewisse Sanktionierung gewertet werden, was in bestimmten Fällen die Rückfallwahrscheinlichkeit erhöhen kann. In Anbetracht der Tatsache, daß dem überwiegenden Teil der Jugendkriminalität ein bagatellhafter Charakter beizumessen ist, sei die Möglichkeit in Erwägung zu ziehen, eine schlichte Diversion ohne jegliche Intervention in art. 18 LO 5/2000 bei schlichten Bagatellstraftaten einzuführen.

Obwohl die Überschrift des art. 18 LO 5/2000 von einem „Verzicht auf die Einleitung eines Verfahrens aufgrund einer erfolgten Besserung (des Minderjährigen, Anm.) im erzieherischen und familiären Bereich" spricht, bestimmt der Wortlaut dieser Vorschrift nicht, daß die vom Gesetz angestrebte Besserung des Minderjährigen im Bereich dieser informellen Sozialkontrolle erfolgen kann. Vielmehr sieht art. 18 LO 5/2000 die Zustellung der Akten von seiten des Staatsanwalts an die zuständige öffentliche Anstalt zum Schutz des Minderjährigen vor, damit diese eine angemessene Schutzmaßnahme trifft. Zur Klarstellung und Konkretisierung dieser Diversionsalternative erscheint eine Übereinstimmung von Wortlaut und Überschrift erforderlich.

Was die Diversionsvorschrift des art. 19 LO 5/2000 anbelangt, ist zu beobachten, daß ihr Anwendungsbereich sich auf dieselben Fallkonstellationen wie die des art. 18 LO 5/2000 ausweitet, obwohl die hier zur Anwendung kommenden Maßnahmen einen eindeutig eingriffsintensiveren Charakter als die in art. 18 LO 5/2000 vorgesehenen Schutzmaßnahmen aufweisen. Um eine erweiterte Effizienz dieser zweiten Diversionsalternative zu ermöglichen, ist es empfehlenswert, den Anwendungsbereich des art. 19 LO 5/2000 auch auf Verbrechen im Sinne des § 45 Abs. 2 und Abs. 3 JGG zu erweitern.

Zu begrüßen ist der besondere (erzieherische-)Charakter der Maßnahmen, welche im Rahmen der Diversion nach art. 19 LO 5/2000 zur Anwendung kommen. In der Tat wird der Ausgleich, die Schadenswiedergutmachung oder die vom technischen Team vorgeschlagene erzieherische Tätigkeit nicht in den Katalog der „Maßnahmen" des art. 7 LO 5/2000 aufgenommen, die nach Durchführung eines formellen Verfahrens vom Jugendrichter angeordnet werden können. Vielmehr handelt es sich um besondere Maßnahmen nichtstrafrechtlichen Charakters zur privaten Lösung eines Konflikts. Hierbei wird ein Unterschied zwischen art. 19 LO 5/2000 und den Diversionsalternativen des § 45 Abs. 2 und Abs. 3 JGG offenkundig. Insofern bleiben im Prinzip die von einem Teil der deutschen Literatur vorgebrachten rechtsstaatlichen Bedenken, insbesondere die Verletzung der Unschuldsvermutung, wenn eine Maßnahme strafrechtlichen Charakters ohne richterliche Schuldfeststellung verhängt wird, aus. Nach den Vorschriften des art. 18 und art. 19 LO 5/2000 erfolgt keine Schuldfeststellung. Die Schuldfrage bleibt also weiterhin offen, und dies vor allem aus dem Umstand heraus, daß art. 19 LO 5/2000, im Gegensatz zu § 45 Abs. 3 JGG, kein Geständnis seitens des Minderjährigen verlangt. Schließlich werden die dort angeführten Leistungen von dem Minderjährigen freiwillig übernommen.

Um Klarheit in der Anwendung des art. 18 und art. 19 LO 5/2000 zu schaffen, wäre es sinnvoll, eine Ausführungsverordnung des LO 5/2000 (im Sinne der von den einzelnen deutschen Bundesländern erlassenen Diversionsrichtlinien und beschränkt auf die im Gesetz verankerten Diversionsvorschriften) zu verabschieden. Diese Ausführungsverordnung könnte u.a. einen Straftatenkatalog enthalten, um die Anwendung der oben genannten Vorschriften von seiten der Staatsanwaltschaft zu erleichtern.

Wie die empirischen Daten hinsichtlich der Anwendungshäufigkeit der Diversionsvorschriften im deutschen Jugendstrafrecht zeigen, hat die Praxis der Jugendstrafrechtspflege in den letzten Jahren von den §§ 45, 47 JGG in zunehmendem Maße Gebrauch gemacht. Das betrifft in besonderem Maße die staatsanwaltschaftliche Diversion nach § 45 Abs. 1 und Abs. 2 JGG.

Zu den immer wieder betonten Defiziten in der jugendstrafrechtlichen Einstellungspraxis gehört auch, daß extrem große Diskrepanzen zwischen den einzelnen Bundesländern bei der Häufigkeit der Anwendung dieser Einstellungsvorschriften zu verzeichnen sind. Ferner wird angeführt, daß solche Diskrepanzen nicht nur zwischen den Ländern, sondern auch innerhalb eines Bundeslandes zwischen den Landgerichtsbezirken bestehen.

Diese regional ungleichmäßige Handhabung der jugendstrafrechtlichen Diversionsmöglichkeiten ist durch die im Laufe dieser Arbeit durchgeführte empirische Untersuchung in zwei Landgerichtsbezirken von Bundesländern der Bundesrepublik [LG Münster (Nordrhein-Westfalen) bzw. LG Neuruppin (Brandenburg)] bezüglich der staatsanwaltschaftlichen Diversion nach § 45 JGG bestätigt worden. Ob außerdem eine ungleichmäßige Anwendung der jugendstrafrechtlichen Diversionsvorschriften innerhalb eines Bundeslandes zwischen den einzelnen Landgerichtsbezirken erfolgt, läßt sich aus den Datenerhebungen über lediglich ein Landgericht des jeweiligen Bundeslandes nicht entnehmen. Um diese innerhalb eines Bundeslandes anzunehmenden Diskrepanzen in der Anwendung des § 45 JGG zu bestätigen, erscheint es erforderlich, eine Datenerhebung über mehrere Landgerichtsbezirke beider Bundesländer vorzunehmen, um anschließend verläßliche Schlußfolgerungen ziehen zu können.

Primäres Ziel der Kritik ist also dieses nachweisbare Ungleichgewicht in der Handhabung der Diversion und damit in der Behandlung straffällig gewordener Jugendlicher. Diese Tatsache kann eindeutig gegen den im Grundgesetz verankerten Gleichbehandlungsgrundsatz (Art. 3 GG) verstoßen.

Dieser Umstand sollte zum Anlaß genommen werden, vor allem die Einstellungsvoraussetzungen des JGG noch minuziöser und sorgfältiger vorzubereiten und zu treffen, eben um diese regionalen Unterschiede zu verhindern. Somit könnte Stimmen, die die Idee der Diversion infolge dieser auf Länderebene festzustellenden unterschiedlichen Anwendungspraxis der Einstellungsvorschriften des JGG in Mißkredit zu bringen versuchen, entgegengetreten werden.

Um diese ungleichmäßige Handhabung der §§ 45, 47 JGG zu überwinden, sollte zur Angleichung der zur Zeit bestehenden Diversionsrichtlinien auf Länderebene die Verabschiedung bundeseinheitlicher Diversionsrichtlinien in Betracht gezogen werden, um die Vereinheitlichung in der Rechtsanwendung der Diversion möglich zu machen.

Was die Situation bezüglich der praktischen Anwendung der Einstellungsmöglichkeiten nach spanischem Jugendstrafrecht anbelangt, lassen sich im Prinzip aus den Angaben des von der spanischen Generalstaatsanwaltschaft veröffentlichten Jahresberichts keine verläßlichen Aussagen über die Anwendungshäufigkeit der jugendstrafrechtlichen Diversionsvorschriften ableiten. Gleiches gilt bezüglich der (unterschiedlichen) regionalen Handhabung dieser Diversionsmöglichkeiten. Aufgrund des im Jahre 2001 erfolgten Inkrafttretens des LO 5/2000 mußte sich die in dieser Arbeit durchgeführte Auswertung der staatsanwaltschaftlichen Angaben auf die Einstellungsmöglichkeiten des inzwischen aufgehobenen LO 4/92 beschränken.

Angesichts dieser bestehenden mangelnden Information bezüglich der Diversionspraxis in Spanien, erscheint es unbedingt empfehlenswert, daß sowohl die Staatsanwaltschaftsstatistik als auch die Justizstatistiken in Spanien künftig konkrete Angaben bezüglich des Umfangs der jugendstrafrechtlichen Diversionspraxis nach den art. 18 und art. 19 LO 5/2000 machen, um das Ausmaß der Diversionspraxis insgesamt, sowie separat in den einzelnen spanischen Provinzen erfassen zu können.

Im Hinblick auf die Weiterentwicklung der Diversion im spanischen Jugendstrafrecht ist die nachweisbare Vorreiterrolle des katalanischen Justizministeriums, insbesondere die Tätigkeit seiner „Abteilung für alternative strafrechtliche Maßnahmen und für die Jugendgerichtsbarkeit" bezüglich der Einführung von alternativen Maßnahmen hervorzuheben. Ein Beispiel dafür stellt die Einführung eines Täter-Opfer-Ausgleich-Programms im Jahre 1990 dar, als dieses Rechtsinstitut in Spanien nicht einmal einen gesetzlichen Niederschlag gefunden hatte. Daher ist eine ähnliche Entwicklung in dieser Materie von seiten der anderen autonomen Regionen Spaniens anzustreben.

Letzten Endes erscheint es angesichts des erst jüngst erfolgten Inkrafttretens des LO 5/2000 angebracht, einen angemessenen Spielraum in der Anwendung dieses Gesetzes zuzulassen, um anschließend schlüssige Folgerungen aus der Anwendungspraxis des art. 18 und art. 19 LO 5/2000 ziehen zu können.

Die informelle Erledigung von Strafverfahren hat im deutschen Jugendstrafrecht seit Inkrafttreten des ersten Jugendgerichtsgesetzes im Jahre 1923 einen gesetzlichen Niederschlag gefunden. Seit Anfang der 80er-Jahre hat sich der Diversionsgedanke durch zahlreiche theoretische Ansätze sowie durch eine Fülle von Diversionsprogrammen in der jugendstrafrechtlichen Praxis etabliert. Aufgrund dieser Konsolidierung der Diversion in Deutschland war in dieser Arbeit die Frage zu erörtern, ob das deutsche Diversionsmodell, insbesondere § 45 JGG, in die spanische Jugendgerichtsbarkeit übertragen werden könnte. Nach dem erfolgten abschließenden Vergleich zwischen den deutschen und spanischen Diversionsvorschriften hat sich bestätigt, daß die Regelungen des art. 18 und art. 19 LO 5/2000 durch die Einführung bestimmter Gesichtspunkte des § 45 JGG ergänzt werden könnten, wobei auch Aspekte der spanischen Diversionsvorschriften von dem deutschen Gesetzgeber zu berücksichtigen seien, um die zur Zeit bestehenden Interpretationsprobleme des § 45 JGG endgültig zu lösen.

Die Betrachtung der Diversion im deutschen und spanischen Jugendstrafrecht hat gezeigt, daß in beiden Ländern Bestrebungen zu finden sind, die vornehmlich darauf abzielen, geeignete Reaktionsweisen auf die Straftat eines Jugendlichen zu finden, die sich vor allem an erzieherischen Gesichtspunkten orientieren. Dabei geht es in erster Linie darum, durch die Anwendung von Diversionsvorschriften dem jugendlichen Rechtsbrecher ein förmliches Verfahren bzw. eine förmliche Verurteilung zu ersparen.

An der Diversion muß als Leitprinzip des Erziehungsgedankens im Jugendstrafrecht auf dem Wege der informellen Erledigung mit dem Ziel der Bewältigung der Jugendkriminalität festgehalten werden.

Dieser kriminalpolitische Ansatz soll einerseits als eine humane, sachgerechte und angemessene Reaktion auf kriminelles Verhalten Jugendlicher und Heranwachsender angesehen werden, die schließlich zu einer Entkriminalisierung der in der Mehrheit der Fälle als bagatellhaft angesehenen Jugendkriminalität führen soll.

Gleichwohl hat der Gesetzgeber bisher noch nicht alle vorhandenen Möglichkeiten bezüglich der informellen Erledigung von Jugendstrafverfahren ausgeschöpft, so daß hier für die Zukunft zu hoffen bleibt, daß eine Weiterentwicklung der Diversionsmöglichkeiten im Jugendstrafrecht erfolgen wird.

Anhang

Tabelle 1: Altersstruktur und Entwicklung der Jugendkriminalität in der Bundesrepublik Deutschland (1993-2000)

	Kinder (bis unter 14 Jahre)	**Jugendliche** (14 bis unter 18 Jahre)	**Heranwachsende** (18 bis unter 21 Jahre)	**Gesamtzahl**
1993	88.276	207.944	208.040	504.260
1994	100.077	223.551	196.437	520.065
1995	116.619	254.329	207.136	578.084
1996	131.010	277.479	219.928	628.417
1997	144.260	292.518	226.279	663.057
1998	152.774	302.413	237.073	692.260
1999	150.626	296.781	240.109	687.516
2000	145.834	294.467	247.586	687.887

(Quelle: Bundeskriminalamt (Hrsg.): Polizeiliche Kriminalstatistik)

Tabelle 2: Altersstruktur und Entwicklung der Jugendkriminalität in Spanien (1995-2000)

	Kinder (bis unter 14 Jahre)	**Jugendliche** (14 bis unter 16 Jahre)	**Jugendliche** (16 bis unter 18 Jahre)	**Gesamtzahl**
1995	3.303	5.095	12.831	21.229
1996	3.663	5.163	13.123	21.949
1997	3.052	4.587	11.398	19.037
1998	3.685	6.027	13.489	23.201
1999	3.885	7.040	14.931	25.856
2000	2.785	7.722	16.610	27.117

(Quelle: Ministerio del Interior. Centro Reina Sofía para el Estudio de la Violencia. Internet-Publikation: www.gva.es/violencia)

Tabelle 3: Diversionsrate (Staatsanwaltschaften und Gerichte) im Jugendstrafrecht der BRD (1981-1998). (Prozentzahl bezogen auf nach dem JGG formell und informell Sanktionierte insgesamt)

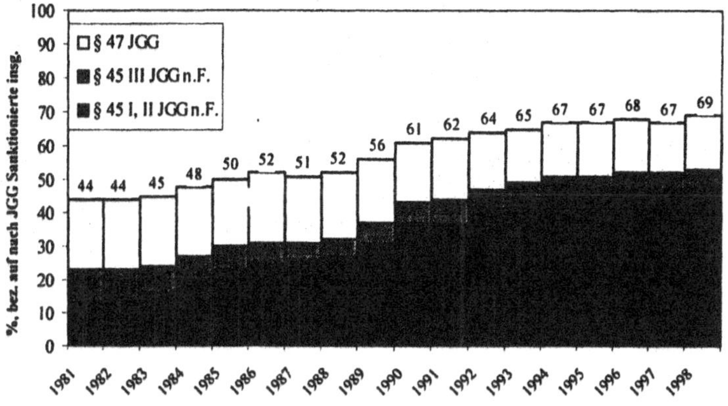

(Quelle: Heinz, Wolfgang: Das strafrechtliche Sanktionssystem und die Sanktionspraxis in Deutschland 1882-1998 (Stand: Berichtsjahr 1998). Internet-Publikation: www.uni-konstanz.de.rft/kis/sanks98.htm (Version 1/2000))

Tabelle 4: Diversionsrate in der Bundesrepublik Deutschland[1] bezüglich § 45 Abs. 1, Abs. 2 und Abs. 3 JGG (1981-1997)

	Sanktionierte insgesamt[2]	§§ 45, 47 JGG		§ 45 Abs. 2 JGG (a.F.)[3]		§ 45 Abs. 1 JGG (a.F.)[3]	
Spalte/Jahr		insgesamt	in % von	insgesamt	in % von	insgesamt	in % von
1981	255.000	112.000	44	33.000	13	26.000	10
1982	270.000	118.000	44	40.000	15	23.000	9
1983[4]	276.000	125.000	45	45.000	16	22.000	8
1984[4]	261.000	126.000	48	52.000	20	19.000	7
1985[4]	244.000	123.000	50	58.000	24	16.000	7
1986	228.000	118.000	52	57.000	25	14.000	6
1987	209.000	107.000	51	54.000	26	11.000	5
1988	204.000	106.000	52	54.000	26	11.000	5
1989	195.000	109.000	56	60.000	31	12.000	6
	Sanktionierte insgesamt[2]	§§ 45, 47 JGG		§ 45 Abs. 1 und Abs. 2 JGG (n.F.)		§ 45 Abs. 3 JGG (n.F.)	
		insgesamt	in % von	insgesamt	in % von	insgesamt	in % von
1990	195.681	118.407	61	73.131	37	10.174	5
1991	186.762	114.034	61	70.562	38	10.403	6
1992	195.228	123.389	63	81.046	41	10.697	5
1993	202.524	129.860	64	89.173	44	8.496	4
1994	209.684	137.719	66	96.023	46	7.526	4
1995	228.453	151.722	66	105.294	46	8.245	4
1996	247.010	166.164	67	116.950	47	9.609	4
1997	262.300	174.493	67	124.464	47	9.451	4

(Quelle: Statistisches Bundesamt (Hrsg.): Staatsanwaltschaften 1981-1997 (Arbeitsunterlage); Statistisches Bundesamt (Hrsg.): Fachserie 10: Rechtspflege. Reihe 3: Strafverfolgung 1981-1997 (1986: korrigierte Daten))

[1] Zahlen über Einstellungen gem. § 45 JGG liegen für das Gebiet der BRD nach dem Gebietsstand vor dem 3. Oktober 1990 erst seit 1989 vor. Es fehlten 1980-1984 Berlin, Hessen und Schleswig-Holstein; 1985-1987 Hessen und Schleswig-Holstein; 1988 Schleswig-Holstein. Die für diese Länder fehlenden Werte wurden auf der Grundlage der Bevölkerungszahlen und entsprechend dem Durchschnittswert der anderen Länder geschätzt und zu Zahlen für das Bundesgebiet hochgerechnet.

[2] Nach Jugendstrafrecht Verurteilte und Personen, bei denen das Verfahren nach §§ 45, 47 JGG eingestellt worden ist.

[3] Hinsichtlich § 45 Abs. 1 und Abs. 2 JGG (a.F.) handelt es sich bis 1989 nur um Näherungswerte, da die Zahlen der Staatsanwaltschaftsstatistik hoch- und von Verfahren auf Personen umgerechnet werden mußten. Ab 1990 wurde die Anzahl der Verfahren eingesetzt.

[4] Wegen einer auf Erfassungsfehlern beruhenden Mindererfassung der Verfahrenseinstellungen gem. § 47 JGG in den Jahren 1983-1985 in Hamburg dürften die Werte für „sanktionierte insgesamt" etwas unterschätzt sein.

Tabelle 5: Diversionsrate im Jugendstrafrecht in den einzelnen Bundesländern, 1998. Anteile der staatsanwaltschaftlichen und gerichtlichen Einstellungen gem. §§ 45, 47 JGG (in %) bezogen auf alle formell und informell Sanktionierte insgesamt

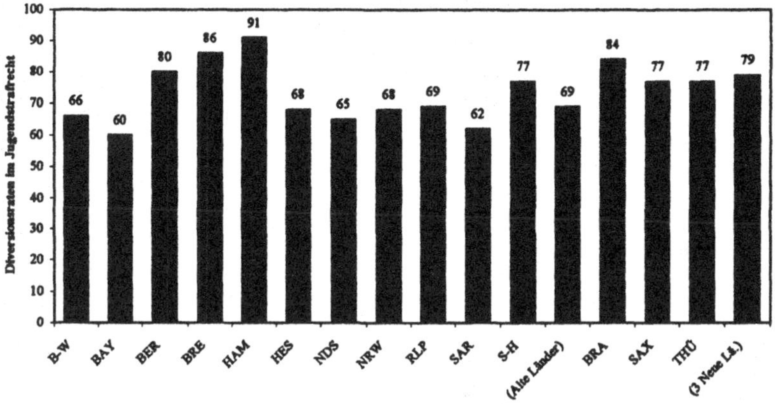

(Quelle: Heinz, Wolfgang: Das strafrechtliche Sanktionssystem und die Sanktionspraxis in Deutschland 1882-1998 (Stand: Berichtsjahr 1998). Internet-Publikation: www.uni-konstanz.de.rft/kis/sanks98.htm (Version 1/2000))

Tabelle 6: Einstellungspraxis in der spanischen Jugendgerichtsbarkeit (1996-1999)

	1996	1997	1998	1999
Eingeleitete Verfahren	15.841	19.428	21.304	24.869
Eingestellte Verfahren (insgesamt)	8.377	10.197	11.097	13.460
Einstellungsrate (in %)	52.88	52.48	52.08	54.12
1. Einstellungen bei der StA	4.335	5.572	5.038	6.271
2. Einstellungen beim Gericht	4.042	4.625	6.059	7.189

(Quelle: Jahresbericht („Memoria“) der spanischen Generalstaatsanwaltschaft 1996-1999)

Tabelle 7: Einstellungspraxis nach § 45 JGG im LG Münster (1994-1999)

<table>
<tr><th></th><th>1994</th><th>1995</th><th>1996</th><th>1997</th><th>1998</th><th>1999</th></tr>
<tr><td>Anklagefähige Verfahren nach JGG</td><td>4.730</td><td>5.913</td><td>6.571</td><td>6.119</td><td>5.760</td><td>5.900</td></tr>
<tr><td>Anklagen einschließlich Verfahren nach § 76 JGG</td><td>2.719</td><td>3.208</td><td>3.193</td><td>2.610</td><td>2.497</td><td>2.811</td></tr>
<tr><td colspan="7">Einstellungen nach § 45 JGG:</td></tr>
<tr><td>- Insgesamt</td><td>2.011</td><td>2.705</td><td>3.378</td><td>3.509</td><td>3.263</td><td>3.089</td></tr>
<tr><td>- Einstellungen nach Abs. 1 *</td><td rowspan="2">2.010</td><td rowspan="2">2.679</td><td rowspan="2">3.375</td><td>3.478</td><td>500</td><td>420</td></tr>
<tr><td>- Einstellungen nach Abs. 2 *</td><td>27</td><td>2.757</td><td>2.660</td></tr>
<tr><td>- Einstellungen nach Abs. 3</td><td>1</td><td>26</td><td>3</td><td>4</td><td>6</td><td>9</td></tr>
</table>

Tabelle 8: Einstellungspraxis nach § 45 JGG im LG Neuruppin (1994-1999)

<table>
<tr><th></th><th>1994</th><th>1995</th><th>1996</th><th>1997</th><th>1998</th><th>1999</th></tr>
<tr><td>Anklagefähige Verfahren nach JGG</td><td>2.353</td><td>3.159</td><td>3.062</td><td>3.434</td><td>3.793</td><td>4.132</td></tr>
<tr><td>Anklagen einschließlich Verfahren nach § 76 JGG</td><td>1.317</td><td>1.632</td><td>1.638</td><td>1.870</td><td>1.935</td><td>2.223</td></tr>
<tr><td colspan="7">Einstellungen nach § 45 JGG:</td></tr>
<tr><td>- Insgesamt</td><td>1.036</td><td>1.527</td><td>1.424</td><td>1.564</td><td>1.858</td><td>1.909</td></tr>
<tr><td>- Einstellungen nach Abs. 1 *</td><td rowspan="2">850</td><td rowspan="2">1.485</td><td rowspan="2">1.415</td><td rowspan="2">1.535</td><td>1.443</td><td>1.257</td></tr>
<tr><td>- Einstellungen nach Abs. 2 *</td><td>400</td><td>646</td></tr>
<tr><td>- Einstellungen nach Abs. 3</td><td>186</td><td>42</td><td>9</td><td>29</td><td>15</td><td>6</td></tr>
</table>

* Im LG Münster war für den Zeitraum zwischen 1994 und 1996 eine Differenzierung der Verfahrenseinstellungen nach § 45 Abs. 1 und Abs. 2 JGG mangels gesonderter statistischer Erhebung nicht möglich. Dies geschieht auch im LG Neuruppin für den Zeitraum zwischen 1994 und 1997.

Schaubild 1: Diversionsrate im LG Münster und LG Neuruppin (1994-1999)

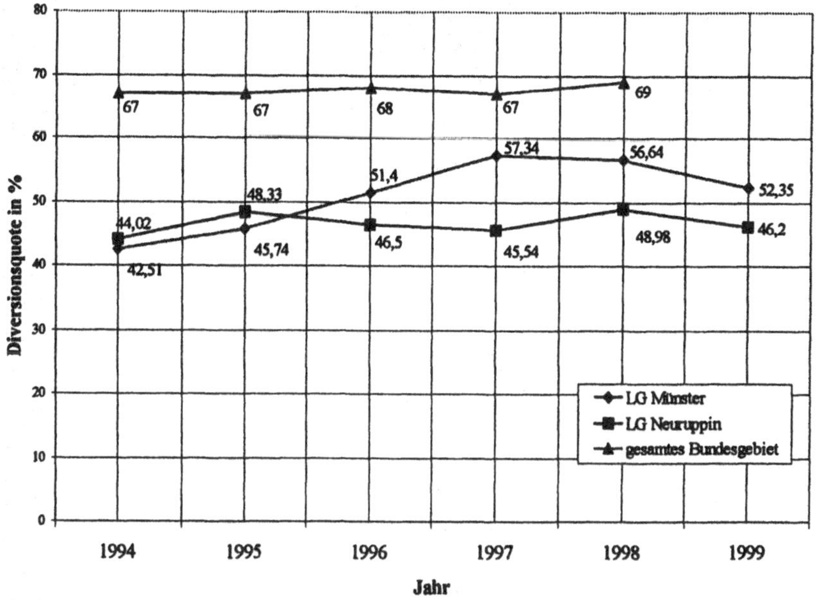

Anmerkung: Die Diversionsrate des gesamten Bundesgebietes bzgl. Einstellungen gem. §§ 45 und 47 JGG. Quelle Heinz, Wolfgang: Das strafrechtliche Sanktionssystem und die Sanktionspraxis in Deutschland 1882-1998 (Stand: Berichtsjahr 1998). Internet-Publikation: www.uni-konstanz.de.rtf/kis/sanks98.htm (Version 1/2000)

Gesetzestexte

Diversionsmöglichkeiten im Jugendgerichtsgesetz vom 4. August 1953

§ 45. *Absehen von der Verfolgung*

(1) Der Staatsanwalt kann ohne Zustimmung des Richters von der Verfolgung absehen, wenn die Voraussetzungen des § 153 der Strafprozeßordnung vorliegen.

(2) Der Staatsanwalt sieht von der Verfolgung ab, wenn eine erzieherische Maßnahme bereits durchgeführt oder eingeleitet ist und er weder eine Beteiligung des Richters nach Absatz 3 noch die Erhebung der Anklage für erforderlich hält. Einer erzieherischen Maßnahme steht das Bemühen des Jugendlichen gleich, einen Ausgleich mit dem Verletzen zu erreichen.

(3) Der Staatsanwalt regt die Erteilung einer Ermahnung, von Weisungen nach § 10 Abs. 1 Satz 3 Nr. 4, 7 und 9 oder von Auflagen durch den Jugendrichter an, wenn der Beschuldigte geständig ist und der Staatsanwalt die Anordnung einer solchen richterlichen Maßnahme für erforderlich, die Erhebung der Anklage aber nicht für geboten hält. Entspricht der Jugendrichter der Anregung, so sieht der Staatsanwalt von der Verfolgung ab, bei Erteilung von Weisungen oder Auflagen jedoch nur, nachdem der Jugendliche ihnen nachgekommen ist. § 11 Abs. 3 und § 15 Abs. 3 Satz 2 sind nicht anzuwenden. § 47 Abs. 3 findet entsprechende Anwendung.

§ 47. *Einstellung des Verfahrens durch den Richter*

(1) Ist die Anklage eingereicht, so kann der Richter das Verfahren einstellen, wenn

1. die Voraussetzungen des § 153 der Strafprozeßordnung vorliegen,
2. eine erzieherische Maßnahme im Sinne des § 45 Abs. 2, die eine Entscheidung durch Urteil entbehrlich macht, bereits durchgeführt oder eingeleitet ist,
3. der Richter eine Entscheidung durch Urteil für entbehrlich hält und gegen den geständigen Jugendlichen eine in § 45 Abs. 3 Satz 1 bezeichnete Maßnahme anordnet oder
4. der Angeklagte mangels Reife strafrechtlich nicht verantwortlich ist.

In den Fällen von Satz 1 Nr. 2 und 3 kann der Richter mit Zustimmung des Staatsanwalts das Verfahren vorläufig einstellen und dem Jugendlichen eine Frist von höchstens sechs Monaten setzen, binnen der er den Auflagen, Weisungen oder erzieherischen Maßnahmen nachzukommen hat. Die Entscheidung ergeht durch Beschluß. Der Beschluß ist nicht anfechtbar. Kommt der Jugendliche den Auflagen, Weisungen oder erzieherischen Maßnahmen nach, so stellt der Richter das Verfahren ein. § 11 Abs. 3 und 15 Abs. 3 Satz 2 sind nicht anzuwenden.

(2) Die Einstellung bedarf der Zustimmung des Staatsanwalts, soweit er nicht bereits der vorläufigen Einstellung zugestimmt hat. Der Einstellungsbeschluß kann auch in der Hauptverhandlung ergehen. Er wird mit Gründen versehen und ist nicht anfechtbar. Die Gründe werden dem Angeklagten nicht mitgeteilt, soweit davon Nachteile für die Erziehung zu befürchten sind.

(3) Wegen derselben Tat kann nur auf Grund neuer Tatsachen oder Beweismittel von neuem Anklage erhoben werden.

Diversionsmöglichkeiten im LO 5/2000 vom 12. Januar „zur Regelung der strafrechtlichen Verantwortlichkeit von Minderjährigen"

art. 18. *Verzicht auf die Einleitung eines Verfahrens aufgrund einer erfolgten Besserung im erzieherischen und familiären Bereich.*

Die Staatsanwaltschaft kann von der Einleitung eines Verfahrens absehen, wenn die angezeigten strafbaren Handlungen als weniger schwere Verbrechen ohne Gewalt oder Einschüchterung oder als Vergehen eingestuft werden können, welche als tatbestandsmäßig vom Strafgesetzbuch oder strafrechtlichen Nebengesetzen bestimmt worden sind. In diesem Fall wird die Staatsanwaltschaft die Akten an die öffentliche Stelle zum Schutz der Minderjährigen überstellen, um den Bestimmungen des art. 3 dieses Gesetzes Folge zu leisten. Das in diesem Absatz Angeführte ist vorbehaltlich der Durchführung des Verfahrens bezüglich der zivilrechtlichen Verantwortlichkeit zu verstehen.

Wenn aber ersichtlich wird, daß der Minderjährige schon früher Straftaten ähnlicher Rechtsnatur begangen hat, muß die Staatsanwaltschaft die Einleitung des Strafverfahrens vornehmen und gegebenenfalls gemäß den Bestimmungen des art. 27 Abs. 4 dieses Gesetzes vorgehen.

Art. 19. *Einstellung des Verfahrens nach erfolgtem Ausgleich oder nach einer Wiedergutmachung zwischen dem Minderjährigen und dem Opfer.*

1. Desweiteren kann die Staatsanwaltschaft das Verfahren einstellen unter Berücksichtigung der Schwere und Umstände der begangenen Straftat sowie der Person des straffälligen Minderjährigen, insbesondere beim Fehlen von schwerwiegender Gewalt oder Einschüchterung in der Tatbegehung. Darüber hinaus wird die Tatsache hervorgehoben, daß der Minderjährige einen Ausgleich mit dem Geschädigten vereinbart hat oder sich verpflichtet hat, den dem Opfer oder Geschädigten angerichteten Schaden wiedergutzumachen oder der vom technischen Team vorgeschlagenen erzieherischen Tätigkeit nachzukommen.

Das Absehen von der Fortsetzung des schon eingeleiteten Verfahrens ist nur vorgesehen, wenn die dem Minderjährigen vorgeworfene strafbare Handlung als ein weniger schweres Verbrechen oder als Vergehen eingestuft werden kann.

2. Der Ausgleich wird im Sinne des im letzten Absatz Angeführten vollzogen, wenn der Minderjährige den dem Opfer angerichteten Schaden anerkennt und er sich bei diesem entschuldigt und wenn das Opfer seine Entschuldigung annimmt. Unter Wiedergutmachung wird die von dem Minderjährigen in Einvernehmen mit dem Opfer oder Geschädigten übernommene Verpflichtung, bestimmte Aktivitäten zum Nutzen derjenigen oder der Allgemeinheit durchzuführen, sowie ihre tatsächliche Durchführung verstanden. All dies ist unbeschadet der Einigung zwischen den Parteien in bezug auf das Betreiben der Klage hinsichtlich der in diesem Gesetz geregelten zivilrechtlichen Verantwortlichkeit, die aus der Verwirklichung eines Verbrechens oder Vergehens herrührt, zu verstehen.

3. Das zuständige technische Team übernimmt die Funktionen bezüglich der Vermittlung zwischen dem Minderjährigen und dem Opfer oder Geschädigten im Sinne der in den vorigen Absätzen gemachten Ausführungen. Ferner informiert es die Staatsanwaltschaft über die von dem Minderjährigen übernommenen Verpflichtungen sowie über den Grad ihrer tatsächlichen Durchführung.

4. Ist der vereinbarte Ausgleich erfolgt oder ist der Minderjährige seinen Verpflichtungen bezüglich einer Wiedergutmachung gegenüber dem Opfer oder Geschädigten für das begangene Verbrechen oder Vergehen nachgekommen, oder ist deren Durchführung aus bestimmten dem Minderjährigen nicht zuzuschreibenden Gründen nicht möglich, so muß die Staatsanwaltschaft das Ermittlungsverfahren für beendet erklären, bei dem Jugendrichter die Einstellung des Verfahrens anregen und ihm die Akten zustellen.

5. Kommt der Minderjährige der Wiedergutmachungsleistung oder der vereinbarten erzieherischen Tätigkeit nicht nach, so muß die Staatsanwaltschaft die Fortsetzung des Ermittlungsverfahrens vornehmen.

6. In den Fällen, in denen das Opfer des begangenen Verbrechens oder Vergehens ein Minderjähriger oder Unmündiger ist, müssen die in dieser Vorschrift angeführten Vereinbarungen durch seinen gesetzlichen Vertreter angenommen werden, mit Zustimmung des Jugendrichters.

Literaturverzeichnis

1. Deutscher Teil

- *Albrecht, Hans-Jörg*: Präventive Aspekte der Verfahrenseinstellung im Jugendstrafrecht, in: *Walter, Michael;Koop, Gerd (Hrsg.)*, Die Einstellung des Strafverfahrens im Jugendrecht, Vechta 1984, S. 51 ff.
- *Albrecht, Hans-Jörg*: Die Entwicklung des Jugendstrafrechts im internationalen Vergleich, in: *Hubert, Harry; Hochgesand, Lothar (Hrsg.)*, Entwicklungen im Bereich der Jugendstrafrechtspflege, Mönchengladbach 1997, S. 22 ff.
- *Albrecht, Peter-Alexis*: Diversion und (Un)Gleichgewicht der Rechtsanwendung, Kriminalistik 42 (1988), S. 427 ff.
- *Albrecht, Peter-Alexis (Hrsg.)*: Informalisierung des Rechts, Berlin (u.a.) 1990
- *Albrecht, Peter-Alexis*: Jugendstrafrecht, 2. Auflage, München 1993
- *Albrecht, Peter-Alexis*: Jugendstrafrecht, 3. Auflage, München 2000
- *Avenarius, Hermann*: Die Rechtsordnung der Bundesrepublik Deutschland, 2. Auflage, Bonn 1997
- *Beckmann, Hermann*: Ungenutzte Möglichkeiten des Vorverfahrens, in: *Kury, Helmut (Hrsg.)*, Kriminologische Forschung in der Diskussion: Berichte, Standpunkte, Analyse, Bd. 10, Köln (u.a.) 1985, S. 417 ff.
- *Beulke, Werner*: Wieviel Erziehung ist im Jugendstrafrecht möglich?, in: *Rössner, Dieter (Hrsg.)*, Toleranz, Erziehung, Strafe, Hofgeismar 1989, S. 65 ff.
- *Beulke, Werner*: Brauchen wir eine Wende im Jugendstrafrecht?, in: Gedächtnisschrift für Karlheinz Meyer, 1990, S. 677 ff.
- *Beulke, Werner*: Strafprozeßrecht, 4. Auflage, Heidelberg 2000
- *Blau, Günther*: Diversion und Strafrecht, Jura 9 (1987), S. 25 ff.
- *Böhm, Alexander*: Zur Änderung des Jugendgerichtsgesetzes, NJW 1991, S. 534 ff.
- *Böhm, Alexander*: Zur sogenannten Staatsanwaltsdiversion im Jugendstrafverfahren, in: Festschrift für Günther Spendel zum 70. Geburtstag, 1992, S. 777 ff.
- *Böhm, Alexander*: Einführung in das Jugendstrafrecht, 3. Auflage, München 1996
- *Boers, Klaus*: Jugend und Gewalt. Entwicklungen und Erklärungen seit der Wende, Neue Kriminalpolitik 3 (2000), S. 7 ff.
- *Böttcher, Reinhart; Weber, Klaus*: Erstes Gesetz zur Änderung des Jugendgerichtsgesetzes, NStZ 1990, S. 561 ff.; NStZ 1991, S. 7 ff.
- *Bohlander, Michael*: Bericht über die Teilnahme am deutsch-spanischen Richteraustausch, Deutsche Richterzeitung 1997, S. 37 ff.
- *Bohnert, Joachim*: Die Reichweite der staatsanwaltschaftlichen Einstellung im Jugendstrafrecht, NJW 1980, S. 1927 ff.
- *Bottke, Wilfried*: Zur Ideologie und Teleologie des Jugendstrafverfahrens, ZStW 95 (1983), S. 69 ff.
- *Breymann, Klaus*: Diversion -für wen eigentlich?, ZfJ 72 (1985), S. 14 ff.
- *Brodkorb, Detlev*: Verfassungsrechtliche Grenzen bei der Erteilung von Erziehungsmaßregeln und Zuchtmitteln gegenüber Jugendlichen und Heranwachsenden, Frankfurt am Main (u.a.) 1998

- *Brunner, Rudolf; Dölling, Dieter*: Jugendgerichtsgesetz, 10. Auflage, Berlin 1996
- *Bruns, Bernhard*: Hilfen für junge Rechtsbrecher: Modelle, Entwürfe, Auswertungen zur projektorientierten Jugendgerichtshilfe in der Osnabrücker Region, Münster (u.a.) 1993
- *Bundesarbeitsgemeinschaft für ambulante Maßnahmen nach dem Jugendgerichtsgesetz in der DVJJ (Hrsg.)*: Ambulante Maßnahmen und sozialpädagogische Jugendhilfeangebote für junge Straffällige, DVJJ-Schriftenr., Bd. 20, Bonn 1992
- *Bundeskriminalamt (Hrsg.)*: Polizeiliche Kriminalstatistik für das Jahr 1998, Wiesbaden 1999
- *Bundeskriminalamt (Hrsg.)*: Polizeiliche Kriminalstatistik für das Jahr 1999, Wiesbaden 2000
- *Bundeskriminalamt (Hrsg.)*: Polizeiliche Kriminalstatistik für das Jahr 2000, Wiesbaden 2001
- *Bundesministerium der Justiz (Hrsg.)*: „Diversion" im deutschen Jugendstrafrecht. Thesen, Empfehlungen, Bibliographie, Bonn 1989
- *Bundesministerium der Justiz (Hrsg.)*: Jugendstrafrechtsreform durch die Praxis -informelle Reaktionen und neue ambulante Maßnahmen auf dem Prüfstand, Konstanzer Symposium, Bonn 1989
- *Bundesministerium der Justiz (Hrsg.)*: Jugendgerichtshilfe -Quo vadis?, Frankfurter Symposium, Bonn 1991
- *Bundesministerium der Justiz (Hrsg.)*: Grundfragen des Jugendkriminalrechts und seiner Neuregelung, 2. Kölner Symposium, Bonn 1992
- *Clages, Horst*: Diversion im Jugendstrafrecht, Kriminalistik 49 (1995), S. 607 ff.
- *Creifelds*: Rechtswörterbuch, 16. Auflage, München 2000
- *Dallinger, Wilhelm; Lackner, Karl*: Jugendgerichtsgesetz, München (u.a.) 1955
- *Diemer, Herbert; Schoreit, Armin; Sonnen, Bern-Rüdeger*: Jugendgerichtsgesetz, 3. Auflage, Heidelberg, 1999
- *Dirnaichner, Udo*: Der nordamerikanische Diversionsansatz und rechtliche Grenzen seiner Rezeption im bundesdeutschen Jugendstrafrecht, Frankfurt am Main (u.a.) 1990
- *Dirnaichner, Udo*: Grenzen der Diversionsbefugnisse des Jugendstaatsanwalts gemäß § 45 II Satz 1 JGG, ZfJ 78 (1991), S. 12 ff.
- *Dölling, Dieter*: Rechtsprobleme der Jugendstrafrechtsreform durch die Praxis, in: *Bundesministerium der Justiz (Hrsg.)*, Jugendstrafrechtsreform durch die Praxis, Bonn 1989, S. 243 ff.
- *Dölling, Dieter*: Die Bedeutung der Jugendkriminalität im Verhältnis zur Erwachsenenkriminalität, in: *Bundesministerium der Justiz (Hrsg.)*, Grundfragen des Jugendkriminalrechts und seiner Neuregelung, Bonn 1992, S. 38 ff.
- *Dölling, Dieter*: Erziehung im Jugendkriminalrecht und Legalbewährung nach jugendstrafrechtlichen Sanktionen, RdJB 41 (1993), S. 370 ff.
- *Dokumentation*: Gegenreform im Jugendstrafrecht? Wider die repressive Hilflosigkeit!. Stellungnahme von 55 Jugendstrafrechtsprofessoren und Kriminologen, DVJJ-Journal 3 (1998), S. 203 ff.; Strafverteidiger 18 (1998), S. 632 ff.; Zeitschrift für Rechtspolitik 1998, S. 446 ff.
- *Dörner, Christine*: Erziehung und Strafe: Die Geschichte des Jugendstrafvollzugs 1871-1945, Weinheim (u.a.) 1991
- *DUDEN*: Das Fremdwörterbuch (Bd. 5), 6. Auflage, Mannheim (u.a.) 1997

- *DVJJ (Hrsg.)*: Jugend im sozialen Rechtsstaat -Für ein neues Jugendstrafrecht. Dokumentation des 22. Deutschen Jugendgerichtstages vom 26. bis 30. September 1992 in Regensburg, Bonn 1996
- *Dünkel, Frieder*: Freiheitsentzug für junge Rechtsbrecher. Situation und Reform von Jugendstrafe, Jugendstrafvollzug, Jugendarrest und Untersuchungshaft in der Bundesrepublik Deutschland und im internationalen Vergleich, Bonn 1990
- *Dünkel, Frieder; van Kalmthout, Anton; Schüler-Springorum, Horst (Hrsg.)*: Entwicklungstendenzen und Reformstrategien im Jugendstrafrecht im europäischen Vergleich, Mönchengladbach 1997
- *Eisenberg, Ulrich*: Jugendgerichtsgesetz, 8. Auflage, München 2000
- *Eisenberg, Ulrich*: Kriminologie, 5. Auflage, München 2000
- *Empfehlungen der Ad-hoc-Kommission „Diversion" vom 5. Februar 1988*, in: *Bundesministerium der Justiz (Hrsg.)*, „Diversion" im deutschen Jugendstrafrecht. Thesen, Empfehlungen, Bibliographie, Bonn 1989, S. 11 ff.
- *Endriß, Rainer; Malek, Klaus*: Betäubungsmittelgesetz, 2. Auflage, München 2000
- *Erb, Volker*: Legalität und Opportunität. Gegensätzliche Prinzipien der Anwendung von Strafrechtsnormen im Spiegel rechtstheoretischer, rechtsstaatlicher und rechtspolitischer Überlegungen, Berlin 1999
- *Findeisen, Hans-Volkmar; Kersten, Joachim*: Der Kick und die Ehre. Vom Sinn jugendlicher Gewalt, 1. Auflage, München 1999
- *Fischer, Alexander*: Strafmündigkeit und Strafwürdigkeit im Jugendstrafrecht, Frankfurt am Main (u.a.) 2000
- *Franke, Herbert*: Das Jugendgerichtsgesetz vom 16. Februar 1923, 2. Auflage, Berlin (u.a.) 1926
- *Fritsch, Markus*: Die jugendstrafrechtliche Reformbewegung (1871-1923), Diss. jur. 1999
- *Geppert, Klaus*: Das Legalitätsprinzip, Jura 3 (1982), S. 139 ff.
- *Geppert, Klaus*: Das Opportunitätsprinzip, Jura 6 (1986), S. 309 ff.
- *Gerlach, Götz*: Absprachen im Strafverfahren. Ein Beitrag zu den Rechtsfolgen fehlgeschlagener Absprachen im Strafverfahren, Frankfurt am Main (u.a.) 1992
- *Häner, Jürgen*: Ein Absehen von der Verfolgung nach § 45 Abs. 2 JGG setzt kein Geständnis des Beschuldigten voraus, Strafverteidiger 12 (1984), S. 530 ff.
- *Hartmann, Susanne*: Der soziale Bonus im Jugendstrafrecht. Zum Einfluß sozialbiographischer Daten auf die Urteilsfindung, 1. Auflage, Baden-Baden 1994
- *Heinz, Wolfgang*: Strategien der Diversion in der Jugendgerichtsbarkeit der Bundesrepublik Deutschland, RdJB 32 (1984), S. 291 ff.
- *Heinz, Wolfgang*: Das jugendstrafrechtliche Subsidiaritätsprinzip auf dem Prüfstand, in: *Heinz, Wolfgang; Hügel, Christine*, Forschungsvorhaben des Bundesministers der Justiz: „Erzieherische Maßnahmen im deutschen Jugendstrafrecht", Bonn 1987, S. 7 ff.
- *Heinz, Wolfgang*: Die Bedeutung des Erziehungsgedankens für Normsetzung und Normanwendung im Jugendstrafrecht, in: *Wolff, Jörg; Marek, Andrzej (Hrsg.)*, Erziehung und Strafe, DVJJ-Schriftenr. Bd. 19, Bonn 1990, S. 28 ff.
- *Heinz, Wolfgang*: Diversion im Jugendstrafverfahren, Zeitschrift für Rechtspolitik 1990, S. 7 ff.
- *Heinz, Wolfgang*: Regierungsentwurf zur Änderung des Jugendgerichtsgesetzes, RdJB 38 (1990), S. 133 ff.

- *Heinz, Wolfgang*: Das Erste Gesetz zur Änderung des Jugendgerichtsgesetzes (1.JGGÄndG), Zeitschrift für Rechtspolitik 1991, S. 183 ff.
- *Heinz, Wolfgang*: Das Jugendstrafrecht auf dem Weg in das 21. Jahrhundert, Juristische Schulung 11 (1991), S. 896 ff.
- *Heinz, Wolfgang*: Diversion im Jugendstrafverfahren, ZStW 104 (1992), S. 591 ff.
- *Heinz, Wolfgang*: Abschaffung oder Reformulierung des Erziehungsgedankens im Jugendstrafrecht?, in: *Bundesministerium der Justiz (Hrsg.)*, Grundfragen des Jugendkriminalrechts und seiner Neuregelung, 2. Kölner Symposium, Bonn 1992, S. 369 ff.
- *Heinz, Wolfgang*: Neues zur Diversion im Jugendstrafverfahren -Kooperation, Rolle und Rechtsstellung der Beteiligten, MschrKrim 76 (1993), S. 355 ff.
- *Heinz, Wolfgang*: Flucht ins Prozeßrecht? Verfahrensrechtliche Entkriminalisierung (Diversion) im Jugendstrafrecht, Neue Kriminalpolitik 2 (1994), S. 29 ff.
- *Heinz, Wolfgang*: Sanktionspraxis im Jugendstrafrecht, DVJJ-Journal 2 (1996), S. 105 ff.
- *Heinz, Wolfgang*: Neues zur Diversion im Jugendstrafrecht -Kooperation, Rolle und Rechtsstellung der Beteiligten, in: *DVJJ-Schriftenr. (Hrsg.)*, Jugend im sozialen Rechtsstaat. Für ein neues Jugendstrafrecht. Dokumentation des 22. Deutschen Jugendgerichtstages vom 26. bis 30. September 1992 in Regensburg, Bonn 1996, S. 349 ff.
- *Heinz, Wolfgang*: Das System formeller sozialer Kontrolle abweichenden Verhaltens junger Menschen in der Bundesrepublik Deutschland, in: *Dünkel, Frieder; van Kalmthout, Anton; Schüler-Springorum, Horst (Hrsg.)*, Entwicklungstendenzen und Reformstrategien im Jugendstrafrecht im europäischen Vergleich, Mönchengladbach 1997, S. 3 ff.
- *Heinz, Wolfgang*: Diversion im Jugendstrafrecht und im allgemeinen Strafrecht, DVJJ-Journal 3 (1998), S. 245 ff.; DVJJ-Journal 1 (1999), S. 11 ff.; DVJJ-Journal, 2 (1999), S. 131 ff.
- *Heinz, Wolfgang*: Das strafrechtliche Sanktionssystem und die Sanktionspraxis in Deutschland 1882-1998 (Stand: Berichtsjahr 1998). Konstanzer Inventar für Sanktionsforschung, Internet-Publikation: www.uni-konstanz.de/rft/kis/sanks98.htm (Version 1/2000)
- *Heinz, Wolfgang; Storz, Renate*: Diversion im Jugendstrafrecht der Bundesrepublik Deutschland, Bonn 1992
- *Heinz, Wolfgang; Spieß, Gerhard; Storz, Renate*: Prävalenz und Inzidenz strafrechtlicher Sanktionierung im Jugendalter. Ergebnisse einer Untersuchung von zwei Sanktioniertenkohorten anhand von Daten des Bundeszentralregisters, in: *Kaiser, Günther; Kury, Helmut; Albrecht, Hans-Jörg, (hrsg.)*, Kriminologische Forschung in den 80er Jahren. Projektberichte aus der Bundesrepublik Deutschland, Freiburg i. Br. 1988, S. 631 ff.
- *Hellmann, Uwe*: Strafprozeßrecht, Berlin (u.a.) 1998
- *Herbort, Ursula*: Wer kommt vor das Gericht? Die Entscheidung der Staatsanwaltschaft über Anklage und Einstellung im Jugendstrafverfahren, Pfaffenweiler 1992
- *Hering, Eike; Sessar, Klaus*: Praktizierte Diversion, Pfaffenweiler 1990
- *Herrmann, Joachim*: Der amerikanische Strafprozeß, in: *Jung, Heike (Hrsg.)*, Der Strafprozeß im Spiegel ausländischer Verfahrensordnungen, Berlin (u.a.) 1990, S. 133 ff.
- *Herz, Ruth*: Jugendstrafrecht, 2. Auflage, Köln (u.a.) 1987

- *Herzog-Bastian, Brigitte; Jacobi, Volker; Moser, Peter; Scheuring, Axel*: Straftaten Jugendlicher. Ursachen, Folgen, sozialpädagogische Maßnahmen, Freiburg i. Br. 1988
- *Hinrichsen, Kurt*: Jugendkriminalrecht. Ein Grundriß für Ausbildung und Praxis im Jugendwohlfahrts- und Justizdienst, Berlin 1957
- *Hinz, Werner*: Strafmündigkeit ab vollendetem 12. Lebensjahr?, Zeitschrift für Rechtspolitik 2000, S. 107 ff.
- *Hirano, Ryuichi*: Diversion und Schlichtung, ZStW 93 (1981), S. 1085 ff.
- *Höbel, Anette; Quick, Andrea*: Möglichkeiten der Diversion im Jugendstrafverfahren, Frankfurt am Main (u.a.) 1987
- *Hubert, Harry; Hochgesand, Lothar (Hrsg.)*: Entwicklungen im Bereich der Jugendstrafrechtspflege, Mönchengladbach 1997
- *Hye-Wook Won*: Neue ambulante Maßnahmen im Jugendstrafrecht, Frankfurt am Main (u.a.) 1996
- *Initiative der CDU/CSU-Bundestagsfraktion gegen Gewalt und Extremismus vom 22. Juni 1993*, DVJJ-Journal 2 (1993), S. 103 ff.
- *Janke, Alexander*: Verständigung und Absprachen im Strafverfahren, Aachen 1997
- *Janssen, Helmut*: Diversion: Entstehungsbedingungen, Hintergründe und Konsequenzen einer veränderten Strategie sozialer Kontrolle, in: *Kerner; Hans Jürgen (Hrsg.)*, Diversion statt Strafe?, Heidelberg 1983, S. 15 ff.
- *Jehle, Jörg-Martin*: Plädoyer für bessere Kriminalstatistiken, Neue Kriminalpolitik 2 (1994), S. 22 ff.
- *Jörg E., Wilhelm*: Die Stellung der Jugendgerichtshilfe im Verfahren, Aachen 1996
- *Jung, Heike*: Zur Reform des Jugendstrafrechts -eine Zwischenbilanz, Juristische Schulung 12 (1992), S. 186 ff.
- *Jureit, Ulrike*: Erziehen, Strafen, Vernichten: Jugendkriminalität und Jugendstrafrecht im Nationalsozialismus, Münster 1995
- *Kaiser, Günther*: International vergleichende Perspektiven zum Jugendstrafrecht, in: Festschrift für Günther Blau zum 70. Geburtstag, 1985, S. 441 ff.
- *Kaiser, Günther*: Kriminologie, 3. Auflage, Heidelberg 1996
- *Kaiser, Günther; Mainberg, Volker*: „Tuschelverfahren" und „Millionärsschutzparagraph". Empirische Erkenntnisse zur Einstellung nach § 153a I StPO am Beispiel Wirtschaftskriminalität, NStZ 1984, S. 343 ff.
- *Kaiser, Günther; Kerner, Hans-Jürgen; Sack, Fritz; Schellhoss, Harmut (Hrsg.)*: Kleines Kriminologisches Wörterbuch, 3. Auflage, Heidelberg 1993
- *Kalpers-Schwaderlapp, Martina*: Diversion to nothing -Eine vergleichende Rückfalluntersuchung der gemäß § 45 Abs. 2 Nr. 2 JGG eingestellten bzw. im förmlichen Jugendverfahren abgeurteilten einfachen Diebstahlsverfahren von Jugendlichen in den Landgerichten Koblenz und Mainz, Diss. Jur. 1989
- *Kausch, Erhard*: Der Staatsanwalt: Ein Richter vor dem Richter?. Untersuchungen zu Paragraph § 153a StPO, Berlin 1980
- *Kerner, Hans Jürgen*: Kriminologie Lexikon, 4. Auflage, Heidelberg 1991
- *Kerner, Hans-Jürgen; Kury, Helmut; Sessar, Klaus*: Deutsche Forschungen zur Kriminalitätsentstehung und Kriminalitätskontrolle, Bd. 6/2 Teilband, Köln (u.a.) 1983
- *Kiesov, Wilhelm*: Jugendgerichtsgesetz vom 16. Februar 1923, Mannheim (u.a) 1923

- *Kirchhoff, Gerd-Ferdinand*: Diversionsprogramme in den USA. Diversion zwischen Entdeckung und vor Verurteilung im Juvenile Justice-System, in: *Kury, Helmut; Lerchenmüller, Hedwig (Hrsg.)*, Diversion. Alternativen zu klassischen Sanktionsformen, Bd. 1, Bochum 1981, S. 246 ff.
- *Kirchhoff, Gerd-Ferdinand; Wachowius, Winfried*: Diversion im Jugendstrafrecht. Das STOP-Programm der INTEG, in: *Kury, Helmut (Hrsg.)*, Prävention abweichenden Verhaltens -Maßnahmen der Vorbeugung und Nachbetreuung, Köln (u.a.) 1982, S. 390 ff.
- *Kleinknecht, Theodor; Meyer-Goßner, Lutz*: Strafprozeßordnung, 44. Auflage, München 1999
- *Kleinknecht, Theodor; Meyer-Goßner, Lutz*: Strafprozeßordnung, 45. Auflage, München 2001
- *Kreuzer, Arthur*: Kinderdelinquenz und Jugendkriminalität. Umfang, Struktur und Entwicklung, Zeitschrift für Pädagogik 29 (1983), S. 49 ff.
- *Kreuzer, Arthur; Görgen, Thomas; Krüger, Ralf; Münch, Volker; Schneider, Hans*: Jugenddelinquenz in Ost und West, in: DVJJ-Schriftenr. Bd. 22, Bonn 1993
- *Krey, Volker*: Strafverfahrensrecht, Bd. 1, Stuttgart (u.a.) 1988
- *Krey, Volker*: Strafverfahrensrecht, Bd. 2, Stuttgart (u.a.) 1990
- *Kümmerlein, Heinz*: Reichsjugendgerichtsgesetz vom 6. November 1943, München 1944
- *Kuhlen, Lothar*: Diversion im Jugendstrafverfahren, Heidelberg 1988
- *Kury, Helmut; Lerchenmüller, Hedwig (Hrsg.)*: Diversion. Alternativen zu klassischen Sanktionsformen, Bd. 1/Bd. 2, Bochum 1981
- *Lamnek, Siegfried*: Theorien abweichenden Verhaltens, 5. Auflage, München 1993
- *Lamnek, Siegfried*: Neue Theorien abweichenden Verhaltens, München 1994
- *Landscheidt, Karl*: Strafbare Handlungen von Jugendlichen. Ein Vergleich der Motivation von Tätern mit geringer und hoher Kriminalitätsbelastung, Regensburg 1995
- *Lehmann, Jürgen*: Das formlose Erziehungsverfahren und seine rechtlichen Grenzen, Diss. jur. 1991
- *Lehmann, Jürgen*: Sanktionslosigkeit jugendlicher Bagatellkriminalität, Aachen 1995
- *Lemert, Edwin M.*: Social Patology, New York 1951
- *Lemert, Edwin M.*: Alternativen zur gerichtlichen Verarbeitung abweichenden Verhaltens -Diversion auf der Ebene polizeilichen Handelns, in: *Brusten, Manfred; Herriger, Norbert; Malinowski, Peter (Hrsg.)*, Entkriminalisierung, Opladen 1985, S. 37 ff.
- *Lemert, Edwin. M.*: Diversion im Rahmen der Jugendgerichtsbarkeit: Was wurde eigentlich erreicht?, in: *Brusten, Manfred; Herriger, Norbert; Malinowski, Peter (Hrsg.)*, Entkriminalisierung, Opladen 1985, S. 124 ff.
- *Lempp, Reinhard:* Hilfe - Erziehung - Strafe. Was Brauchen junge Straftäter?, in: *DVJJ (Hrsg.)*, Jugend im sozialen Rechtsstaat -Für ein neues Jugendstrafrecht. Dokumentation des 22. Deutschen Jugendgerichtstages vom 26. bis 30. September 1992 in Regensburg, Bonn 1996, S. 28 ff.
- *Leutheusser-Schnarrenberger, Sabine*: Presseerklärung vom 21.6.1993 bzgl. einer Verschärfung des Jugendstrafrechts, DVJJ-Journal 2 (1993), S. 105
- *Libuda-Köster, Astrid*: Diversion: Selbsteinschätzung und Realität staatsanwaltlichen Entscheidens: Eine Befragung nordrhein-westfälischer Jugendstaatsanwältinnen und Jugendstaatsanwälte, Diss. jur. 1991

- *Löwe-Rosenberg*: Die Strafprozeßordnung und das Gerichtsverfassungsgesetz, 24. Auflage, Berlin 1989 (§§ 151-197: Peter Rieß)
- *Losseff-Tillmanns, Gisela; Steindorff, Caroline; Borricand, Jaques*: Jugend(kriminal)recht in Deutschland und Frankreich, Bonn 1992
- *Ludwig, Wolfgang:* Zur Genese und Entwicklung von Diversion im Jugendstrafrecht der USA und der Bundesrepublik, MschKrim 69 (1986), S. 193 ff.
- *Ludwig, Wolfgang:* Diversion: Strafe im neuen Gewand, Berlin 1989
- *Ludwig-Mayerhofer, Wolfgang*: Die staatsanwaltliche Diversionspraxis im Jugendstrafrecht -Eine landesweite Aktenuntersuchung in 19 Staatsanwaltschaften Nordrhein-Westfalens, in: *Albrecht, Peter-Alexis (Hrsg.)*, Informalisierung des Rechts, Berlin (u.a.) 1990, S. 47 ff.
- *Marks, Erich*: Entstehung und Praxis des Projektes Brücke-Köln e.V., Bewährungshilfe 29 (1982), S. 126 ff.
- *Matheis, Bernhard*: Intervenierende Diversion -Eine empirische Untersuchung unterschiedlicher Verfahrens- und Reaktionsalternativen in Jugendstrafverfahren im Landgerichtsbezirk Kaiserslautern, Diss. Jur. 1991
- *Meßner, Claudius*: Recht im Streit: Das Jugendstrafrecht, die alternativen Sanktionen und die Idee der Mediation, Pfaffenweiler 1996
- *Micheel, Heinz-Günther*: Diversion als Ausweitung sozialer Kontrolle?: Eine empirische Studie mit einer Einführung in diskrete Ergebnis-Modelle, Diss. Jur. 1994
- *Mindestgrundsätze der Vereinten Nationen für die Jugendgerichtsbarkeit*, ZStW 99 (1987), S. 253 ff.
- *Mitsch, Wolfgang*: Recht der Ordnungswidrigkeiten, Berlin (u.a.) 1995
- *Mohren, Veronika*: Die Veranlassung erzieherischer Maßnahmen durch den Staatsanwalt nach § 45 JGG, Sinzheim 1997
- *Mrozynski, Peter*: Kinder- und Jugendhilfegesetz (SBG VIII), 3. Auflage, München 1998
- *Müller, Henning Ernst*: Diversion im Jugendstrafrecht und rechtsstaatliches Verfahren, Deutsche Richterzeitung 1996, S. 443 ff.
- *Müller, Siegfried; Otto, Hans-Uwe (Hrsg.)*: Damit Erziehung nicht zur Strafe wird. Sozialarbeit als Konfliktschlichtung, Bielefeld 1986
- *Müller, Siegfried; Sünker, Heinz*: Soziale Arbeit im Labyrinth des Jugendstrafrechts. Zum Verhältnis von Erziehen, Helfen und Strafen, in: *Häußling, Josef Maria; Reindl, Richard (Hrsg.)*, Sozialpädagogik und Strafrechtspflege. Gedächtnisschrift für Max Busch, 1995, S. 301 ff.
- *Neubacher, Frank*: Kinderdelinquenz, Zeitschrift für Rechtspolitik 1998, S. 121 ff.
- *Neubacher, Frank*: „Trau keinem unter 30!" -Wie bedrohlich ist die Jugendkriminalität wirklich?, Zeitschrift für Rechtspolitik 1998, S. 429 ff.
- *Neubacher, Frank*: Jugendkriminalität: „Immer jünger, immer brutaler". Ein Erfahrungsbericht, Neue Kriminalpolitik 3 (1999), S. 4 ff.
- *Nix, Christoph (Hrsg.)*: Kurzkommentar zum Jugendgerichtsgesetz, Weinheim (u.a.) 1994
- *Nothacker, Gerhard*: Das Absehen von der Verfolgung im Jugendstrafverfahren (§ 45 JGG), Juristenzeitung 1982, S. 57 ff.
- *Nothacker, Gerhard*: „Erziehungsvorrang" und Gesetzesauslegung im Jugendgerichtsgesetz. Eine systematisch-methodologische Analyse jugendstrafrechtlicher Rechtsanwendungsprinzipien, Berlin 1985

- *Ostendorf, Heribert*: Kommentar zum Jugendgerichtsgesetz. Reihe Alternativkommentare, Neuwied (u.a.) 1987
- *Ostendorf, Heribert*: Jugendgerichtsgesetz, 4. Auflage, München 1997
- *Ostendorf, Heribert*: Der strafjustitielle Umgang mit Kindern, DVJJ-Journal 4 (1997), S. 375 ff.
- *Ostendorf, Heribert*: Das deutsche Jugendstrafrecht -zwischen Erziehung und Repression, Strafverteidiger 18 (1998), S. 297 ff.
- *Ostendorf, Heribert*: Das Jugendstrafverfahren: Eine Einführung in die Praxis, 1. Auflage, Köln (u.a.) 1998
- *Ostendorf, Heribert*: Ziele und Aufgaben des Jugendstrafrechts, in: Bundeszentrale für politische Bildung (Hrsg.), Informationen zur politischen Bildung. Kriminalität und Strafrecht, Bd. 248, Bonn 1999
- *Ostendorf, Herbert*: Jugendgerichtsgesetz, 5. Auflage, München 2000
- *Ostendorf, Heribert*: Jugendstrafrecht unter Beschuß, Neue Kriminalpolitik 1 (2000), S. 4 ff.
- *Ostendorf, Heribert*: Jugendstrafrecht in der Diskussion, Zeitschrift für Rechtspolitik 2000, S. 103 ff.
- *Peters, Karl*: Jugendgerichtsgesetz vom 16. Februar 1923, Berlin 1942
- *Peters, Karl*: Reichsjugendgerichtsgesetz vom 6. November 1943, 2. Auflage, Berlin 1944
- *Peters, Karl*: Werdendes Jugendstrafrecht. Gedanken, Entwurf und Begründung zur Neugestaltung des Jugendgerichtsgesetzes, Bonn 1947
- *Peters, Karl*: Jugendstrafrecht, Bonn 1948
- *Peters, Karl*: Die Grundlagen der Behandlung junger Rechtsbrecher, MschrKrim 49 (1966), S. 49 ff.
- *Peters, Karl*: Strafprozeßrecht, 4. Auflage, Heidelberg 1985
- *Pfeiffer, Christian*: Das Projekt der BRÜCKE e.V. München. Ein Beitrag zur „inneren Reform" des Jugendkriminalrechts und zur Sanktionierung im Bereich der Weisungen und Zuchtmittel, Kriminologisches Journal 11 (1979), S. 261 ff.
- *Pfeiffer, Christian*: Kriminalprävention im Jugendstrafverfahren, Bayreuth 1983
- *Pfeiffer, Christian*: Aufbruch zum Rückschritt? Die „Law and Order"-Profilierung der CDU/CSU bedroht das Jugendstrafrecht, DVJJ-Journal 2 (1993), S. 116 ff.
- *Pfeiffer, Christian; Wetzels, Peter*: „Die Explosion des Verbrechens?" Zu Mißbrauch und Fehlinterpretation der polizeilichen Kriminalstatistik, Neue Kriminalpolitik 2 (1994), S. 32 ff.
- *Pfeiffer, Christian; Delzer, Ingo; Enzmann, Dirk; Wetzels, Peter*: Ausgrenzung, Gewalt und Kriminalität im Leben junger Menschen: Kinder und Jugendliche als Opfer und Täter, in: DVJJ-Sonderdruck zum 24. Deutschen Jugendgerichtstag, Hannover 1998
- *Pfeiffer, Christian; Wetzels, Peter*: Zur Struktur und Entwicklung der Jugendgewalt in Deutschland, in: Bundeszentrale für politische Bildung. Aus Politik und Zeitgeschichte, Bd. 26 1999, S. 3 ff.
- *Plewig, Hans-Joachim*: Ist das Jugendstrafrecht durch die Sozialpädagogik zu retten?, in: *Müller, Siegfried; Otto, Hans-Uwe (Hrsg.)*, Damit Erziehung nicht zur Strafe wird. Sozialarbeit als Konfliktschlichtung, Bielefeld 1986, S. 253 ff.
- *Pohl-Laukamp, Dagmar*: Legalitätsprinzip und Diversion, Kriminalistik 38 (1983), S. 131 ff

- *Potrykus, Gerhard*: Kommentar zum Jugendgerichtsgesetz, 3. Auflage, Darmstadt (u.a.) 1954
- *Resch, Wolfgang J.*: Alternativen zur Jugendstrafe in der Praxis, in: Schriftenr. Dt. Bewährungshilfe, Bd. 23, Bonn 1992
- *Richtlinien der Vereinten Nationen für die Prävention von Jugendkriminalität*, ZStW 104 (1992), S. 169 ff.
- *Rössner, Dieter (Hrsg.)*: Toleranz, Erziehung, Strafe. Antworten auf Straftaten Jugendlicher, Hofgeismar 1989
- *Rössner, Dieter*: Erziehung und Strafe -die verkannte Zweispurigkeit des Jugendstrafrechts, in: *Wolff, Jörg; Marek, Andrzej (Hrsg.)*, Erziehung und Strafe, DVJJ-Schriftenr. Bd. 19, Bonn 1990, S. 18 ff.
- *Rössner, Dieter*: Erziehungsgedanke und Systematik des Jugendgerichtsgesetzes, in: *Bundesministerium der Justiz (Hrsg.*), Grundfragen des Jugendkriminalrechts und seiner Neuregelung, 2. Kölner Symposium, Bonn 1992, S. 344 ff.
- *Roxin, Claus*: Strafverfahrensrecht, 25. Auflage, München 1998
- *Rzepka, Dorothea*: Polizei und Diversion, in: *Albrecht, Peter-Alexis (Hrsg.)*, Informalisierung des Rechts, Berlin (u.a.) 1990, S. 341 ff.
- *Rzepka, Dorothea*: Polizei und Diversion, Frankfurt a.M. 1993
- *Schaffstein, Friedrich*: Überlegungen zur Diversion, in: Festschrift für Hans-Heinrich Jescheck zum 70. Geburtstag, 1985, S. 937 ff.
- *Schaffstein, Friedrich; Beulke, Werner*: Jugendstrafrecht, 9. Auflage, Stuttgart (u.a.) 1987
- *Schaffstein, Friedrich; Beulke, Werner*: Jugendstrafrecht, 11. Auflage, Stuttgart (u.a.) 1993
- *Schaffstein, Friedrich; Beulke, Werner*: Jugendstrafrecht, 13. Auflage, Stuttgart (u.a.) 1998
- *Schimmel, Dominique*: Täter-Opfer-Ausgleich als Alternative?. Eine rechtstatsächliche Untersuchung über Möglichkeiten und Stellenwert des Täter-Opfer-Ausgleichs in der (jugend-)staatsanwaltschaftlichen Praxis, Frankfurt am Main (u.a.) 2000
- *Schinke, Gernot*: Täter-Opfer-Ausgleich Projekt in Schleswig-Holstein (Kieler Modell), in: *Marks, Erich; Rössner, Dieter (Hrsg.)*, Täter-Opfer-Ausgleich, Schriftenr. Dt. Bewährungshilfe, Bd. 12, Bonn 1990, S. 259 ff.
- *Schlüchter, Ellen*: De nihilo nihil -oder: Der Erziehungsgedanke im Jugendstrafrecht, Goltdammer's Archiv für Strafrecht, 1988, S. 106 ff.
- *Schlüchter, Ellen*: Plädoyer für den Erziehungsgedanken, Würzburg 1994
- *Schlüchter, Ellen*: Strafprozeßrecht, 3. Auflage, Thüngersheim (u.a.) 1999
- *Schneider, Hans-Joachim*: Wesen und Erscheinungsformen der Kinder- und Jugenddelinquenz, Jura 13 (1991), S. 342 ff.
- *Schwind, Hans-Dieter*: Kriminologie. Eine praxisorientierte Einführung mit Beispielen, 10. Auflage, Heidelberg 2000
- *Schwind, Hans-Dieter; Steinhilper, Gernot; Wilhelm-Reiss, Monica*: Präventionsprogramm Polizei/Sozialarbeiter (PPS), Kriminalistik 34 (1980), S. 58 ff.
- *Sellin, Fred; Weber. Klaus*: Das Milchgesicht -Wenn Kinder töten: Der Fall Marco F., Reinbek bei Hamburg 1999
- *Steffens, Rainer*: Wiedergutmachung und Täter-Opfer-Ausgleich im Jugend- und Erwachsenenstrafrecht in den neuen Bundesländern, Mönchengladbach 1999
- *Streng, Franz*: Der Erziehungsgedanke im Jugendstrafrecht, ZStW 106 (1994), S. 60 ff.
- *Thesen des 24. Deutschen Jugendgerichtstages in Hamburg*: Kinder und Jugendliche als Opfer und Täter, DVJJ-Journal 4 (1998), S. 295 ff.

- *Traulsen, Monika*: Die Entwicklung der Jugendkriminalität, Kriminalistik 48 (1994), S. 101 ff.
- *Traulsen, Monika*: Häufig auffällige Jugendliche, DVJJ-Journal 3 (1999), S. 311 ff.
- *Trenczek, Thomas*: Strafe, Erziehung oder Hilfe? Neue ambulante Maßnahmen und Hilfe zur Erziehung -Sozialpädagogische Hilfeangebote für straffällige junge Menschen im Spannungsfeld von Jugendhilferecht und Strafrecht, Bonn 1996
- *Tscherwinka, Ralf*: Absprachen im Strafprozeß, Frankfurt am Main (u.a.) 1995
- *van den Woldenberg, Andrea*: Diversion im Spannungsfeld zwischen „Betreuungsjustiz" und Rechtsstaatlichkeit, Frankfurt am Main (u.a.) 1993
- *Viehmann, Horst*: Die Reform des Jugendkriminalrechts in der Bundesrepublik Deutschland, Familie und Recht 5 (1991), S. 256 ff.
- *von Liszt, Franz*: Der Zweckgedanke im Strafrecht, ZStW 3 (1883), S. 11 ff.
- *von Liszt, Franz*: Die Kriminalität der Jugendlichen, in: Strafrechtliche Aufsätze und Vorträge, 2. Bd., Berlin 1905, S. 331 ff.
- *Voß, Silvia*: Staatsanwaltschaftliche Entscheidung -Beeinflussung durch systematische Informationserweiterung?: Die Umsetzung des Bielefelder Modellversuchs durch die Staatsanwaltschaft, Frankfurt a.M. 1993
- *Walter, Michael*: Wandlungen in der Reaktion auf Kriminalität, ZStW 95 (1983), S. 32 ff.
- *Walter*: Michael: Der Erziehungsgedanke im Jugendstrafrecht. Abschied oder Reformulierung?, in: *Wolff, Jörg; Marek, Andrzej (Hrsg.)*, Erziehung und Strafe, DVJJ-Schriftenr. Bd. 19, Bonn 1990, S. 51 ff.
- *Walter, Michael*: Jugendkriminalität, Stuttgart (u.a.) 1995
- *Weber, Klaus*: Das Jugendstrafrecht im Einigungsvertrag. Die rechtlichen Besonderheiten des Jugendstrafrechts in den neuen Ländern der Bundesrepublik Deutschland, DVJJ-Journal Nr. 133 (1990), S. 18 ff.
- *Weigend, Thomas*: Fragen der Rechtsstaatlichkeit beim Täter-Opfer-Ausgleich, in: *Marks, Erich; Meyer, Klaus; Schreckling, Jürgen; Wandrey, Michael (Hrsg.)*, Wiedergutmachung und Strafrechtspraxis, Schriftenr. Dt. Bewährungshilfe, Bd. 24, Bonn 1993, S. 37 ff.
- *Weyel, Frank H.*: Hilfe statt Knast? Jugend vor Kriminalität schützen, 1. Auflage, München 1999
- *Wiesner, Reinhard; Mörsberger, Thomas; Oberloskamp, Helga; Struck, Jutta*: SGB VIII Kinder- und Jugendhilfe, 2. Auflage, München 2000
- *Wolters, Jörg M.*: Jugendkriminologische und devianzpädagogische Thesen. Sozialpädagogik in der Jugendstrafrechtspflege, Unsere Jugend 42 (1990), S. 173 ff.

2. Spanischer Teil

- *Aguirre Zamorano, Pío*: Medidas aplicables en la legislación de menores, in: *Consejo General del Poder Judicial (Hrsg.)*, Menores privados de libertad en España, Madrid 1996, S. 193 ff.

- *Aparicio Blanco, Prudencio*: Política criminal y delincuencia juvenil (Reflexiones sobre el proyecto de Ley de Responsabilidad Penal de los Menores), in: *Consejo General del Poder Judicial (Hrsg.)*, Cuadernos de Derecho Judicial, „Política Criminal“, Madrid 1999, S. 151 ff.
- *Armenta Deu, Teresa*: Criminalidad de bagatella y principio de oportunidad: Alemania y España, Barcelona 1991
- *Barona Vilar, Silvia*: La conformidad en el proceso penal, Valencia 1994
- *Beristain, Antonio; Martin, Jörg*: Jugendkriminalität und ihre Sanktionierung in Spanien, in: *Dünkel, Frieder; Meyer, Klaus*, Jugendstrafe und Jugendstrafvollzug. Stationäre Maßnahmen der Jugendkriminalrechtspflege im internationalen Vergleich, Bd. 2, Freiburg 1986, S. 849 ff.
- *Boletín Oficial del Estado*: Ley Orgánica 10/1995, de 23 de noviembre de Código Penal, BOE Nr. 281, Madrid 1995
- *Bonet Esteva, Margarita*: Algunas pautas constitucionales para la reinterpretación de un derecho penal de menores, Revista Jurídica Española La Ley Nr. 1 (1994), S. 1060 ff.
- *Buhlmann, Betinna*: Das Rechtsmittel der „casación“ im spanischen Strafprozeßrecht, Diss. jur. 1994
- *Cantatero, Rocio*: Delincuencia juvenil y sociedad en transformación. Derecho Penal y Procesal de Menores, Diss. jur. 1988
- *Cea d'Anconá, M. Ángeles*: La justicia de Menores en España. Funcionamiento y resultados, Diss. jur. 1991
- *Centro Reina Sofia para el Estudio de la Violencia*: Delincuencia juvenil en España (Estadísticas), Internet-Publikation: www.gva.es/violencia
- *Cerezo Mir, José:* Das neue spanische Strafgesetzbuch von 1995, ZStW 108 (1996), S. 857 ff.
- *Cezón González, Carlos*: La nueva Ley Orgánica Reguladora de la Responsabilidad Penal de los Menores, Barcelona 2001
- *Choclán Montalvo, José Antonio*: Hacia un derecho penal juvenil en España. A propósito del anteproyecto de Ley Orgánica penal juvenil y del menor, Boletín de Información Nr. 1771 (1996), S. 1585 ff.
- *de la Cuesta, Jose Luis; Giménez-Salinas, Esther*: Die Jugendgerichtsbarkeit in Spanien, in: *Dünkel, Frieder; van Kalmthout, Anton; Schüler-Springorum, Horst (Hrsg.)*, Entwicklungstendenzen und Reformstrategien im Jugendstrafrecht im europäischen Vergleich, Mönchengladbach 1997, S. 327 ff.
- *de la Oliva, Andres; Aragoneses, Sara; Hinojosa, Rafael; Muerza, Julio; Tomé, José Antonio*: Derecho Procesal Penal, Madrid, 1997
- *de Urbano Castillo, Eduardo*: La delincuencia grave de menores, La Ley Nr. 5165, vom 19. Oktober 2000, S. 1 ff.
- *de Urbano Castillo, Eduardo*: Estudio preliminar, in: Legislación sobre la Responsabilidad Penal de los Menores, Aranzadi Legislación, Elcano (Navarra) 2001
- *Díaz-Martín, Fernando-Ricardo*: Tratamiento procesal de la delincuencia de menores, La Ley Nr. 4908, vom 19. Oktober 1999, S. 1 ff.
- *Dolz Lago, Manuel Jesús*: Justicia de menores: aspectos de un procedimiento en crisis ante la crisis de los procedimientos penales, Actualidad Penal 1996 Bd. 2, S. 953 ff.
- *Fiscalía General del Estado (Hrsg.)*: Memoria del año 1996, Madrid 1997
- *Fiscalía General del Estado (Hrsg.)*: Memoria del año 1997, Madrid 1998
- *Fiscalía General del Estado (Hrsg.)*: Memoria del año 1998, Madrid 1999

- *Fiscalía General del Estado (Hrsg.)*: Memoria del año 1999, Madrid 2000
- *Funes i Artiaga, Jaume*: La justícia de menors. Menors sota la justícia, in: Catalunya 77-88. Societat, economía, política, cultura, Barcelona 1988, S. 98 ff.
- *Funes i Artiaga, Jaume*: Mediació i Justícia Juvenil. Colecció Justícia i Societat Nr. 12, Barcelona 1994
- *García Pérez, Octavio*: Los actuales principios rectores del derecho penal juvenil. Un análisis crítico, Revista de Derecho Penal y Criminología Nr. 3 (1999), S. 33 ff.
- *García Pérez, Octavio*: La evolución del sistema de justicia juvenil. La Ley de Responsabilidad Penal del Menor de 2000 a la luz de las directrices internacionales, Actualidad Penal 32 (2000), S. 673 ff.
- *Garrido, Vicente; Redondo, Santiago; Stangeland, Per*: Principios de criminología, Valencia 1999
- *Generalitat de Catalunya. Departament de Justícia (Hrsg.)*: La Justícia Juvenil avui, Barcelona 1991
- *Generalitat de Catalunya. Direcció General de Mesures Penals Alternatives i de Justícia Juvenil*: La mediación penal juvenil en Catalunya, Barcelona 1997
- *Generalitat de Catalunya. Departament de Justícia (Hrsg.)*: El model de Justícia Juvenil a Catalunya Nr. 21, Barcelona, 2000
- *Gimbernat Ordeig, Enrique*: Código Penal, 7. Auflage, Madrid 1990
- *Giménez-Salinas, Esther*: Justicia de Menores y ejecución penal, Poder y Control. Revista hispano-americana de disciplinas sobre el control social Nr. 0 (1986), S. 215 ff.
- *Giménez-Salinas, Esther*: Die neuesten Reformen in der spanischen Jugendkriminalpolitik, in: Festschrift für Horst Schüler-Springorum zum 65. Geburtstag, 1993, S. 397 ff.
- *Giménez-Salinas, Esther*: La mediació penal en dret comparat, Justiforum: Papers d'Estudis i formació Nr. 5 (1996), S. 9 ff.
- *Giménez-Salinas, Esther*: La conciliació víctima-delinquent: envers un dret penal reparador, in: *Generalitat de Catalunya. Departament de Justícia (Hrsg.)*, La mediació penal. Colecció Justicia i societat Nr. 19, Barcelona 1999, S. 69 ff.
- *Gimeno Sendra, Vicente*: La nueva regulación de la conformidad (Ley Orgánica 7/1988), La Ley 3 (1990), S. 977 ff.
- *Gimeno Sendra, Vicente*: Absprachen im spanischen Strafverfahren, ZStW 104 (1992), S. 223 ff.
- *Gimeno Sendra, Vicente; Moreno Catena, Víctor; Cortés Domínguez, Valentín*: Derecho Procesal Penal, 3. Auflage, Madrid 1999
- *Gimeno, Robert; Soler, Charo*: Els programes de mediació i reparació. L'experiència a Catalunya, Justiforum: Papers d'Estudis i formació Nr. 8 (1997), S. 29 ff.
- *Gisbert Jordá, M. Teresa*: Incidencias del nuevo Código Penal en la legislación de menores, in: *Consejo General del Poder Judicial (Hrsg.)*, Menores privados de libertad en España, Madrid 1996, S. 103 ff.
- *Gómez Colomer, Fernando*: Das Ermittlungsverfahren im Spanien, ZStW 112 (2000) S. 136 ff.
- *González Zorrilla, Carlos*: La justícia de menors, present i futur, in: Jornades de formació sobre inadaptació infantil, Vic 1986, S. 21 ff.
- *González Zorrilla, Carlos*: Llums i ombres del nou projecte de llei sobre la reforma urgent de la Llei de tribunals tutelars de menores, in: La Justícia de menors, una justícia menor?, Barcelona 1992, S. 5 ff.

- *Herrero Herrero, César*: Entornos y factores de la delincuencia juvenil, Ciencia Policial (Estudios) Nr. 31/32 (1995), S. 33 ff.
- *Herrero Herrero, César*: Criminología, Madrid 1997
- *Instituto Nacional de Estadística*: Estadísticas Judiciales de España, Madrid 1995
- *Instituto Nacional de Estadística*: Revisión del Padrón Municipal de Habitantes a 1 de mayo de 1996 y a 1 de enero de 1999. Internet-Publikation: www.ine.es/inebase/cgi.um
- *Izaguirre Guerricagoitia, Jesús María*: La aplicación al menor de edad de la legislación procesal antiterrorista a la luz de la Ley de Responsabilidad Penal del Menor, La Ley Nr. 5240, vom 5. Februar 2001, S. 1 ff.
- *Juanes Peces, Ángel*: El menor ante el nuevo Código Penal (Reflexiones sobre la futura Ley Penal Juvenil), Actualidad Jurídica Aranzadi Nr. 269 (1996), S. 1 ff.
- *Kimmel, Adolf (Hrsg.)*: Verfassung des Königreiches Spanien, in: *ders.*, Die Verfassungen der EG-Mitgliedstaaten, 4. Auflage, München 1996, S. 522 ff.
- *Knuth, Holger; Schiller, Ilka; Velasco, Heide*: Täter-Opfer-Ausgleich in Spanien, DVJJ-Journal 2 (1996), S. 166 ff.
- *Landrove Díaz, Gerardo*: La Ley Orgánica Reguladora de la Responsabilidad Penal de los Menores, La Ley Nr. 5083, vom 26. Juni 2000, S. 1 ff.
- *Landrove Díaz, Gerardo*: Marco operativo de la Ley Orgánica Reguladora de la Responsabilidad Penal de los Menores, La Ley 4 (2000), S. 1667 ff.
- *Landrove Díaz, Gerardo*: Derecho Penal de Menores, Valencia 2001
- *López Barja de Quiroga, Jacobo*: La tercera vía, in: *Generalitat de Catalunya. Departament de Justícia (Hrsg.)*, La mediació penal. Colecció Justícia i Societat Nr. 19, Barcelona 1999, S. 107 ff.
- *López Guerra, Luis*: Constitución Española, 4. Auflage, Madrid 1988
- *Maciá Gómez, Ramón (Hrsg.)*: Sistemas de Proceso Penal en Europa, Barcelona 1998
- *Martín Ostos, José*: El nuevo proceso de menores. Comentarios a la Ley Orgánica 4/1992 de 5 de junio, Revista Jurídica Española La Ley Nr. 1 (1994), S. 1142 ff.
- *Martín Ostos, José*: Aspectos procesales de la Ley Orgánica reguladora de la competencia y el procedimiento de los juzgados de menores, in: *Consejo General del Poder Judicial (Hrsg.)*, Menores privados de libertad en España, Madrid 1996, S. 153 ff.
- *Martínez Dalmau, Rubén*: Aspectos constitucionales del Ministerio Fiscal, Valencia 1999
- *Mérida, María*: Víctimas o verdugos. La delincuencia infantil y juvenil, Barcelona 2001
- *Mesas Trives, Antonio*: Criminología de los menores, in: *de Antón, Julio; Jiménez, Fabriciano; Mesas, Antonio; Pantoja, Félix; Ríos, Antonio; Coronado, María Jesús*, Niños y jóvenes criminales. Prevención. Tipología. Criminología. Procedimiento y Derecho Correccional de Menores. Medidas y ejecución, Granada 1995, S. 75 ff
- *Ministerio del Interior (Hrsg.)*: Anuario Estadístico del Ministerio del Interior 1998, Madrid 1999. Internet-Publikation: www.mir.es/catalogo.htm
- *Ministerio del Interior (Hrsg.)*: Anuario Estadístico del Ministerio del Interior 1999, Madrid 2000. Internet-Publikation: www.mir.es/catalogo.htm
- *Moreno Catena, Víctor*: Prólogo a las Normas sobre Justicia de Menores, Madrid 1996, S. 13 ff.
- *Ornosa Fernández, María Rosario*: Derecho Penal de Menores. Comentarios a la LO 5/2000, de 12 de enero, reguladora de la responsabilidad penal de los menores, Barcelona 2001

- *Pantoja García, Felix*: La Ley reguladora de la competencia y procedimiento de los Juzgados de Menores (Anotaciones tras ocho meses de aplicación), Actualidad Penal 1993 Bd. 1, S. 133 ff.
- *Pantoja García, Felix*: Análisis criminológico de las cuestiones relativas al derecho penal juvenil, in: *Consejo General del Poder Judicial (Hrsg.)*, Cuadernos de Derecho Judicial. Criminología 1994, S. 225 ff.
- *Pantoja García, Felix*: Aspectos del procedimiento de la Ley de reforma de menores desde la perspectiva del Ministerio Fiscal, in: *de Antón, Julio; Jiménez, Fabriciano; Mesas, Antonio; Pantoja, Félix; Ríos, Antonio; Coronado, María Jesús*, Niños y jóvenes criminales, Granada 1995, S. 107 ff.
- *Polo Rodríguez, José Javier; Huélamo Buendía, Antonio Jesús*: La nueva Ley Penal del Menor, Madrid 2000
- *Raposo Fernández, José Manuel*: Estudio crítico del proceso contra menores delincuentes. Aspectos necesitados de reforma, Revista Jurídica Española La Ley, Nr. 6 (1997), S. 1599 ff.
- *Rechea, Cristina; Barberet, Rosemary; Montañés, Juan; Arroyo, Luis*: La delincuencia juvenil en España. Autoinforme de los jóvenes, Universidad de Castilla-la Mancha/Ministerio del Interior, Madrid 1995
- *Richard González, Manuel*: El nuevo proceso de menores, La Ley Nr. 4 (2000), S. 1678 ff.
- *Ríos Enrich, Mireia*: La mediació en la justícia juvenil, Revista IURIS Nr. 4 (1995), S. 185 ff.
- *Ríos Martín, Juan Carlos*: El menor infractor ante la ley penal, Granada 1993
- *Sánchez García de Paz, M. Isabel*: Minoría de edad penal y Derecho penal juvenil, Granada 1998
- *Sánchez García de Paz, M. Isabel*: La nueva ley reguladora de la responsabilidad penal del menor, Actualidad Penal Nr. 33 (2000), S. 699 ff.
- *Sánchez Martínez, Francisco de Asís*: Antecedentes y nuevo enjuiciamiento de menores. Ley 4/92, Madrid, Barcelona, 1999
- *Sellarés, Rosa*: El fenómeno de la violencia juvenil: dimensiones para su análisis, Prevenció: Quaderns d'estudis i documentació Nr. 13 (1997), S. 49 ff.
- *Serrano Maíllo, Alfonso*: Mayoría de edad penal en el Código de 1995 y delincuencia juvenil, Revista de Derecho Penal y Criminología 1995, S. 775 ff.
- *Urra Portillo, Javier*: Menores, la transformación de la realidad. LO 4/92, Madrid 1995
- *Vargas Cabrera, Bartolomé*: La Ley Orgánica 4/92 sobre competencia y procedimiento de los Juzgados de menores: estudio de sus normas sustantivas y procesales, Anuario de Derecho Penal y Ciencias Penales Tomo XLVI Nr. 1 (1993), S. 167 ff.
- *Ventura Faci, Ramiro; Pelaez Pérez, Vicente*: LO 5/2000, de 12 de enero, reguladora de la responsabilidad penal de los menores, 1. Auflage, Madrid 2000
- *Vizcarro Masia, Cinta*: La mediació (legislació i pràctica): l'experiència espanyola, Justiforum: Papers d'Estudis i formació Nr. 5 (1996), S. 87 ff.
- *Volkmann-Schluck, Thomas*: Der spanische Strafprozeß zwischen Inquisitions- und Parteiverfahren, Baden-Baden 1979
- *Weigend, Thomas*: Absprachen in ausländischen Strafverfahren. Eine rechtsvergleichende Untersuchung zu konsensualen Elementen im Strafprozeß, Freiburg i. Br. 1990

- *Wessing, Paul*: Der Entschädigungsanspruch des Straftatopfers in Deutschland und Spanien im Rechtsvergleich, Diss. jur. 1998

3. Internationaler Teil

- *Beclin, Katharina; Grafl, Christian*: Die aktuelle Entwicklung der Jugendkriminalität - Anlaß zur Sorge?, ÖJZ 55 (2000), S. 821 ff.
- *Brottsförebyggande rådet (Hrsg.)* (Rat zur Verbrechensverhütung. Schweden) : Brottsstatistik (Verbrechensstatistik), Internet-Publikation: www.bra.se/extra/statistics/extra_index?lang=se
- *Bundesministerium für Inneres (Hrsg.)*: Polizeiliche Kriminalstatistik (Österreich) für das Jahr 1999, Wien 2000
- *East, Kate; Campbell, Siobhan*: Aspects of Crime: Young Offenders, 1999, in: Home Office (England/Wales), Internet-Publikation: www.homeoffice.gov.uk/rds/pdfs/aspects-youngoff.pdf
- *Hinterhofer, Hubert*: Diversion statt Strafe. Untersuchungen zur Strafprozeßnovelle 1999, Wien 2000
- *Kienapfel, Diethelm; Höpfel, Frank*: Strafrecht Allgemeiner Teil, 9. Auflage, Wien 2001
- *Maleczky, Oskar*: Jugendstrafrecht, 2. Auflage, Wien 2000
- *Miklau, Roland; Schroll, Hans Valentin (Hrsg.)*: Diversion. Ein anderer Umgang mit Straftaten. Analyse zur Strafprozeßnovelle 1999, Wien 1999
- *Ministère de la Justice*: La justice des mineurs (Frankreich), Internet-Publikation: www.justice.gouv.fr/chiffres/mineur00.htm
- *Nancy, Anne-Claude*: Jugendkriminalität in Frankreich. Einige Tatsachen und Lösungsansätze, DVJJ-Journal 4 (1999), S. 400 ff.
- *Nothhafft, Susanne*: Erziehen statt Strafen. Grundlagen und Tendenzen des französischen Jugendstrafrechts, in: *Dünkel, Frieder; van Kalmthout, Anton; Schüler-Springorum, Horst (Hrsg.)*, Entwicklungstendenzen und Reformstrategien im Jugendstrafrecht im europäischen Vergleich, Mönchengladbach 1997, S. 129 ff.
- *Sagel-Grande, Irene*: Jugendkriminalität und Jugend(straf)Recht in den Niederlanden unter besonderen Berücksichtigung des Halt-Projekts und der Aufgabenstrafen, DVJJ-Journal 1 (2000), S. 9 ff.
- *Tilastokeskus (Hrsg.)* (Zentralamt für Statistiken. Finnland): Oikeus/Rikostilastot ja vangit (Recht/Kriminalstatistiken und Strafvollzugsstatistiken). Internet-Publikation: www.statfin.stat.fi/statweb/
- *von Hoffer, Hanns*: Die Jugendgerichtsbarkeit in Schweden, in: *Dünkel, Frieder; van Kalmthout, Anton; Schüler-Springorum, Horst (Hrsg.)*, Entwicklungstendenzen und Reformstrategien im Jugendstrafrecht im europäischen Vergleich, Mönchengladbach 1997, S. 297 ff.

Steffen Rapp

Freiberufliche Tätigkeit von Rechtsanwälten, Wirtschaftsprüfern und Steuerberatern sowie Freiberufler-Personengesellschaften im internationalen Steuerrecht

Frankfurt/M., Berlin, Bern, Bruxelles, New York, Oxford, Wien, 2002.
XLVII, 309 S.
Europäische Hochschulschriften: Reihe 5, Volks- und Betriebswirtschaft. Bd. 2907
ISBN 3-631-39643-0 · br. € 50.10*

Ziel der Arbeit ist es, die Besteuerung der Einkünfte aus der grenzüberschreitenden Tätigkeit von Freiberuflern anhand der Berufsgruppe der Rechtsanwälte, Wirtschaftsprüfer und Steuerberater systematisch darzustellen. Dabei wird zunächst auf selbständig tätige Berufsangehörige eingegangen und daran anschließend insbesondere auf die Ergebnisermittlung zwischen „Stammhaus" und fester Einrichtung sowie auf die Beteiligung als Gesellschafter einer international tätigen Freiberufler-Personengesellschaft. Wesentlicher Teil der Untersuchung ist die dogmatische Auseinandersetzung mit dem nationalen Steuerrecht und dem Recht der Doppelbesteuerungsabkommen der Bundesrepublik Deutschland. Letzteres wird künftig, trotz dessen Änderung durch das OECD-MA 2000, durch das OECD-Musterabkommen aus dem Jahre 1977 geprägt. Da die Anpassungen der Abkommen der Bundesrepublik an das OECD-MA 2000 einen beträchtlichen Zeitraum in Anspruch nehmen werden, sind beide Fassungen des OECD-MA parallel zu beachten.

FSC
www.fsc.org
MIX
Papier | Fördert
gute Waldnutzung
FSC® C083411

Kolibri 360 GmbH
Ferdinand-Jühlke-Straße 7
99095 Erfurt, Deutschland
produktsicherheit@kolibri360.de

Druck:
CPI Druckdienstleistungen GmbH
im Auftrag der
Kolibri 360 GmbH
Ferdinand-Jühlke-Str. 7
99095 Erfurt